应用型本科院校“十二五”规划教材/经济管理类

Money and Banking

货币银行学

（第2版）

主　编　奚道同　张福双
副主编　孙艳萍　马　玲　于长福
参　编　李海波　张新建

哈爾濱工業大學出版社
HARBIN INSTITUTE OF TECHNOLOGY PRESS

内容简介

本书全面、系统地阐述了货币信用、金融机构、金融市场、国际金融体系等基本理论和知识，注重对基本概念、基本原理和基础知识的理解和把握，以及对金融理论和实践的最新发展情况的介绍和分析。全书共分为十二章，各章配有知识库、本章小结、思考题和阅读资料等内容。本书通过案例和数据把金融学理论和金融学实践有机结合起来，有助于学生对货币银行方面的基本理论的全面理解和深刻认识。同时，帮助学生认识和掌握市场经济条件下货币金融运行的规律。着重培养学生运用相关金融理论知识观察、分析和解决我国金融改革与发展过程中的现实问题的能力。通过提高学生的金融理论素养，为进一步学习其他专业课程打下比较坚实的基础。

本教材适用于金融学等经济管理类专业本科学生，以及在职培训的金融从业人员和广大金融爱好者阅读和学习。

图书在版编目(CIP)数据

货币银行学/奚道同，张福双主编. —哈尔滨：
哈尔滨工业大学出版社，2012.7(2014.12 重印)
ISBN 978-7-5603-2998-7

Ⅰ.①货… Ⅱ.①奚… ②张… Ⅲ.①货币银行学-
高等学校-教材 Ⅳ.①F820

中国版本图书馆 CIP 数据核字(2010)第 025889 号

策划编辑 赵文斌 杜燕
责任编辑 费佳明 王勇钢
封面设计 卞秉利
出版发行 哈尔滨工业大学出版社
社　　址 哈尔滨市南岗区复华四道街 10 号 邮编 150006
传　　真 0451-86414749
网　　址 http://hitpress.hit.edu.cn
印　　刷 黑龙江省委党校印刷厂
开　　本 787mm×960mm 1/16 印张 24.75 字数 527 千字
版　　次 2010 年 2 月第 1 版 2012 年 7 月第 2 版
　　　　 2014 年 12 月第 4 次印刷
书　　号 ISBN 978-7-5603-2998-7
定　　价 37.80 元

序

哈尔滨工业大学出版社策划的《应用型本科院校“十二五”规划教材》即将付梓，诚可贺也。

该系列教材卷帙浩繁，凡百余种，涉及众多学科门类，定位准确，内容新颖，体系完整，实用性强，突出实践能力培养。不仅便于教师教学和学生学习，而且满足就业市场对应用型人才的迫切需求。

应用型本科院校的人才培养目标是面对现代社会生产、建设、管理、服务等一线岗位，培养能直接从事实际工作、解决具体问题、维持工作有效运行的高等应用型人才。应用型本科与研究型本科和高职高专院校在人才培养上有着明显的区别，其培养的人才特征是：①就业导向与社会需求高度吻合；②扎实的理论基础和过硬的实践能力紧密结合；③具备良好的人文素质和科学技术素质；④富于面对职业应用的创新精神。因此，应用型本科院校只有着力培养“进入角色快、业务水平高、动手能力强、综合素质好”的人才，才能在激烈的就业市场竞争中站稳脚跟。

目前国内应用型本科院校所采用的教材往往只是对理论性较强的本科院校教材的简单删减，针对性、应用性不够突出，因材施教的目的难以达到。因此亟须既有一定的理论深度又注重实践能力培养的系列教材，以满足应用型本科院校教学目标、培养方向和办学特色的需要。

哈尔滨工业大学出版社出版的《应用型本科院校“十二五”规划教材》，在选题设计思路上认真贯彻教育部关于培养适应地方、区域经济和社会发展需要的“本科应用型高级专门人才”精神，根据黑龙江省委书记吉炳轩同志提出的关于加强应用型本科院校建设的意见，在应用型本科试点院校成功经验总结的基础上，特邀请黑龙江省9所知名的应用型本科院校的专家、学者联合编写。

本系列教材突出与办学定位、教学目标的一致性和适应性，既严格遵照学科体系的知识构成和教材编写的一般规律，又针对应用型本科人才培养目标及与之相适应的教学特点，精心设计写作体例，科学安排知识内容，围绕应用讲授理论，做到“基础知识够用、实践技能实用、专业理论管用”。同时注意适当融入新理论、新技术、新工艺、新成果，并且制作了与本书配套的 PPT 多媒体教学课件，形成立体化教材，供教师参考使用。

《应用型本科院校“十二五”规划教材》的编辑出版，是适应“科教兴国”战略对复合型、应用型人才的需求，是推动相对滞后的应用型本科院校教材建设的一种有益尝试，在应用型创新人才培养方面是一件具有开创意义的工作，为应用型人才的培养提供了及时、可靠、坚实的保证。

希望本系列教材在使用过程中，通过编者、作者和读者的共同努力，厚积薄发、推陈出新、细上加细、精益求精，不断丰富、不断完善、不断创新，力争成为同类教材中的精品。

黑龙江省教育厅厅长

第 2 版前言

现代经济从本质上讲就是一种发达的货币信用经济或金融经济。金融是现代经济中调节宏观经济的重要杠杆,是沟通整个社会经济生活的命脉和媒介。尤其是随着全球金融海啸的爆发、美元的贬值、全球经济增速的放缓、通货膨胀压力的加大,各国政府越来越多地采用货币金融政策来调控本国经济,金融的重要性日益突出。金融是现代经济的核心,当今世界上的一切经济变化都会在金融领域里表现出来。在新形势下,金融问题已经影响到各国经济发展和国家安全与稳定。金融作为一种重要资源,必然有一个适度开发利用的问题,即金融的可持续发展。中国如此,世界各国亦如此。所以,新教材必须能够引导学生注意到金融基础理论、金融制度与金融实务的变化发展。

货币银行学是金融学专业的基础课程之一,是经济学、管理学类专业的核心课程,因此,货币银行学教材的编写必须反映金融理论与实践的新进展与新情况,并通过本教材使学生获得有关货币、信用、金融市场、金融机构以及金融当局的宏观调控等货币理论的相关知识,从而为学习其他的金融操作性课程打下坚实的基础。为了适应新形势的变化和教学的需要,我们在借鉴前人研究成果的基础上,结合我们多年来的教学成果,组织多位教师经过数次研究探索、切磋讨论和大胆尝试,编写了这本应用型本科《货币银行学》教材,期望有所创新。

与以往的相关教材相比,本教材在内容编排上作了较大的调整:

1. 将商业银行的内容放在金融机构内容之后。以往教材通常按商业银行、金融机构、中央银行内容的顺序编写,这样容易割裂三者之间的紧密联系,如果按金融机构、商业银行、中央银行这样先总后分的顺序编写,会使学生的学习思路更为清晰。

2. 将金融市场的内容放在中央银行内容之后。以往教材通常按金融市场、商业银行、金融机构、中央银行内容的顺序编写,容易让学生忽视金融市场与金融机构之间的内在联系。如果在内容安排上先讲金融市场主体的业务,再讲金融市场的运作,能让学生在认识金融市场主体业务的基础上,更深刻地理解金融机构在金融市场运行中的重要地位和作用。

3. 将利率理论、货币供给与货币需求理论、通货膨胀与通货紧缩理论进行了适度精简。结合多年的教学经验,我们认为针对应用型本科院校的学生,本部分理论内容中所涉及的存款创造、基础货币、货币乘数等内容应当详细介绍,其他部分内容阐述清楚即可,无须赘述。

4.将金融市场一章扩充,并增加金融衍生工具市场一章。由于美国金融海啸的冲击,使人们认识到应当规范地掌控金融市场以及金融衍生工具市场,降低两市场给实体经济带来的风险。因此,本教材对金融市场、金融衍生工具市场内容分别进行了详细阐述。

本教材特别注重实践性和趣味性。首先,本教材为了反映金融系统运行的实际情况,在每个章节中加入了大量数据和实例资料，分别介绍了国内外金融业的发展情况，做到了理论联系实际。这样不仅能生动地表现出所涉及的理论内容，而且能帮助学生更好地理解每章后面的思考题。此外，还能引导学生进一步的思考，并将所学的货币金融理论融入金融改革的实践中。其次，本教材在突出理论性的同时，在各章中都加入了“知识库”，结合生动的案例、小故事来说明货币银行学相关理论和观点，增强理论内容的趣味性，提升学生的学习兴趣。在编写中，力求观点明确、内容充实、条理清楚、逻辑性强，以引导和启发学生，培养他们的综合分析能力和开拓创新能力。为了便于自学，每章后均附有本章小结、思考题、阅读资料等，供复习参考使用。

本书由奚道同、张福双任主编，对全书进行了总纂和定稿；由孙艳萍、马玲、于长福任副主编。参加编写人员有：奚道同（第4、12章），张福双（第2、3章），孙艳萍（第6、11章），马玲（第7章），于长福（第1、8章），李海波（第5、10章），张新建（第9章）。限于编写人员的水平，书中难免有疏漏和不妥之处，恳请各位专家和读者批评指正，以便我们进一步的修改和完善。

在编写过程中，我们参考并引用了大量文献资料，在此向这些文献资料的作者深表谢意。我们还要特别感谢哈尔滨工业大学出版社的编辑及工作人员，他们在组织编写这本教材中作了大量的工作。

编　者

2012 年 6 月

目　录

第一章

Chapter 1

货币与货币制度

【学习目的与要求】

通过对本章的学习，使学生对货币产生的历史演变轨迹、货币制度的演变有一定的了解，加深对货币概念、货币本质、货币层次、货币制度内容的认识，为全面了解货币金融相关知识打下坚实基础。

【案例导入】

在现代经济社会生活中，“钱”无时不在、无处不在，人们几乎天天与“钱”打交道，正所谓“金钱不是万能的，但没有金钱是万万不能的”。无论家庭、公司、国家都要用货币(钱)购买商品和支付劳务费用或制造商品和提供劳务获得货币报酬。从家庭和个人方面来看，人们需要获得工资、奖金、酬金、离退休金、养老金、保险金、福利金、救济金、奖学金等货币收入，来保证家庭和个人衣、食、住、行等基本生活的需要；公司的投(融)资、生产、流通和运转都伴随着货币的收付而进行；政府履行国家职能需要(国防开支、大型项目建设等)和社会公共职能需要(工资支出、城市建设、特殊救济、专项补贴等)以货币的收付来实现。以上种种经济现象说明，货币能够解决经济生活各种难题，如果没有货币，社会商品便不能实现等价交换，社会经济不能得以正常运转，国家就会失去存在的条件，整个社会秩序将会一片混乱。由于金钱具有无法抗拒的魔力，一些意志脆弱的人成为其奴隶，甚至走向犯罪的深渊。货币是商品流通的重要媒介，维持经济高效运行，其币材选择、单位确定、种类规范、铸造程序等构成了货币制度，也成为人们探究的重点。正像19世纪英国议会议员格莱斯顿所说：“受恋爱愚弄的人甚至还没有因研究货币的本质而受愚弄的人多”，说明研究货币大有人在。然而，尽管钻研货币的人如此之多，在马克思以前没有谁作过科学的研究。有人说货币是圣贤创造的；有人说货币是人们共同协议的结果；有人说货币是国家政权的产物。长期以来对此争论不休，说法各异。

第一节 货币的起源与发展演变

一、货币的起源

(一)货币是几千年前出现在人类生活中的

人类社会在地球上已有百万余年的历史,货币只不过是几千年前才出现的。

货币(Money or Currency)的出现是与交换联系在一起的。根据史料的记载和考古的挖掘,世界各地的物品交换都经过两个发展阶段,即先是物物直接交换,然后是通过媒介的交换。如,在古埃及的壁画中可以看到物物交换的情景:用瓦罐换鱼;一束葱换一把扇子。中国古书有如下记载:神农氏时,“日中为市,致天下之民,聚天下之货,交易而退,各得其所”,也指的是物物交换。在交换的不断发展中,逐渐出现了通过媒介的交换:先把自己的商品(物品)换成作为媒介的物品,然后再用媒介物品去交换自己所需物品。在世界商品交换历史长河中,牲畜、粮食、布匹、皮革、农具、贝壳等都充当过媒介。在中国,比较定型的媒介最早是“贝壳”,这种出现在交换之中的媒介就是货币。货币并非天生的,它是随交换的发展逐渐出现的。

(二)马克思的货币起源学说

马克思认为:货币是在商品交换发展的历史过程中自发产生的,是商品内在矛盾发展的结果。它既不是某个人的发明创造,也不是人们协议的结果,更不是国家政权的产物。“货币结晶是交换过程的必然产物。”要理解上述结论应结合商品产生、商品交换与价值形式发展来加以说明。

货币的产生有两个基础,即社会分工和私有制。在人类社会产生初期的原始社会中,既不存在商品也不存在货币。随着社会的发展,出现了社会分工和私有制,劳动产品也转化成了专门为交换而生产的商品。商品是使用价值与价值的对立统一体,商品的使用价值能够用来满足人们的某种需要,即物的有用性。任何商品都必须对他人有使用价值,否则不能用于交换。商品的使用价值是由具体劳动创造的。商品的价值是凝结在商品中的抽象劳动。不管人们在生产各种商品时的具体形式有何不同,它都是人们体力和脑力的耗费,作为人类一般的劳动,它是抽象劳动,抽象劳动创造价值。商品价值无质的差别性才有可能以一定的数量比例进行交换。商品具有交换价值,即能同其他商品相交换。一种使用价值同另一种使用价值相交换,它们在数量上的比例关系是商品的交换价值。例如,1 件上衣和 20 斤粮食相交换,20 斤粮食便是 1 件上衣的交换价值。上衣和粮食的使用价值完全不同,无法比较。正像长度和重量无法相比一样,然而在现实生活中,上衣确实能交换到粮食,其原因是二者使用价值虽然不同,但都是人类劳动的产品,都凝结着人类一般的抽象劳动,形成了价值(具体劳动形成了使用价值)，价值是二者交换的基础。

任何一件商品看到的只是它的使用价值，而价值却是看不见摸不着的。就孤立的一件商品来说，无论怎样翻弄它，即使把它研成粉末，也找不到其价值。价值无法表现自己，只有通过与另一种商品相交换，由另一种商品的使用价值表现出来，这就是商品的价值表现形式。

商品价值形式(Value Form)的发展经历了四个重要阶段。

1.简单的、个别的或偶然的价值形式

(1)生产和交换状况

原始社会后期，随着社会生产力的发展，不同部落之间的生产活动除了满足本身的消费以外，有时还有一些剩余的劳动产品。各部落之间出现了商品交换，物与物直接交换。由于当时生产力水平很低，只是偶然情况下才有剩余劳动产品，品种也极少，因而交换也是很简单的和偶然的。尽管交换很偶然，但只要发生交换，就有了价值表现问题，即一种商品价值偶然地表现在另一种商品上。

(2)公式含义

交换公式为

1 张牛皮 = 2 把石斧

牛皮要求表现自己的价值，自身无法表现，通过与另一种商品——石斧交换，价值相对表现在石斧身上，说明 1 张牛皮值 2 把石斧，牛皮处于主动地位，称为相对价值形态；石斧在交换中用自身充当了牛皮价值的表现材料，表明它的价值与牛皮的价值相等，成为牛皮的等价物，处于被动的地位，称为等价形态。

在商品交换初期，商品在等式中的地位不固定。1 张牛皮 = 2 把石斧或 1 把石斧 = 半张牛皮的交换关系中，一种商品即可能处于相对价值形态地位，也可能处于等价形态地位。究竟处于哪种地位完全取决于它当时在价值表现中所处位置，即取决于它是价值被表现的商品，还是表现价值的商品。

2.扩大的价值形式

(1)生产和交换状况

原始社会后期，发生第一次社会分工。随着社会分工的出现，共同生产逐渐被个人生产所代替；生产资料公有制逐渐被私有制所代替；生产的产品数量与种类均比以前丰富。部落之间的交换转变为个人之间的交换，交换日益发展成为经常的现象。一种商品不再是偶然地只和另一种商品交换，而是经常地和越来越多的商品交换，交换趋于经常化，即一种商品价值可以由多种商品来表现。

(2)公式含义

交换公式为

$$\text{一张牛皮}=\begin{cases}\text{2 把石斧}\\ \text{80 斤粮食}\\ \text{60 尺布}\\ \text{1 只羊}\\ \text{其他商品}\end{cases}$$

牛皮的价值不仅以石斧来表现,还可以用其他商品表现。作为等价物的不只是一种商品,而是多种商品,而且当有新商品出现时就要增加一个新的价值表现材料,等式就会相应延长,无穷无尽的系列。但是牛皮每次只能与其中的一种商品交换,即在每次交换中,现实地发挥等价物作用的只是一种商品,这种等价物叫特殊等价物,或者说使用价值不同且相互排斥的等价物称为特殊等价物。

(3)物物交换的局限性

简单价值形式是两种商品偶然发生交换关系,扩大价值形式是多种商品经常地、规则地发生交换关系,变化虽然巨大,但均是物与物直接交换。随着交换的发展,物物直接交换日益暴露出它的局限性:物物交换首先要求交换双方要求一致;其次要求时间和地点一致。

3. 一般价值形式

(1)生产和交换状况

由于物物直接交换存在着矛盾和困难,于是交换市场上出现了如下情况:商品所有者自发行动起来,寻找一种在市场上经常大量进入交易的商品,先与之交换,后用其换取自己所需商品。许多商品所有者均这样做的结果,就使一种商品从整个商品界中分离出来,这种商品就称为一般等价物(Universal Equivalent),或者说表现其他一切商品的价值、媒介商品交换的特殊商品也可称为一般等价物。一般价值形式的实质就是所有商品的价值可以用一种商品表现出来。

(2)公式含义

交换公式为

$$\left.\begin{array}{l}\text{2 把石斧}\\ \text{80 斤粮食}\\ \text{60 尺布}\\ \text{其他商品}\end{array}\right\}=\text{1 张牛皮}$$

一般等价物出现以后,商品交换由物物直接交换转化为以一般等价物为媒介的间接交换,交换过程也分为时间、空间上不同的两个阶段:商品所有者先卖出——实现自己商品的价值,后买进——取得自己所需要的使用价值。从而克服了物物直接交换条件下必须同时实现价值和使用价值的困难。这时,作为一般等价物的商品已经不再是普通商品,而是起着媒介作用的商品,所以一般价值形态是货币形式的雏形。

(3)一般价值形式的局限性

一般价值形式下,一般等价物没有经常固定在一种商品上,此时此地的一般等价物到彼时彼地变成了普通商品,失去了一般等价物的特征,阻碍了地区之间交换的进行。随着商品交换活跃了地区界限后,客观上要求把一般等价物统一起来,固定在某一种商品上,这样逐渐从交替起一般等价物作用的商品中分离出来一种固定充当一般等价物作用的特殊商品,货币就产生了。

4.货币形式

(1)生产和交换状况

第二次社会分工出现后,商品生产成为社会生产,商品交换范围更加广泛,从充当一般等价物的众多商品中逐渐分离出一种固定地充当一般等价物的特殊商品——货币。货币商品出现后,社会商品就分为两种,即一般商品和货币商品,物物交换就转变为以货币为媒介的商品流通,极大促进了商品交换和生产力的发展。一切商品的价值都只能在货币上表现出来的价值形式,叫货币形式。

(2)公式含义

交换公式为

$$\left.\begin{array}{l}2\text{把石斧}\\80\text{斤粮食}\\60\text{尺布}\\1\text{张牛皮}\\\text{其他商品}\end{array}\right\}=1\text{克黄金}$$

从一般价值形式过渡到货币形式,没有发生质的变化,只是一般等价物固定在了某种特殊商品身上,如金、银等。货币出现以后,商品界分成两极:商品与货币。商品所有者必须把自己的商品换成货币,才能实现自己商品的价值,然后再用货币换取所需商品,取得使用价值。处于等价形式的货币材料是不完全相同的,最初是牲畜或贝壳、铜、铁等,后来逐渐固定在贵重金属黄金和白银上。金银具有质地均匀、体积小价值大、便于分割等优点。因此,货币最终必然以金银为代表,成为理想的货币材料。正如马克思所说:"金银天然不是货币,但货币天然是金银。"

5.价值形式发展规律

货币是商品交换长期发展的产物,是固定充当一般等价物的特殊商品,是一个历史范畴。货币是商品交换发展过程中,为适应商品交换的需要而自发产生的,是商品内在矛盾发展的结果,是价值形式发展的最高形式。所以,货币的根源在于商品本身,有了商品就有了货币,货币是商品交换过程的必然产物。

二、货币形式的发展演变

货币形式又称货币形态,是指以什么材料来充当货币。一般说来,充当货币材料的物体必须具备四个方面特征:一是稀缺性(Scarcity)。货币材料只有稀缺性才不易生产,只有物以稀为贵,才能保证较高的相对价值,从而可以少量货币服务于大量的商品交易,比如铁、铜曾充当货币,后来由于生产力水平提高而大量生产,稀缺性减弱,因而被贵金属金、银所取代。二是质地均匀、易分割性(Portability and Divisibility)。质地均匀是对货币材料的更高要求,在牲畜、农具等充当一般等价物时,由于材料具有整体性、各部位密度与功能不同,不能满足不同规模的交换需要。同时,由于一般商品货币材料具有整体性,一旦分割就失去原有商品的物理性能,从而阻碍了商品交换的发展。所以只有质地均匀、易于分割的实物货币才能实现价值高低不等和不同规模的交易。三是易于接受性(General Acceptability)。货币用作交易媒介、价值储藏和延期支付等手段,必须为人们普遍接受,这是货币的重要特征。四是价值稳定性(Stability of Value)。货币执行着衡量价值量的功能,这就要求其本身的价值是相对稳定的,比如牲畜曾经充当过货币,但由于其价值的不稳定而必然失去了充当货币的资格。当然,货币价值是否具有稳定性在一定程度上取决于生产货币材料的生产力发展水平,生产力发展水平高,币材产量大,价值就会下降,从而不能充当货币。除此之外,价值是否稳定还取决于稀缺性、用途广泛性等。

从历史上看,货币形式从具体的商品逐渐变成抽象的符号,经历了一个由低级向高级不断演变的过程。

(一)商品货币

商品货币(Commodity Currency)是以自然界存在的某种物品或人们生产的某种物品来充当货币,具有商品和货币双重身份,执行货币职能时是货币,不执行货币职能时是商品。它包括实物货币和金属货币两种。人类最早的货币应该是身边的生活用品,如古希腊以牛、羊等为货币;非洲和印度以象牙为货币;埃塞俄比亚以盐为货币;美洲土著人和墨西哥人以可可豆为货币;中国古代以贝、皮革、布帛、农具等为货币。当这些物品作为交换的支付媒介和价值的储藏手段时,就开始履行货币职能了。但人们很快发现,谷物、牛羊等商品作为一般等价物自身的局限性。一是不易分割,分割后其部分价值明显小于整体价值;二是不易保存,所有实物都具有使用周期,牛羊等活物更是具有生命周期,一旦周期结束,任何价值都随之消失,即使是处于周期之中,在不同的阶段其价值也有大有小;三是区域货币不同性,在不同地区充当一般等价物的商品通常都各不相同,无疑阻碍了跨区域交易的进行,即使各区域使用同一种商品作为一般等价物,由于实物商品往往不易于携带,因而也是不利于交易的进行。通过长期的实践探索,人们很快发现金和银是很好的一般等价物。

金属货币是以铜、银、金等金属作为币材的货币,金属货币具有价值含量高且稳定,易于计量、储藏与携带等优点,这些自然属性使其比一般商品更适宜于充当货币材料,所以世界上几乎所有国家都采用过金属作为货币。金属货币经历了从贱金属到贵金属、从金属称量制到金属铸币制的发展过程。货币金属最初是贱金属铜和铁,多数国家和地区使用的是铜,铁由于冶炼技术发展而价值较低,用于交易过于笨重,且易锈蚀不便保存,因此流通范围有限。随着经

济的发展和财富的增长，需要用价值量大的贵重金属充当货币，币材向银和金过渡。19 世纪上半叶，金、银代替了贱金属铜、铁，成为主要的货币。

（二）代用货币

代用货币（Representative Money）是在贵金属流通的制度下，代替金属货币流通的符号。早期的铸币面值与其实际价值是基本一致的，铸币使用频繁，容易磨损而成为不足值的货币，但人们在商品流通过程中只关心铸币上标明的购买力而不关注其是否足值，货币在交易中只起媒介作用且转瞬即逝。人们仍然按足值货币去使用，从而使铸币有了可用其他材料制成的符号来代替的可能性。在欧洲，此时正是资本主义萌芽时期，商品交易规模急剧扩大，原始资本积累迅速提高，国家或银行借此发行了没有实际价值的纸币或银行券来代替金属货币。典型的代用货币是可兑换的银行券，它是欧洲资本主义银行业发展中出现的一种用纸印制的货币。一开始银行券可以与所代表的金属货币自由兑换，所以其发行必须有足够的贵金属作保证，以满足随时兑现。如果没有贵金属作为准备，则一文不值，会被逐出流通市场。

与金属货币比较，代用货币的优点表现为：一是代用货币的印刷成本远低于铸币费用；二是避免了日常交往中的自然磨损和人为有意损毁；三是更利于保管、携带和运送。但同时代用货币的发行量受贵金属准备的限制，不能满足经济发展的需要。随着金本位制的崩溃，代用货币也逐渐退出了历史舞台，并被信用货币所取代。

（三）信用货币

信用货币（Credit Money）是以信用为保证，通过一定信用程序发行和流通的货币。它是代用货币进一步发展的产物，其形态与代用货币一样也是纸制货币。信用货币本身没有任何价值，也不能代表金属货币，仅仅为一种价值符号与信用凭证。它之所以能够流通并被人们普遍接受，是因为靠政府法律的强制和银行的信用。货币作为一种标志，赋予持有者支付商品和劳务的权利，凭借这种权利，持有者也能够在特定范围内取得相应价值的商品或劳务。信用货币的主要形式是纸币。纸币是国家发行并强制流通的价值符号，它不与任何贵金属挂钩，因此其优越性表现为它的可扩张性，能够满足经济贸易的需要，而弊端则是自始至终存在着通货膨胀的压力。如果发行货币过多，就会导致通货膨胀，人民财富出现大幅度缩水；如果发行货币过少，导致货币紧缩，商品不能全部流通，给国民经济带来冲击和危害。

（四）电子货币

电子货币（Electronic Currency）是指通过计算机系统储存和处理的电子存款和信用支付工具。随着现代电子技术的迅速发展，电子计算机和互联网在金融企业中得到普遍应用，各种形式的信用卡和银行卡正在逐步取代现金和支票，成为经济生活中被广泛运用的支付工具。电子货币是一种新型的货币，也是看不见摸不着的现实货币，它除了具备货币一般属性外，还具有特殊属性：一是发行主体非垄断化。传统的货币发行一般由一国的中央银行垄断发行，任何金融企业发行货币均为违法。而电子货币则不然，既可由中央银行发行，也可由一般金融机构或非金融机构来发行,且通常后者占据主导地位。二是形态上的非物化。这是电子货币与以往任何一种货币都不同的地方,它不需要借助任何实体,而只需要一股承载着信息码的电子脉冲就可以完成支付。电子货币表面上看属于观念货币,但是却有现实货币作其支付准备,只不过借助通信这种媒介手段完成收付,从这一点上说电子货币是商品流通中媒介的媒介。

【知识库】

货币的历史

"货币"一词在古汉语中包括"货"和"币"两个部分,"货"指珠、贝、金、玉等,"币"指皮、布、帛等,直到唐朝两者才合为一个概念。汉语中很多与财富有关的字带有"贝",如货、财、贸、贷、贱、账、赠等。而在古代欧洲的雅利安民族、意大利和古波斯、印度等地有用牛、羊作货币的记载,这样的历史在文字中也有反映。拉丁文的PECUNIA(金钱)来源于PECUS(牲畜);印度货币名称RUPEE(卢比)来源于牲畜的古文RUPYE;英语中的FEE(费用)来源于德语中的同音词VIEH(牲畜);美国口语中的BUCK(元)的原意为"雄鹿"(北美早期居民曾用鹿皮来进行交易)。

资料引自:黄达.金融学[M].北京:中国人民大学出版社,2003.

第二节　货币的本质与职能

一、货币的本质

(一)马克思主义的货币本质论

马克思认为:"货币是固定充当一般等价物的特殊商品,是生产关系的体现。"

1.货币是商品

货币是从商品中分离出来的,经过上千年的价值形式演化逐渐形成的。货币是商品包含两层含义:一是货币的前身是商品,它是在交换中逐渐演变而成为货币的;二是商品成为货币以后仍然具有商品的属性——价值和使用价值。任何币材,如贝壳、铜、铁、金、银等都是人类劳动的产品,都具有价值,同时各有其自身的使用价值。任何充当过货币的东西都不是偶然的、无根无据形成的。首先在于它们都是商品,有价值和使用价值,如若没有这种共性,就不具备与其他商品交换的基础,从而就不可能在交换发展中被分离出来充当一般等价物。

2.货币是特殊商品

货币与普通商品有共性,也有本质区别——作为特殊商品而存在。其所以特殊,是因为在交换中它是唯一的专门充当一般等价物的商品。货币产生以后,普通商品已经不再充当一般等价物,货币取得了一般等价物的独占地位,成为唯一的一般等价物。

货币的使用价值是双重的:体现自然属性的使用价值;体现社会属性的使用价值——充当一般等价物。货币充当一般等价物,主要表现为以下几方面。

(1)货币是表现一切商品价值的材料

货币产生以前,一种商品的价值是通过与另一种商品相交换表现出来的。货币产生以后,商品价值要得到实现必须与货币相交换。如果商品能够交换到货币,说明其价值得到实现,私人劳动得到社会承认,否则这一商品只能是有一定的使用价值,没有转化成价值。

(2)货币具有与一切商品直接相交换的能力

货币是表现一切商品价值的材料,商品只有与货币相交换,价值才能实现,所以货币成为商品追逐的对象,使货币具有与一切商品直接交换的能力。此外,由于货币是财富的代表,是价值的直接体现,谁占有了货币,谁就占有了价值,谁就能从社会上获得其他生产者的劳动产品,故而每个商品生产者均需要货币,使货币具有该能力。

(3)货币是生产关系的体现

货币作为一般等价物所体现的生产关系是:生产者之间相互交换劳动的关系。马克思认为:“在商品生产者的社会里,一般的社会生产关系不是这样的:生产者把他们的产品当做商品,从而当做价值来对待,而且通过这种物的形式,把他们的私人劳动当做等同的人类劳动来互相发生关系。”商品与商品以货币为媒介交换,实际上是价值与价值相等,即人类一般劳动在交换。货币体现的生产关系正是生产者之间相互交换劳动的关系,也就是说货币既反映交换关系,也反映所有制关系。在不同的社会制度下,货币体现着不同的生产关系。

(二)主要西方经济学家的货币本质论

1.货币金属论

货币金属论的早期代表是重商主义者与古典政治经济学派,代表人物为托马斯·梦曼、亚当·斯密、大卫·李嘉图等。重商主义者认为:货币就是商品,其实体必须由金属构成,有内在的实际价值,其实际价值由金属的价值所决定;金银天然就是货币,金银货币就是唯一的财富,货币数量越多越好。古典政治经济学派代表人物亚当·斯密、大卫·李嘉图认为:货币是商品,是劳动产品,它是从普通商品中分离出来的起货币作用的商品,它的价值决定于生产金、银所耗费的劳动。货币具有内在价值,金、银是货币;货币是交易的媒介或交换的工具,一切商品都是以这个工具为媒介而被购买或出售,或者进行相互交换,货币流通数量应该适度。普通商品也是财富,但它们是具体财富,只有金、银则是一般财富。

从货币金属论的核心内容看,承认货币是商品、有价值这一观点与马克思论点相一致;贵金属就是货币(金银天然是货币)这一观点与“金银天然不是货币,但货币天然是金银”背道而驰。

2.货币名目论

货币名目论代表人物为早期英国经济学家巴本、中期法国新历史学派经济学家克拉蒲与后期英国经济学家凯恩斯。他们认为:货币不具有商品性,是服务于商品流通的符号;货币是由国家创造的,没有内在价值,其价值是由国家法律赋予的,只是一个名目存在;货币的购买力和支付能力也是国家规定的;既然货币用什么材料作符号是无关紧要,那么纸币制度则是较金属货币制度更好的制度,但要注意纸币、银行券的发行数量。

名目论与马克思的观点相左表现为:一是不懂得货币的起源,把货币与商品割裂开来,否认货币的商品性,把货币完全看做是人们的意志及法律的产物;二是曲解了货币流通手段职能,把价值符号与金属货币脱离,因而把货币只看成是价值符号,把纸币看成真正的货币。

二、货币的职能

(一)西方经济学家的货币职能说

西方货币银行学认为货币出现以后,免除了纯粹物物交换的困难,它执行价值单位、交换中介、延期支付的标准和价值储藏手段四个职能。

1.价值单位

价值单位又称价值标准、价值尺度、计量单位等,价值单位是用以衡量和表示所有商品和劳务的价值单位。如一美元表示美国的价值单位。有了这些价值单位,各种商品或劳务都可以用价格来表示。价格就是指某一商品所能交换的货币单位数。

2.交换中介

在物物交换的条件下,交换双方只有在供求和时间一致时,交换才能顺利完成。物物交换不仅成交率低,而且成本高,不能满足生产和流通日益增长的需要。货币出现后,货币的交换中介职能,解决了以上各种困难。

3.延期支付的标准

利用货币的价值单位来对某些签订的合同,规定各类交易的未来付款方式或延期进行支付。货币的延期支付标准职能促进了商业信用的发展,为生产者通过商业信用获得物质资料,继续生产和销售商品提供了方便。同时也促进了信用制度和借贷关系的发展。

4.价值储藏

出售商品换成货币,不必同时买入商品,尽可能保留或储藏货币,直至需要时再投入流通购买商品。货币之所以能够充当价值储藏手段,是由于货币代表一般购买力被广泛接受。因此它是一种很方便的价值储藏手段。

(二)马克思的货币职能说

货币职能是货币本质的具体表现。按照马克思的科学分析,货币在交换发展过程中逐渐形成了价值尺度、流通手段、储藏手段、支付手段和世界货币五种职能。

1.价值尺度

货币用来表现商品的价值并衡量商品价值量大小时执行价值尺度(Measure of Vaiue)职能。

(1)货币执行价值尺度职能的缘由

货币本身也是商品,具有价值。货币与商品一样都凝结了一般人类劳动,它们在本质上是相同的，在量上可以相互比较。这样，一切其他商品都可以用作为一般等价物的货币商品去衡量，表现自己的价值。

(2)货币是商品内在价值尺度的外在表现形式

商品价值的大小是由凝结在该商品中社会必要劳动时间来决定的，商品中的社会必要劳动时间越多，商品的价值就越大。因此，社会必要劳动时间是商品的内在价值尺度，但它又不能自己表现出来，必须借助于货币外化出来。所以说货币是商品的外在价值尺度。

(3)货币执行价值尺度职能的特点

货币在执行价值尺度职能时，商品的价值形式就转化为价格形式。价格是商品价值的货币表现，货币在表现商品价值时，只是想象的或观念上的货币就可以，并不需要现实货币。因为商品生产者生产出商品，并给予商品价值以价格的形式时，他并没有将自己的商品转化成货币，而只是为了用货币来衡量商品值多少钱，以此作为交换的依据。

(4)价格标准

货币在执行价值尺度职能时，是用来衡量一切商品价值的。但对不同数量和不同种类的商品价值量，需要用不同等分和数量的货币来表现，这样就需要在技术上对货币商品本身确定一定量作为计算单位。这个包含着一定重量的金属货币单位，便是价格标准(历史上价格标准和货币单位曾经是一致的)。例如，在中国历史上长期使用“两”作为价格标准(1 两 = 1 两白银)，“两”即货币单位。英国的货币单位是“镑”，1 英镑 = 1 镑重的白银，但随着历史的发展，货币单位名称和金属重量相分离了。其原因：一是外国货币的输入，引起本国货币的变更；二是随着社会生产力的发展，社会财富的增长，贱金属币材代替了贵金属币材；三是国家滥铸不足值的货币。

(5)价值尺度与价格标准的关系

价值尺度和价格标准是完全不同的两个概念：①价值尺度是人类劳动的体化物，是用来衡量商品价值的；而价格标准则是表示货币商品本身的重量，并以此衡量不同商品的价值量。②货币价值尺度职能在社会经济生活中发挥作用是自发的、客观的；价格标准则是由国家法律规定的。③作为货币价值尺度，货币商品的价值量是随社会劳动生产率的变化而变化；价格标准是货币本身的重量，与劳动生产率的变化无关。但是价值尺度与价格又是有密切联系的：价格标准是为货币发挥价值尺度职能作用而作出的技术规定，有了它货币价值尺度的作用才能得以发挥。因而，价格标准是为货币价值尺度职能服务的。

2.流通手段

货币在充当商品流通媒介时，执行着流通手段(Medium of Exchange)的职能。

(1) 流通手段的含义

在货币出现以前，商品交换是以物物交换(W—W)的形式进行的。货币出现以后，物物交换转化为以货币为媒介的商品交换，即商品—货币—商品(W—G—W)。

以货币为媒介的商品交换包含着两个形态的转化过程：①出卖过程。商品—货币(W—

G)。②购买过程。货币—商品(G—W)。以货币为媒介的商品交换虽然打破了商品直接交换的限制,但使商品经济的内在矛盾进一步激化。这是因为,在物物交换(W—W)条件下,卖和买在时间和空间上都是统一的,是不可分割的过程。而在以货币为媒介的商品流通条件下,买和卖的统一过程被分割成两个独立的过程,买和卖在时间和空间上分开了。商品所有者在这一地出卖商品后,可以到另一地去购买,也可以不马上购买,这样就有可能使一些人的商品卖不出去,造成生产的相对过剩。因此,以货币为媒介的商品流通,已经包含着危机的可能性。

(2)流通手段的特点

充当商品流通中媒介的货币是现实货币,但可以是不足值的货币或完全没有价值的货币符号。货币执行此职能,只是交换媒介,交换者出售自己的商品取得货币以后,并非直接消费货币,而是用所得货币购买所需商品。因而,对货币本身的价值不十分计较,关心的是货币在下一次与商品交换中的购买力问题,能否买到等值的商品。所以,执行此职能的货币可以不足值或完全无价值的货币符号,纸币正是在执行此职能中产生的。

(3)商品流通与货币流通的关系

商品流通是以货币为媒介的商品交换(W—G—W—G—W…);货币流通是在商品流通中,货币作为购买手段,从一个所有者手里转到另一个所有者手里的不断运动(G—W—G—W—G…)。①区别:流通次数不同:商品经过一次交换后,退出流通界进入消费领域;而货币却一直存在于流通领域充当商品交换的媒介。价值量相等,运动方向相反:商品流通与货币流通是商品交换中的两个方面,商品流通是商品从卖方手中转移到买方手中的过程,卖方让渡使用价值而得到价值;货币流通是货币从买方手中转移到卖方手中的过程,买方让渡价值而得到使用价值。形态不同:商品流通中,商品形态是不断变化的,是不同使用价值在交换,即 W_1—G—W_2;货币流通中,货币不断转手,但其形态始终不变。决定因素不同:商品流通取决于企业、个人对使用价值的需求(消费);货币流通取决于整个社会对流通手段和支付手段的需求。②联系:商品流通是货币流通的基础,货币流通是商品流通的表现形式。商品流通表现为 W_1—G 和 G—W_2 的过程,货币流通则表现为 G—W 这一运动的单调重复,货币流通这一运动恰恰来源于商品流通运动的后一种形式,货币流通从属于商品流通。没有商品投入流通的客观要求,就不可能有货币和货币流通,只有商品需转手时才引起货币的转手运动。所以,商品流通是货币流通的前提,货币流通是商品流通的反映,商品流通从范围、规模和速度上决定货币流通。

3.储藏手段

(1)储藏手段职能及其产生

货币退出流通领域后,被人们当做财富保存或当做价值积累时,执行该职能。货币能够成为储藏手段(Store of Value)的原因,即货币是一般等价物,是社会财富的一般代表,人们储藏货币就意味着可以随时变为现实的商品。

货币执行储藏手段,是由于商品货币经济的进一步发展所引起的。随着商品经济的发展,商品生产者对市场的依赖性更强了,为了应付生产和交换中各种偶然事件的发生,就需要储藏一部分货币。作为储藏的货币必须是现实的货币且具有完全价值的货币,例如货币商品或金银条块等。

(2)货币储藏形式及其发展

货币储藏形式是随着商品交换的发展而发展的。在商品经济发展的不同阶段,由于商品经济的性质不同,货币储藏职能服务的目的和采取的主要形式也是不同的。在前资本主义社会,储藏货币主要表现为金银商品窖藏的形式。于是,金属货币的储藏便成了它自身的目的,即为储藏而储藏。这是最原始、最朴素的货币储藏。随着社会生产力的发展,资本主义生产规模的不断扩大,货币储藏手段职能在新的经济形式下的作用也进一步加强。储藏货币的形式也要与资本主义的生产机制相适应。在资本主义生产条件下,货币储藏主要采取两种形式:一种形式是"充当购买手段和支付手段的准备金"。另一种形式是"在货币上闲置的、暂时不用的资本,包括新积累尚未投入的货币资本。"前一种形式的储藏货币不断地进入流通并不断地从流通中流回;后一种形式的储藏货币则是较长时间地停留在流通之外,等待时机再加入流通,参加资本的循环和周转。

(3)储藏手段的特殊作用

储藏货币具有自发地调节货币流通的特殊作用。当流通中所需要的货币量增加时,被储藏的货币就会加入流通领域成为流通手段;而当流通中所需要的货币减少时,有一部分货币就会自动退出流通领域而成为储藏货币。这样,储藏货币就像蓄水池一样,自发调节着流通中的货币量,使之与商品流通的需要量相适应。正因为储藏货币的这种特殊作用,所以在足值的金属货币流通下,不会发生货币过多、通货膨胀的现象。

(4)纸币是否具有储藏手段职能

一般说来执行储藏手段职能的货币是现实的、足值的货币商品或货币金属,而代表价值符号的纸币是不具有储藏职能的,但这些都是在金属货币制度下或价值符号与金属货币挂钩的条件下。进入20世纪六七十年代,美元与黄金脱钩,纸币进入了一个新的历史时期。纸币能否具有储藏手段决定于储藏货币的机会成本,这种机会成本决定于两个方面的因素:一是投资收益率;二是通货膨胀率。

在纸币流通条件下,储藏货币的机会成本则决定于投资收益率和通货膨胀率。当一国出现恶性通货膨胀时,实物资产的名义收益率和流通领域投机的收益率都会极大提高,储藏货币的机会成本极大增加,人们就不会去储藏货币,这时纸币的储藏手段职能就会丧失。在经济危机和萧条时期,投资收益率大大降低,以至出现负收益率,这时物价稳定并且下降,储藏货币的机会成本也极大降低,甚至可以带来实际收入。例如,投资收益率为0,物价水平下降5%,储藏货币就可以带来5%的实际收入。这时人们对现金的灵活性偏好成为绝对,人们不管此时的货币是金属货币还是纸币,都会无限制地去储藏纸币,既不投资也不消费,货币流通速度减缓。

4.支付手段

在以延期付款方式买卖商品的情况下，货币在清偿债务时就执行支付手段职能(Deferred Payment)。

(1)货币支付手段职能产生的条件

货币的支付手段职能产生于商业信用。随着商品生产和商品交换的发展，各种商品的生产在时间上是不同的，有的长些有的短些。同时，各种商品在流通过程中也有各种不同的情况，有的就地生产就地销售，有的要运到远方市场上销售。由于商品生产和销售的这些不同情况，在客观上就要求商品的销售和商品价格的实现在时间上相分离。具体地说，就是当一些商品生产者急需要购买原材料而又暂时无钱时，就需要以赊购的方式获得所需商品。这时卖者成为债权人，买者成为债务人，买卖双方约定一定日期，到期由买者向卖者支付货款。因此，赊卖赊买的商业信用是货币支付手段职能产生的前提条件。

(2)货币支付手段与流通手段的主要区别

货币支付手段和流通手段的主要区别有：货币作为流通手段，等价的商品和货币同时处于交换过程的两极，商品转移在先、货币支付在后，货币作为价值的独立存在，并做单方面的转移。作为流通手段的货币是商品交换的媒介物；作为支付手段的货币不是商品交换的媒介物，而是在商品退出流通以后作为交换过程的补充环节。作为流通手段的货币是反映交换者双方之间的买卖关系；作为支付手段的货币主要是反映支付双方债权债务关系，即信用关系。货币执行流通手段职能时，商品生产者只有在出售商品得到货币以后，才能购买原材料继续进行再生产，其活动余地更大了。他可采用赊销的方式先得到原材料进行生产，待自己的商品销售得到货币以后再支付欠款。货币的支付手段职能克服了流通手段职能的上述弱点，这是商品流通的一大进步，但同时又给社会经济生活带来了更大危机的可能性。尤其是在发达的商品经济社会中，商品生产者之间普遍存在着债权债务关系，在债权债务关系中，如果有一个人不能按期支付欠款，就可能使许多人不能按期支付欠款。这样的连锁反应，就会给许多商品生产者造成生产经营上的困难。可见，货币支付手段职能的出现，大大加深了经济危机的可能性。

(3)信用货币的产生

信用货币是从货币作为支付手段职能中产生的，信用货币就是代替金属货币充当流通手段和支付手段的信用凭证。当商品生产者之间以赊销方式买卖商品时，卖者得到买者开出的承诺到期付款的债务凭证，这种凭证又因债权的转移而转让流通。这种可转让并能代替金属货币使用的信用凭证，即为信用货币。

(4)支付手段职能的发展

货币作为支付手段，最初只是在商品生产者之间用于清偿债务。当商品生产达到一定水平和规模时，货币支付手段的作用就超过了这个范围，扩展到商品流通领域之外，如交纳地租、赋税、工资及其他劳动报酬、财政、信用活动等。但是它扩展的范围和深度最终还是要受到生产和流通的总规模的限制。

5.世界货币

(1)世界货币职能与特点

货币超越国界，在世界市场上发挥一般等价物的作用时就执行世界货币(World Currency)

职能。世界货币的特点很明显，即货币执行此职能须脱掉自己原来的"民族服装"，还原成金银的本来面目（以重量计算的贵金属条块——黄金、白银）。根据马克思的观点，作为世界货币不能是价值符号、金属铸币，只能是金银条块。但在当代，世界货币流通领域出现了新现象，许多国家的货币在国际间发挥世界货币的职能，如美元、日元、欧元、英镑等。这些与黄金脱钩，不能兑换成黄金的价值符号为什么能代替贵金属跨越国界作为世界货币呢？这是一个需要进一步研究和作出科学回答的新问题。

(2)世界货币职能的发挥

世界货币在跨越国界过程中，发挥如下作用：国际间的一般支付手段，平衡国际收支差额；国际间的一般购买手段；国际间财富转移的一般手段，对外援助、战争赔款等；有作为国际流通准备金储藏职能的作用。

6.货币职能的内在联系

货币五大职能非彼此孤立，也非完全平行，它们存在着内在联系，分别反映着货币作为一般等价物在商品经济中不同方面的具体内容。最先出现的是价值尺度，正因为货币能表现商品价值，才有可能在交换中充当媒介，发挥流通手段职能，它们是货币两个最基本、不可分割的职能。正如马克思所说："价值尺度和流通手段的统一就是货币。"

其他职能是在以上职能的基础上产生的，只有货币能表现商品价值并能与一切商品交换，才被当做财富一般代表保存，执行储藏职能。支付手段不仅以价值尺度和流通手段为基础，且以储藏手段为前提。世界货币职能不过是上述诸多职能在国际范围内的延伸。从逻辑上看，货币的各个职能顺序都是随商品流通及其内部矛盾的发展而发展起来的。

【知识库】

货币拜物教

把货币神秘化并把它当做偶像来崇拜的观念，它是商品拜物教的一种发展形态。货币是充当一般等价物的一种特殊商品，是一定社会关系的产物。但是在以私有制为基础的商品经济中，货币成为社会财富的一般代表，它可以用来购买一切商品，似乎货币是人类劳动的直接化身；商品生产者的命运决定于商品能不能换成货币。从商品拜物教的商品支配人，变成了货币支配人。"钱能通神"、"有钱能使鬼推磨"，钱成为万能的"上帝"。于是商品拜物教就发展为货币拜物教。在社会主义社会里，金钱虽已不能主宰一切，但货币作为一般等价物，仍然是社会财富的一般代表，因此，货币拜物教现象还存在。

在商品与商品直接物物交换的条件下，商品生产者的命运决定于能不能顺利地换得别人的产品，而在货币出现以后，则决定于能不能顺利地换成货币。商品的神秘性进而发展成了货币的神秘性。人们感觉到好像金银本身天然地具有支配人们命运的神秘力量，在货币力量面前，任何力量都得甘拜下风。于是，商品拜物教就发展为货币拜物教，货币拜物教是商品拜物教的发展形态，"因此，货币拜物教的谜就是商品拜物教的谜，只不过变得明显了，耀眼了"。

资料引自：百度百科.

第三节 货币制度

一、货币制度及其构成要素

货币制度(Monetary System)是国家以法律规定的货币流通的结构和组织形式,它使货币流通的各个要素结合成为一个有机的整体。其宗旨是加强对货币发行和流通的管理,维持货币币值的稳定,管理国家的经济金融秩序,促进经济稳定健康地发展。在现代市场经济条件下,货币制度是社会经济和金融活动赖以存在的基础。

(一)前资本主义社会的货币流通

前资本主义社会就已经有了广泛的货币流通,从实物货币时代进入了金属货币时代。一开始以金银条块形式出现,虽然促进了生产发展,但也出现了称重、鉴别成色、分割等一系列麻烦。社会第三次大分工后,富裕商人、贵族、小生产者等出面,事先称量好货币金属的重量,鉴别好成色,分割大小不一的条块,打上标明其重量和成色的印记,这就是铸币(Coin)的雏形。当商品交易突破地方市场范围时,这种以商人信誉为担保的货币流通的局限性就暴露出来了。为进一步推动商品交易的发展,国家便以自己的权威来集中铸造货币,于是铸币就产生了。

铸币是按照国家的法律规定,用一定重量的金属,以一定的形式铸造并标明其重量和成色的金属块。我国是世界上最早出现铸币的国家,如春秋时期的刀币、布币,秦朝时期的“秦半两”等。

前资本主义社会的货币流通具有以下两个特征。

1.铸造权分散

封建社会的不同地域的诸侯实行政治与经济的封建割据,各自铸造不同地域特色的金属货币,结果出现币种繁多、成色不一、价值不等问题。

2.铸币逐渐贬值

封建社会因疆域之争,战火连绵、社会动荡、财政困难,为了筹集战争经费,统治阶级有意识减轻铸币重量,降低成色,对人民财富进行剥夺。

(二)资本主义货币制度的建立

取得政权的新兴资产阶级为了发展资本主义经济,对货币制度进行改革。

1.统一货币制度

资本主义经济的发展要求有统一的国内市场,包括统一的货币制度,统一的货币形式和货币价值,更好地发挥货币功能,促进生产力发展和商品交换的扩大。货币制度统一的标志就是把分散的货币铸造权集中起来,由国家政权垄断。

2.稳定货币流通

货币流通稳定与否直接影响商品交换是否顺利。货币流通稳定的基本条件是货币价值稳定。稳定的货币价值有利于厂商正确地计算成本和利润,顺利地实现再生产和扩大再生产。同时稳定的货币价值也有助于促进信用关系的发展,从而为商品生产和流通创造有利的条件。

3.增强货币流通具备弹性

货币流通的弹性是指货币流通规模为适应国民经济的周期变化而能进行扩张和收缩。经济周期是客观存在的,货币流通规模如能适应经济周期变化,则对平抑经济周期波动的幅度有好处。

所以当新兴资产阶级取得国家政权后,就相继颁发一系列有关货币发行、铸造和流通的法令,逐步建立起统一的、稳定的货币制度。

(三)货币制度的构成要素

资本主义国家开始建立的货币制度,一般由以下四个要素构成,即货币金属与货币单位;本位货币与辅币的铸造、发行和流通程序;纸币的发行、流通程序及其金准备制度。

1.货币金属

货币金属是指铸造货币所用的金属材料,即币材。货币金属是货币制度的基础,不同的金属币材决定了不同的货币本位,也就决定货币制度的类型。例如确定白银为本位货币币材,就称为银本位制;确定金银同时为本位货币币材,就称为金银复本位制。资本主义初期,白银被广泛用作本位货币金属,随着经济的发展和黄金的增加,黄金在币材中独占了统治地位。可见,这个时期的货币制度是一种以贵金属作币材的金属铸币流通制度。

2.货币单位

货币单位(Monetary Unit)是国家法定的货币计量单位,包括确定货币单位的名称和每一货币单位包含的货币金属量,也称价格标准。例如,英国的货币单位定名为“镑”(Pound Sterling),1816年5月的金币本位法案规定,1英镑含金量合7.97克。美国的货币单位定名为“元”,根据1934年1月的法令规定,其含金量为0.888 671克。中国1914年的“国币条例”中规定货币单位名称为“圆”,每枚银圆含纯银23.493克。

3.各种通货的铸造、发行与流通

(1)本位币的自由铸造与无限法偿

本位币(Standard Money)也称主币,是指在金属制度下,按国家规定的货币金属和货币单位铸造而成的货币。它是一国的基本通货,是法定的计价、结算货币。它的特点表现为:①实际价值与名义价值相等,是足值的货币;②自由铸造、自由熔化、自由流通;③无限法偿;④本位币磨损公差。

自由铸造是指一方面由国家铸造,另一方面每个公民都有权力把任意数量的货币金属送到国家造币厂请求铸成本位币。同时国家允许公民将本位币熔化成金属条块。本位币自由铸造不仅保证铸币的名义价值与实际价值一致,而且还能保证铸造量与需要量一致。无限法偿是指法令规定本位币具有无限支付能力,法律赋予本位币流通权力,任何人不能拒绝接受本位币。磨损公差是指国家规定当本位币流通一段时间后允许磨损的最大限度,超过这一限度,公民可以持币向政府换取新的铸币。

(2)辅币的限制铸造与有限法偿

辅币(Fractional Currency)是本位币以下的小额通货,供日常零星交易和找零之用。辅币与主币有固定的兑换比例,例如1美元=100美分,人民币1元=100分等。辅币的特点表现为:①贱金属铸造。一方面用贵金属铸造面额特小的辅币技术上有困难,另一方面磨损快使贵金属损耗太大。②名义价值高于实际价值(不足值)。辅币是本位币的符号,如果实际价值与名义价值一致,当辅币金属价值上升,辅币就会显得不足,不利于流通。③限制铸造。公民不能自由铸造,铸造权由国家控制,否则由于存在铸造利差,无节制自由铸造出现辅币排挤主币,贵金属主币退出流通领域,贱金属辅币充斥市场。④有限法偿。在商品交易中,在一定的金额内,买方可以用辅币支付,一旦超过这一规定,对方可以拒绝接受。如美国规定用10美分以上的辅币支付时,一次支付限额为10美元;辅币与主币自由兑换。

(3)银行券与纸币的发行与流通

银行券(Bank Notes)是银行发行的不定期的债务,是一种信用票据。最早的银行券出现于17世纪,是银行通过贴现商业票据投入到流通市场中去的。随着商品交易的日益发展,在信用交易的基础上出现了商业票据。当时持有商业票据的人因急需现金到银行要求贴现时,银行付给他们银行券。银行券的特点是:①没有固定的支付日期,持有人可随时向发券银行兑取金属货币;②面额均为固定的整数,便于流通。从17世纪到19世纪中叶,银行券由许多大银行分别发行。从19世纪中叶以后,逐渐改由中央银行集中发行,中央银行发行的银行券是国家法定的流通手段与支付手段。自1929—1933年世界经济危机以后,各国银行券相继停止自由兑换,其流通也不再依靠银行信用,而单纯依靠国家政权的强制力量,从而使银行券纸币化了。

纸币是国家发行并强制流通的货币符号,它源于货币流通手段职能。纸币本身没有价值,也不能兑现,之所以能够被接受是因为国家的强制力量起着关键作用。北宋的"交子"是我国乃至世界最早的纸币,最初"私交子"由四川商人联合发行,在四川境内流通,随时可兑换。后来由于商人破产,官府设置专门机构发行"官交子",名义上可兑换,实则不能。流通范围普及全国各地,成为北宋主要货币。南宋发行"会子";金代发行"金会钞";元朝忽必烈发行"中统元宝钞";明朝发行"大明元宝钞"等。

纸币最后之所以取代铸币流通,是因为:①流通手段职能是基础;②铸币金属量不能满足商品流通的需要;③铸币流通要耗费巨额铸造、运输、保管等流通费用;④贵金属铸币自身的使用价值受到限制(如果都铸成货币,则工业、装饰等行业用贵金属材料就会严重不足);⑤铸币的携带、保管、支付、结算不方便。

4.金准备制度

金准备制度又称黄金储备(Gold Reserve),是指集中于中央银行或国库的货币金属准备。金准备数量多少是一国经济实力状况的标志之一,也是一国货币稳定的基础。在金属货币流通条件下,金准备有三种用途:一是用于国际支付;二是调节国内货币流通;三是保证存款支付和银行券的兑现。现阶段金准备的第二、三项用途已经消失。目前国际金融市场黄金价格上涨幅度较大,2007 年以来每盎司黄金在 800 美元以上,且存在进一步上扬空间,黄金对于各国来讲越来越重要。各国金准备的用途只是作为国际支付的准备金,即作为世界货币的准备金。

二、货币制度的类型

货币制度的演变曾经历过银本位制、金银复本位制、金本位制和不兑现的信用货币制度的几种类型。

(一) 银本位制

银本位制(Silver System)是指以白银作为本位币币材的一种货币制度。其特征是:①白银为本位币币材,银币为无限法偿货币;②银币的名义价值与实际价值一致;③银币可以自由铸造;④白银和银币可以自由输出输入;⑤银行券可以自由兑换银币和等量白银。但是银本位制也有明显的缺点:一是白银价格不稳定,金贵银贱使实行银本位制国家的货币对外贬值;二是不便于大宗交易。

银本位制从 16 世纪以后开始盛行,我国于 1910 年宣布实行银本位制。1933 年 4 月,国民党政府实行“废两改元”,公布《银本位币铸造条例》,流通银元。1935 年 11 月又实行“法币改革”,废除了银本位制,而早在 19 世纪其他国家就相继放弃了银本位制。

(二)金银复本位制

金银复本位制(Gold and Silver Bimetalism)是资本主义发展初期最典型的货币制度。它是一种金银两种金属货币同时作为本位币的货币制度。其特征是:金银两种本位币都可以自由铸造、自由熔化,都具有无限法偿能力;两种金属及其铸币可以自由兑换,可以自由出入国境。金银复本位制有三种具体形式:平行本位制、双本位制和跛行本位制。

1.平行本位制

平行本位制(Parallel Standard System)就是金币和银币按照它们所包含的金银实际价值进行流通的,也就是金币与银币按照市场比价进行交换的。这种货币制度的缺点显而易见,因为金银复本位制下,商品具有金币和银币表示的双重价格。金银市场比价波动必然引起商品双重价格比例波动,使商品交易遇到很多麻烦。

2.双本位制

双本位制(Double Standard System)就是国家以法律规定金币与银币之间的固定比价,即金币与银币是按法定比价进行流通和交换的。由于国家规定的金银币比价和金银币市场比价可能出现不一致,就产生了实际价值高、名义价值低的货币(良币)被熔化且退出市场,而实际价值低、名义价值高的货币(劣币)充斥市场,产生了“劣币驱逐良币”(Bad Money Drives Money out of Circulation)的现象,也称“格雷欣法则”。

“格雷欣法则”是由16世纪英国财政大臣托马斯·格雷欣发现并提出的。在金属货币流通条件下，当一个国家同时流通两种实际价值不同，但法定比价不变的货币时，实际价值高的货币（良币）必然被人们熔化、收藏或输出而退出流通，而实际价值低的货币（劣币）反而充斥市场。例如，当国家规定1金币＝15银币的法定比价，而市场比价1金币＝16银币时，人们就会先按市场比价用1个金币换回16个银币，然后按法定比价用15个银币换回1个金币，其结果可多得一个银币。当人们每次用15个金币按市场比价换回银币，然后再按法定比价换回金币时，就会多得一个金币，将其熔化或收藏。如此循环往复，价值含量较高的金币越来越少，反之价值含量低的银币越来越多，充斥整个市场。

3.跛行本位制

跛行本位制（Limping Standard）就是金币与银币都是本位币，但国家规定金币能自由铸造，而银币不能自由铸造，并限制每次支付银币的最高限额。这种货币制度中的银币实际已经成了辅币。

（三）金本位制

金本位制（Gold Standard System）是指以黄金作为本位币的货币制度。它主要有金币本位制、金块本位制和金汇兑本位制三种形式。

1.金币本位制

金币本位制（Gold Coin Standard System）又称金单本位制，是指以金币为本位币，推行以金币流通为主的一种货币制度。金币本位制的主要特点是：①金币可以自由铸造，自由熔毁；②辅币与银行券可以自由兑换成金币；③黄金可以自由输出输入；④货币制度相对稳定，不发生通货膨胀。这种货币制度促进了资本主义的发展。但到了20世纪初期，黄金基础大大削弱。集中大量黄金的国家又把黄金集中于中央银行或国库，流通中的黄金急剧减少，黄金的自由铸造与自由流通实际上成为不可能。1929—1933年世界经济危机期间及以后，各国纷纷放弃了这种货币制度。

2.金块本位制

金块本位制（Gold Bullion Standard System）又叫“生金本位制”，是指没有金币的铸造和流通，而由中央银行发行以金块为准备的纸币流通的货币制度。其特点是：金币从流通中消失，黄金由政府集中储存。但纸币单位仍然是金单位，国家规定了本位币的含金量，准许本位币在一定限制下兑换黄金。如英国1925年规定银行券数额在1 700英镑以上方能兑换黄金。英国、法国、荷兰、比利时等国，在1924—1928年期间实行过金块本位制。

3.金汇兑本位制

金汇兑本位制（Gold Exchange Standard System）又称“虚金本位制”，银行券不能直接兑换黄金，银行券只能与外汇兑换，然后用外汇在外国兑换黄金。其特点是：货币单位规定有含金量，但国内流通银行券，无铸币流通，无金块可供兑换。中央银行将黄金和外汇存放在另一个实行金本位制的国家，并规定本国货币与该国货币的法定兑换比率。居民可按这一比率用本国货币兑换该国货币,再向该国兑换黄金。第一次世界大战前,菲律宾、印度等国实行过金汇兑本位制。第一次世界大战后法国、意大利、奥地利、中国、波兰等国实行过这种货币制度。

第二次世界大战结束前夕,在美国的新罕布什尔州布雷顿森林召开的国际货币会议上确立的"布雷顿森林体系"实际上是一种全球范围的金汇兑本位制度。这一体系规定的"各国货币与美元挂钩,美元与黄金挂钩"以美元为中心的货币制度,把各国货币都变成了美国货币的依附货币。直到 1973 年,由于美国宣布美元与黄金脱钩,金汇兑本位制才正式停止。

金单本位制、金块本位制与金汇兑本位制都属于金本位制。但金块本位制和金汇兑本位制是残缺的金本位制。为了能进一步摆脱黄金对商品经济的束缚,各国都在 20 世纪 30 年代大危机以后实行不兑现的纸币制度。

(四)不兑现的信用货币制度

不兑现的信用货币制度(Fiat Fiduciary Monetary System)就是纸币制度,是指流通中没有金属本位货币,而以不兑换黄金的信用货币为本位货币的制度。不兑现信用货币包括不兑现银行券(现钞)和银行存款货币(非现金)两种。不兑现银行券体现着银行对其持有者的负债,存款货币则体现着银行对存款人的负债。

1.实行纸币制度的原因

(1)金属货币制度本身具有难以克服的缺陷

金属货币制度需要有足够的贵金属作为货币发行准备金和货币流通基础。随着经济大发展,贵金属储藏量和产量的有限性与商品生产和流通规模不断扩大的矛盾日益尖锐。尽管实行部分准备金制度可在一定程度上缓和这一矛盾,但不能从根本上消除这一矛盾。人类社会的商品生产和商品流通规模远远大于贵金属的存量总和。人类社会经济发展在客观上要求有一种不受自然资源限制,并可以调节其数量的货币。纸币因其材料来源充足而成为人们选择的对象。

在金属货币制度下,一国经济受国外影响太大。在金银可以自由输出输入的时候,各国经济都紧密相关;在实行金汇兑本位制时,各国为了维持汇率稳定,须被迫调整其国内的经济政策和经济目标。这些不利于一国实行独立的经济政策,也是各国放弃金属货币制度的重要原因。

(2)纸币制度有其天然的优势

在纸币制度下实行纸币流通。纸币是以国家信用为担保而发行和流通的。它除了可以根据经济发展的需要由政府或中央银行加以规模调节以适应经济发展的要求外,还可以执行价值尺度、流通手段、支付手段等多项货币职能。

纸币是用纸作为货币材料。纸的价值含量很低,即使有了磨损,也不会造成社会财富的巨大浪费。而贵金属货币则不然,在金属货币流通过程中自然损耗的贵金属是难以收回的。这种损耗是社会财富的浪费。纸币还具有易于携带、保管、计价和支付准确等好处,这些都是金属货币所不及的。

(3)纸币制度的内容

纸币制度的主要内容为:①纸币发行权由国家垄断,在中央银行制度建立后,一般由国家授权中央银行发行,以保证发行纸币的收入归国家所有;②中央银行发行的纸币是法定货币,在一国范围内具有无限法偿能力;③纸币不能兑现;④在纸币制度下,广泛实行非现金结算方式,以提高结算和支付的准确性,并节约流通费用。

2.我国的货币制度

(1)旧中国的货币制度

中国是世界上产生货币最早的国家之一。早在周朝就已经出现了金属货币。在金属货币出现以前,就有珠、玉、贝、帛等起着等价物作用。到了春秋战国时期,金属货币已广泛使用。秦朝建立后,最早以国家法令的形式规定了货币制度。但由于长期的封建统治,经济发展缓慢,使货币制度的发展停滞不前,有时甚至发生倒退。在2 000多年的漫长历史中,基本是金、银、铜三币并行,不分主币与辅币,各以其自身的价值流通,没有明确的本位币,金银称量行使,铜币计数行使。黄金主要用于大额支付和储藏,流通范围很小。白银除用于大额支付和储藏外,还较广泛和久远地发挥价值尺度与流通手段的职能,而且越到后来白银作为货币的作用越重要。铜钱则始终为民间小额贸易所广泛使用。但是从春秋战国时期的布币、刀币到清末的铜元,期间变化较为复杂。外国银元从明朝万历年间开始流入中国,以后随流入量的增多,在中国流通逐渐盛行。清光绪十三年(1887年)政府正式设立造币厂自铸银元,这是中国官铸银元的开端。从此以后,直到20世纪30年代以前,中国自铸了多种银元,形成各种自铸银元和外国银元混杂流通于市。直到1933年,南京政府实行“废两改元”,公布《银本币铸造条例》,流通银元,银两不再流通,银元才真正成为本位货币,在旧中国才算完成了银本位制度。1935年,南京政府又实行“法币改革”,废除了银本位币制度,银元走完了其在中国的历史进程,取而代之的是“汇兑本位制度”,国内流通不兑现的纸币(法币),并先后依附于英镑和美元。

纸币产生于11世纪的北宋时期,比西方国家17世纪时以纸币形式出现的银行券要早很多。北宋初四川流通铁钱,携带不方便,于是由商人发行一种用纸印刷的“交子”代替铁钱流通,可凭此兑换现钱。北宋仁宗天圣元年(1023年)设益州“交子务”,次年发行“官交子”,宋徽宗大观年间,政府把“交子”改为“钱引”,意为兑换券或领钱证明。后因“钱引”发行量过大,价值大跌而失败。自宋朝以来,中国历朝均有纸币发行和流通。元朝有“至元宝钞”、“至正交钞”、明朝有“大明宝钞”,清朝有“大清宝钞”、“户部管票”(银票)等。1840年鸦片战争后,西方国家相继在中国设立银行,并在中国发行银行券,中国货币流通逐渐沦为半封建半殖民地性质。清光绪二十四年(1898年),中国资本的中国通商银行开始发行银行券,此后设立的中国银行、交通银行、四明银行等都均发行过银行券。1935年,中国实行法币制度,银元退出流通领域,凭借政府权力推行不兑现的纸币流通制度。南京政府将纸币发行权集中于以蒋介石为首的四大家族银行——中央银行、中国银行、交通银行与中国农民银行。直到1942年,才将纸币发行权完全集中于中央银行,取消了其他银行的纸币发行权,由中央银行垄断纸币发行。从

1937年抗日战争开始，国民党统治区的货币走上了通货膨胀的道路。抗战后，蒋介石发动内战，物价上涨，纸币贬值，导致了货币流通的极其混乱和货币制度的彻底崩溃。

(2)我国的人民币制度

土地革命时期，共产党先后在海陆丰、湘赣、鄂豫皖、陕北等根据地建立了银行，发行了自己的纸币、布币、银币、铜币、信用券等，建立了自己的货币制度。1931年中央苏区成立了中华苏维埃共和国国家银行，毛泽民任行长，铸造银币与铜币(典型的货币是工字银元)，纸币可以兑换银元。抗日战争开始后，晋冀鲁豫边区银行、陕甘宁边区银行、北海银行、晋绥边区银行发行了边币、冀南币、北海币、晋绥币等。解放战争时期，各个解放区又相继建立了一些银行，并发行货币。如：东北解放区的东北银行、东蒙古自治区的东蒙银行、冀察热辽解放区的长城银行、湖北与河南的中州银行等。1948年12月1日，中央决定将华北银行、北海银行、西北农民银行合并成中国人民银行，发行货币，执行央行职能。1955年3月1日开始发行新人民币，同时兑换旧币，为完善社会主义货币制度打下了基础。

人民币是我国的法定货币，它没有确定法定含金量，是不兑现的信用货币。我国现行的人民币制度主要内容包括：①人民币是我国的法定货币，符号为“￥”，它是由中国人民银行发行的信用货币。人民币的基本单位是“元”，元是主币，辅币的名称是“角”和“分”。②人民币是中国大陆唯一的合法通货。任何金银和外币不得在国内市场计价、结算与流通；严禁伪造、变造人民币；禁止出售和购买伪造、变造的人民币；禁止故意损毁人民币；禁止在宣传品、出版物或其他商品上非法使用人民币图案。③国家指定中国人民银行为唯一的货币发行机关，并对人民币流通进行管理。④残缺、污损的人民币，按照人民银行规定进行兑换并负责收回、销毁。⑤人民币是信用货币。人民币的发行有三个层次的发行保证：一是以商品物资为基础，即根据商品生产的发展和流通的扩大对货币的实际需要而发行。二是信用保证，包括政府债券、商业票据等。三是黄金、外汇储备。⑥人民银行设立人民币发行库，在分支机构设立分支库。⑦统一管理金银和外汇储备，统一管理汇率，人民币在国际收支经常项目下可自由兑换，人民币出入国境实行限额管理。

(3)“一国两制”下的地区货币制度

1997年7月和1999年12月，香港和澳门相继回归祖国，根据基本法规定，港元与澳门元分别为其法定货币。同时，由于大陆和台湾尚未统一，台湾省保持着与大陆不同的货币和货币制度，形成了“一国多币”的特殊的货币制度。人民币由中央银行发行；港元由汇丰银行、渣打银行、中国银行发行；澳门元由大西洋银行、中国银行发行；新台币由台湾地区的“中央银行”发行。港元、澳门元在内地视同外币处理，人民币在港澳也视同外币处理，人民币与港元、澳门元之间按照以市场供求为基础决定的汇价进行兑换，而港元与澳门元直接挂钩。

3.货币流通规律

(1)货币流通规律内涵

货币流通规律是指完成一定时期商品流通的货币必要量的规律。这个规律的基本要求就是流通中的货币量必须适应商品流通对货币的需求量。由于货币流通是由商品流通决定的，因此，货币流通规律是研究商品流通与货币流通的量的规律。为商品流通服务的货币必要量，包括作为流通手段的必要量和支付手段后的必要量。此外，还有纸币流通规律。

(2)流通手段的货币必要量

充当流通手段的货币必要量决定于三个因素：待销售的商品数量、商品价格和货币流通速度。待销售的商品数量对货币必要量的影响是：需要进行交换的商品数量越大，所需要的货币数量就越多；反之，则越少。因此，待销售的商品数量与货币必要量成正比例变化。商品价格对货币必要量的影响是：需要销售的商品价格越高，所需要的货币数量就越多；反之，则越少。因此，商品价格与货币必要量成正比例变化。商品价格乘以商品数量就等于商品的价格总额。商品价格总额是计算货币必要量的基础。货币流通速度对货币必要量的影响是：货币流通速度越快，所需要的货币数量就越少；反之，则越多。因此，货币流通速度与货币必要量成反比例变化。

综上所述，以上三个因素与执行流通手段的货币必要量的关系，可用公式表示为

$$\text{执行流通手段职能的货币必要量} = \frac{\text{待销售的商品数量} \times \text{商品价格水平}}{\text{同单位货币作为流通手段的流通速度(次数)}}$$

用符号表示的公式为

$$M = \frac{PQ}{V}$$

式中，M 为一定时期内流通中所需要的货币量，P 为商品价格水平，Q 为一定时期内待销售的商品数量，V 为同单位货币的流通速度(次数)。

(3)支付手段产生后的货币必要量

货币流通不仅是货币发挥流通手段职能，而且还包括发挥支付手段职能引起的货币流通。货币的支付手段是和商品的赊销相联系的，是以价值的独立形式进行单方面转移。它和商品运动在时间上分离，因此对货币必要量产生以下影响：①商品赊销后不在本时期内收款的，由于不需要货币在本时期内流通，因此应该把这一部分从商品价格总额中减去；②上一时期的债务本时期到期支付的，由于需要货币在本时期内流通，因此应该把这一部分加进商品价格总额中；③由于一部分债权、债务以互相抵消的方式结清而不必动用现金，所以也应该从商品总额中把这一部分减去；④由于加进了支付手段因素，货币流通应是包括流通手段和支付手段在内的货币的平均流通次数。

根据以上分析，货币流通在加进支付手段因素后，货币必要量的公式可以表示为

$$\text{一定时期流通中的货币供应量} = \frac{\text{待销售商品价格总额} - \text{赊销商品价格总额} + \text{到期支付总额} - \text{相互抵消的总额}}{\text{同单位作为流通手段和支付手段的平均流通速度(次数)}}$$

这个公式是在前一个货币流通规律的基本公式基础上补充后的公式。它反映的是现金流通的必要量公式，因为它把相互抵消的支付总额已经从公式的分子中减去，这使一定时期内商品流

通所需要的货币量减少了。商品流通的货币必要量不再直接决定于出售的商品价格总额，而决定于以现款出售的商品价格总额，以及债权、债务相抵后必须支付的差额。

(4)纸币流通规律

纸币流通规律就是流通中所需要的纸币数量取决于流通中所需要的金属货币量的规律，是货币流通规律的特殊形式，它揭示的是纸币与黄金的比例问题。

纸币既然是在流通中代表货币发挥流通手段和支付手段的职能，投入流通过程的纸币数量就要取决于流通中所需要的金属货币量。换句话说，纸币的发行要有量的限制，这个量就是流通中金属货币量。无论纸币的发行数量有多大，它所能代表的只能是流通中所需要的金属货币量。纸币的流通规律可用下列关系式表示，即

$$\text{流通中全部纸币所代表的价值量} = \text{流通中货币必要量}$$

$$\text{单位纸币所代表的价值量} = \frac{\text{流通中金属货币必要量}}{\text{纸币发行总量}}$$

$$\text{单位纸币所代表的金属货币的价值量} = \frac{\text{待销售的商品价格总额} \div \text{货币流通速度(次数)}}{\text{流通中的纸币量}}$$

假如商品流通需要金属货币量为1亿元，纸币发行量也应为1亿元，单位纸币的价值量等同于金属货币的价值量；如果纸币发行量为2亿元，单位纸币的价值量只能代表0.5元的金属货币的价值量，则纸币贬值二分之一。因为2亿元的纸币所代表的全部价值才能和1亿元的金属货币的价值量相符。因此，在纸币本身没有价值只是货币符号的情况下，纸币的发行数量只能是流通中的货币必要量。它的名义价值能否与它所代表的金属货币就价值相等，就要由纸币的发行数量来决定。如果纸币发行量与流通中所需要的金属货币量一致时，单位纸币的名义价值就等同于单位金属货币的价值；如果纸币发行过多，超过对金属货币的需要量时，由于纸币不能像金铸币那样自由地退出流通形成储藏，则单位纸币所能代表的金属货币量就要相应减少，纸币就会贬值。纸币发行量超过货币必要量多少倍，纸币就要相应地贬值多少倍。在其他条件不变的情况下，物价就要相应地上涨多少倍，这是不以人们的意志为转移的客观规律。一个国家的政府可以把任何一个纸币数量投入流通，但不能改变纸币流通规律。纸币流通规律公式中的分子部分就是货币流通规律计算的流通中金属货币规律的基础上引申出来的，是货币流通规律的派生形式。

【知识库】

探访世界第一金库

离华尔街数步之遥的纽约联储银行金库里存放着至少价值700亿美元以上的黄金，占全球黄金存量的四分之一左右。金库所在的纽约联储银行是美国联邦储备系统(相当于中央银行)12个地区分行之一。

金库管理森严，不仅照相机、手机等必须留在一层，就连笔记本也不能带进去。唯一通往金库的通道是由工作人员远程控制的一部电梯。金库位于地下250多米，比海平面低150余米，比纽约地铁系统低100米左右。这座金库位于曼哈顿地下巨大的花岗岩层之上，所以根本不必担心劫匪会打地洞钻进金库。果然，这座金库建成近80年来，还从没有遭到过抢劫。

足有半个足球场大小的金库根本就没有门,上下前后都是花岗岩,唯一的入口则是一座直径7米多,重达90余吨的钢制圆柱体。遇有访客或检查黄金储备,工作人员就将"过道"打开90度。一旦"过道"封闭之后,系统会将其自动下沉几厘米,这样无论水火都根本无法进入金库之内。别看它沉重,但遇到紧急情况时反应却十分迅速。"9·11"事件发生之后,这座"通道"在28秒钟之内关闭,数天之内没有打开过。

金库里的金块不是堆在一起,而是隔成许多储藏间分别堆放。这里共有122个储藏间,其中最大的一间可以存放近11万块金锭,价值近200亿美元,堆起来有3米高、3米宽、5米多长。整个金库存放的黄金共约2亿盎司(合5 580余吨),市场价值近700亿美元。这些黄金中只有约5%为美国政府所有,其余归60余个国家和国际货币基金组织等国际机构所有。每个国家或国际组织使用一间储藏间,也有几个国家使用同一个"公共储藏间"的。储藏间门上没有任何标记,这些金块的归属都是绝密的。

虽然纽约联储保存着世界上四分之一的黄金储备,但美国政府的黄金储备并不在这里。由美国政府部门负责保存的黄金储备存放在肯塔基州的诺克斯堡和纽约州的西点。美国政府拥有的其余少量黄金则存放在旧金山市。

资料引自:文汇报,2003-8.

第四节　货币的层次与计量

一、货币的定义

由于人们观察的角度不同,货币有种种定义。如有人认为货币就是一般等价物;有人认为货币是社会计算的工具和"选票";有人认为货币就是财富等。马克思在《资本论》中对货币作过详尽地分析,根据这些分析,货币的概念包括两个方面的含义:

①从性质上理解,货币是充当一般等价物的特殊商品。

②从职能上理解,在表现并衡量商品价值大小时,货币是价值尺度;在媒介商品流通时,货币是流通手段;在财富积累时,货币是储藏手段;在兑现买卖信用时,货币是支付手段;在国际清算时,货币是国际支付手段。

二、货币层次划分依据

所谓货币层次是指不同范围的概念。国际通常惯例如下

$$M_0 = \text{流通中现金}$$

$$M_1 = M_0 + \text{商业银行活期存款}$$

$$M_2 = M_1 + \text{商业银行定期存款} + \text{商业银行储蓄存款}$$

$$M_3 = M_2 + \text{其他金融机构存款}$$

$$M_4 = M_3 + L$$

其中，M_0 和 M_1 被称为狭义货币，M_2 和 M_3 是广义货币，M_4 是最广义货币。M_4 中的 L 是指具有流动性的资产。

所谓狭义货币是指那些流动性最强，其承担的职能主要是充当交换媒介即流通手段的那部分货币，包括流通中的现金和银行活期存款。银行活期存款又称支票账户，存款人通过签发支票即可以实现支付或提现，其流动性和现金差不多，所以可看做是等同于现金的货币形式。所谓广义货币，它既包括高流动性的现金、活期存款，又包括流动性稍差、但有收益的存款货币。

根据划分货币层次的目的，在划分货币层次时，原则上是以金融资产的流动性为依据的。所谓金融资产的流动性也叫变现性，是指一种金融资产对持有人来说，可以不蒙受损失，或不蒙受较大的损失而能够很容易地变为现实的购买力的能力。在具体划分货币层次时，一般可按流动性原则的要求，考虑如下三方面因素：

①货币周转速度的快慢。流动性程度不同的货币，在一定时期内转手的次数不同，形成的购买力不同，对商品流通的影响程度也不同。货币周转速度越快，在一定时期内形成的购买力越大；反之，形成的购买力则越小。不同范围或层次的货币周转速度不同，对货币流通的影响不同。

②存款变现率的高低。存款变现率即在一定时期内，存款转化为货币购买力的比率。不同的存款变现的比率不同，活期存款可随时提取转化为现实的购买力，变现高；定期存款转化为现实购买力的比率比活期存款低，一般情况下，只有当存款到期才能转化为现实的购买力。因此活期存款与定期存款对货币流通的影响不同。

③货币作为购买力的活跃程度。活期存款与定期存款比，活期存款活跃；活期存款与现钞比，现钞又比活期存款更活跃。货币作为购买力的活跃程度不同，对货币流通的影响也不同。

三、主要国家货币层次的计量

①美国联邦储备银行的货币层次计量

M_1 = 流通中现金 + 旅行支票 + 活期存款 + 其他支票存款

M_2 = M_1 + 所有存款机构储蓄存款 + 小额定期存款 + 隔夜回购协议 + 隔夜欧洲美元 + 货币市场存款账户 + 货币市场共同基金

M_3 = M_2 + 所有存款机构大额定期存款 + 长于隔夜期限的回购协议和欧洲美元

L = M_3 + 其他短期流动资产（如储蓄债券、商业票据、银行承兑票据、短期政府债券等）

②英格兰银行的货币层次计量

M_1 = 现金 + 私人部门持有的英镑活期存款

M_2 = M_1 + 私人部门持有的小额英镑存款 + 私人部门在建房协会的小额股票和存款 +

国民储蓄银行普通账户

$M_3 = M_2$ + 私人英镑定期存款 + 公用部门活期存款和定期存款

$M_4 = M_3$ + 英国居民持有的各种外币存款

③IMF 的货币层次计量

M_1 = 银行体系外的现钞和铸币 + 商业银行活期存款 + 其他活期存款

$M_2 = M_1$ + 准货币(定期存款和政府债券)

④中国人民银行的货币层次计量

M_0 = 流通中现金

$M_1 = M_0$ + 企业单位活期存款 + 农村存款 + 机关团体部队存款

$M_2 = M_1$ + 单位定期存款 + 自筹基本建设存款 + 个人储蓄存款 + 其他存款

【知识库】

广义货币 M_2

M_2:M_1 的所有项目以及流动性较差、不能直接用作支付工具但可以较方便地变为支付工具的项目。我国将货币供应量划分为三个层次:一是流通中现金 M_0,即在银行体系外流通的现金;二是狭义货币供应量 M_1,即 M_0 加上企事业单位活期存款;三是广义货币供应量 M_2,即 M_1 加上企事业单位定期存款、居民储蓄存款和其他存款。

2011 年货币供应量

单位:亿元人民币

项目	1	2	3	4	5	6	7	8	9	10	11	12
M2	7338 84.83	7361 30.86	7581 30.88	7573 84.56	7634 09.22	7808 20.85	7729 23.65	7808 52.30	7874 06.20	8168 29.25	8254 93.94	8515 90.90
M1	2617 65.01	2592 00.50	2662 55.48	2667 66.91	2692 89.63	2746 62.57	2705 45.65	2733 93.77	2671 93.16	2765 52.67	2714 16.37	2898 47.70

2012 年 1—3 月货币供应量

项目 Item	012.01	2012.02	012.03
货币和准货币(M2) Money & Quasi - money	855898.89	867171.42	895565.37
货币(M1) Money	270010.40	270312.11	277998.30

注:1. 自 2011 年 10 月起,货币供应量已包括住房公积金中心存款和非存款类金融机构在存款类金融机构的存款。

2. 本表为正式数据。

本章小结

1.货币是在商品交换发展的漫长历史过程中自发产生的，是商品内在矛盾发展的必然结果。价值形式的发展过程就是货币产生的过程，大致经历了简单的价值形式、扩大的价值形式、一般价值形式和货币价值形式四个阶段。

2.货币是从商品中分离出来的，固定地充当一般等价物的特殊商品，反映了一定的社会生产关系。货币在与商品交换的过程中，逐渐形成了价值尺度、流通手段、支付手段、储藏手段和世界货币五大职能，其中价值尺度与流通手段是最基本的职能，其他职能是在基本职能基础上派生出来的派生职能。

3.货币制度是一个国家以法律形式确定的该国货币流通的结构、体系及组织形式。货币制度包括货币金属与货币单位；本位币与辅币的铸造、发行和流通程序；纸币的发行、流通程序及其金准备制度。货币制度经历了一个从金属货币制度到不兑现货币制度的历史演变过程。其中金属货币制度包含银本位制、金银复位本位制、金本位制，在金银复本位制中，存在平行本位制、双本位制和跛行本位制三种情况。双本位制下，由于两种金属本位币比价关系存在官方规定价格和市场变动价格，出现劣币驱逐良币现象，即格雷欣法则。

4.货币层次各国划分方法有所不同，但是划分的依据是一致的，即货币周转速度的快慢；存款变现率的高低；货币作为购买力的活跃程度。

思考题

一、名词解释

价值尺度　流通手段　支付手段　储藏手段　世界货币　价格标准　货币制度　本位币　辅币　金本位　银本位　金银复本位　金块本位制　金汇兑本位制　不兑现的信用货币制度　劣币驱逐良币规律　货币流通规律

二、简述题

1.货币的价值形式经历了几个阶段？

2.货币职能有哪些？

3.如何理解货币的本质？

4.金、银本位制的特点有哪些？

5.如何理解劣币驱逐良币规律？

6.金块本位制与金汇兑本位制的内涵是什么？

三、论述题

试述不可兑现的信用货币制度代替金属货币制度的客观必然性。

【阅读资料】

中国古代货币的演变

中国是世界上最早使用货币的国家之一，根据文献记载和大量出土文物考证，中国货币起源至少有4 000年历史。从贝币到秦始皇统一中国之后流通的方孔圆钱，到北宋出现了纸币，中国的货币文化可谓源远流长。

贝是中国最早的货币，产生于殷商。贝币的计算单位是朋，每朋10贝。随着商品交换的迅速发展，贝币的流通数量越来越大，而天然贝来源有限，不能满足需要，于是人们开始用其他材料仿制海贝。铜贝的出现，是中国古代货币由自然货币向人工货币的一次重大转变。

从商朝铜贝出现后到战国时期，中国的货币逐渐形成了以诸侯割据称雄为特色的四大体系，即铲币、刀币、环钱、楚币(蚁鼻钱)。秦始皇统一中国后，于公元前210年颁布了中国最早的货币法“以秦币同天下之币”，规定在全国范围内通行秦国圆形方孔的半两钱。圆形方孔的秦半两钱在全国的通行，结束了中国古代货币形状各异、重量悬殊的杂乱状态，是中国古代货币史上由杂乱形状向规范形状的一次重大转变。秦汉以来所铸造的钱币，通常在钱文中都明确标明钱的重量，如：“半两”、“五铢”、“四铢”等(二十四铢为一两)。秦半两钱确定下来的这种圆形方孔的形制，一直延续到民国初期。

唐高祖武德四年(621年)，李渊决心改革币制，废轻重不一的历代古钱，取“开辟新纪元”之意，统一铸造“开元通宝”钱。开元通宝一反秦汉旧制，钱文不书重量，是中国古代货币由文书重量向通宝、元宝的演变。“开元通宝”钱是中国最早的通宝钱。此后中国铜钱不再用钱文标重量。都以通宝、元宝相称，一直沿用到辛亥革命后的“民国通宝”。

纸币出现是货币史上的一大进步。北宋时期的“交子”被认为是真正纸币的开始。纸币出现在北宋并不是偶然的，它是社会政治经济发展的必然产物。宋代商品经济发展较快，商品流通中需要更多的货币，而铜钱短缺，满足不了流通中的需求量。因此，客观上需要轻便的货币，这也是纸币最早出现于四川的原因。此外，宋朝政府经常受辽、西夏、金的进攻，军费和赔款开支很大，也需要发行纸币来弥补财政赤字。种种原因促成了纸币——“交子”的产生。最初的“交子”由商人自由发行，随着商品经济的发展，“交子”的使用越来越广泛。宋仁宗天圣元年(1023年)，政府设益州交子务，由官员主持“交子”发行，严格其印刷过程。这便是中国最早由政府正式发行的货币——“官交子”。它比美国(1692年)、法国(1716年)等西方国家发行纸币要早六七百年，因此也是世界上发行最早的纸币。“交子”的出现，便利了商业往来，弥补了现钱的不足，是中国货币史上的一大贡献。

清朝后期，随着国外先进科学技术的逐渐传入，光绪年间已开始在国外购买造币机器，用于制造银元、铜元。后来，广东开始用机器制造无孔当十铜元。因制造者获利丰厚，各省纷纷效仿。清末机制货币的出现，是中国古代货币史上由手工铸币向机制铸币的重大转变。从此，不但铸造货币的工艺发生了重大变化，而且使流通了2 000多年的圆形方孔钱寿终正寝。

资料引自：袁远福．中国金融简史[M]．中国金融出版社，2005．

第二章

Chapter 2

信　用

【学习目的与要求】

通过对本章的学习，使学生了解信用的产生与发展、高利贷的特点及其历史状况、信用与货币之间的关系；要求在掌握信用概念与商业信用、银行信用、国家信用、消费信用等信用形式的基础上，认识到发展多种信用形式的必要性。

【案例导入】

1596年，荷兰的一个船长巴伦支带着17名水手，试图寻找从北面到达亚洲的路线。他经过了三文雅（现为俄罗斯的一个岛屿），被冰封的海面困在了北极圈的一个地方。三文雅地处北极圈之内，巴伦支船长和17名荷兰水手在这里度过了8个月漫长的冬季，他们拆掉了船上的甲板做燃料，以便在零下40℃的严寒中保持体温。他们靠打猎来取得勉强维持生存的衣服和食物。在这样艰难恶劣的环境中，有8名水手因饥饿和寒冷而死去了。但荷兰商人却做了一件令人难以想象的事情，他们丝毫未动别人委托给他们运输的货物，这些货物中就有可以挽救他们生命的衣物和药品。冰冻时节结束了，幸存的商人终于把货物几乎完好无损地带回荷兰，送到委托人手中。荷兰人有充分的理由先打开托运箱，把能吃的东西吃了，等到了目的地，可以加倍偿还托运者。任何人都会同意这种人道的做法。但是，荷兰人没有这样做，他们把信用看得比自己的生命更重要。他们用生命作代价，守住信用，创造了传之后世的经商法则。在当时，荷兰本来只是个100多万人口的小国，却因为商誉卓著，而成为海运贸易的强国，福荫世世代代的荷兰人。

第一节　信用的产生与发展

一、信用的内涵

(一)信用的定义

人类历史发展到今天,“信用”(Credit)这个词已经包含着极其丰富的内涵。它可能是人类认识中最为复杂、最难以捉摸的概念之一。对信用的真正含义的认识,仁者见仁,智者见智,可以从不同的角度进行探究,在通常意义上,我们至少可以从以下几个角度来理解“信用”。从伦理道德层面看:信用主要是指参与社会和经济活动的当事人之间所建立起来的、以诚实守信为道德基础的“践约”行为。从法律层面来看:《民法通则》中规定“民事活动应当遵守自愿、公平、等价有偿、诚实守信的原则”;《合同法》中要求“当事人对他人诚实不欺,讲求信用、恪守诺言,并且在合同的内容、意义及适用等方面产生纠纷时要依据诚实信用原则来解释合同”。从经济学层面看:信用是指在商品交换或者其他经济活动中授信人在充分信任受信人能够实现其承诺的基础上,用契约关系向受信人放贷,并保障自己的本金能够回流和增值的价值运动。而《货币银行学》对信用的解释是:“信用这个范畴是指借贷行为。这种借贷行为的特点是以收回为条件的付出,或以归还为义务的取得;而且贷者之所以贷出,是因为有权取得利息,后者之所以可能借入,是因为承担了支付利息的义务。”也就是说,信用是以还本付息为条件的借贷行为。

信用和货币一样都是很古老的范畴,信用与货币自古以来就存在着紧密联系,主要表现为以下两个方面。首先,以货币为媒介的商品流通的发展,为商品买卖在时间上和空间上分离创造了条件;商品的价值通过货币来表现,使价值可以从观念上独立于使用价值之外。而这种价值观念的强化,就为信用交易提供了可能,所以,货币是信用得以产生的一种原始的推动力。其次,货币支付手段职能的发展,使商品让渡同商品价值的实现在时间上分离开。这种分离意味着商品的卖者要先让渡商品,然后才能获得出卖的商品的价值,而商品的买者则可以先获得商品的使用价值,并作为未来所应支付货币的代表而赊购商品,形成了卖者作为债权人和买者作为债务人的债权债务关系。

信用行为发生过程一般需要有五个要素:

信用主体。信用作为特定的经济交易行为,要有行为的主体,即行为双方当事人,其中转移资产、服务的一方为授信人,而接受的一方则为受信人。授信人通过授信取得一定的权利,即在一定时间内向受信人收回一定量货币、其他资产或服务的权利,而受信人则有偿还的义务。

信用客体。信用作为一种经济交易行为,必定有被交易的对象,这种被交易的对象就是授信方的资产,它可以是有形的(如以商品或货币形式存在),也可以是无形的(如以服务形式存在)。没有这种信用客体,就不会产生经济交易,因而不会有信用行为的发生。

信用内容。授信人以自身的资产为依据授予对方信用,受信人则以自身的承诺为保证取得信用。因此,在信用交易行为发生的过程中,授信人取得一种权利(债权),受信人承担一种义务(债务),没有权利与义务的关系也就无所谓信用,所以具有权利和义务关系是信用的内容,是信用的基本要素之一。

信用工具。双方的权利和义务关系,需要表现在一定的载体上(如商业票据、股票、债券等),这种载体被称为信用工具。信用工具是信用关系的载体,没有载体,信用关系无所依附。作为载体的信用工具,一般具有以下几个主要特征:①返还性。商业票据和债券等信用工具,一般都载明债务的偿还期限,授信人可以按信用工具上所记载的偿还期限按时收回其债权金额。②可转让性,即流动性。信用工具可以在金融市场上买卖。对于信用工具的所有者来说,可以随时将持有的信用工具卖出而获得现金,收回其投放在信用工具上的资金。③收益性。信用工具能定期或不定期地给其持有者带来收益。

时间间隔。信用行为与其他交易行为的最大不同就在于,它是在一定的时间间隔下进行的,没有时间间隔,信用就没有栖身之地。

(二)信用的特征

①标的为一种所有权与使用权相分离的资金。

②以还本付息为条件。

③以相互信任为基础。

④以收益最大化为目标。

⑤具有特殊的运动形式。

它有两个基本特征:一是以偿还为前提条件,到期必须偿还;二是偿还时带有一个增加额——利息。

二、信用的产生

经济学中的信用是一种体现着特定经济关系的借贷行为。借贷行为可以采取商品的形式,也可以采取货币形式。由于借贷行为具有到期归还和支付利息这两个特征,就使得这种价值运动形式与一般商品交换有了区别。一般商品交换是等价交换,商品的所有权通过交换而发生转移,买卖双方都保留价值,货币在其中执行的是流通手段的职能。而借贷行为则不然,贷出时,价值作单方面转移,由贷出者出让使用价值,但保留所有权;归还时,价值也是作单方面转移,只是借者除了归还本金外,还要支付利息,货币在其中执行的是支付手段的职能。

可见,信用是商品货币经济发展到一定阶段的产物。当商品交换出现延期支付,货币执行支付手段职能时,信用才会产生。

另外,私有制出现以后,社会分工不断发展,大量剩余产品不断出现。私有制和社会分工使得劳动者各自占有不同劳动产品,剩余产品的出现则使交换行为成为可能。随着商品生产和交换的发展,商品流通出现了矛盾——“一手交钱,一手交货”的方式由于受到客观条件的限制经常发生困难。例如,一些商品生产者出售商品时,购买者却可能因自己的商品尚未卖出而无钱购买。于是,赊销即延期支付的方式应运而生。赊销意味着卖方对买方未来付款承诺的信任,意味着商品的让渡和价值实现发生时间上的分离。这样,买卖双方除了商品交换关系之外,又形成了一种债权债务关系,即信用关系。当赊销到期,支付货款时,货币不再发挥其流通手段的职能而只充当支付手段。这种支付是价值的单方面转移。正是由于货币作为支付手段的职能,使得商品能够在早已让渡之后独立地完成价值的实现,从而确保了信用的兑现。整个过程实质上就是一种区别于实物交易和现金交易的交易形式,即信用交易。后来,信用交易超出了商品买卖的范围。作为支付手段的货币本身也加入了交易过程,出现了借贷活动。从此,货币的运动和信用关系联结在一起,并由此形成了新的范畴——金融。现代金融业正是信用关系发展的产物。在市场经济发展初期,市场行为的主体大多以延期付款的形式相互提供信用,即商业信用;在市场经济较发达时期,随着现代银行的出现和发展,银行信用逐步取代了商业信用,成为现代经济活动中最重要的信用形式。总之,信用交易和信用制度是随着商品货币经济的不断发展而建立起来的;进而,信用交易的产生和信用制度的建立促进了商品交换和金融工具的发展;最终,现代市场经济发展成为建立在错综复杂的信用关系之上的信用经济。

由此可见,信用的产生与私有制的出现,商品交换的发展,货币支付手段职能的出现有关。首先,信用是在商品货币经济有了一定发展的基础上产生的。随着商品生产和交换的发展,在商品流通过程中便会产生出一些矛盾。商品生产过程有长短之分,销售市场有远近之别,这些都给商品价值的实现带来了困难,造成有的商品生产者出售商品时,其购买者却因自己的商品尚未卖出而无钱购买。为了使社会再生产能继续进行下去,在销售商品时就不能再坚持现金交易,而必须实行赊销,即延期支付,于是商品的转让和它的价值实现在时间上就相分离了。这样,买卖双方除了商品交换关系之外,又形成了一种债权债务关系,即信用关系。其次,私有制的出现是信用产生的前提条件。最后,信用只有在货币的支付手段职能存在的条件下才能发生。当赊销到期、支付货款时,货币不是充当流通手段而是充当支付手段,这种支付是价值的单方面转移。由于货币具有支付手段职能,所以它能在商品早已让渡之后独立地完成商品价值的实现,否则,赊销就不可能出现。

三、信用的发展

信用产生之后,与其他的经济范畴一样不断地由低级向高级发展。从借贷的客体形态发展来看,最早的是实物借贷。随着商品货币经济的发展,信用发展到了货币借贷。实物借贷与货币借贷在很长的历史阶段相互并存,但有主次之分。先是实物借贷为主,辅之以货币借贷;后来商品货币关系有了发展,货币成为借贷的主要对象,辅之以实物借贷。在自然经济占主导地位的前资本主义社会里,货币借贷一直未能全然排除实物借贷。只有当商品货币关系占主导地位时,实物借贷才丧失其存在的基础。在现代的一些信用关系中,往往也涉及商品,如赊销商品、延期支付的信用形式，这像是实物借贷。但就其债权债务的内容来看，却总有一定的货币金额，而且最终要支付货币，所以宜归属货币借贷的范围。

从生产方式的发展与信用的联系角度来考察，最早的信用是高利贷信用，这是在自给自足的自然经济占主导地位下的信用，资本主义以前的信用，主要是高利贷信用。当生产方式从封建社会过渡到资本主义社会，自给自足的自然经济解体，商品货币关系占主导地位时，信用就由高利贷信用发展到了资本主义信用。当生产方式从资本主义过渡到社会主义，信用也由资本主义信用过渡到了社会主义信用。我国社会主义经济由过去的单一计划经济，发展到有计划的商品经济，现在明确提出了要建立社会主义市场经济。在社会主义市场经济下，就信用的形式特征和利率水平的决定方面来看，社会主义信用与资本主义信用是相同的，所以有人把这两种信用统称为“现代信用”。

（一）高利贷信用

信用是从属于商品货币关系的一个经济范畴，它不是某个社会形态所特有的。但是，在不同的社会制度下，信用反映着不同的生产关系。前资本主义社会的信用的主要形式是高利贷信用。

1.高利贷的定义

对于什么是高利贷(Usury)，我国民法学界目前有三种不同的观点。

第一种观点认为：借贷的利率只要超过或者变相超过国家规定的利率，即构成高利贷。有的学者认为借贷利率可以适当高于国家银行贷款利率，但不能超过法律规定的最高限度，否则即构成高利贷。第二种观点认为：高利贷应有一个法定界限，但这个界限不能简单地以银行的贷款利率为参数，而应根据各地的实际情况，专门制定民间借贷指导利率，超过指导利率上限的，即构成高利贷。持这种观点的人还认为，凡约定利率超过法定指导利率的，其超过部分无效，债权人对此部分无请求给付的权利。第三种观点认为：高利贷就是一种超过正常利率的借贷。至于利息超过多少才构成高利贷，由于在立法和司法中都没有统一的规定和解释，在实践中只能按照民法通则和有关法律规定的精神，本着保护合法借贷关系，有利于生产和稳定经济秩序的原则，对具体的借贷关系进行具体分析，然后再认定其是否构成高利贷。这种观点还认为在确定高利贷时，应注意区别生活性借贷与生产经营性借贷，后者的利率一般可以高于前者。因为生活性借贷只是用于消费，不会增值；而生产经营性借贷的目的，在于获取超过本金的利润，因此，它的利率应高于生活性借贷的利率。

高利贷是最古老的信用形式，产生于原始公社制度解体时期。由于社会分工的发展、交换的增长和私有制的出现，原始公社内部出现了财富的分化，货币资财相对集中于某些富裕家族，而另一些贫穷家族则缺少货币，这就形成了高利贷产生的客观条件。当时，高利贷信用部分地以实物形式出现。随着商品货币关系的发展，货币借贷逐渐成为主要形式。高利贷在奴隶社会和封建社会获得了广泛的发展。高利贷是一种保守的信用形式，其利率奇高，往往使农民和其他小生产者在重利盘剥下甚至难以维持简单再生产，从而使小生产遭到严重破坏，阻碍了社会生产力的发展。随着资本主义生产关系的发展,高利贷成为产业资本发展的障碍,极高的利息使资本家无利可图,这就产生了新兴资产阶级反对高利贷的斗争。

2.高利贷的特点

(1)利率高

高利贷的利率一般年利率在36%以上,借款100元,一年要支付36元以上的利息。个别的利率可达100 %~200 %。我国历史上高利贷年利一般都达100 %,而且是"利滚利",即借款100元一年后要还200元,如果到期不能归还,第二年要还400元,第三年就是800元。

高利贷信用之所以有这样高的利息,是由当时的经济条件决定的。由于前资本主义是自给自足的自然经济,劳动生产力水平低,生产规模小,小生产者一般都经受不住意外事故的冲击,一旦遇到意外事故,就无法维持原来的简单再生产,无法维持生活。在这样的情况下,小生产者(农民和其他小手工业者)就不得不向放高利贷者借钱或实物,以维持生产和生活。放高利贷者正是看到了借者为了维持生存这一点,就无情地抬高利率。如果借钱的人不是为了生活和生存,而是向资本主义生产方式那样,借钱是为了投资,获取利润,那么贷款的利率高了,使得投资的利润大部分或全部被高利贷的利息侵吞,借钱的人就不借了,贷款的利率自然也高不上去。

高利贷借者除了小生产者以外,也有一些破落的奴隶主和封建主,他们是为了维持奢侈的生活,其利息最终是要转嫁到小生产者身上的。高利贷的债权人主要是商人,特别是货币经营商人、奴隶主和地主。

(2)剥削重

高利贷的利息来源于奴隶和小生产者的剩余劳动及一部分必要劳动。小生产者借用高利贷所支付的利息,是他们直接以自己的剩余劳动或必要劳动产品支付的。奴隶主和封建主借用高利贷所支付的利息,同样是奴隶和小生产者的剩余劳动或必要劳动产品。因为奴隶主和封建主不劳动,他们所支付的利息,归根到底是对奴隶和小生产者的压榨和剥削。由于高利贷利息来源不仅要包括劳动者所创造的全部剩余劳动,还包括一部分必要劳动。这与利息只是剩余价值的一部分的资本主义利息比较,其剥削程度更重。

(3)非生产性

从高利贷的名称我们知道高利贷最突出的特点就是"高利率",正是高利贷惊人的利息成本,决定了它长期以来的"非生产性"特点,即借高利贷的目的不是为了扩大再生产或投资,而是为了保证生存。高利贷的借者,无论是统治者还是小生产者,他们借用高利贷主要用于非生产支出。统治者借高利贷主要是为了维持其奢侈的生活,小生产者借高利贷是为了其基本的生活需要。这与资本主义借贷资本的用途以及社会主义信用资金的用途有着明显的区别。而在经济市场化、各类个体商户、小企业大量涌现的今天,高利贷已经不再纯粹是非生产性的,很多借贷者是为了解决企业资金困难。农村中有些高利贷也有生产性,比如为了满足向非农业过渡,如外出打工、做小本买卖等所需资本。

3.高利贷信用的作用

(1)推动自然经济解体和商品货币关系的发展

资本主义社会产生之前,劳动生产力水平低,人们的劳动产品主要是满足自己的消费,用于交换的比率很低,自给自足的自然经济占主导地位。但是,由于高利贷的盘剥,小生产者为了归还高利贷,就不得不把劳动的产品拿到市场上去卖,这就提高了劳动产品的交换比率,促使了自给自足的自然经济的解体和商品货币关系的发展。

(2)在生产方式向资本主义过渡中有着双重的作用

一方面从客观上看,高利贷信用为资本主义生产方式的到来提供了两个基本前提条件:一是集中了大量的资本,二是提供了雇佣工人队伍。由于高利贷的盘剥,使得放高利贷者手中集中了大量的资本,这些资本有可能投入到资本主义生产方式中去。同时,也是因为高利贷的盘剥,使得大量的小生产者破产、失业,成为无业游民。这些人在法律上是自由的,而财产上是一无所有的,他们不得不出卖自己的劳动力来维持生活,这就为资本主义生产方式提供了雇佣工人。另一方面从主观上看,放高利贷者也要尽量维持封建社会的生产方式,维护高利贷的存在基础,因为最适宜高利贷存在和发展的经济条件是小生产者占优势地位的封建社会的生产方式。所以,高利贷者必然力图阻碍生产方式由封建社会向资本主义社会过渡。

(二)资本主义信用

由于高利贷的高额利息侵吞了经营者的大部分甚至是全部利润,同时又极力维护高利贷存在的基础,阻止资本主义生产方式的发展,这是新兴资产阶级所不能允许的,他们必定要起来与高利贷作斗争。

这种斗争并不是单纯地反对借贷关系,而是要借贷关系服从资本主义发展的需要。其斗争的焦点就是要使利息率降低到平均利润率以下。同样的资本要获得同样的利润,借贷的利息也要符合这个规律的要求。这种斗争的手段最初是法律,就是用法律来限制利息率。

这种斗争最有效的手段,就是建立资产阶级自己的股份银行,通过银行集中大量的社会闲散资金,支持资本主义经济的发展。资本主义比较早的典型股份银行是1694年在英国建立的英格兰银行。英格兰银行的建立就标志着高利贷垄断地位的结束和资本主义现代信用关系的建立。

资本主义信用的产生与产业资本循环有着直接的联系,产业资本的循环形成暂时闲置的货币资本。由于货币资本不能给资本家带来利润,与资本的特性发生矛盾,从而要求把它贷放出去,以取得利息;而另一些资本家在再生产过程中又往往需要补充货币资本。因此,需要通过信用形式,把一些资本家暂时闲置的货币资本转让给另一些产业资本家去使用,然后按期归还,并支付一定的利息。资本主义信用形式主要有商业信用、银行信用和国家信用,其中商业信用和银行信用为基本形式。前者是资本主义信用制度的基础,后者在资本主义信用中居于主导地位。

资本主义信用对资本主义生产具有的重要作用,主要表现在:①为资本转移提供了方便,从而促进了利润率的平均化;②大大促进了货币和货币资本的集中和积聚,促进了股份公司的建立和发展,使资本主义生产的规模得到迅速地扩大;③由于信用促使再生产过程加快和以信用流通工具代替货币,大大节约了流通费用。但是,信用也促使资本主义生产过剩和商业投机盛行,从而激化了资本主义生产方式的基本矛盾,加深了资本主义经济危机。

(三)社会主义信用

在社会主义社会,由于存在着商品交换和货币流通,信用仍然是一个客观的经济范畴。其形式以银行信用为主体,同时存在着商业信用、国家信用、集体信用、民间信用等形式。社会主义的银行信用是国家有计划地调节和管理经济的重要经济杠杆,是国家筹集和分配资金的重要方式。在中国,为适应经济体制改革后的经济横向联系和资金横向流动,商业信用、社会集资和民间个人信用也被积极运用于地区、部门和个人间的融通资金,以满足生产和流通扩大的需要。国家信用一般是在国家财政发生困难和解决经济建设的资金需要时加以运用。信用合作社等集体信用形式,主要用来解决农业生产和城乡个人生活的资金需要。此外,企业和银行也为个人消费者提供消费信贷,引导人们消费。社会主义信用反映着社会主义生产关系,体现了各经济部门、单位和个人之间的联系。在中国有计划的商品经济中,国家可以自觉运用信用来筹集和合理分配资金,加速经济的发展,同时运用贷款、利息等经济杠杆作为调节国民经济的有效手段。

【知识库】

中国的高利贷问题

在半殖民地半封建的旧中国城乡,高利贷是广泛存在的。农村中的劳动者,有自有少量土地的自耕农,有承租地主土地的佃农,有受雇于富农的雇农。由于不可抗拒的种种原因,他们中的相当部分都负有高利息的债务。放高利贷的人则主要是地主与商人。而地主、商人、高利贷三位一体更是突出的特点。在城市,高利贷则主要活跃在工人、小商贩等贫苦劳动者中间;高利贷者则多与黑社会势力相结合。

在20世纪二三年代的第二次国内革命战争时期,中国共产党的农村政策是废除封建及半封建的土地制度,相应地则对高利贷采取一律废除的方针。这样的政策简称“分田废债”。

资料引自:黄达.金融学[M].中国人民大学出版社,2003.

第二节　现代信用的主要形式

西方发达国家是以债务人的身份作为分类标准,将信用分为公共信用与私人信用两大类。公共信用就是政府信用,是指社会为了帮助政府成功实现其各项职能而授予政府的信用,其核心是政府的公债。私人信用包括消费者信用与商业信用等。比如,消费者用分期付款方式购买汽车、住房、大件耐用消费品时,银行授予个人的信用。再如原材料生产厂商授予产品生产企业,或产品生产企业授予产品批发商,产品批发商授予零售企业的信用。信用还可按照受信对象不同分为国家信用、商业信用、银行信用、消费信用和民间信用；按照信用活动涉及的地理区域分为国内信用和国际信用。

一、商业信用

（一）商业信用的概念

商业信用(Commercial Credit)是指工商企业之间相互提供的，与商品交易直接相联系的信用形式。商业信用运用广泛，在企业短期资金来源中占有相当大的比重。包括企业之间以赊销分期付款等形式提供的信用以及在商品交易的基础上以预付定金等形式提供的信用。在现代商品经济中，工商企业之间广泛地存在着种种经济联系。它们之间的商品交易或者由于买方暂时缺少流通手段（即货币），或者由于卖方商品本身存在某种问题（如质量、价格、供过于求等），而无法用现款交易，就采取赊销商品、延期支付货币的办法来促使商品销售，这是商业信用赖以存在的客观基础。

商业信用产生的根本原因是由于在商品经济条件下，在产业资本循环过程中，各个企业相互依赖，但它们在生产时间和流通时间上往往存在着不一致，从而使商品运动和货币运动在时间上和空间上脱节。而通过企业之间相互提供商业信用，则可满足企业对资本的需要，从而保证整个社会的再生产得以顺利进行。因此，商业信用是产业资本循环和周转的需要；商业信用是商业资本存在和发展的需要。

（二）商业信用的特点

①商业信用的主体是工商企业。商业信用的债权人和债务人都是企业，即生产商品的工商企业家。

②商业信用的客体主要是商品资本。这种信用活动实际上包含了两种行为——商品买卖行为和借贷行为。

③商业信用与产业资本的变动是一致的。即商业信用的数量和规模与工业生产、商品流通的数量和规模是相适应的，在动态趋向上是一致的。

商业信用的基本规模与经济周期变化密切相关，在经济繁荣时期，商业信用规模会增大；反之，当经济衰落时，商业信用的规模会缩小。

（三）商业信用的局限性

由于商业信用是直接以商品生产和流通为基础，并为商品生产和流通服务的，所以商业信用对加速资本的循环和周转，最大限度地利用产业资本和节约商业资本，促进资本主义生产和流通的发展，具有重大的促进作用。但由于商业信用受其本身特点的影响，因而又具有一定的局限性，主要表现在：

①商业信用规模的局限性，受个别企业商品数量和规模的影响。商业信用的规模受商品买卖量的限制，生产企业不可能超出自己所拥有的商品量向对方提供商业信用，所以大额的信

用需要不可能通过商业信用来满足。

②商业信用方向的局限性，一般是由卖方提供给买方，受商品流转方向的限制。如采用赊销方式时，只能由原材料生产企业向需要这些原材料的企业提供商业信用，而不能逆向活动。企业的很多信用需要无法通过商业信用得到满足。

③商业信用期限的局限性。企业在由对方提供商业信用时，期限一般受企业生产周转时间的限制，期限较短，所以商业信用只能解决短期资金融资的需要。

④商业信用授信对象的局限性。一般局限在企业之间。

此外，它还具有分散性和不稳定性等缺点。

（四）商业信用的作用

①商业信用能够克服流通当中货币量不足的困难以及创造信用流通工具，促使商品的流通和周转。在商品经济中，商品的流通要求有相适应的货币量为其服务。如果流通中的货币量少于货币的必要量，就肯定不利于商品的流通和周转，有些商品就可能停留在某个流通环节。有了商业信用，可以通过赊销商品延期支付的方式来销售商品，使得原来由于缺少流通手段而停留在某个环节的商品顺利地实现流通。同时，在商业信用的基础上产生了商业票据（如商业汇票和商业本票），这些票据在一定范围内可以流通转让，这就发挥了货币的媒介作用，自发地弥补了流通中货币量的不足。

②商业信用能够促使滞销商品的销售，避免社会财富的浪费。商品之所以要采用赊销的方式进行销售，除了流通中货币不足的原因以外，也有可能是因为商品不适销对路，或商品的质量、价格有问题。这样的商品对每一个生产单位来说都是不希望出现的，但在实际的生产经营中又可能出现。一旦出现了类似的商品就采用商业信用的方式促其销售，以避免积压、报废而造成社会财富的浪费。

③商业信用能加速短缺商品的生产，尽快实现生产的均衡。在商业信用中，有一种预付货款的方式，对紧俏的短缺商品，可以采用预付货款的方式订购，这就使得生产企业能够及早拿到资金，扩大短缺商品的生产，尽快实现供求的平衡。

（五）中国工商业信用的发展历程

在我国社会主义经济建设中，商业信用的发展经历了一个曲折的过程。这个曲折的过程大致可以分为三个阶段：

第一个阶段是在新中国成立初期，我国经济领域中广泛地存在着商业信用。这有两个方面的原因：一是历史的遗留，当时我国社会主义制度刚刚建立，还存在许多私营企业，这些企业之间普遍存在着商业信用的关系，因此新中国成立后不可能立即取消这种信用形式。另一个原因是，当时国营经济的计划管理体制正在建立，资金力量不足，国家银行的资金数量非常有限，不能满足国营企业的发展对资金的需要。因此，要利用赊销赊购、预付货款等商业信用形式来满足国营企业恢复与发展商品生产和流通的资金需要。合作经济也曾经通过为国营企业代销、向国营企业赊购等形式来发展业务。

第二阶段从第一个五年计划开始，到改革开放前夕。这个阶段商业信用基本上是被取缔的。我国在生产资料进行社会主义改造完成以后，就建立了高度集中的计划经济管理体制，商业信用受到了严格的限制。国家规定，非经批准列入国家计划的预购定金及其他必要的预收、预付货款外，各企业单位之间不得预收、预付货款和发生相互借贷关系。

第三阶段是改革开放以来，恢复了商业信用。自我国经济体制改革以来，理论界就商业信用在我国经济中存在的必要性进行了广泛的讨论，逐步取得了一致的意见，认为在我国的经济中还必须保留商业信用的形式，要继续发挥商业信用在经济中的作用。在 20 世纪 70 年代末，商业信用便开始运用于推销商品等经济活动之中。顺应着这样的变化，银行也开始对商业信用的发展给予支持。但是到 20 世纪 90 年代初，中国的商业信用依然不规范，这在很大程度上阻碍了商业信用的进一步发展。1995 年 5 月，《中华人民共和国票据法》颁布，明确规定了在商业票据开出与使用过程中各当事人的权利与义务，规定了商业票据中必须记录的条款。《票据法》的实施，对于中国商业信用的规范化发展起到非常重要的作用。在商业信用中，赊销商品的企业为了保护自己的权益，需要掌握一种能够受法律保护的债权债务文书，在这种文书上说明债务人有按照规定的金额、期限等约定条件偿还债务的义务。这种文书称之为"票据"。在商品经济发达的国家中，颁布有票据法，以保护商业信用中有关当事人的权益。

二、银行信用

银行信用是适应资本主义扩大再生产的需要，在商业信用的基础上发展起来的。银行通过为产业资本家办理转账清算以及吸收存款，把借贷资本大量集中在自己手中，同时向社会发放贷款。

银行信用(Banker's Credit)是金融机构特别是银行以货币形态提供的信用。银行贷放出去的已不是在产业资本循环过程中的商品资本，而是从产业资本循环过程中分离出来的暂时闲置的货币资本，它克服了商业信用在数量规模上的局限性。

银行信用不仅不受个别产业资本家准备资本数量的限制，而且可以在任何方向上把资本分配到各个生产部门中去，不再受商品销售方向的限制。这就克服了商业信用在使用方向上的局限性。另外，银行使用可得小额资金聚成大额资金，也可大额分散成小额，满足长、中、短期贷款的不同需要。银行信用克服了商业信用的那种局限性，从而能在更大程度上适应资本主义经济发展的需要。

银行信用是伴随着现代资本主义银行的产生，在商业信用的基础上发展起来的一种间接信用。银行信用在规模上、范围上、期限上都大大超过了商业信用，成为现代经济中最基本的占主导地位的信用形式。但这并不意味着银行信用能取代商业信用。

首先，商业信用始终是信用制度的基础。历史上商业信用产生在先，它直接与商品的生产和流通相关联，直接为生产和交换服务。企业在购销过程中，彼此之间如果能够通过商业信用直接融通所需资金,就不一定依赖于银行。

其次,只有商业信用发展到一定程度后才出现银行信用。资本主义的银行信用体系,正是在商业信用广泛发展的基础上产生与发展的。

最后,银行信用的出现又使商业信用进一步完善。因为商业信用工具、商业票据都有一定期限,当商业票据未到期而持票人又急需现金时,持票人可到银行办理票据贴现,及时取得急需的现金,商业信用就转化为银行信用。由于银行办理的以商业票据为对象的贷款业务,如商业票据贴现、票据抵押贷款等,使商业票据及时兑现,商业信用得到进一步发展。

综上所述,商业信用与银行信用各具特点,各有独特的作用。银行信用弥补了商业信用的缺陷并使信用关系得以充分扩展,二者实际上是一种相互支持、相互促进的"战略伙伴"关系。二者之间是互相促进的关系,而不存在互相取代的问题。从商业信用角度看,假如没有银行信用的支持,商业信用的授信方就会在授与不授,期限长短上有较多的考虑,因为授信方必须要考虑在没有销货收入的情况下,自己企业持续运转所需能否从其他渠道解决的问题。有了银行信用的支持,如贷款或贴现,授信方就可以解除后顾之忧;从银行角度看,商业信用票据化后,以商业票据为担保品办理贷款业务或票据贴现业务比单纯的信用贷款业务风险要小一些,有利于银行进行风险管理。我们应该充分利用这两种信用形式促进经济发展。

三、国家信用

(一)国家信用的概念

所谓国家信用(Government Credit)是指以国家(政府)为债务人或债权人利用信用形式筹集和运用财政资金的一种再分配形式。

国家信用的产生是由于通过正常的税收等形式不足以满足国家的财政需要。在资本的原始积累时期,国家信用是强有力的杠杆之一。在资本主义制度下,政府债券主要是通过资本主义大银行销售或在公开金融市场上发行的,银行不仅可以从中取得大量回扣,而且政府发行的各种债券还为银行提供了大量虚拟资本和投机的重要渠道。并且随着资本主义经济危机和财政危机的加深,通过国家信用取得的收入,已成为国家财政收入的重要来源,是弥补亏空的主要手段。在现代西方发达国家,国家信用已不单纯是取得财政收入的手段,而且已成为调节经济运行的重要经济杠杆。随着资本主义的发展,国家信用也从国内发展到了国外,即一国政府以国家名义向另一国政府或私人企业、个人借债以及在国际金融市场上发行政府债券,它既成为弥补一国财政赤字的手段,也成为调节国际收支、调节对外贸易的有力杠杆。社会主义国家也存在国家信用。它主要不是用于弥补经常性财政收支出现的赤字,而是聚集资金用于经济建设的手段。特别是对国外发行政府债券,一方面可以弥补国内建设资金的不足,另一方面也可以引进国外先进技术,扩大对外贸易,调节国际收支。

(二)国家信用的种类

国家信用的基本形式是发行政府债券,包括发行国内公债、国外公债等。国债按期限又有短期和中长期之分。短期负债,以 1 年以下居多,一般为 1 个月、3 个月、6 个月等。通常用于弥补国家财政短期失衡。中长期负债,一般在 1 年以上甚至 10 年或 10 年以上。通常用于国家大型项目投资或较大规模的建设。在发行公债时并不注明具体用途和投资项目。

(三)国家信用的作用

①有利于解决国家财政困难。国家财政发生季节性和临时性困难以及财政赤字时,必然要设法增加收入来弥补资金短缺。一般有三种途径:一是增加税收。但增税有一定限度,过多会影响企业生产经营的积极性。二是向银行透支。这要在银行有信贷资金来源的前提下才能进行,否则银行只有发行货币,这有可能引起通货膨胀,物价上涨。三是发行政府债券。发行债券实际上是一种财力的再分配,它有物资保证,一般不会造成货币投放过多。

②有利于集中资金保证重点建设。重点建设由国家统一安排,它关系到国民经济整体生产力的布局,生产结构的协调。国家发行债券,筹集资金,能保证重点建设的资金需要,保证重点项目及时建成投产,有利于加速国民经济的协调发展。

③能带动其他投资主体的投资。一般说来,一个国家面临着经济结构的调整,产品的升级换代,很多投资主体都很难立即找准投资方向,因此可能造成投资的萎缩。而国家通过信用方式集中资金进行投资,就能引导和带动其他投资主体投资,加速经济的发展。

四、消费信用

随着生产力的发展,人民生活水平的提高,市场消费总的供给结构不断发生变化,价格昂贵的耐用消费品及住房建设等迅速发展。但对收入水平不高的居民来说,购买耐用消费品和住房的价款,在短时间内难以备齐。发展消费信用是解决这个问题的一种办法。

(一)消费信用的概念

消费信用(Consumer Credit)是企业、银行和其他金融机构向消费者个人提供的、直接用于生活消费的信用。目的是解决消费者支付能力不足的困难,主要用于耐用消费品、支付劳务费用和购买住宅等方面的需要。

在现代经济生活中,消费信用在一定条件下可以促进消费商品的生产和销售,它对于扩大有效需求,促进商品销售是一种有效的手段。

(二)消费信用的主要方式

1.分期付款

分期付款(Pay by Instalments)是购买商品和劳务的一种付款方式。大多用在一些生产周期长、成本费用高的产品交易上。分期付款方式是在第二次世界大战以后发展起来的。开始时只局限于一般日用商品或劳务的购买。后来,随着生产力的迅速发展,工业、农业生产的规模日益扩大,所需费用增大,加之银行信用的发展,分期付款的领域扩大到企业购买大型机器设备和原材料上。采用分期付款方式消费的通常是目前支付能力较差,但有消费需求的年轻人。其消费的产品通常是笔记本电脑、手机、数码产品等。

2.消费信贷

消费信贷(Consumer Credit)指银行及其他金融机构采用信用放款或抵押放款方式,对消费者购买消费品发放的贷款。其偿还期限一般较长,最长可达20~30年。

3.信用卡

信用卡(Credit Card)是商业银行向个人和单位发行的,凭其向特约单位购物、消费和向银行存取现金,具有消费信用的特制载体卡片,其形式是一张正面印有发卡银行名称、有效期、号码、持卡人姓名等内容,背面有磁条、签名条的卡片。信用卡按是否向发卡银行交存备用金分为贷记卡、准贷记卡两类,贷记卡是发卡银行给予持卡人一定的信用额度,持卡人可在信用额度内先消费、后还款的信用卡。准贷记卡则是先按发卡银行要求交存一定金额的备用金的信用卡。我们现在所说的信用卡,一般单指贷记卡。除此以外,信用卡还有很多类型,通常可按以下十种标准划分:

①按照信用卡发行机构划分,可以分为银行卡和非银行卡。

②按照信用卡信息存储媒介划分,可以分为磁条卡和芯片卡。

③根据清偿方式的不同,可以划分为:贷记卡、准贷记卡和借记卡。

④按照信用卡结算货币不同,可以分为外币卡和本币卡。

⑤按照流通范围不同,可以分为国际卡和地区卡。

⑥按照信用卡账户币种数目,可以分为单币种信用卡和双币种信用卡。

⑦按照信用卡从属关系,可以分为主卡和附属卡。

⑧按照信用卡发卡对象不同,可以分为公司卡和个人卡。

⑨按照持卡人信誉地位和资信情况,可以分为无限卡、白金卡、金卡、普通卡。

⑩按照信用卡形状不同,可以分为标准信用卡和异形信用卡。

(三)消费信用的作用

消费信用的积极作用:

①解决消费和购买力特别是耐用消费品购买力和消费品供给之间的不平衡。

②促进耐用消费品生产的发展和提前实现居民生活水平的提高。

③促进现代科学技术的发展和生产力水平的提高,促进产品更新换代。

消费信用的盲目发展,也会对正常经济生活带来不利影响:

①消费信用过分发展,而生产扩张能力有限,消费信用则会加剧市场供求紧张状态,促使物价上涨,促成虚假繁荣等消极影响。

②过量发展消费信用会导致信用膨胀。

③由于消费信用是对未来购买力的预支,在延期付款的诱惑下,对未来收入预算过大使消费者债务负担过重,最终迫使生活水平下降,增加社会不稳定因素。

因此,消费信贷应控制在适度范围内。

中国于1955～1956年曾运用消费信用形式解决某些商品的销售问题，其后中断多年。1979年经济体制改革以来，消费信用逐渐恢复和发展起来，尤其是商业企业，一些消费品采取赊销或分期付款方式推销，对刺激产品生产，改善人民生活，都起到一定的作用。一般来说，消费信用的制约因素有以下几方面：①总供给的能力与水平。总供给的水平越高，消费信用的规模一般越大。②居民的实际收入和生活水平。如果居民的实际收入较低，偿还能力不高，一味地发展消费信用则会导致风险加大。③资金供求关系。它与消费信用的规模是此消彼长的关系，若资金供求紧张，消费信用的规模就越大。④消费观念和文化程度。它制约着消费信用这种信用方式的普及程度和消费总量。如在我国，受传统文化的影响，消费信贷起步较晚，规模也较小，但近年来发展很快，主要体现在住房贷款、汽车贷款的增长上。

五、民间信用

（一）民间信用的概念

民间信用（Individual Credit），亦称"民间借贷"，或个人信用。西方国家指相对于国家之外的一切信用，包括商业银行信用。在我国，民间信用主要指居民个人之间以货币或实物的形式所提供的直接信贷。民间信用有以货币形式提供的，也有以实物形式提供的。民间信用在方式上比较灵活、简便，可随时调节个人之间的资金余缺，能在一定范围内弥补银行信用的不足。但由于它具有利润高、手续不够齐备、随意性大、风险大、分散性和盲目性等特点，必须正确引导和加强管理。

（二）民间信用的形式

民间信用大多根据生活和生产需要在个人之间临时无组织地进行。它的主要存在形式有：

①私人之间直接的货币借贷。

②私人之间通过中介人进行的间接的货币借贷。

③通过一定组织程序的货币"合会"、"标会"等进行的货币借贷。

④以实物作为抵押的"典当"形式的货币借贷。

六、国际信用

（一）国际信用的概念

国际信用，即国际信贷，是指国际间的借贷关系，是信用的各种形式在地域上的发展和扩大。主要表现形式是：国际商业信用、国际银行与国际金融机构信用、政府间信用。

（二）国际信用的具体形式

1.出口信贷

出口信贷（Export Credit，EC）是出口国政府为支持和扩大本国产品的出口，提高产品的国际竞争能力，通过提供利息补贴和信贷担保的方式，鼓励本国银行向本国出口商或外国进口商提供的中长期信贷。

出口信贷的特点是：①附有采购限制，只能用于购买贷款国的产品，而且都与具体的出口项目相联系；②贷款利率低于国际资本市场利率，利息差额由贷款国政府补贴；③属于中长期信贷，期限一般为 5～8 年，最长不超过 10 年。

根据接受信贷的对象来划分，出口信贷分买方信贷和卖方信贷。

买方信贷（Buyer Credit）具体方式有两种：第一种是出口方银行直接向进口商提供贷款，并由进口方银行或第三国银行为该项贷款担保，出口商与进口商所签订的成交合同中规定为即期付款方式。出口方银行根据合同规定，凭出口商提供的交货单据，将贷款直接付给出口商，而进口商按合同规定陆续将贷款本利偿还给出口方银行（图 2.1）。第二种是由出口方银行贷款给进口方银行，再由进口方银行为进口商提供信贷，以支付进口机械、设备等贷款。进口方银行可以按进口商原计划的分期付款时间陆续向出口方银行归还贷款，也可以按照双方银行另行商定的还款办法办理。而进口商与进口方银行之间的债务，则由双方在国内直接结算清偿。这种形式的出口信贷在实际中用得最多，因为它可以提高进口方的贸易谈判效率，有利于出口商简化手续，改善财务报表，有利于节省费用并降低出口方银行的风险。

卖方信贷（Supplier Credit）是出口方银行向本国出口商提供信用的一种信贷方式。使用卖方信贷，进口商在订货时须交一定数额的现汇定金，具体数额由购买商品所决定。定金以外的贷款，要在全部交货或工程建成后陆续偿还，一般是每半年偿还一次。使用卖方信贷的最大好处是进口方不需亲自筹资，而且可以延期付款，有效地解决暂时支付困难问题，不利的是出口商往往把向银行支付的贷款利息、保险费、管理费等都打入货价内，使进口商不易了解贷款的真实成本。

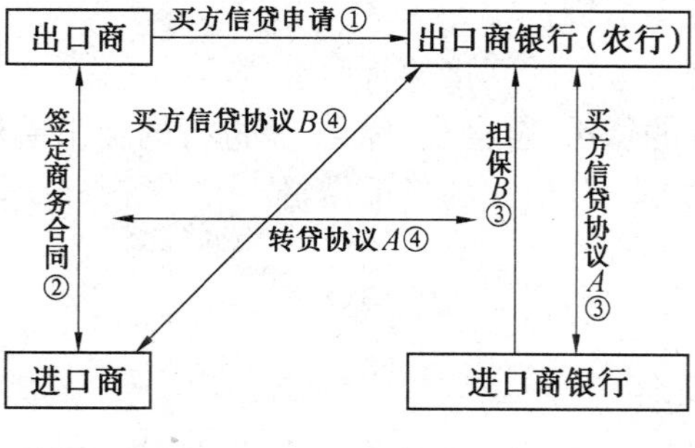

注：A，B 分别表示产品简介中的形式一和形式二。

图 2.1　出口买方信贷流程图

2.国际商业银行信贷

国际商业银行信贷指进口商为从国外引进先进技术设备而从外国银行（或银团）取得的贷款。它按其期限的长短不同分为短期贷款和中长期贷款。短期贷款是指企业为了满足对流动资本的需求或为了支付进口商品的贷款而借入资金的一种银行信贷。中长期贷款是指企业为了满足对固定资产投资的需要而向银行取得的贷款。其特点是期限较长,风险较高,借贷双方须签订协议并由借款人所在国政府担保。国外商业银行贷款的特点有三个,一是贷款用途不受限制,企业可以自由使用;二是贷款供应充足,企业可以灵活选用币种;三是与发达国家国内同类贷款相比,其利率较低。

3.政府信贷

政府信贷指一国政府向另一国政府提供的贷款。

4.国际金融组织贷款

国际金融组织(International Finance Corporation)贷款指国际货币基金组织(International Monetary Fund,IMF)、世界银行(集团)(World Bank)、亚洲开发银行(Asian Development Bank,ADB)、联合国农业发展基金会和其他国际性、地区性金融组织提供的贷款。旨在帮助成员国开发资源、发展经济和平衡国际收支。其贷款发放对象主要有以下几个方面:对发展中国家提供以发展基础产业为主的中长期贷款,对低收入的贫困国家提供开发项目以及文教建设方面的长期贷款,对发展中国家的私人企业提供小额中长期贷款。

(1)世界银行贷款

世界银行贷款(The World Bank Loan)特点主要包括:①贷款只贷放给会员国的政府,或由政府、中央银行担保的公私机构。②贷款只贷给那些确实不能以世界银行认为合理的条件从其他途径得到资金的会员国。③贷款必须如期归还。贷款仅限于有偿还能力的会员国,贷款到期后必须足额偿还,不得延期。④贷款必须用于世界银行批准的特定项目。⑤贷款利率比较优惠。⑥贷款的期限较长。世界银行的贷款期限一般为20年,其中含有5年的宽限期。⑦贷款项目的执行必须接受世界银行的监督和检查。⑧世界银行的贷款主要集中于能源、农业及农村发展和交通运输等部门。近年来,农业贷款已占据首位。

(2)国际货币基金组织贷款

国际货币基金组织贷款的特点:①贷款对象仅限于会员国的财政部、中央银行、外汇平准基金组织或其他类似的国家机构。②贷款的用途仅限于解决会员国国际收支不平衡,一般用于贸易和非贸易的经常项目支付。③贷款额度受其所缴纳的份额的限制,并与其份额大小成正比。④贷款无论采用什么货币,都以特别提款权计值,利息也用特别提款权支付。⑤贷款的期限短,一般为3~5年。

5.国际租赁

国际上关于国际租赁(International Lease)的概念有广义和狭义之分。广义的概念包括跨国租赁和间接对外租赁。跨国租赁是指分别处于不同国家或法律体制下的出租人与承租人之间的一项租赁交易。间接对外租赁是指一家租赁公司的海外法人企业,与承租人达成的一项租赁交易;不管承租人是否为当地用户,对这家租赁母公司而言是间接对外租赁。狭义的国际租赁仅指跨国租赁。

国际租赁是在国内租赁的基础上产生,租赁有融资性租赁和经营性租赁之分。融资租赁又称金融租赁,是指当项目单位需要添置技术设备而又缺乏资金时,由出租人代其购进或租进所需设备,然后再出租给项目单位使用,按期收回租金,其租金的总额相当于设备价款、贷款利息、手续费的总和。租赁期满时,项目单位即承租人以象征性付款取得设备的所有权。在租赁期间,承租人只有使用权,所有权属于出租人。融资租赁的方式有:杠杆租赁、回租租赁、转租赁、直接租赁等。经营租赁是指出租人根据市场需求而购进通用设备,通过不断地租给不同用户而逐步收回租赁投资并获得相应利润的一种租赁形式。

【知识库】

信用卡的产生和发展

信用卡于1915年起源于美国。最早发行信用卡的机构并不是银行,而是一些百货商店、饮食业、娱乐业和汽油公司。美国的一些商店、饮食店为招徕顾客,推销商品,扩大营业额,有选择地在一定范围内发给顾客一种类似金属徽章的信用筹码,后来演变成为用塑料制成的卡片,作为客户购货消费的凭证,开展了凭信用筹码在本商店或公司或汽油站购货的赊销服务业务,顾客可以在这些发行筹码的商店及其分号赊购商品,分期付款。这就是信用卡的雏形。

据说有一天,美国商人弗兰克·麦克纳马拉在纽约一家饭店招待客人用餐,就餐后发现他的钱包忘记带在身边,因而深感难堪,不得不打电话叫妻子带现金来饭店结账。于是麦克纳马拉产生了创建信用卡公司的想法。1950年春,麦克纳马拉与他的好友施奈德合作投资一万美元,在纽约创立了"大来俱乐部"(DINERS CLUB),即大来信用卡公司的前身。大来俱乐部为会员们提供一种能够证明身份和支付能力的卡片,会员凭卡片可以记账消费。这种无须银行办理的信用卡的性质仍属于商业信用卡。

1952年,美国加利福尼亚州的富兰克林国民银行作为金融机构首先发行了银行信用卡。1959年,美国的美洲银行在加利福尼亚州发行了美洲银行卡。此后,许多银行加入了发卡银行的行列。到了20世纪60年代,银行信用卡很快受到社会各界的普遍欢迎,并得到迅速发展,信用卡不仅在美国,而且在英国、日本、加拿大以及欧洲各国也盛行起来。从20世纪70年代开始,新加坡、马来西亚等发展中国家和地区,也开展了发行信用卡业务。

在国际上主要有威士(维萨)国际组织(VISA INTERNATINONAL)和万事达卡国际组织(MASTERCARD INTERNATIONAL)两大组织及美国运通国际股份有限公司(AMERICA EXPRESS)、大来信用证有限公司(DINERS CLUB)、JCB日本国际信用卡公司(JCB)三家专业信用卡公司。在各地区还有一些地区性的信用卡组织,如欧洲的EUROPAY、我国的银联等。

威士国际组织是目前世界上最大的信用卡和旅行支票组织。威士国际组织的前身是1900年成立的美洲银行信用卡公司。1974年,美洲银行信用卡公司与西方国家的一些商业银行合作,成立了国际信用卡服务公司,并于1977年正式改为威士(VISA)国际组织,成为全球性的信用卡联合组织。威士国际组织拥有VISA、ELECTRON、INTERLINK、PLUS及VISA CASH等品牌商标。威士国际组织本身并不直接发卡,VISA品牌的信用卡是由参加威士国际组织的会员(主要是银行)发行的。目前其会员约2.2万个,发卡逾10亿张,商户超过2 000多万家,联网ATM机约66万台。

万事达卡国际组织是全球第二大信用卡国际组织。1966年美国加州的一些银行成立了银行卡协会(INTERBANK CARD ASSOCIATION),并于1970年启用Master Charge的名称及标志,统一了各会员银行发行的信用卡名称和设计,1978年再次更名为现在的MASTERCARD。万事达卡国际组织拥有MASTERCARD、MAESTRO、MONDEX、CIRRUS等品牌商标。万事达卡国际组织本身并不直接发卡,MASTERCARD品牌的信用卡是由参加万事达卡国际组织的金融机构会员发行的。目前其会员约2万个,拥有超过2 100多万家商户及ATM机。

资料引自:百度百科.

本章小结

1.信用是一种以偿还和付息为条件的借贷行为。信用的职能有:促进社会资源再分配、节约社会流通费用、调节国民经济等。

2.信用是商品货币经济发展到一定阶段的产物。信用产生之后,与其他的经济范畴一样不断地由低级向高级发展。从借贷对象上看,出现了实物借贷和货币借贷;从信贷性质上看,出现了高利贷信用、资本主义信用、社会主义信用。

3.信用的形式主要有商业信用、银行信用、国家信用、消费信用等几种。其中,银行信用在绝大多数国家的信用体系中仍居主导地位。

4.商业信用是指工商企业之间相互提供的,与商品交易直接相联系的信用形式。商业信用的特点有:商业信用的主体是工商企业;商业信用的客体主要是商品资本;商业信用与产业资本的变动是一致的。

5.银行信用是指商业银行或其他金融机构授给企业或消费者个人的信用。银行信用的特点包括:银行信用是以货币形态提供的;银行信用的借贷双方是货币资本家和职能资本家;在产业周期的各个阶段上,银行信用的动态与产业资本的动态往往不相一致。

6.国家信用是指以国家(政府)为债务人或债权人利用信用形式筹集和运用财政资金的一种再分配形式。国家信用的基本形式是发行政府债券。

7.消费信用是指企业、银行和其他金融机构向消费者个人提供的、直接用于生活消费的信用。典型方式包括:分期付款、消费信贷和信用卡。

思考题

一、名词解释

信用　银行信用　国际信用　出口信贷　国际租赁

二、简述题

1.如何理解政府信用在现代经济中的作用?

2.为什么银行信用是现代信用的主要形式?

3.如何认识银行信用与商业信用的关系?

4.你了解我国的商业信用吗?

5.什么是出口信贷?它的实施方式是什么?

6.简述消费信用的典型方式。

三、论述题

1.消费信用的作用及制约因素。

2.高利贷及其存在的积极意义。

【阅读资料】

信用危机是最大的经济危机

近来,从两房危机、雷曼破产、美林被收购到中国的三鹿事件,无论是全球还是中国,正经历着一场场突发性的飓风,令人招架不住。而这些事件的背后却揭示出全球信用体系正面临着前所未有的危机这一深刻的现实。

市场经济就是信用经济,信用是市场经济正常运转的基石,信用缺失对一国经济的影响将是十分巨大的,甚至是灾难性的。可以说信用不仅关乎企业的生存发展,更关乎国家经济安全和整体性安危,从这一意义上说,信用危机是最大的经济危机。

产品提供的是生命成长的"乳汁",由于不重诚信,缺乏责任变成了害人的"毒汁"。产品质量是企业信用的底线,对于金融企业而言更是如此。本次美国次贷危机的形成和恶化,不仅是金融意义上的"信用危机",也是道德意义上的"信用危机"。金融领域从来就不可避免地存在巨大的"金融道德风险"。

首先,房贷机构缺信。两房拥有国家信用担保下的特权。应该说,准政府机构的金字招牌使公司获得了无限的发债权,且融资成本大大低于私营机构。当"两房"进行的直接和间接融资在整个住房融资体系中举足轻重的时候,自然也产生了较高的、非均衡的市场集中风险。

其次,投资银行缺信。投资银行等机构将次贷产品进行层层分解和打包,将本来是高风险的产品,包装成精美的证券化产品,推销给普通投资者。

再次,评级机构缺信。评级机构将风险极高的垃圾房屋债券,评级为高等级的优质债券,使得普通投资者对该类产品产生乐观预期和非理性追捧。

最后,联邦政府缺信。国家信用是金融体制的最后依托。联邦政府多年来对于两房疏于监管,无形中纵容了风险的不断膨胀,而事发后又将"风险社会化",其所触犯的"道德风险"则从价值层面上对国家信用造成严重冲击。金融危机的历史经验表明,国家信用是建立在金融稳定的基础之上的,一旦遭遇金融风暴,很有可能连国家信用一起毁掉。

信用因华尔街的假账而动摇,对财富创造的信仰因 CEO 的贪婪而堕落。从本质上来讲,次贷危机的根源就是金融企业不顾触犯金融道德风险,非理性放大金融杠杆,令金融风险无限积聚,使泡沫破裂的灾难性后果超出了金融体系所能承受的临界点,进而引发银行危机、信用违约危机、债务危机、美元危机等一系列连锁反应,而这一系列危机的背后凸显的则是美国出现了整体性的信用垮塌。

第一波银行危机。信用链条的断裂使更多金融(银行)机构濒临危机边缘。随着贝尔斯登和雷曼宣布破产、美林被并购,华盛顿互助银行(WM)、美国国际(AIG)等金融机构日益恶化的财务问题也将对金融市场造成沉重打击，瘫痪整个银行体系。

第二波市场危机。还将引发代表未来预期的信用衍生产品市场。作为为固定收益资产提供一种保险形式，信用违约互换(CDS)的违约危机，将带来交易商如何解除价值巨额美元的合约问题。当前信用违约掉期市场交易的62万亿美元的规模，也将整个世界金融市场暴露在一个前所未有和无法估量的系统性风险之下。

第三波赤字危机。政府买单将造成巨额财政赤字。之前有预计2008年美国周期性调整后的预算赤字为4 070亿美元，约占GDP的5.4%，而随着接管两房2 000亿美元的财政注资以及联邦政府将在公开市场收购“两房”发行的按揭抵押证券的巨额亏空(如按最终损失率5%来计算，接管两房的债券损失在2 500亿至3 000亿美元之间)，美国联邦政府账面上的债务和国债负担将大幅上升，导致经济恶化。

第四波美元危机。美元霸权地位颠覆或陷美元危机。美国金融动荡以及实体经济恶化的风险将导致世界范围内对美国金融产品的大量抛售和美元下跌，由于美元世界储备货币的地位和全球贸易的70%以美元结算的客观现实，如果各国减持美元资产或资本逃离可能引发美元危机，当前拉美一些国家“去美元化”的倾向就很明显。

第五波全球性债务危机。随着两房(抵押担保业务)接管、雷曼(资产证券化业务)倒下、AIG(对冲基金业务)濒临危机，美国房地产债券市场欠下了巨额债务，不仅会给抵押贷款市场的前景带来巨大的不确定性，也将使世界各国持有美国国债遭受抛压，继而引发一场全球性债务危机。

危机考验了我们，也警示了我们。从国际金融发展的历史看，此次次贷危机表明其背后世界经济深层因素正发生悄然变化。危机发生后，人们总要问责于监管。监管只是被动的约束，终有“漏网之鱼”，他律不如自律，只有在制度设计、政策制定、机制构建等方面将信用建设摆在首要位置上，坚持经济发展与社会责任相统一，通过严格的法律体系和惩戒机制，构建以企业信用、个人信用为核心，社会信用为基础，政府信用为保障的国家信用体系建设，才能远离风险与危机。

资料引自：张茉楠.中国证券报，2008-10.

第三章

Chapter 3

利息与利率

【学习目的和要求】

通过对本章的学习,使学生了解利率的概念和利息的本质;掌握利息率的种类、凯恩斯流动性偏好和罗宾逊可贷资金等利率决定理论、利率的功能和作用等;能运用所学知识分析影响利率变化的各种因素。

【案例导入】

一个三口之家,夫妻俩抚养一个子女。假定2011年7月7日前,夫妻俩每年工资收入之和3万元,家中有20万元存款,1年期存款利率为3.25%,该家庭的年利息收入为0.65万元。当2011年7月7日后,一年期存款利率上调为3.5%时,20万存款年利息收入有0.7万元,两者相比,调整利率后该家庭年利息收入增加500元。

如果2011年7月7日前一年期贷款利率为6.31%,家庭贷款20万,利息为1.262万。而2011年7月7日上调一年期贷款利率到6.56%,家庭同样贷款20万元,利息成本则升到1.312万。可见,利率水平的高低会对家庭的经济生活产生重大影响。

第一节　利率及利率决定理论

一、利息与利率

(一)利息

在现代社会,贷出款项收取利息已经成为很自然的事情,货币因贷放而会增值的概念也已深植于人们的经济观念之中。利息(Interest)是资金所有者由于借出资金而得到的报酬,即信贷资金的增值额。关于利息本质的研究,不同的经济学家有不同的观点。

19世纪中叶,英国庸俗经济学家西尼尔认为利息就来源于对未来享受的等待,是对为积累资本而牺牲现在享受的消费者的一种报酬。19世纪末,奥地利学派的庞巴维克提出了“时差论”,即把利息看成是人们对商品在不同时期的不同评价而产生的价值差异,利息就是对价值时差的一种补偿;马克思则认为利息在本质上与利润一样,是剩余价值的转化形式,反映了借贷资本家和职能资本家共同剥削工人的关系。中国学者认为在以公有制为主体的社会主义社会中,利息来源于国民收入或社会财富的增殖部分。在现实生活中,利息被人们看做收益的一般形态,导致了收益的资本化。

(二)利率

1.利率的含义

利率(Interest Rate)是借贷期内所形成的利息额与所贷资金额的比率,它反映利息水平的高低。现实生活中的利率都是以某种具体形式存在的,而经济学家谈及的利率及利率理论,通常是就种类繁多的利率综合而言的。如“市场平均利率”是一个理论概念而不是指哪一种具体的统计意义上的数量概念;“基准利率”是指在多种利率并存的条件下起决定作用的利率。(所谓起决定作用的利率的意思是这种利率变动,其他利率也相应变动,因而,了解这种关键性利率水平的变化趋势,也就可以了解全部利率体系的变化趋势)以下对几种主要利率类别进行介绍。

2.利率的种类

(1) 存款利率与贷款利率

存款利率(Deposit Rate)指客户按照约定条件存入银行账户的货币,一定时间内利息额同贷出金额即本金的比率。贷款利率(Lending Rate)是指利息与借款数额之间的比率。一般情况下贷款利率比存款利率高,两者之差是银行利润的主要来源。提高贷款利率,扩大存贷利差,会增加银行利润,同时,会减少企业利润,减少财政收入;反之,降低贷款利率,减小存贷利差,会减少银行利润,同时,会增加企业利润,从而增加企业收入。

(2)固定利率与浮动利率

固定利率(Fixed Rate)指在融资期限内不随借贷供求状况变化而变动的利率。适用于短期贷款。浮动利率(Floating Rate)通常是指在融资期内融资利率不固定,每过一定时间根据市场利率的变化重新确定的利率。在我国,浮动利率还有另一种含义,即是指金融机构在中央银行规定的浮动幅度内,以基准利率为基础自行确定的利率。

实行固定利率,对于借贷双方准确计算成本与收益十分方便,是传统采用的方式。但是,由于近几十年来通货膨胀日益普遍并且越来越严重,实行固定利率,对债权人,尤其是对进行长期放款的债权人会带来较大的损失,因此,在越来越多的借贷中开始采用浮动利率。浮动利率即定期调整的利率尽管可以为债权人减少损失,但也因手续繁杂、计算依据多样而增加费用开支,因此,多用于3年以上的借贷及国际金融市场。

(3)名义利率与实际利率

在通货膨胀、物价上涨的经济环境里,利率便有了名义利率和实际利率的区别。实际利率(Real Interest Rate)是名义利率剔除了预期通货膨胀以后的真实利率。例如,假定某年度物价没有变化,某甲从某乙处取得 1 年期的 1 万元贷款,年利息额 500 元,贷款利率是 5%,那么实际利率就是 5%。名义利率(Nominal Interest Rate)是以名义货币表示的利率,是包含了通货膨胀风险的利率。例如,如果某一年的通货膨胀率为 3%,某贷款者年末收回的 1 万元本金实际上仅相当于年初的 9 707 元,本金损失率近 3%。为了避免通货膨胀给本金带来的损失,假设仍然要取得 5%的利息,就必须把贷款利率提高到 8%,才能保证收回的本金和利息之和无损失。8%就是名义利率。

但是通货膨胀也会使利息部分贬值。考虑到这一点,名义利率还应作向上的调整。这样,名义利率的计算公式可以写成

$$1 + R_n = (1 + R_r)(1 + P_e)$$

其中,R_n 为名义利率,R_r 为实际利率,P_e 为预期通货膨胀率。按照上例,名义利率应当是

$$(1 + 5\%) \times (1 + 3\%) - 1 = 8.15\%$$

而不是 8%。这一公式被称为费雪方程式,整理可得出利率与实际利率之间的换算公式为

$$R_n = R_r + P_e$$

这就是人们说的费雪效应。不过我们通常认为,实际利率等于名义利率减去通货膨胀率。因此二者的关系可近似表示为

$$R_r = R_n - P_e$$

(4)市场利率、官定利率与公定利率

法定利率又称“官定利率”(Official Interest Rate),是指金融管理当局或中央银行确定的利率。是国家手中为了实现宏观调节目标的一种政策手段。发达的市场经济国家,以市场利率为主,发展中国家和地区的情况,基本介于上述两类情况之间。而我国目前以官定利率为主,加快利率市场化的问题是我国目前金融改革的重点。

市场利率(Market Rate)是指在某一时点,金融市场上由借贷资金的供求关系直接决定并由借贷双方自由议定的利率。利率按市场规律自由变动是市场利率存在的前提条件,借贷资金供大于求时利率作为资金的价格会下跌,借贷资金供小于求时利率作为资金的价格会上升。

公定利率(Pact Interest Rate)是介于市场利率与官定利率之间,由非政府部门的金融行业自律性组织(如银行公会)所确定的利率。这种利率的约束范围有限,一般只对该公会会员有约束力。

除以上基本类型外,利率还有长期利率与短期利率;年率、月率和日率;一般利率与优惠利率及基准利率与非基准利率之分。

二、利率决定理论

(一)古典利率理论

古典学派的储蓄投资理论主要从储蓄和投资等实物因素来研究利率的决定,因此,是一种实物利率理论。

该理论认为,贷放的资金来源于储蓄,而储蓄意味着人们要推迟现在的消费,但是由于“人性不耐”等原因,人们更注意现在的消费,为此必须要给这种“等待”或“延迟消费”的行为给予一定的补偿。这种补偿就是“利息”。一般来说,补偿越大,意味着利率越高,人们越愿意储蓄,因此储蓄是利率的增函数。贷款的需求主要来自于投资,投资量的大小取决于投资预期回报率和利率的关系。当利率降低时,预期回报率大于利率的可能性增大,投资需求也会增大,因此,投资是利率的减函数。

该理论认为,储蓄代表资本的供给,投资代表资本的需求,利率就是资本的使用价格。资本的供求决定了均衡利率。也就是说,古典学派认为利率决定于储蓄和投资的均衡点。因此,在市场经济体制下,利率具有自动调节的功能,使储蓄和投资趋于一致。

如图 3.1 所示,$S(r)$表示储蓄函数曲线;$I(r)$表示投资函数曲线;r_e 表示均衡利率,I_e,S_e 表示均衡时的投资量和储蓄量。

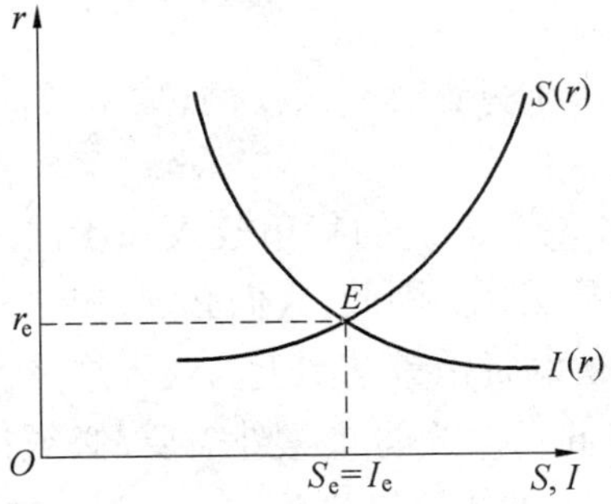

图 3.1　均衡利率的形成

当 $S = I$ 时,即储蓄者所愿意提供的资金和投资者愿意借入的资金相当时,利率达到均衡水平,此时的利率为均衡利率。当 $S > I$ 时,促使利率下降;当 $S < I$ 时,促使利率上升。

古典利率理论的特点:

① 古典利率理论的基本特点是从储蓄和投资等实物因素来讨论利率的决定,并且认为通过利率的变动,能够使储蓄和投资自动地达到一致,从而使经济始终维持在充分就业的水平。

② 古典利率理论是一种局部均衡的理论,认为储蓄数量和投资数量都是利率的函数,而与收入无关。储蓄和投资的均等决定均衡利率。利率的功能仅仅是促使储蓄与投资达到均衡,而不影响其他的变量。

③ 古典利率理论是实际的利率理论,即储蓄由时间偏好、等待等实际因素决定,投资则由资本边际生产力等实际因素决定。利率与货币因素无关,利率不受任何货币政策的影响,因此古典利率理论又被称为非货币性的利率理论。

④ 古典利率理论使用的分析方法是流量分析方法,即对某一段时间内的储蓄量和投资量的变动进行分析。

(二)凯恩斯流动偏好利率理论

与古典理论不同,凯恩斯学派的流动性偏好理论认为利率不是决定于储蓄和投资的相互作用,而是由货币量的供求关系决定的。凯恩斯完全抛弃了实际因素对利率水平的影响,其利率决定理论基本上是货币理论。

流动性偏好利率理论认为,利率决定于货币数量和一般人的流动性偏好两个因素。凯恩斯认为,人们在选择其财富的持有形式时,大多数倾向于选择货币,因为货币具有完全的流动性和最小的风险性,而通常情况下,货币供应量是有限的。人们为了取得货币就必须付出代价,所以,利息是在一定时期内放弃货币、牺牲流动性所得的报酬,而利率就是人们对流动性偏好,即不愿将货币贷放出去的程度的衡量。利率是使公众愿意以货币的形式持有的财富量(即货币需求)恰好等于现有货币存量(即货币供给)的价格。当公众的流动性偏好强,愿意持有货币的数量大于货币的供给量时,利率就上升;反之,公众的流动性偏好较弱,愿意持有的货币量小于货币供给量时,利率就下降。

凯恩斯认为,货币的供应量由中央银行直接控制;货币的需求量起因于三种动机:交易动机、预防动机和投机动机。

①交易动机(Transaction Motive)。人们的货币收入和支出之间有一定的时间期限。在这个期限内,货币是必不可少的交易媒介。因此,人们必须持有一定量的货币。由于收支时间间隔一般不会变,所以此项动机保留的货币量基本上与收入维持稳定的关系。

②预防动机(Precautionary Motive)。为防止意外需要,必须持有一定量的货币。为此项动机而保留的货币量也基本上与收入维持稳定关系。

③投机动机(Speculative Motive)。人们为了在货币和营利性资产间进行有利的选择,需保留一定的货币量。如果现在的利率低(持币成本低),预期利率可能会上升,则可多持币,适时在一级市场买进较高利率的债券或在二级市场买进价格下跌的证券,以获得较高的收益率。反之,则减少持币。可见,投机性货币需求与利率负相关。

前两种动机的货币需求是收入的递增函数,记为 $M_1 = L_1(y)$,投机动机的货币需求是利率的递减函数,记为 $M_2 = L_2(r)$。货币总需求 $M_d = L_1(y) + L_2(r)$,货币总供给为 M_s,当 $M_d = M_s$时可以求均衡利率 r_e(图 3.2)。

当利率非常低时,人们都会抛出有价证券而持有货币,从而使人们对货币需求变得无限大,即流动性偏好是绝对的。这就是所谓的“流动性陷阱”,如图中的 M_{S2},M_{S3}。

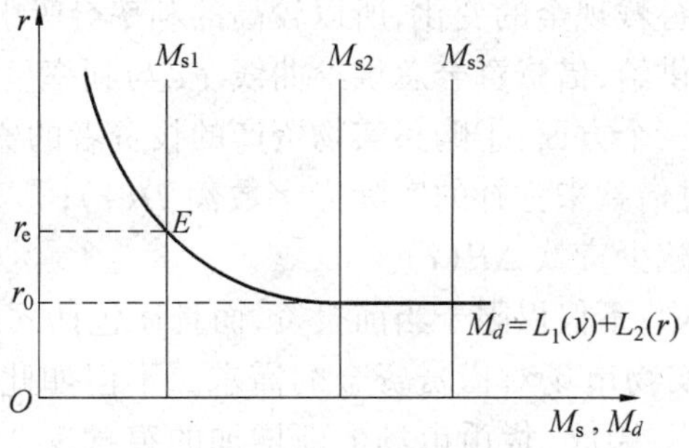

图 3.2　均衡利率的形成

凯恩斯流动性偏好利率理论的特点：

① 凯恩斯的流动性偏好利率理论完全是货币的利率决定理论，它主要是从货币供求的均衡或变动来分析利率水平的决定或变动，认为利率纯粹是货币现象，与时间偏好、等待等实际因素无关，而只与流动性偏好等货币因素有关。

② 货币可以影响实际经济活动水平，但只是在它首先影响利率这一限度之内，即货币供求的变化引起利率的变动，再由利率变动改变投资支出，从而改变收入水平。

③ 凯恩斯的利率理论是一种存量理论，认为利率是由某一时点货币供求量所决定的。

(三)可贷资金利率理论

凯恩斯利率理论在学术界引起争论，反对方的典型代表是英国的罗伯逊与瑞典的俄林。借贷资金论是由新剑桥学派的罗伯逊(D. H. Robertson)首倡，经瑞典学派的俄林、林达尔、米尔达尔补充，后由英国经济学家勒纳将其公式化而成。

可贷资金利率理论认为，储蓄投资理论完全忽视货币因素是不妥的，而凯恩斯完全否认非货币因素(如节欲和资本边际生产力)也是不对的。罗伯逊认为利率水平取决于借贷资金的供求，而借贷资金的供求既有实物市场的因素，又有货币市场的因素，既有存量又包括流量，因此研究利率理论必须突破货币领域限制，打开实物市场的界限，并将存量和流量综合在一起进行考察。因此，可贷资金理论认为应同时考虑货币和非货币因素。

该理论认为，利率是由可贷资金的供求关系决定的。可贷资金的供给来源于三个方面：①家庭、企业和政府的实际储蓄，是利率的递增函数 $S(r)$；②实际资本流入，是利率的递增函数 $B(r)$；③实际货币供应量的增加额 $\Delta M(r)$。

在借贷资金的来源中，出售固定资产的收入是过去储蓄的转化，其与当前储蓄成为实物市场上借贷资金的供给来源；而窖藏现金的启用和银行体系新创造的货币量是来自货币市场的资金供给。两个市场的资金供给形成了可贷资金的供给总量。若以 F_S 表示借贷资金的总供给，以 S 表示实物市场上当前储蓄与过去储蓄转化的总和，以 ΔM_S 表示货币市场上新增货币量，则 $F_S = S + \Delta M_S$。由于借贷资金的供给一部分来自当前储蓄和过去储蓄，另一部分来自银行信贷收支净差额和个人窖藏现金的变化，所以较高的利率会吸引更多的借贷资金供给，较低的利率将减少借贷资金的供给，借贷资金总供给曲线 F_S 与利率呈同方向变动关系。

可贷资金的需求也有三个方面：①购买实物资产的投资者的资金需求，是利率的递减函数 $I(r)$；②各级政府必须通过借款来弥补的实际赤字数额 $D(r)$；③家庭和企业为了增加它们的实际货币持有量而借款或减少贷款 $\Delta H(r)$。

在对借贷资金的需求中，不仅仅限于当前投资，而且还包括固定资产的重置这类对过去投资的补充，这二者形成了实物市场对借贷资金的需求。不但如此，由于货币不只作为交换手段，还可以作为财富的积累，因此，货币市场上新增加的窖藏现金量也构成借贷资金的需求。两个市场的资金需求构成了借贷资金的总需求。若以 F_d 表示借贷资金的总需求，以 I 表示当前投资和对过去投资补充的总和，以 ΔM_d 表示窖藏现金的增量，则 $F_d = I + \Delta M_d$，其中，投资需求与居民、企业和政府的投资冲动相连，其强弱程度与利率高低成反比；窖藏需求取决于窖藏成本的大小，人们因窖藏现金而丧失的利息收入构成窖藏成本，利率越高，窖藏需求就越少，故 ΔM_d 是利率的递减函数。这样，借贷资金总需求 F_d 与利率呈反方向变动关系。可供资金的总供给(L_s)和总需求(L_D)决定了均衡利率 r_e。(图 3.3)

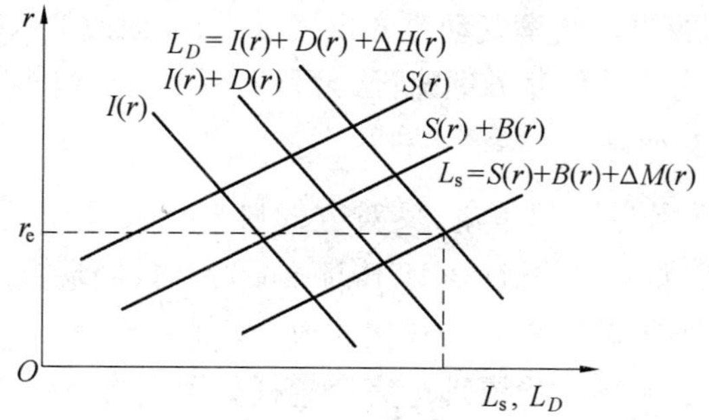

图 3.3　均衡利率的形成

即使投资与储蓄这一对实际因素的力量对比不变，货币供需增量的对比变化也足以改变利率。该理论虽然从总量上来看可贷资金可以达到均衡，但不一定能保证商品市场和货币市场同时均衡，因而利率也无法保持稳定。

从前面的分析可以看出，可贷资金利率理论实际上是试图在古典利率理论的框架内，将货币供求的变动额等货币因素对利率的影响考虑进来，以弥补古典利率理论只关注储蓄、投资等实物因素的不足。所以它被称为新古典利率理论。

可贷资金利率理论的特点：

① 可贷资金利率理论继承了古典利率理论的流量分析的方法。可贷资金利率理论中的投资、储蓄以及货币供给和货币需求的变动额，都是在一定时间段内发生的量。

② 可贷资金利率理论是对古典利率理论和流动性偏好理论的一种结合。它从可贷资金市场的供求出发，既考虑了实物因素对利率的影响，又考虑了货币因素对利率的影响。如果假

定产品市场始终是均衡的，那么对可贷资金供求的分析就等同于对货币供求的分析；相反，如果假定货币市场始终是均衡的，那么可贷资金利率理论就等价于古典利率理论。

③ 可贷资金利率理论所进行的分析仍只是局部均衡的分析。因为可贷资金市场的均衡，并不能保证产品市场和货币市场同时达到均衡。只有在IS－LM模型中，我们才能找到使产品市场和货币市场同时达到均衡的利率。

（四）IS－LM 模型的利率决定

如上所述，凯恩斯以前的传统理论把利率问题局限在实物市场上分析，凯恩斯则把利率放到货币市场上来研究，新剑桥学派把二者结合在一起，提出了借贷资金决定利率论。新古典综合派在研究利率决定时，批判地吸收了凯恩斯货币供求决定论和新剑桥学派的借贷资金决定论，又加入了国民收入这一因素，并把国民收入放到货币市场与商品市场上进行分析，提出了著名的IS－LM分析模型，从总体上说明利率是由储蓄、投资、货币需求和货币供应等因素的交互作用并在国民收入的配合下决定的。

IS－LM模型是在可贷资金理论的基础上由希克斯和汉森创建的。在上述三种利率决定理论中，都未考虑收入因素，而储蓄与投资都是收入的函数。对于古典利率理论而言，因为储蓄取决于收入，不知道收入，就不知道储蓄，从而利率无法确定；利率不能确定，投资也就无法确定，收入也就无法确定。对凯恩斯的流动性偏好利率理论而言，因为货币需求取决于收入，收入不知道，也无法确定货币需求，利率无法确定。英国著名经济学家希克斯等人认为以上理论没有考虑收入的因素，因而无法确定利率水平，于是在1937年提出了一般均衡理论基础上的IS－LM模型。希克斯认为应该把货币因素和非货币因素（实物因素）综合起来进行分析，并把收入作为与利率相关的变量加以考虑。后经美国经济学家汉森的进一步推导，形成了IS－LM模型，从而建立了一种在储蓄和投资、货币供应和货币需求这四个因素的相互作用之下的利率与收入同时决定的理论，成为当前西方经济学理论分析最主要的一种工具。其核心内容是认为利率受制于投资、储蓄、流动偏好（即货币需求函数）和货币供给四个因素，同时利率与收入之间存在着相互决定的关系。

根据此模型，利率是由货币市场和实物领域的同时均衡所共同决定的。利率的决定取决于储蓄供给、投资需要、货币供给、货币需求四个因素，导致储蓄投资、货币供求变动的因素都将影响到利率水平。这种理论的特点是一般均衡分析。该理论在比较严密的理论框架下，把古典理论的商品市场均衡和凯恩斯理论的货币市场均衡有机地统一在一起。

在IS－LM分析框架中，汉森认为其中IS曲线就表示实物领域均衡点的集合，IS曲线是使投资和储蓄恰好相等的不同利率和收入组成的轨迹。不断重复选点即可形成IS曲线。储蓄（S）构成资本的供给，投资（I）构成资本的需求，因此商品市场上均衡的条件是 $S=I$。在商品市场上，储蓄是收入的正函数，即储蓄随收入的增加而增加；投资是利率的反函数，即投资随利率的上升而减少。

用 Y 表示收入，i 表示利率，则有三个方程

$$储蓄函数：S = S(Y)$$

$$投资函数：I = I(i)$$

$$均衡条件：S(Y) = I(i)$$

这组方程可以用图 3.4 来说明。

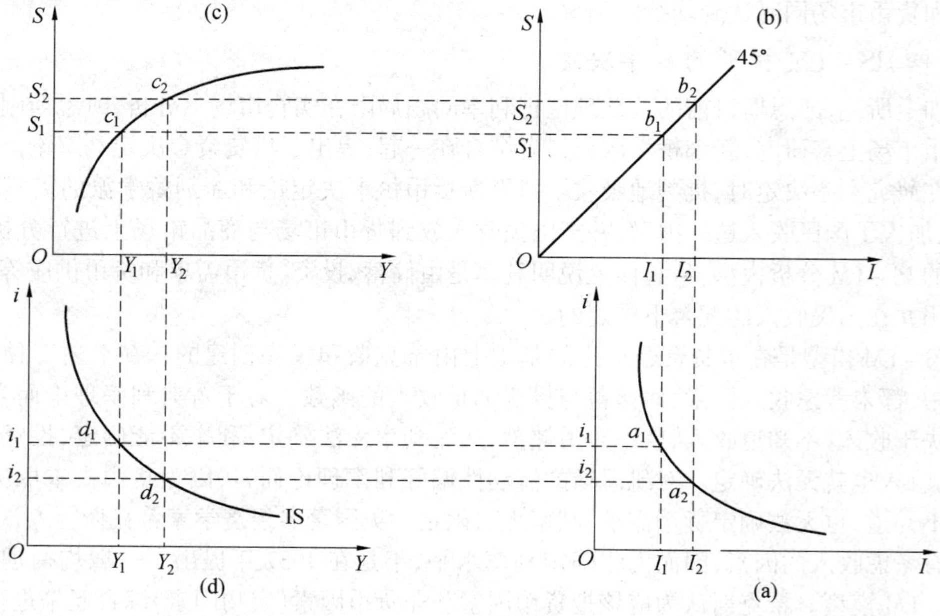

图 3.4 IS 曲线的导出

图 3.4 是由四个图组成的，其中：图(a)表示投资与利率的反方向变动关系；图(b)的 45°线表明储蓄等于投资的均衡条件；图(c)表示储蓄与收入存在着同方向变动关系；图(d)中的 IS 曲线是在不同的利率和收入水平的组合下 $S = I$ 的均衡点的轨迹。

图(d)中 IS 曲线的形状和位置取决于图(a)，(b)，(c)三个部分。例如当利率为 i_1 时，投资处在曲线的点 a_1 上，这时投资额为 I_1。从点 a_1 出发画一条与纵轴平行的直线与图(b)的 45°线相交，交点 b_1 表明为使 $I = S$，储蓄必须达到 S_1；从点 b_1 画一条与横轴平行的直线与图(c)中的储蓄曲线相交，交点 c_1 表明，只有当收入为 Y_1 时，才能使储蓄达到 S_1 的水平；将点 c_1 从上往下、点 a_1 从左往右画线至与图(d)相交，便可得到 i_1 和 Y_1 的组合点 d_1，故该点是在利率和国民收入配合下 $I = S$ 的均衡点。

如果利率下降为 i_2 时，投资额增加为 I_2，从点 a_2 出发可以从图(b)得到相应的储蓄水平 S_2，图(c)告诉我们，只有使收入水平提高到 Y_2 才能使储蓄达到 S_2，因此，i_2 与 Y_2 是令 $I = S$ 的另一个组合点。用同样的方法可以找出其他诸多组合点，将这些组合点连接起来就得到图(d)中的 IS 曲线，曲线上任意一点都满足 $I = S$。IS 曲线之所以向右下方倾斜，是由于若利率下降，投资增加，为了使储蓄等于投资以保持商品市场的均衡，收入必须提高，才能使储蓄相应增加;反之,若国民收入减少,储蓄也将减少,只有提高利率才能使投资下降,从而保持商品市场的均衡。从图中可以看出,利率从 i_2上升到 i_1,则国民收入从 Y_2减少到 Y_1;反之,利率从 i_1下降到 i_2,则国民收入从 Y_1增加到 Y_2。这表明利率与国民收入呈反方向变动关系,它们之间只有相互配合才能使储蓄等于投资,从而达到商品市场的均衡。

需要注意的是,图中的 IS 曲线的位置不是固定不变的,在各种利率与国民收入的组合下,由于投资与储蓄的水平不同,IS 曲线可以向右上方移动,也可以向左下方移动。其移动的幅度取决于投资与储蓄的变动幅度。

而 LM 曲线就表示货币市场的均衡点的集合,LM 曲线是使货币供给和货币需求相等的不同利率与收入组合的轨迹。根据凯恩斯的理论,交易性货币需求(L_1)是收入的正函数,投机性货币需求(L_2)是利率的反函数,货币供给(M)则是货币当局决定的外生变量。货币市场均衡可以用下列方程式来说明,即

$$L = L_1(Y) + L_2(i), M = L$$

这组方程也可以用图 3.5 来说明。

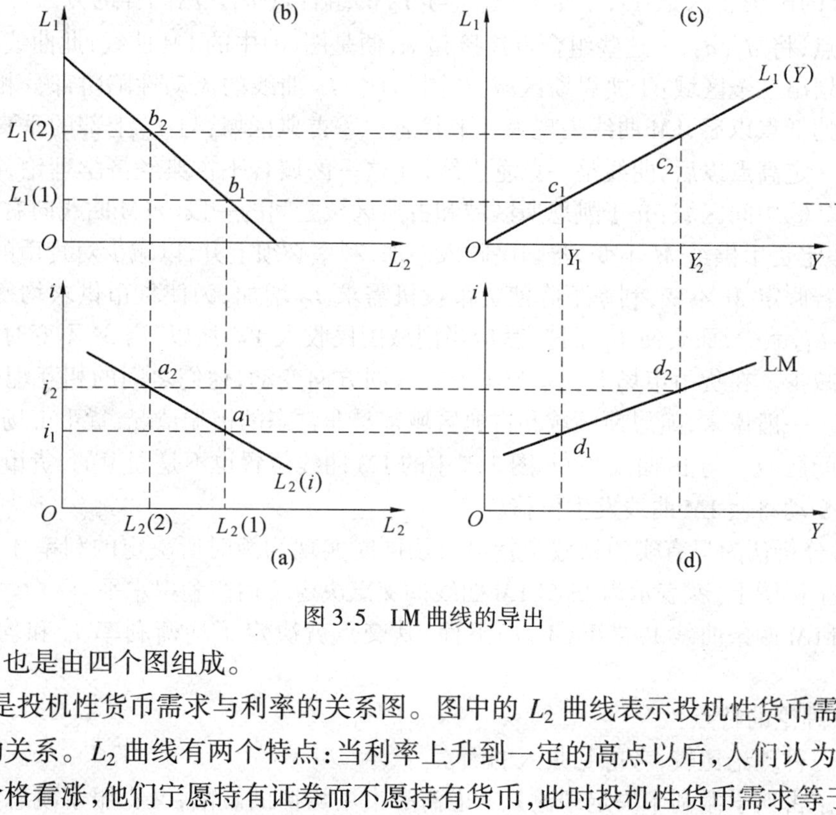

图 3.5　LM 曲线的导出

图 3.5 也是由四个图组成。

图(a)是投机性货币需求与利率的关系图。图中的 L_2 曲线表示投机性货币需求与利率的反方向变动关系。L_2 曲线有两个特点:当利率上升到一定的高点以后,人们认为利率不会再升而证券价格看涨,他们宁愿持有证券而不愿持有货币,此时投机性货币需求等于零,全部货币供给应该用于交易需求,L_2 的上部与纵轴平行;假定利率降低到一定的低点,情况与刚才描

述的情况相反,货币的投机需求变得无限大,出现流动性陷阱,L_2 的下部与横轴平行。

图(b)是货币需求的关系图,表明货币需求总量既包括交易性货币需求量,又包括投机性货币需求量,货币需求线表示既定的货币需求量划分为 L_1 和 L_2 的所有可能的组合。

图(c)是交易性货币需求与收入的关系图,图中 L_1 曲线表示交易性货币需求与收入同方向变动的关系。

图(d)是货币市场的均衡图,图中的 LM 曲线则是在不同的利率和收入水平的组合下 LM 均衡点的轨迹。

例如,当利率为 i_1 时,L_2 曲线上的点 a_1 表明货币投机需求为 $L_2(1)$;从点 a_1 出发沿一条与纵轴平行的直线与货币供应线相交于 b_1,b_1 表明货币供应量中用于交易性货币需求量为 $L_1(1)$,从点 b_1 出发画一条与横轴平行的直线与图(c)中的 $L_1(Y)$线相交于点 c_1,交点 c_1 表明当收入水平为 Y_1 时,交易性货币需求为 $L_1(1)$;便可得出 i_1 与 Y_1 的一个组合点 d_1,d_1 是在利率和国民收入配合下使货币市场供求相等的均衡点。如果当利率上升为 i_2,图(a)表明投机需求减少到 $L_2(2)$,图(b)表明交易性货币需求增加到 $L_1(2)$,图(c)则表明与交易性货币需求 $L_1(2)$相对应的国民收入是 Y_2,于是形成 i_2 与 Y_2 的组合点 d_2。用同样的方法可以得到许多这样的组合点,将 $d_1,d_2,\cdots$这些组合点连接起来,便是图(d)中的 LM 曲线,此曲线的显著特点是可以明确划出三个区域:①凯恩斯区域:与图(a)中 L_2 曲线的流动性陷阱部分相对应,当利率降到一定的低点以后,LM 曲线表现为水平状态。②古典区域:与 L_2 上部的垂直线相对应,当利率达到一定高点以后,曲线是一条垂直线,在这一区域合乎古典经济学理论,即货币投机需求等于零。③中间区域:介于凯恩斯区域和古典区域之间的一段。LM 曲线向右上方倾斜的理由在于:假定货币供给 M 不变,若国民收入增加,利率必须上升,以减少对货币的投机需求;反之亦然。若假定 M 不变,利率下降使货币投机需求 L_2 增加,为使货币供求均衡,必须使货币交易需求 L_1,减少,而要使 L_1 下降,就应当削减国民收入 Y。所以,当 M 不变时,利率降低,国民收入也减少。在货币市场上利率与国民收入同方向变动,他们之间的相互配合才能使货币供求均衡。一般说来,凯恩斯区域和古典区域都是非常态的极端情况,货币市场经常地和大量地处于中间区域。与 IS 曲线相同,图 3.5 中的 LM 曲线位置也不是固定的,货币供应量与货币需求量的变动将使 LM 曲线发生位移。

IS - LM 分析认为只有实物领域与货币市场同时实现均衡时所决定的利率才是真正的均衡利率。在坐标图上,就表示为 IS 与 LM 曲线的交点决定了均衡利率水平。

将 IS 和 LM 两条曲线共置于(Y,r)平面,其交点就决定了均衡利率 r_e 和均衡收入 Y_e。(图 3.6)

IS - LM 理论的特点:

①与前三种理论比较,考虑到收入的因素。

②克服了古典学派利率决定理论只考虑商品市场均衡的缺陷,又克服了凯恩斯学派利率理论只考虑货币市场的缺陷,同时还克服了可贷资金利率理论在兼顾两个市场时忽视两个市

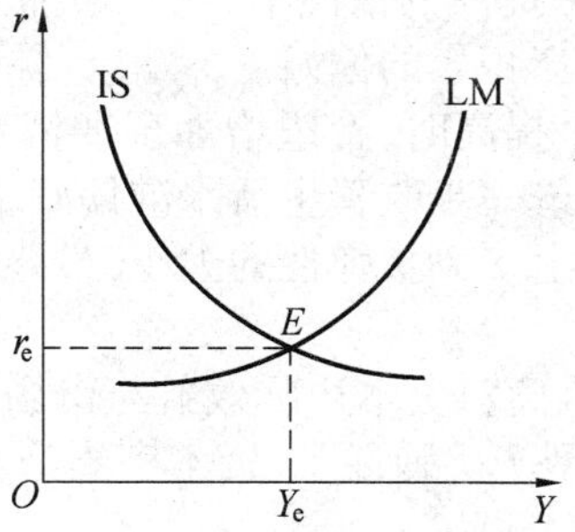

图 3.6　均衡利率形成

场各自均衡的缺陷，因而该模型被认为是解释名义利率决定过程的最成功的理论。

【知识库】

金融机构人民币存贷款基准利率调整表

	调整后利率
一、城乡居民和单位存款	
（一）活期存款	0.50
（二）整存整取定期存款	
三个月	3.10
半　年	3.30
一　年	3.50
二　年	4.40
三　年	5.00
五　年	5.50
二、各项贷款	
六个月	6.10
一　年	6.56
一至三年	6.65
三至五年	6.90
五年以上	7.05
三、个人住房公积金贷款	
五年以下（含五年）	4.45
五年以上	4.90

（中国人民银行决定，自 2011 年 7 月 7 日起上调金融机构人民币存贷款基准利率。）

第二节　决定和影响利率的主要因素

利率 r 是调节经济的有效杠杆，它既可以影响储蓄 S 又可以影响投资 I。

利率对储蓄的作用有正反两方面：S 随 r 的提高而增加的现象称为 r 对 S 的替代效应。S 随 r 的提高而降低的现象称 r 对 S 的收入效应。

替代效应表示人们在 r 水平提高的情况下,愿意增加 S 来替代当前消费。反映人们有较强的增加利息收入,从而增加财产积累的偏好。

收入效应表示人们在 r 水平提高时,希望增加现期消费,从而减少 S,反映人们在收入水平由于利率提高而提高时,希望进一步改善生活水准偏好。

一般来说,一个社会中总体上 S 对 I 弹性的大小,最终取决于收入效应与替代效应相互抵消的大小。

利率对投资的作用是通过厂商对资本边际效益与市场利率的比较形成的。效益大于 r,I 上升;反之则减少 I。劳动密集型 I,r 弹性小,资本密集型 I,r 弹性大,期限长的固定资产 I,r 弹性大。

利率可以影响很多经济变量,同样它本身也受诸多因素的影响。

一、平均利润率

马克思的利率决定论建立在对利率来源与本质分析的基础上,认为利息是利润的一部分,利率的高低首先由利润率高低决定,并且是一国一定时期内的平均利润率。利率的变化范围在零与平均利润率之间。由平均利润率决定的利率具有如下性质或特点:

①随着技术发展和资本有机构成的提高,平均利润率有下降趋势。因而也影响平均利率有同方向变化的趋势。

②平均利润率虽有下降趋势,但却是一个非常缓慢的过程。换句话说,平均利率具有相对稳定性。

③由于利率高低取决于两类资本家对利润分割的结果,因而使利率的决定具有很大偶然性。

社会主义市场经济中,利息仍作为平均利润的一部分,因而利息率也是由平均利润率决定的。根据我国经济发展现状与改革实践,这种制约作用可以概括为:利率的总水平要适应大多数企业的负担能力。也就是说,利率总水平不能太高,太高了大多数企业承受不了;相反,利率总水平也不能太低,太低了不能发挥利率的杠杆作用。

二、经济周期

在经济萧条阶段,借贷资本供大于求,导致利率下降到最低程度。在复苏阶段,企业对借贷资本的需求增长,由于借贷资本处于相对过剩状态,因此,借贷资本的需求在低利率下即可得到满足。也就是说,在经济从低落到恢复正常发展的过程中,利率不会由于经济复苏快速发展而出现因资金需求旺盛导致利率马上升高的现象。

三、预期通货膨胀率

通货膨胀总是有存在的可能,它会引起货币贬值,从而给借贷本金带来损失,同时也会给利息带来损失。因此,为了保证损失尽可能小,必须要充分考虑预期通货膨胀率,提高借贷资金的利率。

因此,利率水平随着通货膨胀率的升降而升降。

四、中央银行的货币政策

由于利率变动对经济有很大的影响,各国都通过法律、法规、政策的形式,对利率实施不同程度的管理。国家往往根据其经济政策来干预利率水平,同时又通过调节利率来影响经济。政府制定货币政策的目的之一是为了促进经济稳定增长。控制货币供给和信贷规模,可以影响利率,进而调节经济增长。一般来说,当中央银行实行扩张性货币政策时,扩大货币供给,会导致利率下降,反之,当实行紧缩性货币政策时,则造成利率上升。

自1949年新中国成立以来,我国的利率基本上属于管制利率,利率由国务院统一制定,由中国人民银行统一管理,在利率水平的制定与执行中,要受到政策性因素的影响。例如,新中国成立后至"文化大革命"期间,我国长期实行低利率政策,以稳定物价、稳定市场。1978年以来,对一些部门、企业实行差别利率,体现出政策性的引导或政策性的限制。可见,我国社会主义市场经济中,利率不是完全随着信贷资金的供求状况自由波动,它还取决于国家调节经济的需要,并受国家的控制和调节。

五、国际收支状况

如一国长期存在巨额贸易顺差 ,导致外汇占款方面的货币投放过多,导致流动性过剩,央行如实施宏观调控控制货币供应,采取的措施之一是提高利率,减少资金投放。

六、政府财政赤字

一般来说,当财政支出大于财政收入时,政府会在公开市场上借贷,以此来弥补财政收入的不足,这将导致利率上升。

七、资金的供求状况

无论是马克思的利息理论还是西方的经济学说都不否认资金的供求状况决定利率的总水平。例如,根据马克思利息决定理论,在平均利润率既定时,利息率的变动则取决于平均利润分割为利息与企业利润的比例。而这个比例是由借贷资本的供求双方通过竞争确定的。一般地,当借贷资本供不应求时,借贷双方的竞争结果将促进利率上升;相反,当借贷资本供过于求时,竞争的结果必然导致利率下降。在我国市场经济条件下,由于作为金融市场上的商品的"价格"——利率,与其他商品的价格一样受供求规律的制约,因而资金的供求状况对利率水平的高低仍然有决定性作用。

八、其他因素

例如,借贷期限长短、借贷风险大小、国际利率水平高低、国际经济形势、银行成本、银行经营管理水平、汇率变化等。

(一)借贷风险

资金从投放到收回总是需要一定的时间,在借贷资金运动过程中,由于各种不测因素的出现,可能导致各种风险,如资金不能按期完全收回的违约风险,因物价上涨而使资金贬值的风险,或更有利的投资机会出现后,已贷放出去的资金收不回来时,贷款人承受机会成本损失的风险。一般而言,风险越大,则利率要求越高。另外,经济的周期变动造成的风险变化也会影响利率水平,如在危机阶段,投资风险突然变大使利率大幅度上升。而在复苏阶段,投资风险开始减少,利率开始降低。

(二)国际利率水平及其变动趋势

国际利率水平及其变动趋势对本国利率水平具有很强的"示范效应"。影响有两方面:一是其他国家的利率水平对国内利率的影响;二是国际金融市场上的利率对国内利率的影响。一般来说,国际金融市场上利率的下降会降低国内利率水平或抑制国内利率上升的程度。

(三)汇率变化

当外汇汇率上升,本币贬值时(如人民币与美元的汇率从1美元兑换8.5元人民币变化到1美元兑换8.7元人民币),国内居民对外汇的需求就会下降,从而使本币相对充裕,国内利率便趋于稳定,并在稳定中下降;反之,当外汇汇率下跌,本币升值时(如人民币对美元的汇率从1美元兑换6.3200元人民币变化到1美元兑换6.2910元人民币),国内居民对外汇的需求就会增加,本币供应处于紧张状态,从而迫使国内市场的利率上扬。

(四)国际经济形势

就开放经济而言,国际经济形势对利率的影响主要体现在国际利率与汇率升降会影响资金流出入,从而引起国内利率的变动。如果国际利率水平较高,则资金流出,国内资金供给小于需求,迫使国内利率上升;反之,如果国际利率水平较低,则资金流入,国内资金供给大于需求,从而诱使国内利率随之下降。可见,国内利率有朝国际利率靠拢的趋势。从汇率的角度来看,汇率的变动也会影响利率的变化。例如,在开放的市场条件下,本国货币汇率上升会引起国外资金的流入和对本币的需求上升,短期内会引起本国利率的上升;相反,本国货币汇率下降会引起外资流出和对本币需求的减少,短期内会引起本国利率下降。

【知识库】

从澳元利率变化看澳洲经济走势

近一个时期以来,随着世界经济渐露复苏迹象,澳洲经济活动也出现较强劲反弹,澳元利率走势再次成为人们关注的一个热点。经济危机之前,澳元利率持续走高,一路挺过7%。2008年9月至2009年4月,为应对经济衰退,澳洲联邦储备银行连续下调利率达425个基点,使澳洲利率降至目前的3%,为过去49年以来最低位。此间分析人士称,在近一段时间,低利率仍将保持一段时间,但澳联储有可能比预期提前调高利率。

最近公布的一系列经济数据显示,澳洲住房市场异常活跃,在6月份实现了审批率自2005年5月以来最大的单月涨幅,上升9.3%;住房价格在上个季度也出现了自2007年经济危机开始之前以来的最大增长。澳元兑美元持续走强,在8月4日1澳元兑换84美分关口,直逼去年9月25日前的84.25的高位。汽油价格持续上升,通货膨胀压力开始回升。墨尔本研究所称,在截至7月的12个月中,通胀上升了1.9%。澳财政部长斯旺8月2日表示,澳洲利率在未来某个时候会上升是"显然的"。他说,"我们有理由对澳洲经济的前景表示乐观"。

然而,澳著名工业分析公司BISSHRAPNEL的报告则指出,如果利率上调幅度超过0.5%,而政府又不延长对60万澳元以上住房的印花税的优惠政策,住房市场新出现的增长势头就会受到破坏。报告说,如果利率在短期内保持低水平,澳洲在未来4年中将掀起新一轮的住房建设高潮,仅2009年至2010年就将落成16万套新住房,较前一年度增加21%。该公司资深经济学家安德森认为,只要利率在2011年第一季度前不出现大的升幅,住房市场的强劲反弹势头就不可能被阻止。

失业也是当前备受关注的一个问题。7月份,报界和网络招聘广告已连续第15个月呈下降趋势。虽然有些分析人士认为,1.7%的降幅已较6月份的6.7%明显缓和,说明企业界将维持2010年招聘的人数。澳纽银行澳洲经济部负责人荷甘说,"我们越来越乐观,就业情况的下降不会比6个月前预计的要坏","澳经济活动在近几个月明显反弹,特别是最大的雇主零售业。"然而,根据该行的预测,澳洲的失业率到明年中期仍将达到7.5%,而官方的数字则高达8.25%。澳金融服务部长博文8月3日表示,虽然在中期内利率有上升可能,但也有保持不变的必要,"特别是失业仍是一个问题"。斯旺财长也表示,现在宣称全球经济衰退最坏的时期已经过去还为时过早,"我们需要对恢复之路保持谨慎"。

同时,一些分析人士也认为,避免在大选之年调整利率引起的波动,也有可能成为推动保持当前低利率的一个因素。官方利率的上调必将迫使借贷方在选举之年提高抵押利率,从而引起选民波动。按时间算,明年将是澳大选之年。反对党已开始指责政府为避免削减预算而有可能提前大选。一些分析认为,随着经济出现恢复迹象,澳政府有可能要开始大幅度削减预算赤字。澳财长斯旺在否认这种指责时表示,应对金融危机的持续影响仍是政府的重点,"联邦储备银行称目前我们的前景还不明朗,确定未来利率要考虑这一因素"。

被称为"毁灭博士"的美国经济学家罗比尼8月3日在澳洲的一次学术会议上也表示,尽管全球金融危机最坏的时期已经过去,但全球的衰退"仍没有结束",即使明年全面开始恢复,也"极可能是短暂的"。他说,尽管澳洲的处境较美国、欧洲和日本要好,但澳洲的恢复也将是"渐进的","对财政刺激进行较长时间的观察是合适的"。澳联储在最近的一次相关评论中也指出,如果出现新的冲击澳经济恢复的波动,不排除进一步降息的可能。

尽管如此,种种迹象表明,澳元利率重新振翅高飞只是一个时间问题。此间的报道指出,澳洲金融市场"非常强劲",期货市场预测,到明年8月,澳洲利率可以上升131个基点,意味着澳联储可以进行6次利率调整。金融市场也预测,至2010年中期,澳元利率有可能上调到4%。不过,澳纽银行资深经济学家凯蒂·迪安则表示,尽管市场显示需要上调利率,但澳联储则有可能取向"中性的"货币政策。最新消息报道说,8月4日举行的澳联储每月例会已经决定保持现有利率不变。这是澳联储连续第5个月决定不调整当前利率。

资料引自:陈小芳.光明日报,2009-8.

第三节　利率的作用及其管理体制

一、利率的作用

(一)利率在宏观经济中的作用

1.聚集社会闲散资金

资金的短缺一直是大多数国家经济发展中经常遇到的难题,而银行通过利率调节,就可吸收相当规模的资金,支援经济建设。提高存款利率就能增加存款者的收益,从而把再生产过程中暂时闲置的货币资本和社会各阶层的货币收入集中起来,转化为借贷资本,形成巨额社会资金,满足生产发展的需要。

2.调节信用规模

信用与利息是相辅相成的,没有利息的信用就不是融资性信用,没有信用的利息就无所谓利率。作为融通资金的信用,一定要在有利息的条件下发挥作用,同时利息又反作用于信用规模。首先,中央银行的贷款利率、再贴现率作用于中央银行对商业银行和其他金融机构的信用规模,当中央银行提高贷款利率再贴现率时,有利于缩小信用规模;反之,则有利于扩大信用规模。其次,商业银行的贷款利率、贴现率作用于商业银行对顾客的信用规模,当商业银行降低贷款利率、贴现率时,有利于扩大信用规模;反之,则有利于缩小信用规模。

3.实现资源配置

在商品经济条件下,资源的配置是通过利率进行的。调整利率水平,就可调节货币的总供给与总需求,实现资源的最优配置,进而调节整个国民经济。这种调节从结构上说,主要是采取差别利率和优惠利率。对于国家要重点发展的产业、企业、项目或产品,采用低利率予以支持;对于国家要压缩的产业、企业、项目或产品,采取高利率予以限制。由于利率的高低直接影响企业的收益,在利益机制的驱动下,企业投资就会纷纷转向低利率与高收益的产业、部门或产品。这样就实现了资源配置的调度,调节了产业结构、企业结构和产品结构。

4.平衡国际收支

当国际收支失衡时,可通过调节利率来平衡。如在国际收支逆差严重时,可将本国利率调至高于外国,一方面可阻止本国资金流向利率较高的外国,另一方面可吸收外国短期资金流入本国。

经济衰退时期的利率政策应当是降低利率,增加投资,发展生产。如果国际收支逆差是发生在国内经济衰退时期,就不能简单地调高利率水平,而应主要调整利率结构,在阻止国际收支逆差的同时抑制经济衰退。因为投资主要受长期利率影响,而国际间的资本流动主要受短期利率影响,因此在经济衰退并发生国际收支逆差时,一方面降低长期利率,鼓励投资,发展经济,另一方面提高短期利率,阻止本国资本外逃并吸引外资流入,从而达到预期目的。

5.稳定物价

利率稳定物价的功能可通过三条主要途径来实现：

①提高贷款利率，调节货币需求量。当实际流通的量大于流通中所需要的货币量时，单位货币贬值，通货膨胀发生，物价上涨。此时提高贷款利率，抑制货币需求，收缩信贷规模，即可促使物价趋于稳定。

②提高存款利率，调节社会消费需求总量和结构。由于国民收入的分配都是以货币分配形式实现的，客观上存在着分配后形成的有支付能力的社会需求与商品可供量在总量与结构上不相适应的可能性，潜伏着供求矛盾，可能引发物价上涨。一旦物价上涨发生，可提高存款利率，将待实现的货币购买力以存款形式集中到银行，并在总量和结构上进行调节，就可实现供求平衡，平抑物价。

③增加有效供给。若物价上涨不是由于货币总量超量所致，而是由于商品供求结构失衡所致时，对供不应求、物价上涨的商品，可降低其生产贷款的利率，促使企业扩大再生产，从而增加商品供应量，迫使价格回落。

6.调节货币流通

存款利率的高低直接影响银行社会存款的规模，对实现社会购买力与商品可供量的平衡有调节作用；贷款利率的高低直接影响银行的信贷规模，决定货币供应量，对币值稳定有重要作用；贷款利率的差别对贷款结构，进而对产业结构有重要影响，而产业结构的合理化直接关系到货币正常流通；利率的高低还直接影响企业的生产规模和经营状况，从而影响社会商品的供给总量和结构，对货币正常流通有重要作用。总之，利用利率杠杆就可调节货币流通。

（二）利率在微观经济中的作用

1.提高资金使用效率

利息始终是企业利润的抵减因素，企业要增加收益就必须少付息。因此，企业为了自身利益，就必须加强经营管理，加速资金周转，决不能盲目借款或拖欠贷款，而是全面提高资金的使用效率。

2.有效选择金融资产

出于货币增值的要求，人们必须将货币收入转化为金融资产来保存。现阶段金融资产的主要形式有银行存款、国库券、金融债券、股票、企业债券等。选择什么样的资产投资，主要是考虑该资产的安全性、收益性和流动性三个方面。在我国目前安全性较高且流动性较差的情况下，金融资产的选择主要是考虑收益，而各种资产的收益无不与利率有着密切的联系。存款收益直接取决于存款利率；股票与债券的价格取决于其预期收益与利率的对比关系，在预期收益既定的情况下，调整利率就直接影响到股票与债券的价格变化，进而影响到购买者的收益。因此，调整利率，就可引导人们选择不同的金融资产。

3.调节个人的消费倾向和储蓄倾向

在人们金融意识日益增强的现代商品经济社会，居民消费支出的安排对储蓄利率表现出极大的弹性。存款利率上升，存款增加；存款利率下降则存款减少。

二、利率的管理体制

利率管理体制是国家对利率进行管理的一种组织制度，是一国经济管理体制的组成部分。它规定了金融管理当局或央行的利率管理权限、范围和程度。各国采取的利率管理体制大致可分为三类：国家集中管理、市场自由决定、国家管理与市场决定相结合。

【知识库】

利率变动对股市的影响

对股票市场及股票价格产生影响的种种因素中最主要的莫过于金融因素。在金融因素中，利率水平的变动对股市行情的影响又最为直接和迅速。一般来说，利率下降时，股票的价格就上涨；利率上升时，股票的价格就会下跌。因此，利率的高低以及利率同股票市场的关系，也成为股票投资者据以买进和卖出股票的重要依据。

2004年以来调整利率时间及调整后股市表现

次数	调整时间	调整内容	第二交易日股市表现(沪指)
15	2010年1月18日	上调存款类金融机构人民币存款准备金率0.5个百分点	1月19日，开盘：3 213.64点，收盘：3 237.10点，涨0.40%
14	2008年10月30日	一年期存款基准利率下调0.27个百分点；一年期贷款基准利率下调0.27个百分点	10月31日，开盘：1 754点，收盘：1 728点，跌1.97%
13	2008年10月15日	下调存款类金融机构人民币存款准备金率0.5个百分点	10月16日，开盘：1 995.89点，收盘：1 963.10点，跌1.12%
12	2008年10月9日	一年期存贷款基准利率下调0.27个百分点	10月10日，开盘：1 995.9点，收盘：2 000.5点，跌3.57%
11	2008年9月16日	一年期贷款基准利率下调0.27个百分点	9月17日，开盘：1 971.9点，收盘：1 929点，跌2.9%
10	2007年12月21日	一年期存款基准利率上调0.27个百分点；一年期贷款基准利率上调0.18个百分点	12月24日，开盘：5 132.9点，收盘：5 234.2点，涨2.6%

次数	调整时间	调整内容	第二交易日股市表现(沪指)
9	2007年9月15日	一年期存款基准利率上调0.27个百分点; 一年期贷款基准利率上调0.27个百分点	9月17日,开盘:5 309.06点,收盘:5 421.39点,涨2.06%
8	2007年8月22日	一年期存款基准利率上调0.27个百分点; 一年期贷款基准利率上调0.18个百分点	8月23日,开盘:5 070.65点,收盘:5 107.67点,涨1.49%
7	2007年7月20日	上调金融机构人民币存贷款基准利率0.27个百分点	7月23日,开盘:4 091.24点,收盘:4 213.36点,涨3.81%
6	2007年5月19日	一年期存款基准利率上调0.27个百分点; 一年期贷款基准利率上调0.18个百分点	5月21日,开盘:3 902.35点,报收:4 072.22点,涨幅1.04%
5	2007年3月18日	上调金融机构人民币存贷款基准利率0.27%	3月19日,开盘:2 864.26点,报收:3 014.442,涨幅2.87%
4	2006年8月19日	一年期存贷款基准利率均上调0.27%	8月21日,开盘1 565.46,收盘上涨0.20%
3	2006年4月28日	金融机构贷款利率上调0.27%,到5.85%	沪指低开14点,最高1 445,收盘1 440,涨23点,涨幅1.66%
2	2005年3月17日	提高了住房贷款利率	沪综指下跌0.96%
1	2004年10月29日	一年期存贷款利率均上调0.27%	沪指大跌1.58%,报收于1 320点

为什么利率的升降与股价的变化呈上述反向运动的关系呢?主要有三个原因:

①利率的上升,不仅会增加公司的借款成本,而且还会使公司难以获得必需的资金,这样,公司就不得不削减生产规模,而生产规模的缩小又势必会减少公司的未来利润,因此,股票价格就会下降。反之,股票价格就会上涨。

②利率上升时,投资者据以评估股票价值所在的折现率也会上升,股票价值因此会下降,从而,也会使股票价格相应下降;反之,利率下降时,股票价格就会上升。

③利率上升时,一部分资金从股市转向到银行储蓄和购买债券,从而会减少市场上的股票需求,使股票价格出现下跌。反之,利率下降时,储蓄的获利能力降低,一部分资金就可能回到股市中来,从而扩大对股票的需求,使股票价格上涨。

资料引自:新华网.

本章小结

1.利率是借贷期内所形成的利息额与所贷资本额的比率。从不同角度划分有不同的利率种类,各种不同种类的利率构成一个有机体——利率体系,基准利率是利率体系的核心。

2.利率是重要的经济杠杆,对国民经济发挥着重要作用。宏观上,利率调节经济问题和经济结构;微观上,利率影响企业与个人的经济行为,还有作为租金计算基础的功能。

3.利率按照不同的标准,可以划分为不同的种类。按利率的表示方法可划分为:年利率、月利率与日利率。按利率的决定方式可划分为:官方利率、公定利率与市场利率。按借贷期内利率是否浮动可划分为:固定利率与浮动利率。按利率的地位可划分为:基准利率与一般利率。按信用行为的期限长短可划分为:长期利率和短期利率。按利率的真实水平可划分为:名义利率与实际利率。

4.平均利润率是决定市场利率的主要因素,影响市场利率变化的因素主要有:借贷资本供求状况、经济运行周期、通货膨胀、国际利率水平、国家的经济政策以及利率管理体制等。我国正在进行利率市场化改革。

5.利息的计算方法有两种:单利和复利。

思考题

一、名词解释

利率　官定利率　名义利率　实际利率　交易性需求　投机性需求

二、简述题

1.借贷资本金为10 000元,一年的利息额为1 200元,年利息率为多少?

2.一笔借贷期限为3年,月利息率为5%的10万元贷款,利息总额为多少?到期的本利和为多少?(分别用单利法和复利法计算)

3.若某人每年存入1万元,年利率为1%,10年后此人存款余额为多少?

4.某客户有合格票据200万元到商业银行贴现,还差60天到期,若按月息0.3%扣除贴现利息,银行实付贴现额为多少?

5.如何理解利息在收益资本化中的作用?

6.如何分析决定和影响我国利率的主要因素?

三、论述题

在市场经济中,为什么说利率杠杆是个灵活的经济杠杆。

【阅读资料】

中国利率市场化改革

在现代市场经济中,利率作为经济杠杆,对一国经济的发展发挥着至关重要的作用。在宏观方面,利率能够调节社会资本供给，调节投资以及调节社会总供求；在微观方面，利率能够促进企业加强经济核算，提高经济效益，诱发和引导人们的储蓄行为，引导人们选择金融资产等。而在现实生活中，利率作用的发挥受到种种限制。这种限制主要有利率管制、授信限量、经济开放程度、利率弹性等。利率管制有可能因制定的利率水平不恰当或调整不及时，而限制利率作用的发挥；授信限量可能导致信贷资金的供求矛盾进一步激化，扭曲利率体系的结构和层次；经济开放程度低会使整个利率体系失去弹性，作用的发挥就有很大的局限性。利率在现代市场经济中要充分发挥作用，必须具备以下条件：市场化的利率决定机制，即通过市场和价值规律机制，由市场供求关系决定的利率；灵活的利率联动机制，即一种利率变动，其他利率随之变化的机制；适当的利率水平，即利率能真实反映社会资金供求状况，并使资金借贷双方都有利可图；合理的利率结构，即利率的期限结构、行业结构以及地区结构等可以体现经济发展的时期、区域、产业及风险差别。我国利率属于管制利率类型。1995 年以前，利率由国务院统一制定，由中国人民银行统一管理。目前，利率事项由中国人民银行作出决定，报国务院批准执行。我们必须清楚地认识到，要想让利率发挥应有的作用，我国必须要进行利率市场化的改革。

一、利率市场化的概念

利率市场化是指金融机构在货币市场经营融资的利率水平由市场供求来决定，它包括利率决定、利率传导、利率结构和利率管理的市场化。实际上就是将利率的决策权交给金融机构，由金融机构自己根据资金状况和对金融市场动向的判断来自主调节利率水平，最终形成以中央银行基准利率为基础，以货币市场利率为中介，由市场供求决定金融机构存贷款利率的市场利率体系和利率形成机制。利率市场化是将利率的决定权交给市场、由市场主体自主决定利率的过程。

二、利率市场化的必要性

改革开放以来，我国在价格领域，尤其是商品价格领域的改革取得了巨大成就，但在要素价格领域，约束依然存在，比如作为重要要素价格的资金价格——利率仍然受到管制。利率在宏观调控中的作用已经得到认可，但是，它的灵敏调节还受到限制。利率管制首先造成这一重要的价格杠杆在资源配置方面受到严重约束，利率调整对投融资行为及公众消费导向作用不明显；其次，利率机制的僵化使宏观调控受到约束，导致宏观当局很难通过对货币供应量的控制实现其货币政策目标；再次是利率结构扭曲，拆借市场利率导向作用有限，主要表现为国库券利率比一些企业债券利率和银行贷款利率高，拆借市场利率高于再贷款利率，受参与主体较少、交易规模偏小制约，拆借市场利率导向作用很难发挥；最后，利率市场化是我国金融业开放的客观要求。

三、我国利率市场化的环境分析

（一）我国利率市场化的外部宏观环境分析

1. 国际环境因素分析。20 世纪 80 年代以来，国际金融市场上利率市场化已成趋势，美国于 1986 年 3 月成功地实现了利率市场化，日本于 1994 年 10 月最终成功地实现了利率市场化。

2. 加入 WTO 后的影响分析。中国加入 WTO 后，从 2007 年开始取消外资银行开展人民币业务的地域和客户服务限制，并可以经营银行零售业务，银行业的所有业务彻底放开。

3. 外汇管理政策的影响分析。推动利率市场化改革，在缩小本外币利率差额的同时，也会减轻实施外汇管制的政策压力，使得积极稳妥地放开更多的本外币沟通渠道成为可能。

4. 国际金融市场的发展趋势分析。进行利率市场化改革，不但为金融机构扩大规模创造了条件，而且也为以后人民币资本项目下可兑换创造条件。同时，也为将来金融机构之间通过资本市场工具，以市场为导向进行大规模的购并重组创造了条件。

(二)我国利率市场化的内部环境分析

1. 财政连年赤字,宏观经济稳定存在隐患。

2. 商业化的银行体系和金融机构良性竞争的局面尚未形成,金融监管体系尚不够完善。

3. 国有企业经营状况不佳,预算软约束尚未消除。

4. 受亚洲金融危机的影响,加上自身长期积累下来的体制与结构弊端,目前国内市场普遍存在需求不足,政府已将利率调到相当低的水平。

这些情况都表明,我国的利率市场化是一个复杂而又敏感的政策,应慎重推行。

我国已于1996年放开了同业拆借利率,向市场利率迈出了坚实的第一步。接着又放开了国债的市场利率,逐步建立起一个良好的货币市场与国债市场的利率形成机制,也为政府进行利率调整确定了一个基准利率。这都为利率市场化打下了基础。接下来,我国应首先着手调整利率结构,将法定利率由200多种减少到30种左右,并根据经济运行状况更为频繁地调节利率,同时完善货币和资本市场,丰富市场上的交易品种,逐步扩大企业融资中市场利率的比重。当国有银行商业化进展顺利,银行体系的竞争水平提高和监管机制得到完善时,就可以考虑逐步扩大商业银行决定贷款利率的自由权,放开贷款利率。而如果银行经营状况良好,国有企业改革也取得进展时,就可以逐步放开存款利率。通过这样有步骤、渐进地层层推进的改革,最终实现利率的完全市场化。

四、我国利率市场化的历程

利率市场化一直是我国金融界长期关注的热点问题。

我国利率市场化建设的目标是建立以中央银行基准利率为基础,以货币市场利率为中介,由市场供求关系决定金融机构存贷款利率的市场体系。并相应制定了“先外币、后本币”,“先贷款、后存款”,“先农村、后城市”的整体战略。因此,我国的利率市场化不是一蹴而就、一步到位的,而是有铺垫、有计划、有步骤进行的。

大致分三个阶段:

1978~1989年,主要调整利率水平。

1990~1992年,主要调整利率结构。

1993年至今主要进行利率机制改革,使利率成为资源配置和宏观调控的重要工具。

1993年《关于建立社会主义市场经济体制改革若干问题的决定》和《国务院关于金融体制改革的决定》最先明确利率市场化改革的基本设想。1995年《中国人民银行关于“九五”时期深化利率改革的方案》初步提出利率市场化改革的基本思路。

1996年6月1日放开银行间同业拆借市场利率,实现由拆借双方根据市场资金供求自主确定拆借利率。

1997年6月银行间债券市场正式启动,同时放开了债券市场债券回购和现券交易利率。

1998年3月改革再贴现利率及贴现利率的生成机制,放开了贴现和转贴现利率。

1998年9月放开了政策性银行金融债券市场化发行利率。

1998年10月,央行扩大对中小企业贷款的利率浮动幅度,商行对中小企业贷款幅度由现行的10%扩大到20%。

1999年允许信用联社、基金、证券公司入市,推出贴现式和浮动利率两种债券。

1999年9月成功实现国债在银行间债券市场利率招标发行。

1999年10月对保险公司大额定期存款实行协议利率,对保险公司3 000万元以上、5年以上大额定期存款,实行保险公司与商业银行双方协商利率的办法。

逐步扩大金融机构贷款利率浮动权，简化贷款利率种类，探索贷款利率改革的途径。1998 年将金融机构对小企业的贷款利率浮动幅度由 10%扩大到 20%，农村信用社的贷款利率最高上浮幅度由 40%扩大到 50%；1999 年允许县以下金融机构贷款利率最高可上浮 30%，将对小企业贷款利率的最高可上浮 30%的规定扩大到所有中型企业；2002 年又进一步扩大试点。同时，简化贷款利率种类，取消了大部分优惠贷款利率，完善了个人住房贷款利率体系。

2000 年 9 月 21 日实行外汇利率管理体制改革，放开了外币贷款利率；300 万美元以上的大额外币存款利率由金融机构与客户协商确定。2002 年 3 月将境内外资金融机构对中国居民的小额外币存款，纳入人民银行现行小额外币存款利率管理范围，实现中外资金融机构在外币利率政策上的公平待遇。

2002 年扩大农村信用社利率改革试点范围，进一步扩大农信社利率浮动幅度；统一中外资外币利率管理政策。

2004 年 10 月 29 日起，允许贷款利率上浮和存款利率下浮。

为进一步推动利率市场化，培育中国货币市场基准利率体系，提高金融机构自主定价能力，指导货币市场产品定价，完善货币政策传导机制，上海银行间同业拆放利率（SHIBOR）自 2007 年 1 月 4 日起开始运行。SHIBOR将被培育成为中国的基准利率。

五、利率市场化改革借鉴

从美国、日本相对成功的利率市场化改革的经验以及阿根廷利率市场化改革失败的教训看，以下几个方面值得我国在推进利率市场化进程中借鉴：

(1) 宏观经济形势决定着改革的时机选择。

(2) 金融微观基础建设的程度制约着改革的实践速度。先培育金融市场，健全金融机构后放开利率成功者居多，而无扎实市场基础者贸然完全放松利率管制者多以失败告终。

(3) 建立有效的监督体系，以及适宜的法律和规章来取代对利率和金融的直接干预。

在放开利率、金融自由化的过程中，必须建立一套适宜而谨慎的管理制度，制定高质量的监管标准，进行严格而有效的银行监督，评估银行风险。这对利率放开后的金融体系成功地发挥作用非常重要。

(4) 利率市场化改革必须综合考虑，采取循序渐进的方式。按照国际货币基金组织和世界银行专家们的观点，只有同时实现一国宏观经济稳定和银行监管充分有效才可迅速实现利率自由化，否则需要有一个创造条件的过程。

(5) 对后利率自由化问题宜尽早防范。

利率自由化之后，由于对银行的其他管制也已放松，便会引起一个普遍存在的问题：即金融机构资金会大量流向一些管制背景下发展不足、但却可迅速升值的行业中去。

资料引自：戴国强．货币金融学[M]．上海：上海财经大学出版社，2005．

张尚学．货币银行学[M]．北京：科学出版社，2005．

第四章

Chapter 4

金融机构体系

【学习目的与要求】

通过对本章的学习，使学生了解和掌握金融机构的概念、特征、金融机构的类别划分和功能；银行金融机构体系与非银行金融机构体系的一般构成；我国目前金融机构体系的构成。

【案例导入】

2008年美国发生的金融风暴，引发了美国金融机构体系的全面危机。以雷曼兄弟为代表的美国华尔街投资银行体系分崩离析，其中，2008年3月美国第五大投资银行贝尔斯登濒临破产而被摩根大通收购之后，接着华尔街再次爆出令人震惊的消息，美国第三大投资银行美林证券被美国银行以440亿美元收购，美国第四大投资银行雷曼兄弟控股公司因为收购谈判"流产"而申请破产保护。在此之前，很难有人能预料到前后约半年时间，华尔街排名前五名的投资银行竟然垮掉了三家。华尔街投资银行体系的肢解，导致了美国众多商业银行和非金融机构的倒闭。这次严重的金融危机不但直接影响了美国经济的大幅下滑与失业率上升，而且引发了世界性金融危机和经济危机的出现。

第一节　金融机构概述

一、金融机构的概念

金融市场的参与者可以简单地划分为政府机构、金融机构、非金融机构（企业或事业单位）和家庭。其中金融机构是金融市场最主要的参与者。狭义的金融机构（Financial Institution）仅指作为资金余缺双方交易媒介，专门从事货币、信贷活动的机构，主要指银行和其他从事存、贷款业务的金融机构。广义的金融机构指所有从事金融活动的机构,包括直接融资领域中的金融机构、间接融资领域中的金融机构、各种提供金融服务的机构和金融活动监管机构。本章采用广义的金融机构概念。

从金融机构产生的历史过程来看,它是一种以追逐利润为目标的金融企业。之所以称它为企业,是因为它与普通企业相同,经营的目的都是为了以最小的成本获得最大的收益;之所以称它为金融企业,是因为它经营的对象不是普通的商品,而是一种特殊的商品——货币资金。金融机构与普通企业所不同的是:①它的业务活动领域是货币信用领域,信用业务是其经营活动的主要特征;②它和普通企业获得利润的方式不同,不是直接从生产和销售过程去获得,而是通过金融活动来取得。

金融机构包括的范围极广。在间接融资领域中,与资金余缺双方进行金融交易的金融机构有各种类型的银行;在直接融资领域中,为筹资者和投资者双方牵线搭桥,提供策划、咨询、承销、经纪服务的金融机构有投资银行、证券公司、证券经纪人、基金公司和证券交易所;与它们并存的另一大类是从事保险、信托、金融租赁等活动的金融机构,在金融机构体系中也占有重要位置。

二、金融机构的类别划分

按照不同的标准,金融机构可以划分为不同的类型。

①按照金融机构的管理地位,可划分为金融监管机构与接受监管的金融机构。例如,在我国中国人民银行、银行业监督管理委员会、保险监督管理委员会、证券监督管理委员会等都是代表国家行使金融监督权力的机构,其他的所有银行、证券公司和保险公司等金融机构则属于接受监管的金融机构。

②按照是否能够吸收公众存款,可划分为存款性金融机构与非存款性金融机构。存款性金融机构主要通过存款形式向公众举债而获得其资金来源,如商业银行、合作储蓄银行和信用合作社等。非存款性金融机构则不得吸收公众的储蓄存款,如保险公司、信托金融机构、政策性银行以及证券公司、财务公司等。

③按照是否承担国家政策性融资任务,可划分为政策性金融机构与非政策性金融机构。政策性金融机构是指由政府投资创办、按照政府意图与计划从事金融活动的机构,不以营利为目的。非政策性金融机构则不承担国家的政策性融资任务,以营利为目的。

④按照是否属于银行系统,可划分为银行金融机构与非银行金融机构。银行金融机构一般是以存、贷款和汇兑结算等传统银行业务为主要内容。非银行金融机构则是向社会提供与金融交易相关的各种金融服务。

⑤按照出资的国别属性,可划分为内资金融机构、外资金融机构与合资金融机构;按照所属的国家,还可以划分为本国金融机构、外国金融机构与国际金融机构。

除上所述,金融机构还有其他一些分类依据。如依据职能作用可分为管理、调节金融活动的管理性金融机构和经营金融业务的营业性金融机构;依据资本大小和工作人数的多少可分为大、中、小型金融机构;依据组织管理方式可分为公司制、合作制及私有制金融机构。需要指出的是,现实中的某一金融机构往往同时具备几种类别的性质,如商业银行既属于银行金融机构,也属于非政策性金融机构。可以说,各类金融机构之间及每一类金融机构内部都是相互联系、相互制约的。因此,不应该孤立地、绝对地看待各种分类。

三、金融机构的职能

金融机构在社会经济发展中有着举足轻重的作用。在信用高度发达的市场经济体系中具有以下几种职能。

(一)支付结算功能

支付结算功能满足了客户货币收支结算的需求。随着商品生产和交换范围的扩大、交换频率的不断提高、需求的多样性发展,特别是异地交易和跨国交易的发展使得货币流通和支付需要更强的技术性和服务性,由此产生了金融机构。金融机构通过一定技术手段和流通设计,为客户之间完成货币收支或因交易引起的债权债务关系提供服务,实现货币资金的转移。金融机构的支付结算系统具有安全性高、便利度高、时速性强和成本小的特点。这些特点使金融机构作为支付结算的中介,大大减少了现金的使用,加速了货币资金的周转,促进了社会再生产的扩大,对国民经济的高速运行产生着重要的影响力。

首先,保证资金在经济各部门的顺畅转移,使债权债务得以清偿,维持了信用链条。其次,资金的快速、有序流动,缩短了经济运行周期,提高了经济运行效率。最后,金融机构承担了经济运行巨额资金支付交割以及最终顺利流转的重任,其支付结算能力和效率以及支付系统运行的安全性对经济运行具有至关重要的作用。

(二)资金融通功能

资金融通功能满足了经济主体的资金需求。由于各经济主体的收入和支出在时间和数量上无法时时保持一致,这样就会出现资金盈余或短缺。资金短缺者为维持经济活动的正常运行,愿意付出一定的代价以获取资金;资金盈余者也愿意将暂时闲置的资金借贷出去获取一定的报酬,这就形成了融资活动,但是单个经济主体独自寻找借贷对象,成本高,时效性差,便利度低。这样,在金融活动中,为资金余缺双方提供服务的金融机构应运而生。诸如银行之类的金融机构通过吸收存款或发行各种金融工具、提供各种条件或服务,从不同部门聚积资金,积少成多,续短为长,然后通过专业化运作将资金提供给资金需求者,满足投资者的资金需求,促进资金价值的增长。

金融机构的这一功能对经济社会发展产生了重要的影响。第一, 金融机构通过规模经营与专业化操作,为资金供给者提供既营利又能保证安全性和流动性的金融工具、交易方式和金融服务,有效地动员和筹集社会闲散资金。第二,金融机构通过选择贷款或投资对象、确定贷款或投资条件、制定差别化的利率、影响有价证券的价格、提供差别化的服务等,能够引导资金流向最需要的地方,流向经营管理好、产品畅销、有发展前景的经济单位,合理地分配和引导资金。第三,金融机构通过多种金融交易形式,纵横交错的融资活动,为客户提供改善资金转移质量的服务,包括改善金融资产的期限限制,增加金融资产的分割性、分散金融资产的风险、提高金融资产的流动性等。

(三)专业化服务功能

专业化服务功能降低了投资者的参与成本。投资者为直接参与资本市场交易而花费的学习成本和监控成本统称为参与成本。对于一般投资者来说,直接参与交易的成本太高,以至于根本就不可能直接参与交易,而通过金融机构间接参与金融交易是更为明智的选择。金融机构作为投资者的代理人代表投资者参与交易和风险管理,随着金融衍生产品的不断创新和发展,金融机构使用衍生产品进行风险管理的手段也在不断增加。此外,金融机构设计的具有相对稳定收益分布的金融产品,可以减少投资者的学习成本和控制成本,金融机构通过创造现金流稳定的金融产品,降低一般投资者的参与成本。从参与成本角度来看,金融机构发挥着两个重要的作用:一是为客户和自身交易控制风险和管理风险;二是通过金融产品创新和证券设计,降低一般企业和投资者直接参与资本市场交易的成本。

(四)风险管理功能

风险管理功能满足了降低经济活动的不确定性的需求。经济活动中风险的存在和发生具有客观性,风险一旦造成损失,单个经济主体很难独自承担,需要有效的规避和防范风险,便产生了专门从事风险转移和管理的保障类金融机构。金融机构通过各种业务、技术和管理,分散、转移和控制金融、经济和社会活动中的各种风险。金融机构转移和风险管理的功能主要体现在金融机构在充当融资中介的过程中,为投资者分散风险并提供风险管理服务;此外,通过保险和社会保障机制对经济和社会生活中的各种风险进行的补偿、防范或管理,也体现了这一功能。在融资中,投融资者会面临各种风险,如信用风险、利率风险、汇率风险、流动性风险等。金融机构可以帮助投资者将高风险资产转换为低风险资产,运用自身的技术和经验,对可能遭受的风险进行有效管理和控制,获得规模经济效益,从而使投资者在努力获得资金增值的同时,降低投资风险。此外,金融机构防范风险损失的办法比较多,而且能够有意识地总结经验,通过提高自身研发能力,不断改进防范信用风险或其他风险损失的方法。

(五)信息服务功能

信息服务功能满足了改善不对称信息的需要。投融资活动的成功关键是获取与交易相关的真实、完整信息,否则可能造成逆向选择或道德风险。金融机构在信息处理和监督方面具有其他机构无法比拟的优势。金融机构通过自身的优势,能够及时搜集、获取比较真实完整的信息,据此选择合适的借款人和投资项目,对所投资项目进行专业化的监控,从而有利于投融资活动的正常进行,并降低信息处理成本。而金融机构的信息优势体现在三个方面:一是在提供支付服务的过程中,能够获得信息搜集和获取的便利;二是具有专业的信息筛选能力;三是有降低信息处理成本的规模经济效应。这正是单个经济主体在搜集获取信息上的劣势,因此,通过金融机构的信息服务功能,投融资者的各种信息需求得到了满足。

综上所述,金融机构是专门为实体经济部门提供支付、融资、投资、保障、信息等服务的机构,它们通过提供特定的金融服务与产品形成的一种特殊行业,在经济社会发展中具有特别重要的地位和作用。

【知识库】

存款准备金

存款准备金是指金融机构为保证客户提取存款和资金清算需要而准备的资金,金融机构按规定向中央银行缴纳的存款准备金占其存款总额的比例就是存款准备金率。存款准备金制度是在中央银行体制下建立起来的,世界上美国最早以法律形式规定商业银行向中央银行缴存存款准备金。存款准备金制度的初始作用是保证存款的支付和清算,之后才逐渐演变成为货币政策工具,中央银行通过调整存款准备金率,影响金融机构的信贷资金供应能力,从而间接调控货币供应量。

资料引自:中国人民银行网站.

第二节　金融机构体系的一般构成

一、银行金融机构

(一)中央银行

为了稳定金融,协调各类金融机构间的关系以及促使银行信贷符合国家经济目标的要求,就必须建立一个能集中管理银行、非银行金融机构和金融市场的权威机构,这个权威机构就是中央银行(Central Bank)。

中央银行的产生晚于商业银行,它是在货币信用制度与国家职能结合的基础上逐步产生和发展起来的。中央银行产生之前,几乎所有的商业银行都具有银行券的发行权。银行券发行的不统一,造成了金融业的混乱和不稳定。特别是小银行发行的银行券,流通范围窄、兑现困难,加剧了货币流通的混乱与危机。银行券分散发行,给金融业发展带来的消极影响,使建立中央银行并将其作为统一货币发行、协调和管理金融业的权威机构,成为一种客观上的要求。

中央银行主要是通过两条途径建立起来的:一是在众多商业银行中逐步分离出一家银行,专门行使中央银行的职责,如英格兰中央银行;二是一开始组建就从属于政府的中央银行,如德意志联邦银行。

中央银行的发展经历过以下三个阶段:

19世纪中叶至第一次世界大战前，是中央银行的初创时期。世界上最早的中央银行是英国的英格兰银行。该行建行伊始就购买政府债券，积极为政府筹集军费。作为交换，政府允许英格兰银行发行纸币。以后，英国政府通过法令，取消其他银行的发行权，规定英格兰银行发行的银行券为全国唯一的法偿货币，英格兰银行实际上垄断了货币发行权。英格兰银行和政府的特殊关系，提高了该行在金融界的地位，其他银行都愿与其建立业务联系，如将款项存入英格兰银行。这样，英格兰银行就逐步成为全国银行业的现金保管和清算中心，并承担“最后贷款者”的义务。至此，英格兰银行实际上已从商业银行中分离出来，成为掌管货币发行、管理金融业和为政府服务的中央银行。法国的中央银行法兰西银行一开始就以政府的银行身份出现，不仅法兰西银行的正副行长由国家元首委派，而且银行垄断发行，代理国库，执行中央银行的某些职能。中央银行的出现，对克服货币信用危机、稳定金融起了积极的作用。在随后的一个世纪里，世界各国纷纷模仿英、法两国，先后建立了中央银行，如荷兰、比利时、奥地利、挪威、丹麦、西班牙、俄国、德国、日本等。

美国的中央银行成立稍晚，直至1907年发生金融危机后，美国政府才意识到中央银行的重要性，遂于1913年通过“联邦储备法案”，确立了中央银行制度。

中央银行发展的第二阶段是从第一次世界大战到第二次世界大战结束，这是中央银行的成长时期。为了稳定这一时期币制，改变汇率和金融混乱的局面，1920年布鲁塞尔国际经济会议决定，凡是还未成立中央银行的国家，应尽快成立中央银行。已经成立中央银行的国家，也应采取各种措施，强化中央银行职能作用。此后，除少数国家外，几乎世界各国都先后组建了中央银行。

从第二次世界大战以后至今，是中央银行发展的第三阶段，也是中央银行的完善时期。这一时期随着国家对经济干预的加强，也加强了对中央银行的控制。中央银行和国家职能进一步相结合，成为国家调控和管理经济的重要组成部分。具体表现在中央银行的组织结构上的国有化，如英格兰银行和法兰西银行先后被国家收归国有；中央银行职责上的法律化，如美国《充分就业法》规定联邦储备银行的职责是促进经济增长、充分就业、稳定货币和平衡国际收支。

这些组织措施和法律规定为中央银行保持相对的独立性，实施对金融的宏观调控提供了保障，同时也标志着中央银行制度的完善。

以上中央银行发展简史表明：中央银行是为了稳定金融、管理银行业、调节货币流通而建立的。从它诞生起，就和国家紧密联系。如今，现代中央银行制度已经形成。这一制度的形成和发展，说明国家对金融控制、调节力度的加强。

（二）商业银行

在实行市场经济体系的国家，商业银行是金融体系的主体。在产生的初期，主要是发放基于商业行为的自偿性贷款，从而获得了“商业银行”的名称。随着经济的发展，商业银行的业务范围早已超越了传统的界限，内容与名称相去甚远。不过，“商业银行”这一名称却一直沿用了下来。

1.商业银行的概念

商业银行(Commercial Banks)是以营利为目的,以金融资产和负债为经营对象的综合性、多功能的金融企业。首先,商业银行是一个企业,是一个独立的市场经济主体,它具有一般工商企业的基本特征:依法设立、依法活动、自主经营、自负盈亏、以营利为核心目标。其次,商业银行也有其特殊性:它经营的对象不是普通商品,而是货币这种特殊商品,它的活动领域是货币信用领域,信用业务是其经营活动的特征。

商业银行以经营工商业存、贷款为主要业务,并为顾客提供其他多种金融服务。其中通过办理转账结算实现着国民经济中的绝大部分货币周转,同时起着创造存款货币的作用。在西方国家银行体系中,商业银行以其机构数量多、业务渗透面广和资产总额比重大的特点,始终处于其他金融机构所不能代替的重要地位。

2.商业银行的产生

商业银行业是随着商品与货币关系的发展而发展起来的。现代银行的先驱是历史上的货币兑换业。14 至 15 世纪的欧洲,由于优越的地理环境和社会生产力的较快发展,各国与各地之间的商业往来也逐渐频繁。然而,由于当时的封建割据,不同国家和地区之间所使用的货币在名称、成色等方面存在着很大差异。要实现商品的顺利交换,就必须把各自携带的各种货币进行兑换,于是就出现了专门的货币兑换商,从事货币兑换业务。

随着商品经济的迅速发展,货币兑换与收付的规模也不断扩大,为了避免长途携带大量金属货币带来的不便和风险,货币兑换商在经营兑换业务的同时开始兼营货币报关业务,后来又发展到办理支付和汇兑。随着货币兑换和货币保管业务的不断发展,货币兑换商集中了大量货币资金,当这些长期大量积存的货币余额相当稳定,可以用来发放贷款,获取高额利息收入时,货币兑换商便开始了授信业务。货币兑换商由原来被动接受客户的委托保管货币转而成为积极主动揽取货币保管业务,并且从降低保管费或不收保管费发展到给委托保管货币的客户一定好处时,保管货币业务便逐步演变成了存款业务。由此,货币兑换商逐渐开始从事信用活动,商业银行的萌芽开始出现。

17 世纪以后,随着资本主义经济的发展和国际贸易规模的进一步扩大,近代商业银行雏形开始形成。随着资产阶级工业革命的兴起,工业发展对资金的巨大需求,客观上要求由商业银行发挥中介作用。在这种形势下,西方现代商业银行开始建立。1694 年,英国政府为了同高利贷作斗争,以维护新生的资产阶级发展工业的需要,决定成立一家股份制银行——英格兰银行,并规定英格兰银行向工商企业发放低利率贷款。英格兰银行的成立,标志着现代商业银行的诞生。

(三)政策性银行

政策性银行(Policy Bank)是指那些由政府出资参股或保证成立,为贯彻和配合国家经济政策在特定领域内从事金融业务,不以营利为目的的金融机构。由于商业银行经营的目标是追求营利最大化,因而,对一些投资规模较大、资金回收较慢、经济效益较差而社会效益较高的项目,往往不愿意或不能承担,这些项目对国家又具有重要意义,政府为了扶持这些项目的发展,只有建立政策性银行对其进行融资。这样,既有利于支持重大项目的建设,又有利于产业结构的调整。

1.政策性银行的特征

政策性银行与商业银行和其他非银行金融机构相比,有共性的一面,如要对贷款进行严格审查,贷款要还本付息、周转使用等。但作为政策性金融机构,也有其特征:一是政策性银行的资本金多由政府财政拨付;二是政策性银行经营时主要考虑国家的整体利益、社会效益,不以营利为目标,但政策性银行的资金并不是财政资金,政策性银行也必须考虑盈亏,坚持银行管理的基本原则,力争保本微利;三是政策性银行有其特定的资金来源,主要依靠发行金融债券或向中央银行举债,一般不面向公众吸收存款;四是政策性银行有特定的业务领域,不与商业银行竞争。

2.政策性银行的分类

(1)进出口银行

进出口银行即专门对外贸提供结算、信贷等国际金融服务的银行。最早出现的专门从事进出口融资的金融机构是1919年成立的英国出口信贷担保局,而美国的进出口银行成立于1934年。目前世界上大多数国家都建立了进出口银行,但名称各不相同。如法国称为对外贸易银行,瑞典称为出口信贷公司。这类银行创建的宗旨是为了推动本国的进出口贸易,特别是大型机电设备的出口,加强国际间金融合作,广泛吸引国际资本和搜集国际市场信息。

(2)开发银行

开发银行即专门为社会经济发展中的开发性投资提供中长期贷款的银行。开发性投资具有投资量大、见效慢、周期长、风险大的特点,一般商业银行不愿意承担,如新产业的开发,新经济区的基础建设,以及全国性公共设施的建设都属于这类投资。由于开发银行多由政府主办,不以营利为目的,所以往往由开发银行承担这类项目,如1951年成立的日本开发银行,其资本金全是政府投入的,其主要业务有:提供开发性项目资金贷款;为开发所需资金提供信用担保;向产业开发及尖端技术的研发和大规模工业基地的建设投资等。

开发银行的资金主要来源于政府投入,以及通过发行债券、借入资金和吸收存款等方式筹集资金;资金运用主要是对开发项目提供贷款、参与直接投资或提供债务担保。

(3)农业银行

农业银行是向农业提供信贷的专业银行。农业受自然因素影响大,对资金的需求具有强烈的季节性;农村地域广阔,农户分散,资本需求数额小、期限长,利息负担能力低;抵押品大多无法集中,管理困难,有不少贷款只能凭个人信誉。这些都决定了经营农业信贷具有风险大、期限长、收益低等特点。因此,商业银行和其他金融机构一般都不愿承做这方面的业务。为此,西方许多国家专设了以支持农业发展为主要职责的农业银行,如美国的联邦土地银行、合作银行，法国的土地信贷银行、农业信贷银行，德国的农业抵押银行，日本的农林渔业金融工库等。

农业银行的资金来源，有的专门由政府拨款，有的则靠发行各种债券或股票，也有以吸引客户的存款和储蓄来筹措资金的。有些农业银行的资金来源渠道则是多元化的，上述各渠道兼而有之。农业银行的贷款方向几乎涵盖农业生产方面的一切资金需求，从土地购买，建造建筑物到农业机械设备、化肥、种子、农药的购买等，无所不包。有的国家对农业银行的某些贷款还给予利息补贴、税收优惠等政策。

近年来，有的西方国家已准许农业银行办理商业银行业务。

二、非银行金融机构

非银行金融机构通常指中央银行、商业银行、政策性银行以外的金融机构，如保险公司、投资银行、投资基金等。

(一)保险公司

每天我们都面临着发生意外事件的可能性，一旦发生意外，我们会遭受经济损失。家里遭遇火灾会使我们损失家庭财产，而万一配偶死亡，会使我们的家庭收入锐减。这些损失相对家庭的财产总额来说是相当大的，所以我们会希望获得一种保障，在意外发生时能够弥补这些损失。保险公司就是通过出售保险单获得资金，在客户遭遇意外时进行赔付的金融机构。保险公司是各国最重要的非银行性金融机构。

1.保险公司的概念

保险(Insurance)是指投保人根据合同约定，向保险人支付保险费，保险人对于合同约定的可能发生的事故因其发生所造成的财产损失承担赔偿保险金责任，或者当被保险人死亡、伤残、疾病或者达到合同约定的年龄、期限时承担给付保险金责任的商业行为。

保险公司(Insurance Company)是依法设立的专门从事保险业务的公司。它通过向投保人收取保险费，建立保险基金，向社会提供保险保障并以此获得相应的利润。由此保险公司的含义主要有以下三个方面。

(1)保险公司是依法设立的

所谓依法设立，是指依照《中华人民共和国保险法》(以下简称《保险法》)、《全国人民代表大会常务委员会关于修改〈中华人民共和国保险法〉的决定》(以下简称《决定》)、《保险公司管理规定》(以下简称《公司法》)和《公司登记管理条例》，以及有关保险公司的法律、法规的规定设立的。保险公司必须依法设立，只有依法设立的保险公司所从事保险业的经营活动，才能受到法律保护。

(2)保险公司是专门从事保险业务的公司

保险公司是一种特殊的公司，所经营的保险业务范围要依据《保险法》的规定，并由保险监督管理机构依法审定。保险公司必须按上述规定执行，否则，要承担相应的法律责任。

(3)保险公司的经营目的是获取利润

保险公司在与投保人签订保险合同时,是作为保险人而存在的,因此,《保险法》中,保险人是指与投保人签订保险合同,并承担赔偿或者给付保险金责任的保险公司。保险公司作为非银行性金融机构,其从事保险业务的基本出发点就是为获得商业利润。但是,保险人并不都是保险公司,充当保险人的还可以是其他机构,如保险合作社、保险互助组织等不以营利为目的的保险组织。

2.保险的种类

保险按其标的的不同可以分为财产保险和人寿保险两大类。

(1)财产保险

财产保险(Property Insurance)是指以各种物资财产和有关利益为保险标的,以自然灾害意外事故造成的保险财产的毁损、灭失或相关利益的损害为保险事故,以补偿被保险人的经济损失为目的的保险。财产保险包括财产损失保险、责任保险、信用保险等业务。

财产保险是现代保险业的两大支柱之一,它承保了被保险人的各种物资财产和有关利益,避免了由于各种自然灾害和意外事故造成的物质财产损及利益损失给社会再生产和社会生活带来的巨大影响,使人们所面临的物质财产和经济利益风险得以分散和降低。随着社会生产和科学技术的发展,经济交往的多样化,法律制度的完善,财产保险所保障的范围日益扩大,除了对人的生、老、病、死、伤、残等给付保险金的人身保险以外,其他各种保险都可纳入财产保险的范畴。

财产保险的特征有:保险标的的可估性;业务性质是补偿性保险;保险标的的多样性和经营的风险性;保险合同为短期合同;承保与风险管理具有复杂性。

(2)人寿保险

人寿保险(Life Insurance)是以被保险人的寿命为保险标的,以人的生存、死亡两种形态为给付保险金条件的保险。当发生保险合同约定的事故或合同约定的条件满足时,保险人对被保险人履行给付保险金责任。人寿保险通常又可分为三类:第一类是以被保险人生存为给付保险金条件的生存保险;第二类是以被保险人死亡为给付保险金条件的死亡保险;第三类是被保险人生存或死亡均为给付保险金条件的生死两全保险。

人寿保险是人身保险中产生得最早的一个险种。在一段较长的时期内,人们一直认为死亡是人类面临的最大的人身风险,因此,早期的人寿保险专指死亡保险。随着社会经济的发展,人们不仅希望生存,而且也希望长寿,由于维持生存和长寿需要支付相当的生活费用,所以实际上也是一种风险,为此,又出现了生存保险以及把死亡保险和生存保险相结合的两全保险。由于一个人无法预知自己寿命的长短,满期时一次性给付保险金的生存保险不能为养老的需要提供充分保障,后来又进一步产生了年金保险。

人寿保险发展到今天,已有300余年的历史,它对安定人民生活、促进社会稳定、保证国家长治久安,都起着十分积极的作用,故在许多国家中寿险已成为千家万户必不可少的社会经济项目,在整个保险业务中具有举足轻重的地位。

人寿保险具有以下三方面的基本特征。

①风险的特殊性

人寿保险保障的风险从整体上说具有一定的稳定性,而从个体上说又具有变动性。在人寿保险中,被保险人在保险期限内死亡或满期生存,保险人都有可能给付保险金,故人寿保险缴纳保险费是依据被保险人在一定时期内死亡或生存的概率来计算的。人的死亡是必然的,最终一定会发生且发生的结果也是确定的,但发生的时间是不确定的。正是人的生命固有的这种不确定性,才产生了保障由于死亡引起损失的保险的必要性。

②业务的长期性

人寿保险一般采用长期性业务。保险期限少则几年,多则十几年或几十年以至终身。由于人的死亡风险随着人的年龄逐年增加,在人寿保险中如果以每一年的死亡率为计算保险费的依据,就会出现年轻的投保人缴费负担较轻,年老的投保人缴费负担过重的情况。当被保险人年老时,一方面由于劳动能力减弱而减少劳动收入,另一方面却要缴纳较高的保险费,而年老时期是最需要保险保障的时期,但由于费用负担过重,投保人可能会放弃投保,这将不利于保险业务的开展,也使被保险人得不到充分的保障。为了克服短期保险中的不平衡性,同时采取按年度均衡费率计算保费,即在投保人缴费的早期,把被保险人应该在若干年内所缴纳的保险费总额平均分摊至每一年收取,使保险人每年收取的保费不随被保险人死亡率逐年变化,而是每年收取相同的保费,费率在整个保险期内保持不变。这样就使得投保人年交保费负担比较均衡,不会因费用负担过重而使被保险人在晚年得不到保险保障。均衡费率不反映被保险人当年的死亡率,与反映被保险人当年死亡率的自然费率是不一致的。保险早期的均衡费要高于自然费率,保险后期的均衡费率则低于自然费率。保险人用保险前期多收的保费弥补保险后期不足的保险费,这样既可以使投保人经济负担均衡,又能保证被保险人晚年也能享受到保险保障。

同时,人寿保险的长期性特点,使保险人可以从长期稳定的保险费收入中获得一笔相当可观的资金并进行投资,投资一直是寿险公司的一项重要而专门的业务。

③储蓄性

人寿保险保期长,保费大,结构中含有储蓄因素,因而既是一种长期性的储蓄保险业务,又是一种社会保障制度的补充。

从上面的阐述可知,在人寿保险中,保险人每年收取的保险费超过其当时需要支付的保险金。这个超过部分是投保人提前缴给保险人,用于履行未来义务的资金。在它还没有履行保险义务期间,它相当于投保人存在保险人处的长期性的储蓄存款。这笔存款由保险人投资于生产建设或存储于银行产生利息。这部分利息是投保人缴纳的保险费产生的,因此利息连同本金一起都为被保险人所有,用于被保险人的权益。

当然人寿保险储蓄性与银行的储蓄是有区别的,保险费收取与提留责任准备金的计算方式以及给付条件截然不同。最大的区别是给付保险金不仅包括本金和利息,还包括从未得到给付的保险单中摊出的结余。

3.业务流程

保险公司的业务由保险展业、业务承保、保险理赔三个环节构成。

(1)保险展业

保险展业是保险公司引导具有同类风险的人购买保险的行为。保险公司通过其专业人员直接招揽业务称做"直接展业",保险公司通过保险代理人、保险经纪人展业称为"间接展业"。

(2)业务承保

业务承保是保险人通过对风险进行分析,确定是否承保,确定保险费率和承保条件,最终签发保险合同的决策过程。

(3)保险理赔

保险理赔是保险公司在承保的保险事故发生,保险单受益人提出索赔申请后,根据保险合同的规定,对事故的原因和损失情况进行调查,并且予以赔偿的行为。

(二)投资银行

1.概念

投资银行(Investment Bank)是指主营业务为资本市场业务的金融机构。投资银行的名称,通用于欧洲大陆及美国等工业化国家,在英国称之为商人银行,在香港称之为吸储公司,在日本则称证券公司。并且在实际的商业中,许多此类机构并不在名称中冠以"银行"二字。例如,美国的摩根·斯坦利公司、所罗门兄弟公司、日本的日兴证券公司、大和证券公司等。称谓的不同在某种意义上反映了投资银行在各国业务范围的不同。

投资银行不同于商业银行:①从市场定位来看。投资银行是资本市场的核心,而商业银行是货币市场的核心。②从融资方式来看。投资银行服务于直接融资,而商业银行服务于间接融资。③从业务重心来看。投资银行的业务重心是证券承销,而商业银行的业务重心是存款和贷款。④从基本收入或利润来源看。投资银行的利润主要来自佣金,商业银行的利润主要来自存贷利息差。⑤从经营管理策略或方式来看。投资银行倾向于业务开拓和获取风险收益,而商业银行则倾向于稳健经营。

投资银行的资金来源主要靠发行自己的股票和债券来筹集。即便有些国家的投资银行被允许接受存款,也主要是定期存款。此外它们也从其他银行取得贷款。

2.主营业务

狭义的投资银行业务仅指财务顾问(包括兼并收购、重组、股权转让等咨询服务)和承销(包括股票发行、债务发行、特殊金融工具发行等)。广义的投资银行业务还包括二级市场的销售与交易(证券经纪)、资产管理、私人财富管理、私人股权和风险投资等。而投资银行的主营业务主要指证券承销、证券交易、公司并购、项目融资和风险资本投资。

(1)证券承销

证券承销(Securities Underwriting)是指在公募发行条件下投资银行以承销商身份依照协议包销或分销发行人的股票、债券等有价证券的业务活动。

(2)证券交易

证券交易业务是指投资银行在证券交易市场上作为经销商从事代理证券买卖业务,以获得佣金收入,以及作为自营商,运用自由资本自行买卖证券,从中赚取买卖差价的经营活动。

(3)公司并购

公司并购(M & A)业务是指投资银行在公司收购兼并活动中,作为中介人或代理人为客户公司提供决策和财务服务,或作为产权投资商直接投资于并购公司产权,获取产权交易差价的业务活动。

(4)项目融资

项目融资(Project Financing)业务是指投资银行在项目融资过程中所提供的各种服务性业务。项目融资是一种以项目未来的现金流量和项目本身的资产价值为偿还债务的担保条件,以银行贷款为主要资金来源,以对项目发起人无追索权或只有有限追索权为特征的特殊融资方式。

(5)风险资本投资

风险资本投资业务是指投资银行为风险资本(Venture Capital)投资者在募集资金、风险公司上市、投资变现等诸多方面提供代理和财务技术服务,以获取佣金;或自己发起并运作、管理风险资本基金,以获取风险回报的业务活动。风险资本,又称为创业资本,通常多指专门用于支持处于创业期或快速成长期的未上市新型中小型企业,尤其是高新技术企业的发起和成长的资本,它具有长期性、高风险、高回报、投资于高新技术企业的特点。投资银行参与风险资本投资有两种情况:一是以代理人和委托人的身份出现,为风险投资机构在募集资金、投资基金运作管理、风险企业上市和风险投资股权转让等各方面提供服务;另一种是以机构投资者身份出现,发起组建并运作,管理风险投资基金。

(三)信用合作社

信用合作社(Credit Union)是由个人集资联合组成,以互助为主要宗旨的合作金融机构,简称“信用社”。各国信用社的名称有所不同。美国称为“信用社”,日本称为“信用协同组织”,德国则称为“信用合作银行”。信用社的基本经营目标是:以简便的手续和较低的利率向会员提供信贷服务,帮助经济力量薄弱的个人或中小企业解决资金困难,以免受高利贷的盘剥。

根据信用社会员的构成,各国信用社大致可以分为三种类型:职业信用社、社团信用社和居住区信用社。职业信用社的会员是同一个企业或行业的雇员,如渔业生产信用社、林牧业生产信用社、农业生产信用社等;社团信用社是由宗教和专业团体的成员组成,如小工商业者信用社、劳动者信用社等;居住区信用社是由居住在同一地区的居民所组成,如农村信用社。

在美国,第一家信用合作社出现在20世纪初。随后其数字一直保持上升态势(大萧条时期除外),直到 20 世纪 60 年代末这个数字已经达到 24 000 家。

(四)信托投资公司

信托投资公司(Trust and Investment Corporation)也称投资公司、投资托拉斯等。它们的活动方式是:通过发行股票和债券来筹集本公司的资本并用以购入其他公司的股票、债券。这类金融机构的作用,在于汇集中小投资者的资金,分散地投于各种投资对象,主要是投资于各种有价证券,借以降低风险和取得规模效益。投资收益由投资者按出资比例分享。投资公司的经营活动方式及其设立的各类基金(金融工具)具有以下优点:投资额少、费用低廉;投资专家提供专业服务;组合投资、风险分散;买卖方便,流动性强。因此,一些中小投资者乐于购买它们发行的股票和债券。一般可分为公司型信托投资公司和单位信托投资公司两大类。

1.公司型信托投资公司

公司型信托投资公司实质上就是基金股份公司,它的性质与普通的股份公司一样,唯一的不同是它所经营的业务是证券投资信托业务。它通过自身发行普通股票募集投资者资金,投资者为公司股东。公司设有董事会,负责制定基金投资政策,管理证券等资产并选聘投资顾问和公司经理。公司型信托投资公司又分为封闭型投资公司和开放型投资公司。前者的特点为投资人可按照该公司资产净值,在证券交易所随时转让其持有的股份或购入股份,但不能向投资公司卖出或购入股份。后者的特点是投资人可随时按照该公司资产净值向公司购入或卖出股份。在美国,这类基金又称为互惠投资基金、互助基金或共同基金。

2.单位信托投资公司

单位信托投资公司是由专门的投资机构(如各类金融机构,甚至还包括工商企业)共同出资组建一家基金经理公司(即基金管理公司或经理人)。基金经理公司(也称证券投资信托公司)作为委托人与作为受托人的基金保管公司,通过签订契约的形式规范基金经理人、受托人、受益人三方各自的权利、义务,以及基金投资运作、收益分配等方面的制度。基金经理公司作为信托契约的委托公司发起设立基金,负责基金的投资管理;基金保管公司作为信托契约的受托公司负责基金信托财产的保管和处置,监督基金经理公司的投资工作,确保其遵守信托契约及公开说明书所列明的投资规定,使其采取的投资组合符合信托契约的要求。单位信托投资公司通过发行受益凭证——"基金单位持有证"来募集投资者的资金。该受益凭证表示其持有人享有对基金资产的所有权和收益分配权。单位信托投资公司也分为封闭型和开放型两种。前者的特点是筹资有限额、基金有期限、期满结盘清算。在基金存续期内,投资者可在证券市场上买卖股份,而不能直接向公司买卖。后者的特点是筹资无限额(也有的有限额),有期限但可延长,投资人可随时按照该公司资产净值向公司卖出或购入股份,手续费和佣金另计。根据上述特点,二者又可分别称为股额固定投资公司和股额不定投资公司。

投资公司往往设有各种不同的基金,如本国股票、外国股票、固定利息证券、不动产证券等,以适应各种不同的投资需要。英、美、日等国的投资公司十分发达,投资公司的资金有不少直接投资于国外,成为资本输出的重要形式。

（五）财务公司

多数财务公司（Finance Company）经营耐用品的租购或分期付款销货业务，其规模较大者还经营外汇、联合贷款、包销证券、不动产抵押、财务及投资咨询服务等，几乎与投资银行无异，因此被称为“非银行的银行”或“准银行”。财务公司的资金来源包括吸收定期存款、发行商业票据、向商业银行借款、持股母公司拨款和自有资本等。但美国的财务公司则不能接受存款。财务公司的资金运用则主要放在商业贷款、消费贷款、房地产抵押等方面。

在主要经营贷款的财务公司中，包括消费财务公司、销售财务公司及商业财务公司三种。消费财务公司主要对个人或家庭发放小额贷款，贷款以分期付款方式偿还，期限由几个月到一、两年不等，贷款用途主要用于购买耐用消费品。销售财务公司是以收购消费者欠零售商的分期付款合约，来间接地对消费者融资的。一些出售耐用消费品的零售商，向消费者提供分期付款的便利，然后将分期付款合约卖给财务公司，所得款项则可继续进货。商业财务公司是对需要流动资本或长期资本及兼而有之的企业提供融资，融资方式包括以实物资产或应收账款作抵押的贷款，收购企业的应收账款、融资租赁、短期信用贷款等。

（六）租赁公司

租赁公司（Leasing Company）是专门经营租赁业务的公司，是租赁设备的物主，通过提供租赁设备而定期向承租人收取租金。金融租赁公司开展业务的过程是：租赁公司根据企业的要求，筹措资金，提供以“融物”代替“融资”的设备租赁；在租期内，作为承租人的企业只有使用租赁物件的权利，没有所有权，并要按租赁合同规定，定期向租赁公司交付租金。租期届满时，承租人向租赁公司交付少量的租赁物件的名义代价（即象征性的租赁物件残值），双方即可办理租赁物件的产权转移手续。

世界各国从事租赁业务的租赁公司，主要采取以下几种形式。

1.专业租赁公司

专业租赁公司的主要业务是：筹资购买、储存租赁物件，从事出租洽谈，并对出租物件提供保险、维修、零件更换与技术咨询等服务。根据业务经营的内容，专业租赁公司可分为两大类：一是专门经营某类及其物件的，如计算机、小轿车或车床等；二是专门经营某一大类机器设备的，如一般机械设备，纺织机械设备、建筑机械设备、飞机等。

2.融资租赁公司

融资租赁公司只在租赁业务中向承租人提供资金融通。融资租赁公司接受承租人的要求，向制造商购买承租人所需要的机器设备，支付价款，租赁给承租人，并按租约规定收取租金。机器设备的保养维修由承租人负责，所发生的一切费用也由承租人负责。实际上，融资租赁公司是在拥有机器设备所有权的条件下，为承租人购买设备垫付资金，即对承租人提供资金融通。

3.银行、保险等金融机构设立的租赁公司

随着银行万能垄断者作用的加强，许多国家的银行、保险等金融机构凭借其雄厚的资金和关系网，也插足租赁业务领域。银行、保险公司等金融机构涉足租赁业务领域主要采取以下几种形式：一是银行直接出资成立租赁公司；二是由几家银行和工业垄断组织联合设立租赁公司，利用各自的优势，最大限度地开拓国内外租赁市场；三是某些大银行对租赁公司提供优惠贷款，并对其进行控制和操纵。

4.制造厂商附设的租赁公司

一些发达国家的大工业制造商，常在本企业内部设立租赁部或租赁公司，作为辅助销售渠道，以充分挖掘销售潜力。这些租赁部或租赁公司均独立核算，并自设账户，这样，既可减轻税收负担，加速租赁物折旧，又便于吸收外部资金。

5.租赁经纪人

租赁经纪人本身并不经营租赁业务，而只是代表出租人寻找承租对象，促进或安排租赁交易的达成，从中收取佣金，或者提供租赁咨询，收取咨询费。

【知识库】

Wall Street（华尔街）

纽约市曼哈顿区南部从百老汇路延伸到东河的一条大街道的名字，全长不过三分之一英里，宽仅11米，是英文"墙街"的音译。街道狭窄而短，从百老汇到东河仅有7个街段。1792年荷兰殖民者为抵御英军侵犯而建筑一堵土墙，从东河(The East River)一直筑到哈德逊河(The Hudson River)，后沿墙形成了一条街，因而得名Wall Street。后拆除了围墙，但"华尔街"的名字却保留了下来。这里是美国大垄断组织和金融机构的所在地，集中了纽约证券交易所、美国证券交易所、投资银行、政府和市办的证券交易商、信托公司、联邦储备银行、各公用事业和保险公司的总部以及美国洛克菲勒、摩根等大财团开设的银行、保险、铁路、航运、采矿、制造业等大公司的总管理处，成为美国和世界的金融、证券交易的中心。

资料引自：中金国际网站.

第三节　我国的金融机构体系

1979年以前，我国基本上是单一的国家银行体系，即中国人民银行既行使金融管理和货币发行的职能，又从事借贷、储蓄、结算、外汇等业务经营活动，是各项信用活动的中心。之后，陆续恢复、分设、成立了一些新的银行和非银行金融机构。经过改革，现已形成以中国人民银行和各金融监管机构为领导，国有商业银行为主体，包括政策性金融机构、其他非银行金融机构等多种金融机构并存、分工协作的金融体系。

中国的金融机构按其地位和功能大致可分为四大类。第一类是金融监管机构。包括中国人民银行和各金融业务监督管理委员会，在国务院领导下对金融业实施监督管理。第二类是银行。包括政策性银行，如国家开发银行、中国农业发展银行、中国进出口银行。商业银行，按其性质和业务范围又可分为：国有控股商业银行(简称国有商业银行)和其他股份制商业银行。

第三类是非银行金融机构。主要包括国有以及股份制的保险公司，城市信用合作社以及农村信用合作社，信托投资公司，证券公司、企业集团财务公司、金融租赁公司、投资基金机构、信用担保机构、证券登记公司及其他非银行金融机构。第四类是在境内开办的外资、侨资、中外合资金融机构，这类机构包括外资、侨资、中外合资的银行、财务公司、保险机构等在我国境内设立的业务分支机构及驻华代表处。

目前，中国大陆的金融机构体系是以中国人民银行、中国银行业监督管理委员会、中国保险监督管理委员会、中国证券监督管理委员会为领导，以商业银行为主体，多种金融机构并存，分工协作的多种金融机构体系格局。

一、金融监管机构

（一）中国人民银行

中国人民银行（The People's Bank of China）是1948年12月1日在华北银行、北海银行、西北农民银行的基础上合并组成的。在1984年以前，中国人民银行既行使中央银行职能，又对企业单位和居民个人办理存、贷款业务。1983年9月，国务院决定中国人民银行专门行使中央银行职能，同时成立中国工商银行，办理有关具体业务。1993年12月，《国务院关于金融体制改革的决定》进一步明确中国人民银行的主要职能是制定和实施货币政策，保持货币的稳定；对金融机构实行严格的监管，维护金融体系安全、有效地运行。1995年3月18日，第八届全国人民代表大会第三次会议通过了《中华人民共和国中国人民银行法》（以下简称《中国人民银行法》），至此，中国人民银行作为中央银行以法律的形式被确定下来。

中国人民银行，作为国务院组成部门，是制定和执行货币政策、维护金融稳定、提供金融服务的宏观调控部门。中国人民银行的主要职责是履行宏观调控职能，更好地执行货币政策。其分支机构按照总行的授权，负责本辖区的金融调控、货币政策执行职能。不负责为地方经济发展筹集资金。在总行和分支行之间，银行业务和人事干部实行垂直领导、统一管理，地方政府需保证和监督中央银行贯彻执行国家的方针政策，但不能干预中央银行的职责。

根据《中国人民银行法》，中国人民银行履行下列职责：①发布与履行其职责有关的命令和规章；②依法制定和执行货币政策；③发行人民币，管理人民币流通；④监督管理银行间同业拆借市场和银行间债券市场；⑤实施外汇管理，监督管理银行间外汇市场；⑥监督管理黄金市场；⑦持有、管理、经营国家外汇储备、黄金储备；⑧经理国库；⑨维护支付、清算系统的正常运行；⑩指导、部署金融业反洗钱工作，负责反洗钱的资金监测；⑪负责金融业的统计、调查、分析和预测；⑫作为国家的中央银行，从事有关的国际金融活动；⑬国务院规定的其他职责。

（二）中国银行业监督管理委员会

2003年3月，十届人大一次会议决定将银行监管职能从中国人民银行中分离出来，单独设立中国银行业监督管理委员会（简称中国银监会，China Banking Regulatory Commission，

CBRC),对银行、金融资产管理公司、信托投资公司及其他存款类金融机构实施监督管理。

2003年4月28日,中国银监会正式挂牌,作为国务院直属正部级事业单位,其主要职责是:①制定有关银行业金融机构监管的规章制度和办法;②审批银行业金融机构及分支机构的设立、变更、终止及其业务范围;③对银行业金融机构实行现场监管和非现场监管,依法对违法违规行为进行查处;④审查银行业金融机构高级管理人员任职资格;⑤负责统一编制全国银行数据、报表,并按照国家有关规定予以公布;⑥会同有关部门提出存款类金融机构紧急风险处置意见和建议;⑦负责国有重点银行业金融机构监事会的日常管理工作;⑧承办国务院交办的其他事项。

(三)中国保险监督管理委员会

中国保险监督管理委员会(简称中国保监会, China Insurance Regulatory Commission, CIRC)于1998年11月18日成立,是全国商业保险的主管部门,为国务院直属正部级事业单位,根据国务院授权履行行政管理职能,依照法律、法规统一监督管理全国保险市场,维护保险业的合法、稳健运行。其主要职责是:①拟定保险业发展的方针政策,制定行业发展战略和规划;起草保险业监管的法律、法规;制定业内规章。②审批保险公司及其分支机构、保险集团公司、保险控股公司的设立;会同有关部门审批保险资产管理公司的设立;审批境外保险机构代表处的设立;审批保险代理公司、保险经纪公司、保险公估公司等保险中介机构及其分支机构的设立;审批境内保险机构和非保险机构在境外设立保险机构;审批保险机构的合并、分立、变更、解散,决定接管和指定接受;参与、组织保险公司的破产、清算。③审查、认定各类保险机构高级管理人员的任职资格;制定保险从业人员的基本资格标准。④审批关系社会公众利益的保险险种、依法实行强制保险的险种和新开发的人寿保险险种等的保险条款和保险费率,对其他保险险种的保险条款和保险费率实施备案管理。⑤依法监管保险公司的偿付能力和市场行为;负责保险保障基金的管理,监管保险保证金;根据法律和国家对保险资金的运用政策,制定有关规章制度,依法对保险公司的资金运用进行监管。⑥对政策性保险和强制保险进行业务监管;对专属自保、相互保险等组织形式和业务活动进行监管。归口管理保险行业协会、保险学会等行业社团组织。⑦对保险机构和保险从业人员的不正当竞争等违法、违规行为以及对非保险机构经营或变相经营保险业务进行调查、处罚。⑧依法对境内保险及非保险机构在境外设立的保险机构进行监管。⑨制定保险行业信息化标准;建立保险风险评价、预警和监控体系,跟踪分析、监测、预测保险市场运行状况,负责统一编制全国保险业的数据、报表,并按照国家有关规定予以发布。⑩承办国务院交办的其他事项。

(四)中国证券监督管理委员会

中国证券监督管理委员会(简称中国证监会, China Securities Regulatory Commission, CSRC)于1992年10月成立,是国务院正部级直属事业单位,是全国证券期货市场的主管部门。中国证监会依照《证券法》、《证券投资基金法》和《期货交易管理暂行条例》等法律、行政法规的规定对全国证券期货市场实行集中统一的监督管理。目前中国证监会内设22个部门,在全国各地设立36个派出机构和上海、深圳两个监管专员办事处。

根据《证券法》第179条规定,中国证监会的主要职责是:①依法制定有关证券市场监督管理的规章、规则,并依法行使审批或者核准权;②对证券的发行、上市、交易、登记、存管、结算,进行监督管理;③依法对证券发行人、上市公司、证券公司、证券投资基金管理公司、证券服务机构、证券交易所、证券登记结算机构的证券业务活动,进行监督管理;④依法制定从事证券业务人员的资格标准和行为准则,并监督实施;⑤依法监督检查证券发行、上市和交易的信息公开情况;⑥依法对证券业协会的活动进行指导和监督;⑦依法对违反证券市场监督管理法律、行政法规的行为进行查处;⑧法律、行政法规规定的其他职责。中国证监会可以和其他国家或者地区的证券监督管理机构建立监督管理合作机制,实施跨境监督管理。

二、商业银行

中国的商业银行体系包括国有商业银行和其他股份制商业银行两大类,其中:国有商业银行有中国工商银行、中国农业银行、中国建设银行和中国银行;其他股份制商业银行有交通银行、中信实业银行、招商银行、华夏银行、光大银行、民生银行、福建兴业银行、广东发展银行、深圳发展银行、上海浦东发展银行、恒丰银行、邮政储蓄银行和1998年后改建的城市商业银行等。

中国的商业银行体系中,中国工商银行、中国农业银行、中国建设银行、中国银行四大银行是主体,他们的资产规模、负债规模以及中间业务在商业银行业务总量中占据市场份额的60%以上。而其他银行在建立初期就带有明显的地域特征,在资金实力、规模、业务范围等方面与四大行存在着明显的差距。但2002年以后,随着金融改革的深化,其中一些区域性银行的经营地界已越出原来的指定范围,向其他城市或地域扩展,比如招商银行、上海浦东发展银行等,均已在深圳、上海等以外地区设置了经营性分支机构。这些商业银行是依照国际通行规则和市场原则开展各项银行业务活动和进行自身经营管理的。因而,尽管它们在资产规模、机构数量和人员总数等方面还远不能同国有商业银行相比,但其资本、资产及利润的增长速度已经高于国有商业银行,呈现出较强的经营活力、强劲的增长势头和良好的经营效益,成为中国银行体系和国民经济发展中的一支有生力量。另一方面,以原来城市信用社、城市合作银行改建的一大批城市商业银行,则成为支援地区经济发展的重要力量,为本地区经济的发展融通资金,特别是为城市中小企业的发展提供了金融服务。

三、政策性银行

政策性银行,一般是指由政府设立,以贯彻国家产业政策、区域发展政策为目的、不以营利为目标的金融机构。1994年,我国组建了三家政策性银行:国家开发银行、中国进出口银行、中国农业发展银行三家政策性银行。

（一）国家开发银行

国家开发银行(China Development Bank,CDB)于 1994 年 3 月 17 日正式成立,其总部设在北京。主要任务是:建立长期稳定的资金来源,确保重点建设资金需要,办理政策性重点建设贷款和贴息贷款业务;对固定资产投资总量和结构进行调节;逐步建立投资约束和风险责任机制,按照市场经济的运行原则,提高投资效益。其资金来源主要靠向金融机构发行政策性金融债券来解决。其资金运用领域主要包括:制约经济发展的"瓶颈"项目;直接增强综合国力的自主产业的重大项目;高新技术在经济领域应用的重大项目;跨地区的重大政策性项目等。

（二）中国进出口银行

中国进出口银行(Export - Import Bank of China,EIBC)于 1994 年 7 月 1 日成立,总行设在北京。它不设营业性分支机构,但根据业务需要和发展情况,可在一些业务比较集中的大城市设立办事处或代表处,负责调查、统计、监督代理业务等事宜。中国进出口银行的主要资金来源是发行政策性金融债券,也从国际金融市场筹措资金。其业务范围主要是为机电产品和成套设备等资本性货物出口提供出口信贷;办理与机电产品出口有关的各种贷款、混合贷款和转贷款,以及出口信用保险和担保业务。

（三）中国农业发展银行

中国农业发展银行(Agricultural Development Bank of China,ADBC)于 1994 年 11 月 18 日正式成立,总行设在北京。主要资金来源是中国人民银行的再贷款,同时也发行少量的政策性金融债券。其业务范围主要是办理粮食、棉花、油料、猪肉、食糖等主要农副产品的国家专项储备和收购贷款,办理扶贫贷款和农业综合开发贷款,以及国家确定的小型农、林、牧、水基本建设和技术改造贷款。它在全国设有分支机构。

以上三家政策性银行的资金来源主要有三个渠道:一是财政拨付,二是由原来的各专业银行划出的资本金,三是发行金融债券。

四、非银行金融机构

（一）保险公司

保险公司是以经营保险业务为主的经济组织。除了对于某个单位有分散风险、消减损失的职能之外,保险公司在宏观上还有四大功能:一是承担国家财政后备范围以外的损失补偿;二是聚集资金,支持国民经济发展;三是增强对人类生命财产的安全保障;四是为社会再生产的各个环节提供经济保障,防止因某个环节的突然断裂而破坏整个社会经济的平稳运行。1949 年 10 月 20 日,中国人民保险公司作为保险业的管理机关宣告问世。1958 年以后,保险业陷入停顿状态。直到 1980 年,中国人民保险公司恢复办理国内保险业务,大力开展涉外保险以后,中国的保险业才得以真正复苏,并进入新的发展阶段。我国目前的人身保险公司有中国人寿保险(集团)公司、中国太平洋人寿保险股份有限公司、新华人寿保险公司等;财产保险公司有中国人民财产保险股份有限公司、中华联合财产保险公司、中国太平洋财产保险股份有限公司、华泰财产保险股份有限公司、永安财产保险股份有限公司等；另外，我国还有许多家再保险公司、保险集团、政策性保险公司、保险经纪公司以及保险代理公司。截至2006年末，我国共有59家人身险公司，44家财产险公司，6家再保险公司，9家保险资产管理公司以及众多的其他保险中介公司。其中，有6家大型的、全国性的保险集团控股公司，例如中国人民保险集团公司、中国太平洋保险（集团）股份有限公司等。保险公司的经营原则是大数原则和概率论所确定的原则，保险公司的保户越多，承保范围越大，风险就越分散，也就能够在扩大保险保障的范围，提高保险的社会效益的同时，又聚集更多的保险基金，为经济补偿建立雄厚的基础，保证保险公司自身经营的稳定。当前我国保险公司的业务险种达400余种，按保障范围划分，保险主要分为财产保险、责任保险、保证保险和人身保险四大类。

（二）信托投资公司

我国的信托投资公司是在经济体制改革后开始创办起来的。比如现已发展为金融、投资、贸易、服务相结合的综合性经济实体的中国国际信托投资公司，就是创办于改革之初的1979年。以后又陆续设立了一批全国性信托投资公司，如中国光大国际信托投资公司、中国民族国际信托投资公司、中国信息信托投资公司、中国教育信托投资公司等，以及为数众多的地方性信托投资公司与国际信托投资公司。

目前信托投资公司的业务内容主要是：①信托业务，如信托存款、信托贷款、信托投资等；②委托业务，如委托存款、委托贷款、委托投资等；③代理业务，如代理保管、代理收付、代理有价证券的发行和买卖、信用担保等；④咨询业务，如资信咨询、项目可行性咨询、投资咨询和金融咨询等；⑤兼营业务，如金融租赁、证券业务、房地产开发、国际融资性租赁项目下的进出口业务等；⑥外汇业务，如外汇信托存贷款、投资以及在境内外发行和代理发行、买卖和代理买卖外币有价证券等。总的来说，我国信托金融机构的经营定位问题尚未被解决。在其发展过程中，相当多的这类金融机构，违规经营、高利揽存的问题较为严重。近年仍有一些颇具影响的信托投资公司受到清理、关闭的处理。此外，前述并未完成的脱钩、整顿工作也仍在继续进行之中。

（三）证券机构

证券机构是指从事证券业务的金融机构，包括证券公司、证券交易所、证券登记结算公司、证券投资咨询公司、证券评估公司等。其中证券公司和证券交易所是最重要的证券机构。

证券公司是专门从事有价证券发行和买卖等业务的金融机构。它不仅受托办理证券买卖业务，同时自己也从事有价证券的买卖经营。我国证券公司初设时，或是由某一家金融机构全资设立的独资公司，或是由若干金融机构、非金融机构以入股形式组建的股份制公司。2000年以后，随着分业经营、分业管理原则的贯彻及规范证券公司发展工作的落实，银行、城市信用合作社、企业集团财务公司、融资租赁公司、典当行以及原各地融资中心下设的证券公司或营业机构,陆续予以撤销或转让。在要求证券机构彻底完成与其他种类金融机构脱钩的同时,鼓励经营状况良好和实力雄厚的证券公司收购、兼并业务量不足的证券公司。

我国证券公司的业务范围一般包括:代理证券发行业务;自营、代理证券买卖业务;代理证券还本付息和红利的支付;证券的代保管和签证;接受委托代收证券本息和红利;接受委托办理证券的登记和过户;证券抵押贷款;证券投资咨询业务等。

随着我国现代企业制度建立的推进,尤其随着国有企业股份制改造及更多公司上市的需要,证券公司将迎来它蓬勃发展的新时期。部分证券公司向投资银行的过渡也正在酝酿之中。

(四)金融租赁公司

我国的融资租赁业起源于1981年4月,最早的金融租赁公司以中外合资企业的形式出现,其原始动机是引进外资。自1981年7月成立的首家由中资组成的非银行金融机构"中国租赁有限公司"到1997年经由中国人民银行批准的金融租赁公司共16家。1997年后,海南国际租赁有限公司、广东国际租赁有限公司、武汉国际租赁公司和中国华阳金融租赁有限公司先后退出市场。目前,经过增资扩股后正常经营的金融租赁公司有12家,它们主要从事公交、城建、医疗、航空、IT等产业,总资产已过人民币159亿元的规模,租赁资产占总资产80%以上,平均资本充足率达到了30.07%。

目前,金融租赁公司的主要业务有:①用于生产、科、教、文、卫、旅游、交通运输设备等动产、不动产的租赁、转租赁、回租租赁;②前述租赁业务所涉及的标的物的购买业务;③出租物和抵偿租金产品的处理业务;④向金融机构借款及其他融资业务;⑤吸收特定项目下的信托存款;⑥租赁项目下的流动资金贷款业务;⑦外汇及其他业务。

(五)企业集团财务公司

企业集团财务公司主要是由企业集团内部各成员单位入股组建,其宗旨是为本企业集团内部各成员单位提供金融服务。我国第一家企业集团财务公司建立于1987年,截至2006年底,我国企业集团财务公司总数为79家,资产总规模达到7 168亿元。企业集团财务公司的主要资金来源与资金运用都限定在集团内部,而不能像其他金融机构那样在社会上拓展生存空间。其业务受中国银行业监督管理委员会领导和管理,行政上隶属于各企业集团。主要业务有:人民币存款与投资业务、信托和融资性租赁业务、发行和代理发行有价证券等。

(六)农村信用合作社

我国农村信用合作社(Rural Credit Cooperatives)是农村群众性质的合作金融组织。它的基本任务是:按照国家经济和金融政策,帮助农民、专业户、承包户以及农村合作经济组织,解决生产、经营等方面的资金需求,支持农村商品经济的发展。

在原有计划经济体制下组建起来的农村信用社,最初定性为农村集体金融组织。组建的原则是:农民入股、社员民主管理,主要为入股社员服务三个方面。然而,在其几十年的发展中,则长期是作为国家银行的基层机构存在;改革开放后中国农业银行成立,又隶属于农业银行。应该说,农村信用合作社最初并不具有常人理解的"合作"性质。

1996年下半年,农村信用合作社进行了改革:一是与农业银行脱离隶属关系,由县联社负责农村信用合作社的业务管理;二是要求按合作制原则重新规范农村信用合作社,使其恢复合作制的性质。在经营方面的基本要求则是贯彻自主经营、独立核算、自负盈亏、自担风险的原则。然而,在近些年的发展中,在经济比较发达的地区,一些农村信用合作社实质上已成功发展成为小型商业银行,而在经济发展比较落后的地区,大量农村信用合作社的处境相当困难,难以自负盈亏,不具备存在的经济依据。因此,今后农村信用合作社如何发展仍然还是一个重大课题。

(七)投资基金

我国的投资基金(Investment Fund)最早产生于20世纪80年代后期。1987年,中国银行和中国国际信托投资公司共同推出面向海外投资者的基金。1991年,在武汉成立了我国第一家面向国内投资者的"武汉证券投资基金"。较为规范的证券投资基金产生于1997年11月《证券投资基金管理暂行办法》出台之后,根据要求,中国证监会对此前的基金进行了清理规范,同时审批新基金设立。1998年6家规模都为20亿元的第一批试点证券投资基金陆续发行上市,其均为封闭式基金,此后又不断有新的、规模更大的封闭式证券投资基金推出。2000年10月,中国证监会发布《开放式投资基金试点办法》,对开放式基金的公开募集、设立、运作及相关活动作出规定,这标志着我国开放式基金发展的起点。

投资基金的发展有助于维持我国证券市场的增量资金,改善投资者结构,同时有助于提高证券市场的管理水平,有利于信息披露的规范化,并有利于促进投资理念由短期炒作转向中长期投资。

五、外资金融机构

1979年,我国拉开了银行业对外开放的序幕,允许外资银行在华设立代表处。从1981年起,允许外资银行在深圳等5个经济特区设立营业性机构,从事外汇金融业务,并逐步扩大到沿海开放城市和所有中心城市。经过二十多年的发展,在华外资金融机构的数量和业务规模不断扩大,已成为我国金融体系的重要组成部分,外资金融机构在促进我国金融业改革与发展、支持我国经济建设方面发挥了重要的作用。

我国对外资金融机构的引进主要采取三种形式:一是允许其在我国设立代表机构,二是允许其设立业务分支机构,三是允许其与我国金融机构设立中外合资金融机构。

根据中国人民银行2002年颁布的《中华人民共和国外资金融机构管理办法》,这些外资金融机构可以从事下列业务项目的部分或全部:①吸收公众存款;②发放贷款;③办理票据承兑与贴现;④买卖政府债券、金融债券,买卖股票以外的其他外币有价证券;⑤提供信用证服务;⑥提供担保;⑦办理国内外结算;⑧买卖,代理买卖外汇;⑨从事外币兑换;⑩从事同业拆借;⑪从事银行卡业务;⑫保管箱业务;⑬资信调查和咨询服务,以及经批准的其他业务。

【知识库】

中国银行业金融机构体系

中国人民银行(央行)——执行国家货币政策,发行并控制货币,为其他商业银行提供贷款,作为最后贷款人来稳定金融市场。

银监会——对整个银行业实行监管。

三大政策性银行:

行使国家政策性贷款的银行,包括:国家开发银行、农业开发银行、进出口银行。

国有商业银行:

业务广泛的国有综合类银行,包括:工商银行、中国银行、建设银行、农业银行。

股份制商业银行:

业务广泛的股份制综合类银行,包括:交通银行、招商银行、上海浦东发展银行、民生银行、深圳发展银行、华夏银行、光大银行、中信实业银行、广东发展银行。

资料引自:中国银监会网站.

本章小结

1.狭义的金融机构仅指作为资金余缺双方交易媒介,专门从事货币、信贷活动的机构,主要指银行和其他从事存、贷业务的金融机构。广义的金融机构指所有从事金融活动的机构,包括直接融资领域中的金融机构、间接融资领域中的金融机构、各种提供金融服务的机构和金融活动监管机构。

2.金融机构在社会经济发展中有着举足轻重的作用。在信用高度发达的市场经济体系中具有以下几种职能:支付结算功能、资金融通功能、专业化服务功能、风险管理功能、信息服务功能。

3.商业银行是以营利为目的,以金融资产和负债为经营对象的综合性、多功能的金融企业。

4.政策性银行是指那些由政府出资参股或保证成立,为贯彻和配合国家经济政策在特定领域内从事金融业务,不以营利为目的金融机构。

5.经过二十多年的改革,现已形成以中国人民银行和各金融监管机构为领导,国有商业银行为主体,包括政策性金融机构、其他非银行金融机构等多种金融机构并存、分工协作的金融体系。

思考题

一、名词解释

金融机构体系　政策性银行　商业银行　中央银行　保险公司　投资银行

二、简述题

1.什么是金融机构？它与一般经济单位有哪些异同？

2.金融机构的功能有哪些？

3.分析我国(大陆)金融机构体系的现状。

4.外资金融机构可以从事的业务项目有哪些？

5.中国人民银行应履行哪些基本职责。

三、论述题

政策性银行存在的必要性与特征。

【阅读资料】

国家禀赋与金融体系的发展

如果说，在中国的金融体系改革必须走市场化道路这一点上已经基本达成了共识的话，那么，在推进金融改革的过程中，中国还面临着另外一个重大的选择，即当前的金融改革究竟是应该以银行为重点还是以资本市场为重点。开放及多元化发展的经济体需要提供多样化的差异性产品，因而从提供多样化的金融产品及服务的角度逐步发展资本市场，是有一定积极意义的。但是，就当前中国所处的发展阶段和现实条件而言，深刻认识当前中国金融改革的重点必须围绕银行体系的改革这个基础进行，具有更为重要的意义。

如果从更深入的层面上来看，任何经济体的改革都处在某个特定的时空进程中，这使得不同的经济体面临着不同的改革初始条件，因而也会产生迥异的均衡条件、路径和结果。正是在这个意义上，我们认为，任何国家的改革都必须结合本国在特定条件下形成的“国家禀赋”。在“国家禀赋”这一概念中，我们不仅指经济体内部的资源禀赋，也包括与经济体发展密切相关的政治、法制、信用文化和社会群体偏好等其他禀赋。

针对当前中国金融体系研究中的某些提法和倾向，对现代金融体系的正确理解，尤其是在现实金融体系的设计过程中我们必须要明确指出的是：1.“基于市场的金融体系”不等于“基于资本市场的金融体系”，商业银行也可以是金融体系中运行良好的市场主体甚至是最具有活力的市场元素之一；2.“传统的以商业银行为主体的金融体系”和“基于资本市场的现代金融体系”这两种提法分别将“传统”冠之“商业银行”，将“现代”冠之“资本市场”，我们认为在概念界定上存在误导之嫌：以商业银行为主体的金融体系也可以具有“效率与稳定性”的“现代”特征，而以资本市场为主导的金融体系未必全都能满足“现代”二字之后所蕴涵的“效率与稳定性”标准，关键还是在于金融体系功能的实现是否能满足经济发展的最新要求。就当前中国的情况而言，不能简单地将资本市场与金融中介对立起来，市场的发展更不能排斥金融中介的发展，从动态角度看，在一个长期的制度均衡中，二者应该是相互促进、“螺旋发展”的关系。尽管如此，我们还是要再次强调，正如我们前面所详细论证的那样：不同的阶段应该有不同的重点，现阶段中国的金融改革必须要继续以商业银行改革为核心和平台。

在明确了现阶段中国金融改革的重点后，对现代金融体系的全面认识还应该有一个更广阔的视角：金融体系不是孤立存在的，其功能的实现依赖于“内外”两个层次的协调。从一个更全面的视角来看，我们认为，中国现代金融体系的建立和发展需要结合中国特有的“国家禀赋”，并实现以下三个方面的有机联系和互动支持：

1.在金融体系的内部结构方面，当前的改革应该以商业银行为核心和重点，而资本市场(股票市场)的发展，目前的首要任务是着力于制度建设而不是单纯追求扩容速度：在资本市场建立起良好的公司治理机制和有效的监管机制之前，资本市场规模的扩张意味着资源的浪费和财富的灭失，而不是资源的有效配置。当然，从动态角度看，在一个长期的制度均衡中，中介和市场二者可以是相互促进、“螺旋发展”的关系。

2.从外部监管来看，当前应该完善多层次、全方位的监管体系，确保金融体系的内部元素在效率与稳定性之间维持平衡；从长期趋势来看，以功能监管为核心，逐步建立起统一的监管体制和框架，能够更好地体现监管的动态效率和灵活性。同时，社会信用体系的建设必须全面推进并与当前的金融体系改革相结合。

3.从金融体系和实体经济之间的联系机制来看，中国现代金融体系的建立必须要充分考虑中国的国家禀赋，并着力于包括信息披露、公司治理、透明度要求、存款保险、风险管理、破产机制等在内的制度基础建设，使效率机制的传导渠道更为通畅，使多层次的风险控制和稳定性架构更为健全，最终实现效率和稳定性的长期动态均衡。

资料引自：陈雨露.金融时报，2007-12-26.

第五章

Chapter 5

商业银行

【学习目的与要求】

通过对本章的学习，使学生了解我国商业银行的发展趋势、商业银行的基本业务、商业银行的监督和管理；掌握商业银行经营管理的原则、经营管理的方法、商业银行的职能和商业银行的组织形式等。

【案例导入】

从2009年11月23日开始，建设银行对龙卡零余额、长期不动卡进行系统自动销卡。此次所销卡片的范围是：卡账户余额为零，连续三年(含三年)账户无持卡人主动发起交易(包括签约交易)的龙卡通借记卡。银行提醒，持有相关龙卡通借记卡(包括旧版16位储蓄卡、19位储蓄卡等)的持卡人应对手中长期闲置的卡片进行整理。如有符合上述销卡条件的卡片，尽快确认该卡是否仍需使用；如果希望继续使用，于统一销卡开始前对卡片进行激活。实际上，自2008年12月15日起，首家明文规定对"睡眠卡"进行自动销户处理的交通银行对连续两年账户无任何交易，余额为零，且没有使用卡片开通任何业务功能的持卡人自动办理销户手续。在经历了大规模的"跑马圈地"后，各银行对信用卡市场开始精耕细作。主动注销"睡眠卡"能节省资源，将会成为越来越多银行的选择。

第一节　商业银行的职能和组织制度

商业银行是经营货币信用的特殊企业，是数量众多、业务范围广泛、资产规模巨大、业务操作手段现代化、经营管理先进的一种金融机构，在整个金融体系中占有重要地位。随着社会主义市场经济体制的建立，商业银行在我国的发展必将具有广阔的前景。

一、商业银行的职能

商业银行的职能是指商业银行作为金融企业通过其资产负债业务在国民经济中所发挥的功能和作用。商业银行作为以营利为目的的金融企业,通过负债筹集资金,再通过发放贷款等功能将负债转化为资产获取利润。商业银行作为企业,具有所有企业的一般特征,即以营利为目标,实现股东权益最大化。但是,商业银行作为金融企业,又具有一般企业不同的特点,其处于现代经济的核心地位所承担的社会责任以及经营上的内在脆弱性决定了商业银行与其他组织(包括其他金融机构)具有不同的经营原则和经济职能,这主要表现在以下几个方面。

(一)信用中介

信用中介 (Credit Intermediary)是指商业银行充当将经济活动中的赤字单位、盈余单位联系起来的中介人的角色。这是商业银行最基本的职能,也是最能反映其经营活动特征的职能。这一职能的实质是商业银行一方面动员和集中社会上一切闲散货币资金,成为其重要的资金来源;另一方面又通过信用形式将动员集中起来的货币资金贷放出去,满足借款人的贷款需求,把它投向经济各部门。商业银行是作为货币资本的贷出者与借入者的中介人或代表来实现资本的融通,并从吸收资金的成本与发放贷款利息收入、投资收益的差额中,获取利益收入,形成银行利润。商业银行成为买卖“资本商品”的“大商人”。

在资金融通的过程中,往往因为以下原因而不能形成直接借贷关系:①资金的需求者和资金的贷给者,由于需求时间的不一致性,而使借贷行为不能成立。②资金供给者闲置的资金与资金需求者所需资金在数量上不一致,借贷双方也不能达成协议。③不了解借款人的信用状况和经济状况,信用关系也难以成立。而商业银行在信用关系中充当中介人,会克服上述种种矛盾。因为商业银行以吸收存款的形式动员了不同数量和不同期限的闲置货币资金,可以满足借款人的不同需要。此外,由于商业银行专门经营货币信用业务,不仅自身信誉较一般企业要高,而且可以利用自身的有利条件,确切了解借贷者的经济状况和信用能力。

商业银行通过信用中介的职能实现资本在盈余者和短缺者之间的融通,并不改变货币资本的所有权,改变的只是货币资本的使用权。

(二)支付中介

支付中介(Payment Intermediary)是指商业银行借助支票这种信用流通工具,通过客户活期存款账户的资金转移为客户办理货币结算、货币收付、货币兑换和存款转移等业务活动。支付中介职能是商业银行的传统职能。从历史上看,商业银行制度中介职能的产生要早于信用中介职能。但当银行的信用中介职能形成后,制度中介职能的发挥就要通过活期存款账户进行了,因此,信用中介职能反而成了支付中介职能的前提和基础。由于商业银行所提供的转账结算、支付汇兑等服务主要是面向存、贷款客户的,因此,支付中介职能的发挥又反过来促进了商业银行存、贷款业务的扩大,从而使商业银行信用中介职能得到更好的发展。商业银行在存款负债业务的基础上，通过资金在存款账户上的转移和划拨，代理客户支付货款和费用，兑付现款等。利用存款账户，办理货币收付和转账结算，从而最大限度地节约现钞的使用和流通的成本，节约了社会流通费用，加速资金的周转，方便了客户，促进了社会经济的发展和扩大，增强了商业银行的社会服务功能。

（三）信用创造

信用创造(Credit Creation)是指商业银行通过吸收活期存款、发放贷款，从而增加银行的资金来源、扩大社会货币供应量。商业银行创造货币的原因是什么呢？我们知道，人们根据银行存款签发的支票，可以偿付债务和购买东西，据以签发支票的活期存款能够流通，能够直接作为流通手段和支付手段。存款货币（支票）之所以能够存在和流通是因为将现金存入银行的结果，从整个银行体系我们可以观察到，银行在吸收现金，办理转账结算、发放贷款的一系列经营活动中，所形成的存款货币表现出远远超过原始存款的数量，是原始存款的若干倍。因此，整个银行体系存在着创造存款货币的功能。它创造存款货币的机制过程可以描述为：当社会成员将现金存入银行后，不但定期存款、储蓄存款不会马上提现使用，而且活期存款也由于“此取彼存”而不会提尽，总有一个相当稳定的余额停留在银行内；银行是以营利为目的的，它除了保留一部分现金以应付日常提存之外，如果对于存进的现金听任其窖藏于库中而不予运用，显然是不智之举，它必然会尽量利用存款，把它们贷放出去以获利息；银行为应付存款人随时支款的业务需要，则只需保留少量的现金也就可以应付自如了。这是因为：①存户很多，只要不发生信用危机，出现挤兑，就不至于大家同时提取。②活期存款人签发的支票，有些是转账性质，只要转到提票人户头上就可以了。有些可以与同业清算，互相抵消，都无需支付现金。这样就给银行创造存款货币大开了方便之门。由于银行无论是放款或是投资，往往都不需要直接支付现金，而是把贷款额或投资额转入客户在本行开立的活期存款账户上，以供使用。这时候银行可以一举两得：一方面增加放款和投资，一方面又增加了一笔活期存款。放款越多，活期存款也越多。这样，货币不出银行大门，在账目上转来转去，银行就因放款而创造出一笔笔新的存款货币了。

信用创造是商业银行的特殊功能，它是在商业银行发挥信用中介职能和支付中介职能的基础上派生出来的。在整个金融体系中，商业银行是唯一能够吸收活期存款，开设支票存款账户的金融机构。在此基础上产生了存款货币，它是商业银行对活期存款客户的负债，支票是无条件支付凭证。客户向银行取得贷款，一般是要随时支用或立即使用的，这样贷款转变成活期存款，在支票流通和转账结算的条件下，一家银行的存款货币执行支付手段职能时，会增加另一家银行的存款余额。因此，商业银行把自己的负债当做货币来流通，发挥支付手段和流通手段功能时，就具有了信用创造的职能。由此看来，信用创造职能是商业银行在吸收活期存款的基础上，在商业银行实行部分准备金和转账结算制度条件下利用自己的资产形成负债，再把负债凭证（如支票）投入流通，充当信用货币使用的一种特殊功能。

（四）金融服务

金融服务(Financial Service)是指商业银行利用在国民经济中联系面广、信息灵通等特殊地位和优势，利用其在发挥信用中介和支付中介职能的过程中所获得的大量信息，借助电子计算机等先进手段和工具，为客户提供财务咨询、融资代理、信托租赁、代收代付等各种金融服务的职能。随着经济的发展，工商企业的业务经营环境日益复杂化，银行间的业务竞争也日益剧烈化，商业银行由于联系面广，信息比较灵通，特别是电子计算机在商业银行业务中的广泛应用，使其具备了为客户提供信息服务的条件，咨询服务、对企业"决策支援"等服务应运而生。工商企业生产和流通专业化的发展，又要求把许多原来的属于企业自身的货币业务转交给商业银行代为办理，如发放工资，代理支付其他费用等。个人消费也由原来的单纯钱物交易，发展为转账结算。现代化的社会生活，从多方面给商业银行提出了金融服务的要求。在市场竞争的压力下，商业银行也需要不断开拓业务领域，以便进一步增加收益来源的途径。在现代市场经济竞争环境下，提供多种金融服务成为商业银行的重要职能。通过金融服务功能，商业银行既提高了信息与信息技术的利用价值，加强了银行与社会的联系，扩大了银行的市场份额；同时也获得了不少费用收入，提高了商业银行的营利水平。在现代经济生活中，金融服务已成为商业银行的重要职能。

（五）调节经济

调节经济（Regulating Economy）是指商业银行通过其信用中介活动，调剂社会各部门的资金余缺，同时在中央银行货币政策指引下，在国家其他宏观政策的影响下，实现调整经济结构，调节投资与消费比例关系，引导资金流向，实现产业结构调整，发挥消费对投资的引导作用。有时，商业银行还可以通过在国际市场上的融资活动，来调节本国的国际收支状况。

二、商业银行的组织形式

受国际国内政治、经济、法律等多方面的因素的影响，世界各国商业银行的组织形式可以分为单一银行制、分支行制、银行控股公司制和连锁银行制。

（一）单一银行制

单一银行制（Single Banking System）是指不设立分行，全部业务由各个相对独立的商业银行独自进行的一种银行组织形式，即所谓的"一行一店"。这种银行主要集中在美国。这种制度规定，商业银行业务应由各个相对独立的商业银行本部经营，不允许设立分支机构，每家商业银行既不受其他银行控制，也不得控制其他商业银行。这种单一银行制度是由美国特殊的历史背景和政治制度所决定的。

单一银行制度有以下优点：首先，可以限制银行业的兼并和垄断，有利于自由竞争；其次，有利于协调银行与地方政府的关系，使银行更好地为地区经济发展服务；此外，由于单一银行制富于独立性和自由性，内部层次较少，因而其业务精英的灵活性较大，管理起来也较容易。

单一银行制缺点也很明显。首先，单一银行制规模较小，经营成本较高，难以取得规模效益；其次，单一银行制与经济的外向发展存在矛盾，人为地造成资本的迂回流动，削弱了商业银行的竞争力；再次，单一银行制的金融创新不如其他类型的银行。

(二)分支行制

分支行制(Branch Banking System)又称总分行制,是指法律上允许商业银行在国内外设立分支机构,而不受特定的地域限制。世界上大多数国家的商业银行普遍采取分支银行制,尤以英国为最为典型,到目前为止,英国的6家清算银行在国内就有1万多家分支机构。

分支行制按管理方式不同,又可以进一步划分总行制和总管理处制。总行制是指总行除管理、控制各分支行以外,本身也对外营业,办理业务。而在总管理处制度下,总管理处只负责管理控制各分支行,其本身不对外营业,在总管理处所在地另设分支行对外营业,例如我国交通银行就是实行总管理处制度的商业银行。

分支行制的优点在于:①分支机构较多,分布广,业务分散,因而易于吸收存款,调剂资金,充分有效地利用资本,同时由于放款分散,风险分散,可以降低放款的平均风险,提高银行的安全性。②银行规模较大,易于采用现代化设备,提供多种便利的金融服务,取得规模效益。③由于银行总数少,便于金融当局的宏观管理。

分支行制的缺点在于容易造成大银行对小银行的吞并,形成垄断,妨碍竞争;同时,银行规模过大,内部层次、机构较多,管理困难。

但总的来看,分支行制更能适应现代化经济发展的需要,因而受到各国政府和银行界的青睐,成为当代商业银行的主要组织形式。

(三)银行控股公司制

银行控股公司制是指完全拥有或有效控制一家或数家银行的金融机构。在法律上,这些银行是独立的,但其业务与经营政策同属于同一控股公司所控制。持股公司20世纪初出现于美国,以后在其他国家得到广泛发展。起初,持股公司本身不从事商品生产或销售业务,主要通过发行股票或公司债券的方式组织货币资本,再用以购买其他公司的股票。此后其业务范围逐渐扩大,包括办理投资、信托、租赁等业务。在有些国家,持股公司也是投资银行的组织形式之一。

第二次世界大战以后,银行持股公司迅速发展,尤其是在美国,已成为国家银行体制中占相当优势的组织形式。1956年美国国会通过《银行持股公司法》规定:凡直接、间接控制两家以上银行,而每家银行有表决权的股票在25%或25%以上的,就作为持股公司。1970年美国对《银行持股公司法》又作了修改,规定:只控制一家银行25%以上股权的持股公司,也要进行登记。持股公司控制一定比例的银行股票,就能决定银行重要人事、营业政策,所以持股公司可以是大银行控制小银行的工具。

银行持股公司在美国得以迅速发展的主要原因是:①持股公司可逃避州立法中不允许银行跨州设立银行分支机构的限制,拥有几家银行。②持股公司可避开银行法对商业银行经营业务上的限制,扩大经营范围,办理商业银行不能或不便经营的投资、信托、租赁等业务,使银行打入非银行的业务领域,发挥更大的活动能力以追求更高的利润。③持股公司能够以不允许银行本身使用的办法为银行筹集资金,如发行商业票据等。

在联邦德国,由于政府对银行限制很少,银行业务已综合化,银行可办一切业务,银行往往以参股形式直接控制企业。政府不但允许银行持有企业的股票，有的银行从企业开办、募股、发行债券到经营，均参与并提供贷款。银行还可以代表企业股东进行代理投票，大企业的股东人数多，而且分散，他们可以委托银行在股东大会上投票，银行的投票对企业的决策具有很大的影响力。

银行持股公司的发展是金融资本与工业资本融合，以增强竞争能力与控制市场能力的一种趋势。特别是自20世纪60年代后期以来，西欧银行、企业发生激烈的兼并活动，由于激烈竞争而引起大银行、大企业排挤中小银行与企业；或者中小银行与企业为了避免倒闭、破产，进行联合，渗透参股，发挥规模大、竞争能力强的集团优势。有的国家已形成几大集团，甚至银行与企业同属一个集团，形成了强大的经济金融垄断地位，在美国$\frac{3}{4}$以上的商业银行资产隶属于持股公司。

银行持股公司制有两种类型，一种是非银行持股公司；一种是银行持股公司。前者是由主要业务不在银行方面的大企业拥有某一银行股份组织起来的。后者是由一家银行组织一个持股公司，其他小银行从属于这家大银行。

（四）连锁银行制

连锁银行制（Chain Banking System）又称联合银行制，是指由某一集团购买若干独立银行的多数股票，从而达到控制这些银行目的的一种组织形式。它与持股公司制相比有一个共同的特点，就是都通过购买银行的多数股权来实现对这些银行的控制，虽然这些被控制的银行在法律上是独立的，但其业务和经营政策完全由一个人或一个集团操纵。连锁银行制与持股公司制的区别就在于，连锁银行制下没有单独的股份公司。由于受个人或某一集团的控制，因而不易获得银行所需要的大量资本，因此许多连锁银行相继转为分支机构或组成持股公司。

【知识库】

连锁银行制与银行持股公司制的区别

银行持股公司制是指专以控制和收购两家以上银行股票所组成的公司。它通过持有股份来掌握对银行的控制权，对其经营实行控制。银行持股公司所拥有的公司，能从事“与银行业紧密相关”的活动，它可以使银行规避限制设立分支行的规定。

银行持股公司制通过控股公司这种安排可以解决银行业务发展中的两个问题，一是规避跨州设立分支机构的法律限制，二是通过设立子公司来实现业务多元化。当所控制的银行只有一家时，为单一银行控股公司制；当控制的银行有两家或两家以上时，则为多家银行控股公司制。这种银行的组织形式在美国最为流行。

而连锁银行制曾盛行于美国中西部，是为了弥补单一银行制的缺点而发展起来的。连锁银行制与银行持股公司制度的作用相同，差别在于没有股权公司的形式存在，即不必成立持股公司。

资料引自：百度百科.

第二节　商业银行的业务与管理

在各类金融机构中,商业银行以其业务范围广泛、业务量大而被称为"金融百货公司"。商业银行是一个营利性组织,与其他企业一样,营利是商业银行经营的基本目标。但由于商业银行经营对象的特殊性,银行的经营活动还必须保证安全性和营利性。这些原则贯穿于银行的各项业务活动中,并在不同时期演化成银行的经营管理理论。

一、商业银行业务

商业银行的经营状况与一般企业一样,是可以通过一系列财务报表反映出来的,特别是"资产负债表"能反映出某时期银行经营活动的范围。因此,从商业银行"资产负债表"的构成来看,主要有自有资本、负债业务和资产业务;此外,商业银行还有一部分业务不属于上述信用活动,而是中间业务或表外业务。所以我们从商业银行自有资本、负债业务、资产业务和中间业务、表外业务来认识商业银行的主要业务。

(一)商业银行的自有资本

自有资本是创办和建立银行,个人或集团投入的资本,它是银行开业的前提条件之一。它代表着投资人对银行的所有权。但在实际业务中,一些非自有资金,如长期负债,也作为资本金的组成部分。西方国家在计算银行资本量时,大都采用此种方法。自有资本是银行开业的前提条件之一。银行在动员和吸收别人的资金以前,必须先筹集自己的资本,在银行资本总额中,自有资本的比重远远小于外来资本的比重,但它却是吸收外来资本的基础。银行拥有雄厚的基础,就能得到存款人的信任,就容易吸收更多的存款。因此,自有资本是银行开业的重要前提条件,是银行经营信贷活动的本钱。

过去,由于银行组成的方式不同,银行自有资本有的是独资,有的是合伙资本,也有的是通过发行股票的办法而筹集起来的股份资本。但现代银行基本上是按股份公司方式组织起来的股份银行。银行自有资本除了开业筹集的资本外,还包括为扩大经营,弥补经营亏损等根据有关法令提存的公积金、呆账准备金等。

在我国商业银行的资本金,在传统统收统支财政管理体制下,主要靠财政拨付的信贷基金。但近几年,在新的体制下,财政已不向银行拨付信贷基金。银行现有的信贷基金基本上还是20世纪五六十年代的财政拨款。1998年以后,国家采取了一系列注资活动,1998年国家财政向中国工商银行、中国农业银行、中国银行和中国建设银行四家国有控股银行补充了2 700亿元资本金;2003年12月31日,国务院宣布将450亿美元的外汇储备注资中国银行和中国建设银行;2005年4月,中国国务院批准向中国最大银行中国工商银行注资150亿美元;以及对国家开发银行和光大银行的注资等,主要用于拨补国有控股银行资本金。但总的来说,随着金融改革的深化和投资主体的转换,国有控股商业银行的自有资本金主要应靠自身积累来解决。

(二)商业银行的负债业务

商业银行的负债是指在商业银行经营活动中所产生的需要用自己的资产或通过提供劳务进行偿还的经济义务。

1.吸收存款(Take Deposit)

存款负债是商业银行所吸收的各种活期存款、定期存款和储蓄存款,是银行最主要的资金来源。由于各种存款的来源、期限、数量等不是商业银行主观上所能控制和掌握的,所以,存款负债被称为商业银行的被动型负债。存款的种类可根据不同的标准划分,如根据所有者的情况可分为私人存款、企业存款、政府机构存款、同业存款等。但最常用也是较为传统的划分方法是将存款划分为活期存款、储蓄存款和定期存款三大类。

活期存款(Current Deposit)是指款项可以随时支取续存,不需预先通知,不规定存款期限的一种存款。开立这种存款账户是为了通过银行进行各种支付结算,客户可以随时开出支票对第三者进行支付,而不用事先通知银行,因此活期存款又被称支票存款。活期存款由于需要银行提供较为频繁的支付服务,所以对这类存款银行一般不支付利息或只支付很低的利息。

储蓄存款(Savings Deposit)是指城乡居民个人货币收入的结余款或生活待用款,因暂时不用而储存在银行形成的存款。其来源是居民的货币收入。我国的储蓄存款中有活期储蓄和定期储蓄两种。关于存款的概念,国内外存在明显的差异,在国外,储蓄存款的存户包括居民个人、政府和企业。在我国则专指居民个人在银行的存款。政府机关、企业单位的所有存款却不能称之为储蓄存款。储蓄存款不能像支票那样流通,也不能透支,但可以随时提取。目前为了拓展吸收储蓄存款,又创造了新型储蓄存款,如个人退休金存款账户、股金提款单账户、零续定期存款、与物价指数挂钩的指数存款证、货币市场存款单等。

定期存款(Time Deposit)是一种期限固定的存款。存款的期限有3个月、6个月、1年、2年、3年、5年或更长时间,利率随期限长短而高低不等。期限越长,利率越高。定期存款的存款人与银行事先约定存款期限,到期才凭存单或存折支取。但如果客户提前取款,银行一般也予办理,但利息要受损。由于定期存款相对稳定,所以可作为中长期信贷活动的资金来源。

近年来,传统的定期存款对客户的吸引力在减弱,原因就在于缺乏流动性,并且常常规定利率上限。为适应商业银行竞争发展的需要,在吸收存款方面也进行了创新,如大额可转让存单、定活两便存款等。

在上述的存款负债中,20世纪70年代以前为活期存款比重较大,定期存款和储蓄存款比重较小;而70年代后,存款的结构发生了变化,定期存款和储蓄存款比重加大,其原因就在于定期存款、储蓄存款与活期存款之间的收益率差距较大;同时,使存户能获得高收益又能保持较强流动性的新型定期存款的出现也促进了商业银行存款结构的变化。

2.其他负债业务

其他负债是指商业银行的各种借入款和其他负债业务。其中借入款在其他负债中占据主要部分。商业银行的借款来源主要有中央银行、银行同业、国际金融市场等。

(1)从中央银行借款

中央银行是一般银行的最后贷款人。当商业银行资金不足时,可以向中央银行借款,以维持资金周转。商业银行向中央银行借款主要有两种形式:一是再贴现,是商业银行从中央银行取得资金的重要途径,它是指商业银行将自己办理贴现业务时所买进的未到期票据,如商业票据、短期国库券等,转卖给中央银行,将债权转移给中央银行,商业银行则提前获得资金融通;二是再贷款,是商业银行向中央银行申请的直接贷款。它可以是信用贷款,也可以是商业银行以自己持有的合格票据、银行承兑汇票、政府公债等有价证券作为抵押品向中央银行取得抵押贷款。从中央银行借款的利率一般低于市场利率,但由于中央银行是“最后贷款人”,其贷款受货币政策的牵制,条件较为苛刻。中央银行也利用这两条途径调节社会货币供应量,贯彻自己的货币政策。

(2)同业拆借

同业拆借即银行相互之间的短期借款,主要用于临时性调剂资金头寸的需要,支持商业银行日常性的资金周转。这是商业银行的一项传统业务。在这种拆借业务中,借入资金的商业银行主要是用以解决临时性资金周转的需要,一般均为短期的,有时是今日借明日还,对于这种拆借通常称为“隔日放款”或“今日货币”。我国目前同业拆借有 1 天、7 天、14 天、21 天、1 个月、2 个月、3 个月和 4 个月八个品种。拆出资金的银行主要是其在中央银行存款账户上存在超额储备。同业拆借的利率主要取决于市场资金供给状况,一般较低。

我国对银行间同业拆借的资金用途有着严格的规定,拆入的资金只能用于解决调度头寸过程中的临时资金困难,而不能把拆借资金用于弥补信贷缺口,长期进行占用,更不能把拆借资金用于固定资产投资。

(3)国际金融市场借款

商业银行利用国际金融市场也可以获得所需的资金,最典型的是欧洲货币存款市场。当银行所接受的货币不是母国货币时,该存款就叫欧洲货币存款。可以通过发行大额定期存单、办理定期存款、出手商业票据和银行承兑票据等,但国际金融市场波动性大,其资金成本也较高,过于依赖此市场隐含着极大的风险。

金融债券就是由银行和非银行金融机构发行的债券。发行金融债券是商业银行筹集长期资金来源的重要途径。通过发行长期金融债券筹集资金既可以促进商业银行负债来源多元化,提高负债的稳定性,从而提高银行资金使用效率和效益,又可以提高筹资效率。正是基于上述优点,所以,自 20 世纪 70 年代开始,商业银行发行金融债券筹资的现象在各国相继出现。我国自 1985 年开始允许银行通过发行金融债券来筹集资金。

在途资金占用是指商业银行在办理中间业务或同业往来过程中临时占用的部分资金。例如:商业银行在办理转账结算业务中,一般实行先收款后付款的原则,即先由付款单位把应付款交付给商业银行,然后商业银行才给收款单位进账。由于付款单位和收款单位往往不在一起，或在一地但不在同一商业银行开户，商业银行从付款单位收到款项，或者从付款单位账户划出资金。所以，款项从付款银行划出到收款银行，收款商业银行从收到款项到付出款项，都有一段间隔时间，在这段时间里，结算资金通常被称为“在途资金”，商业银行可以将其作为资金来源合理占用。

(三)商业银行的资产业务

商业银行资产反映的是商业银行对资金的运用结果。通过资产运用，商业银行可以获得收益，取得利润。因此，商业银行资产业务既是商业银行最主要的、最基本的营利来源，又是商业银行信誉高低的重要标志。

商业银行资产业务是指商业银行所拥有的各种财产、债权和权利的总和。国际上一般依据通行的银行资产负债权，商业银行把银行资产划分为现金、贷款、证券投资和固定资产四大类。

1.现金资产

现金资产(Cash Assets)是指商业银行可以用来应付现金需要的资产，是商业银行资产中最富有流动性的部分。它作为商业银行流动性的第一道防线，是非营利性的资产，从经营的观点出发，银行一般都尽可能地把它降低到法律规定的最低标准。现金资产没有利息收入，只要不造成交易障碍，银行总是尽可能少地保留现金。如果银行把资金腾出用于别的投资，极可能获得利润收入，因此过量的现金准备具有较高的机会成本，并且随投资利率水平的上升，机会成本也随之增加。但是，商业银行现金准备过少，又存在很大的风险。因此，商业银行现金资产应保持一个合理适度的水平。

商业银行的现金资产主要由库存现金、存款准备金、同业存款和在途资金组成。

库存现金是指商业银行为应付每天的现金收支活动而保存在银行金库内的纸币和硬币。库存现金属于非营利资产，而且所需的防护和保险费用较高。因此，从经营的角度讲，库存现金不宜太多。库存现金的经营原则就是保持适度的规模。

存款准备金主要是按中央银行的要求所提取的法定存款准备金。规定缴存法定存款准备金的最初目的，是使商业银行能备有足够的资金以应付提存，避免发生挤兑而引起银行的倒闭。调整法定准备金比率是中央银行进行宏观金融调控的一种重要的政策手段。若中央银行提高法定准备金率，则限制了商业银行的信贷扩张能力；反之，若中央银行降低法定准备金率，则商业银行的信贷扩张能力也随之增强。

存放同业存款是指本行存放在其他银行的资金。银行出于代理或自身清算业务的需要，往往在其他银行还开立了活期性质的存款账户，存放同业的存款都视同现金资产，可随时支用。

在途资金是指在支票清算过程中，已记入商业银行的负债，但实际上商业银行还未收到的那部分资金。例如：存款人将一张以 *A* 银行为付款人的支票存入 *B* 银行时，*B* 银行将在自己的资产负债表的负债方记上该存款人相应余额的存款，但实际上这笔资金尚需要一定的清算过程和时间才能够从 A 银行的账户转入 B 银行的账户，在这一清算过程完成之前，B 银行只能在自己的资产负债表的资产栏中以在途应收资金形式加以体现。而收到后或是增加 B 银行在中央银行准备金账户的存款，或是增加其同业存款。这项资产在银行界被称为“浮存”。在途资金也是一种非营利性资产，商业银行应尽可能缩短收款时间，提高资金的运用率。

以上四项资产由于具有最强的流动性，它们共同构成商业银行的一级储备。

2.贷款

贷款(Loans)是商业银行最主要的业务活动。商业银行通过贷款支持社会各经济部门的生产和流通，促进经济增长。对于商业银行而言，贷款又是其收益最大的经济活动，是商业银行利润的最大来源。贷款种类可以从不同的角度进行划分，不同的划分方法，对于银行业务的经营与管理又具有不同的意义，比较常见的类别有：

按贷款期限划分，有短期贷款、中期贷款和长期贷款。短期贷款是指一年以内的各种贷款，其特点是期限短、流动性强、风险小，是商业银行贷款的主要部分。中期贷款一般是指期限在 1 年以上 5 年以内的各项贷款。而长期贷款则是指期限在 5 年以上的各项贷款。中长期贷款主要用于不动产及设备投资领域。以贷款期限为标准来划分贷款的种类，一方面有利于监控贷款的流动性和资金周转状况，使银行长短期贷款保持适当的比例；另一方面，也有利于商业银行按资金偿还的长短安排贷款顺序，保证银行信贷资金的安全。

按照贷款的保障程度来划分，有信用贷款、担保贷款和抵押贷款。信用贷款，就是商业银行放款时不收取任何担保品，完全凭借借款人的信用发放的贷款。能获得这种贷款的企业一般都应有可靠的偿还能力和信誉，商业银行也熟悉他们的经营情况，商业银行对于这种放款通常收取较高的利息，并且要附加一定的条件。例如，要求企业提供资产负债表、报告借款的用途等。担保贷款是商业银行凭借客户与其担保人的双重信誉而发放的贷款，当贷款到期借款人不能偿还时，由担保人承担偿还责任，这种贷款的安全性较高。抵押贷款是指借款单位或个人向商业银行提供一定的财产作为抵押物而获得的贷款。如果借款人到期不能偿还，商业银行有权处理抵押品作为补偿。客户提供的抵押品首先必须是法律所许可的财产，同时要求抵押品易于保存和变卖。根据提供的保障程度划分贷款种类，可以使商业银行依据借款人的财务状况和经营发展业绩选择不同的贷款方式，以提高贷款的安全系数。

按照贷款质量和风险程度来划分，商业银行贷款可以分为正常贷款、关注贷款、次级贷款、可疑贷款和损失贷款。正常贷款是指借款人能够履行借款合同，有充分把握按时足额偿还本息的贷款。这类贷款的借款人财务状况无懈可击，没有任何理由怀疑贷款的本息偿还会发生任何问题。关注贷款是指贷款的本息偿还仍然正常，但是发生了一些可能会影响贷款偿还的不利因素。如果这些因素继续下去，则有可能影响贷款的偿还，因此需要对其进行关注，或对其进行监控。次级贷款是指借款人依靠其正常的经营收入已经无法偿还贷款的本息，而不得不通过重新融资或拆东墙补西墙的办法来归还贷款，表明借款人的还款能力出现了明显的问题。可疑贷款是指借款人无法足额偿还贷款本息，即使执行抵押或担保，也肯定要造成一部分损失,这类贷款具备了次级贷款的所有特征,但是程度更加严重。损失贷款是指在采取了所有可能的措施和一切必要的法律程序之后,本息仍无法收回,或只能收回极少部分。这类贷款银行已没有意义将其继续保留在面上,应当在履行必要的内部程序之后立即冲销。五级分类是国际金融业对银行贷款质量的公认的标准,这种方法是建立在动态监测的基础上,通过对借款人现金流量、财务实力、抵押品价值等因素的连续监测和分析,判断贷款的实际损失程度。也就是说,五级分类不再依据贷款期限来判断贷款质量,能更准确地反映不良贷款的真实情况,从而提高银行抵御风险的能力。以前对银行不良贷款的分类方法是“一逾两呆”(逾期贷款是指借款合同到期未能归还的贷款,呆滞贷款是指逾期超过一年期限仍未归还的贷款,呆账贷款则指不能收回的贷款),这是一种根据贷款期限而进行的事后监督管理方法。“一逾两呆”的不足就是掩盖了银行贷款质量的许多问题,比如根据贷款到期时间来考核贷款质量,就会引发借新还旧的现象,这样就很容易将一笔不良贷款变为正常贷款,而实际上并没有降低风险。这种分类法很难甚至根本无法达到提高信贷资产质量的目的,而五级分类法正是克服了它的有关弱点,可以及时反映商业银行的盈亏状况,因此成为改良贷款质量管理方法的选择。

3.证券投资

商业银行的证券投资(Investment Securities)是指商业银行在金融市场上购买有价证券获得营利的经济行为。证券投资与银行贷款一样也是一种授信行为,商业银行将资金投放给证券发行人,证券发行人给付一定的凭证——股票或债券,并同时取得一笔资金用于生产和流通。

商业银行购买证券的种类有:①中央政府发行的证券,特别是公开销售的证券,在商业银行投资中占相当比重,约占70%,特别是国库券最受欢迎,商业银行购买这种债券易于销售,流动性强,市场价格波动幅度小,相当稳定,被称为“金边债券”。②地方政府发行的债券,这种债券又分利息由政府税收支出的普通债券和利息由地方政府所有的企业或公益事业单位发行并支付利息的收益证券两种,对后者,商业银行的购买很有限。③公司企业发行的证券,包括股票、债券,商业银行购买这种债券的比例极为有限,一般在资产总额中仅占1%~2%。

在1979年改革开放以前,由于体制因素和认识的偏差,我国的商业银行只是国家按计划调拨资金的一个出纳机构,长期以存、贷、汇为基本业务,谈不上参与证券业务。1980年以后,我国进入了一个崭新的发展时期,特别是在金融领域发生了许多变化,并进行了多项重大改革。然而在证券投资中,商业银行表现出过高的热情,结果出现了大量的商业银行办证券、信托等混业经营的现象。由于正处在经济转型中,各种主客观条件均不成熟,因而导致在实践中出现了严重干扰商业银行体系的问题。1994年,国务院颁发了有关金融体制改革文件,强调了分业经营的根本原则。1995年颁布的《中华人民共和国商业银行法》又规定:商业银行在中华人民共和国境内不得从事信托投资和股票业务,不得向非银行金融和企业投资。但是,我国有关金融法规并未禁止商业银行经营部分证券业务,如承销国债、代理国债的本金兑付、代理客户买卖国债等业务。由于我国金融市场起步晚,银行可投资的证券种类较少,使得我国商业银行证券收入的比例低,证券投资占银行总资产的比例低。但从目前我国金融开放的程度和金融发展情况看,我国商业银行还会从分业经营向混业经营发展。

4.固定资产

商业银行的固定资产(Fixed Assets)包括办公场所、办公设备和土地等固定性资产。

(四)中间业务与表外业务

所谓中间业务是指商业银行不动用自身资金,只是利用自身在资金、技术、机构、信誉和人才等方面特殊的功能与优势,以中介身份为客户办理各种委托事项、提供各类金融服务并从中收取手续费或佣金的业务。表外业务是指商业银行所从事的按通行的会计准则不列入资产负债表内,但可能出现在财务报表脚注中,也就是说有的表外业务需要在银行财务报表的脚注中列名。

商业银行的中间业务和表外业务之间既有联系,又有区别,极易混淆。其联系是:二者都不在商业银行的资产负债表中反映,二者有的业务也不都占用银行的资金,银行在当中发挥代理人、被客户委托的身份。收入来源主要是服务费、手续费、管理费等。其区别是:中间业务是指不构成表内资产、表内负债,形成银行非利息收入的业务,比如代收电费、电话费,代发工资,代理保险等代理类中间业务、银行卡业务、结算类业务等。中间业务更多地表现为传统的业务,而且风险较小。表外业务是指那些未列入资产负债表,但同表内资产业务和负债业务关系密切,并在一定条件下会转化为表内资产业务和负债业务的经营活动。表外业务更多地表现为创新的业务,风险较大,这些业务与表内的业务一般有密切的联系,在一定的条件下还可以转化表内的业务。

1.中间业务

商业银行在资产负债业务以外,还开展了一些提供服务,旨在收取手续费的业务,因这些业务既不属于资产业务也不属于负债业务,所以称为中间业务(Intermediate Business)。一方面,这类业务是在资产负债信用业务发展的基础上产生的,这是因为银行与客户有存款关系,银行要接受客户的各种委托,提供结算、汇兑等各种服务;另一方面,银行提供多种金融服务,又可以进一步增加其对存款的竞争力和扩大资产业务的规模,促进信用业务的扩大。为此,各国商业银行非常注意发展中间业务,力争为客户提供全面的金融服务。

(1)结算业务

市场经济的发展,要求商业银行发挥更多的中介服务功能,银行的结算业务就是其中重要的一个内容,具体指的是由存款业务衍生出来的,为客户办理因债权债务关系引起的与货币收付有关的业务。客户到银行存款,除为了资金安全外,更多地是为了利用银行在转账结算方面的便利,银行也为了扩大业务量,广泛与法人客户和个人客户建立联系,吸收更多的存款,同时,积极努力为企业提供优质、方便、迅速、安全的结算服务。

结算是指商业银行通过提供结算工具,如本票、汇票、支票等,为购销双方或收付双方完成货币收付、转账划拨行为的业务。根据收付形式的不同,银行结算分为现金结算和转账结算。在我国,现金结算有特定的适用范围,转账结算或票据结付已成为现代银行货币结算业务的主要形式。转账结算是指收付双方以信用支付代替现金支付，通过在银行的账户间划转款项来了结收付关系。我国现行的银行结算原则是："恪守信用，履约付款；谁的钱进谁的账，由谁支配；银行不垫款。"对于商业银行来说，这是一项业务量大、风险小、收益稳定的典型中间业务，也是当前我国商业银行业务量最大的一项中间业务。

结算业务有多种分类标准，可按结算内容分为贸易结算和非贸易结算，按支付工具分为票据结算和非票据结算，按地域划分为同城结算和异地结算，根据是否跨国收付分为国内结算和国际结算等。随着我国经济活动和商品交易的不断发展。其所对应的支付结算方式也在经历着不断的发展和进步。

(2) 承兑业务

这是商业银行为客户开出的汇票或票据承担付款保证的业务。当票据到期前或到期时，客户将款项送交银行或由自己办理兑付。如果到期客户无力支付票据款项，则该承兑银行必须承担付款责任。由于票据的兑付一般无需商业银行投入自己的资金，所以对票据的承兑实际上是以其商业银行的信用来确保客户的信用，为此商业银行要向客户收取一定的手续费。

(3)代理业务

代理业务是指商业银行接受客户委托、代为办理客户指定的经济事务、提供金融服务并收取一定费用的业务。此业务是在 20 世纪 90 年代中期随着银行系统数据集中、网点互联的发展而发展起来的，经过近 20 年的发展，正日益成为各家银行增加利润、留住客户的主打形象产品，既方便了客户、又减少了第三方单位的经营成本，同时提升了银行的形象，也为银行带来了新的利润增长点。在代理业务中，委托人和银行一般必须用契约方式规定双方的权利、义务，包括代理的范围、内容、期限以及纠纷的处理等，并由此而形成一定的法律关系。代理业务是商业银行典型的中间业务，在代理过程中，客户的财产所有权不变，商业银行则能充分运用自身的信誉、技能、信息等资源优势，代客户行使监督管理权，提供各项金融服务。在代理业务中，商业银行一般不动用自己的资产，不为客户垫款，不参与收益分配，只收取手续费，因而属于风险度较低的中间业务。

商业银行代理业务的种类繁多，服务范围广泛，并随着经济和金融的发展，源源不断地推出创新品种。但长期以来，我国商业银行代理业务的对象主要局限于企业单位和政府部门。自改革开放以后，随着个人金融服务需求的增长，以居民个人为对象的代理业务也随之而发展。目前，以个人金融服务为核心的私人银行业务，已经成为我国各商业银行以及中资银行与外资银行竞争的焦点。

(4)信托业务

银行经营信托业务有着与生俱来的优势：银行配备了大批金融技术人才，能够利用其经验、知识和能力为客户提供专业服务；银行拥有广泛的信息资源，可以根据市场需要设计出丰富多彩的信托品种，并进行恰当的操作；银行的分支机构和代理机构众多，可以接触各类客户，开辟广阔的信托市场。尤为重要的是，银行实力雄厚、信誉卓著，奉行严格的财务会计制度，是其从事信托业务的核心优势所在。可以经营信托业务的商业银行，多数要在政府许可的范围内开展业务，而且其信托部门与银行部门从营业场所、人员配备，到会计账务等完全分开。我国商业银行目前受分业经营的限制，尚不能经营信托业务，但在实行综合经营的西方国家，信托属于商业银行的业务范畴。随着我国金融资源的开发和金融环境的成熟，金融制度也将更大程度上与国际惯例接轨，信托可望最终成为商业银行的业务品种之一。

(5)租赁业务

租赁是指由物件所有者(出租人)按照合同规定，在一定期限内将物件出租给使用，(承租人)使用，承租人按期向出租人缴纳一定租金，并在租赁关系终止时将原租赁物件返还给出租人的经济行为。租赁包括融资性租赁和经营租赁。

融资性租赁是指出租人根据承租人对租赁物件的特定要求和对供货人的选择，出资向供货人购买租赁物件，并租给承租人使用，承租人则分期向出租人支付租金，在租赁期内租赁物件的所有权属于出租人所有，承租人拥有租赁物件的使用权。租期届满，租金支付完毕并且承租人根据融资租赁合同的规定履行完全部义务后，租赁物件所有权即转归承租人所有。尽管在融资租赁交易中，出租人也有设备购买人的身份，但购买设备的实质性内容如供货人的选择、对设备的特定要求、购买合同条件的谈判等都由承租人享有和行使，承租人是租赁物件实质上的购买人。融资租赁是集融资与融物、贸易与技术更新于一体的新型金融产业。由于其融资与融物相结合的特点，出现问题时租赁公司可以回收、处理租赁物，因而在办理融资时对企业资信和担保的要求不高，所以非常适合中小企业融资。

经营租赁是指为了满足经营使用上的临时或季节性需要而发生的资产租赁 ，经营租赁是一种短期租赁形式，它是指出租人不仅要向承租人提供设备的使用权，还要向承租人提供设备的保养、保险、维修和其他专门性技术服务的一种租赁形式(融资租赁不需要提高这个服务)。经营租赁是一项可撤销的、不完全支付的短期租赁业务(融资租赁不得随意撤销)。

杠杆融资租赁。杠杆租赁的做法类似银团贷款，是一种专门做大型租赁项目的有税收好处的融资租赁，主要是由一家租赁公司牵头作为主干公司，为一个超大型的租赁项目融资。首先成立一个脱离租赁公司主体的操作机构——专为本项目成立资金管理公司提供项目总金额20%以上的资金，其余部分资金来源则主要是吸收银行和社会闲散游资，利用100%享受低税的好处“以二博八”的杠杆方式，为租赁项目取得巨额资金。其余做法与融资租赁基本相同，只不过合同的复杂程度因涉及面广而随之增大。由于可享受税收好处、操作规范、综合效益好、租金回收安全、费用低等政策，一般用于飞机、轮船、通信设备和大型成套设备的融资租赁。

(6)银行卡业务

银行卡是指由商业银行向社会发行的具有消费信用、转账结算、存取现金等全部或部分功能的信用支付工具，也是客户用以启动 ATM 系统和 POS 系统等电子银行系统，进行金融交易的必备工具。

银行卡是由银行发行、供客户办理存取款业务的新型服务工具的总称。因为各种银行卡都是塑料制成的,又用于存取款和转账支付,所以又称之为“塑料货币”。20 世纪 70 年代以来,由于科学技术的飞速发展,特别是电子计算机的运用,使银行卡的使用范围不断扩大。不仅减少了现金和支票的流通,而且使银行业务由于突破了时间和空间的限制而发生了根本性变化。银行卡自动结算系统的运用,使一个“无支票、无现金社会”的到来不久将成为现实。常见的银行卡一般分两种:借记卡和贷记卡,前者是储蓄卡,后者是信用卡。借记卡可以在网络或 POS 消费或者通过 ATM 转账和提款,不能透支,卡内的金额按活期存款计付利息。消费或提款时资金直接从储蓄账户划出。借记卡在使用时一般需要密码。借记卡按等级可以分为普通卡、金卡和白金卡;按使用范围可以分为国内卡和国际卡等。贷记卡是指发卡银行给予持卡人一定的信用额度,持卡人可在信用额度内先消费,后还款的信用卡。它具有的特点:先消费后还款,享有免息缴款期(最长可达 56 天),并设有最低还款额,客户出现透支可自主分期还款。客户需要向申请的银行交付一定数量的年费,各银行不相同。我国的银行卡于20 世纪 80 年代中期开始发行,1986 年,中国银行发行长城卡;1988 年,中国工商银行发行牡丹卡;1990 年,中国建设银行在广州地区发行万事达卡(后来改为龙卡);1991 年,中国农业银行发行金穗卡;1993 年,交通银行发行太平洋卡;此外,我国的发卡银行还普遍受理国外银行的信用卡,如维萨卡、万事达卡、运通卡、大莱卡、日本的 JCB 卡等。从国内外银行卡市场业务品种和发展状况比较来看,国内银行卡市场基本上处于低层次的竞争阶段,各种银行卡功能、品种单一,不能适应不同阶层客户的需要,集中表现为同质信用和金融便利服务的银行业务品种之间的竞争。目前,国内的银行支付系统建设刚刚起步,其效率和系统稳定性有待考证。而在发达国家,随着商品经济的发展和金融电子化步伐的加快,银行卡与计算机紧密结合,使银行卡已远远超过了它本来的含义。持卡人不但可以凭卡消费,而且可以据此转账、存款、取款。高级的信用卡,除了用做信用凭证、综合实现各种信用卡功能外,还可以有个人身份证明卡、病历档案、地铁月票等各种用途。无论是从支付系统多样化还是从银行卡功能服务方面,中国银行卡业都远远落后于国外同行的发展,中国银行卡市场急需完善和发展。

2.表外业务

银行从事表外业务(Off-Balance Sheet Business)的历史相当悠久,如汇票承兑、信用证、保函等都是银行的传统表外业务,但是长期以来,表内资产负债业务一直占据银行的业务重心,表外业务仅仅处于补充、辅助的地位。20 世纪 70 年代末,伴随着金融衍生工具市场的迅速扩展,表外业务开始崛起,形成银行业务创新的潮流。80 年代中期,表外业务取得空前发展,其业务范围不断拓宽,发展速度令人瞩目,表外业务自此跃升为银行的主导性业务之一。仅 1986 年 12 月对美国 14 111 家银行进行的统计就表明,其表内总资产为 29 230 亿美元,而表外项目就已经达到 24 880 亿美元,相当于总资产的 85%。与业务结构的重大调整对应,银行的收入结构也随之发生显著变化,来自表外业务的非利息收入在银行总收入中的占比呈快速上升趋势。一些银行通过表外业务创造的收入逐渐超过了表内项目。

表外业务形式多样,但大体可以分为三类:贸易融通业务,包括银行承兑业务和商业信用证业务;金融保证义务,包括备用信用证业务、承诺业务和贷款销售业务;衍生工具交易业务。包括远期交易、期货交易、期权交易和互换协议等业务。这里只介绍金融类的表外业务。

(1)备用信用证

备用信用证(Standby Credit Letter)又称担保信用证,是指不以清偿商品交易的价款为目的,而以贷款融资,或担保债务偿还为目的所开立的信用证。备用信用证是一种特殊形式的信用证,是开证银行对受益人承担一项义务的凭证。开证行保证在开证申请人未能履行其应履行的义务时,受益人只要凭备用信用证的规定向开证行开具汇票,并随附开证申请人未履行义务的声明或证明文件,即可得到开证行的偿付。备用信用证只适用《跟单信用证统一惯例》(500号)的部分条款。备用信用证最早流行于美国,因美国法律不允许银行开立保函,故银行采用备用信用证来代替保函,后来其逐渐发展成为为国际性合同提供履约担保的信用工具,其用途十分广泛,如国际承包工程的投标、国际租赁、预付货款、赊销业务以及国际融资等业务。国际商会在《跟单信用证统一惯例》1993 年文本中,明确规定该惯例的条文适用于备用信用证,即将备用信用证列入了信用证的范围。

(2)承诺业务

承诺业务是指银行向客户允诺在未来按照事前约定的条件向客户提供约定信用的业务。虽然承诺交易不反映在资产负债表上,但银行可能在未来某一时间因满足客户的融资需求,形成银行的或有资产。银行开办的承诺业务有贷款承诺、票据发行便利、透支额度等品种。

①贷款承诺

贷款承诺是银行向潜在借款客户做出的在未来一定时期内按约定条件向该客户提供贷款的承诺。贷款承诺为借款人的融资安排提供了灵活性。在银根较紧的情况下,企业为了避免将来需要资金而不可得,往往要求银行做出在未来放贷的承诺。获得贷款承诺保证后,借款人可以根据自身的实际经营情况确定使用贷款的金额和期限,以便高效合理地使用资金。贷款承诺具有法律约束力,银行在有效承诺期内随时准备应客户的要求向其提供信贷服务。由于贷款承诺对银行实际头寸的控制存在不确定性,银行需要具备较高的流动性管理水平,并不可避免的保持较高的备付准备,因而不论客户是否最终用款,银行都相应要求收取一定承诺费。提供贷款承诺的银行不仅面临流动性风险,也面临潜在的信用风险。客户提出贷款承诺申请后,银行通常按发放贷款的规程对客户进行信贷审查。若银行有承诺意向,会与客户就贷款承诺的细节进行协商,主要在承诺类型、额度、期限、佣金、偿还安排、保护性条款等方面谋求一致,并在此基础上签订贷款承诺合同。为防范在贷款承诺期间客户出现信用等级降低或其他意外不良状况,贷款承诺协议应允许银行在承诺期间因客户财务状况恶化或企业结构变化等原因而拒绝或中止对客户提供融资,或酌情减少承诺金额,就某些条款进行补充磋商,而不必退还已收取的承诺费。如果银行做出的是不可撤销的贷款承诺,那么在任何情况下都必须履行事先允诺的贷款义务。

②票据发行便利

票据发行便利是银行提供的一种中期周转性票据发行融资的承诺。根据事先与银行签订的协议,客户可以在一定时期内循环发行短期票据,银行承诺购买其未能按期售出的全部票据或提供备用信贷。票据发行人可以是其他银行或非银行机构,前者通常发行短期存款证,后者则发行本票,多为3个月或6个月到期,但银行提供的票据发行便利通常为期3~7年,在此期间内,通过滚动发行、借新还旧的期限转换效应,发行人能够以较低的短期利率获得中长期融资。银行的包销承诺为票据发行人提供了连续融资的保障,在承诺期限和金额限度内,每次发行短期票据时未售出部分均由银行承购。银行提供票据发行便利收取承诺费,同时承担流动性风险和信用风险,因此,银行须对票据发行人的资信状况作详细调查,在票据发行便利协议中设置在承诺有效期内借款人资信度下降时的特别处理条款,银行还须跟踪监测其信用品质变化情况,以及时应变。在借款人融资规模很大时,多家银行通常在安排人的组织下形成承购集团,按比例承购未推销出去的剩余票据,或提供同等金额的短期贷款。自1984年以后,出现了无包销的票据发行便利,即不承诺"包销不能售出的票据"的票据发行便利。拥有较高资信等级的银行客户往往采取这种形式,它们相信凭借其市场信誉即可完成票据发行计划,故而无需寻求银行的承诺包销支持,以节约发行成本。同时,由于一些监管者在测定银行资本充足度时将包销承诺转为表内业务,为降低资本要求,银行也尽量对客户提供无包销的票据发行便利。

③透支额度

银行预先对客户确定一个透支额度,客户就可以按照自己的需要随时支取贷款。银行既然已给出透支限额的承诺,就必须预留相应的资金头寸以备客户支用,因此透支利息一般较高,其中包含了银行的承诺费。信用卡和活期存款的透支额度最具代表性。信用卡持卡人急需资金时可以进行透支,随借随还,不必提供担保品。银行一般只对超过免息期还款的客户收取利息。活期支票存款账户的持有者也可以享有透支的权利。银行在协议中约定对客户的支票账户核定一个最高透支限额,允许客户在限额内超过存款余额签发支票,银行按实际透支数额每日计收利息。如果事后借款人存入足够金额的款项即为自动归还透支贷款。银行授予透支额度的客户应是信誉良好的企业或自然人。

(3)贷款销售

贷款销售是指通过直接出售或证券化的方式将贷款转让给第三方的业务。在贷款销售中,首先是借款人向银行申请贷款,用于进行中长期资产的投资,如购买不动产等。由于这些资产流动性差,不能在短期内变现,从而有很大风险。为了减少银行的风险,一些公司专门购买这些流动性差的银行长期资产,使银行的资金随着贷款被销售出去而流动起来。由于流动性差的长期资产的收益比较高,银行以贴现方式将其卖出,收购这些资产的公司也是有利可图的;其次,公司将这些购入资产进行重新组合打包,并以这些子资产为基础发行有价证券,从而收回投资;其三,在发行证券时,为了有一个高的评级,银行为证券发行提供保证;最后,收购公司委托信托机构发行并管理证券,由投资银行包销。通过贷款销售,银行可以减少风险资产的比例,提高流动性,改善财务状况。

二、商业银行的管理

商业银行属于金融企业。作为企业,商业银行需要营利;作为一个金融企业,商业银行需要防范风险,因此,科学而有效的管理对于商业银行至关重要。

(一)商业银行经营原则

商业银行的经营管理是指商业银行为实现其经营目标而采取一系列方法、手段和措施,对其经营活动进行控制和督导。商业银行的经营管理原则是在经营管理中遵循的行为准则,商业银行也是企业,但又与一般的工商企业不同,它是经营“钱”的特殊企业,因此,它的经营原则与一般企业有显著的区别。与一般企业一样,商业银行经营的最终目标也是尽可能多地赚钱,这也被称为商业银行的营利性原则。商业银行在追求营利性目标的同时,还必须兼顾两个基本原则,一个是安全性原则,另一个是流动性原则。商业银行的自有资本金很少,资金的主要来源是公众存款,也就是说商业银行主要是拿别人的钱做生意,一旦经营不善甚至发生破产,就会影响广大公众的利益,因而风险高度集中。商业银行在经营的过程中会面临很多风险,必须强调安全性原则,避免出现经营风险。银行吸收了大量的公众存款,每天都会有人到银行提取现金,因此,商业银行必须时刻准备足够的现金以满足存款者的提现需要,这就是所谓的流动性原则。商业银行在长期的经营活动中,形成了一套经营管理原则,即安全性、营利性、流动性相互协调的原则。

1.安全性原则

安全性原则是指商业银行的资产、负债、收益、信誉及其所有经营发展避免遭受损失的可靠程度。安全性原则是商业银行在业务经营中第一重要原则,这是由商业银行的特殊性决定的。第一,商业银行经营活动中存在影响安全的风险因素。商业银行经营内容的特殊性,决定了其经营活动的风险面大、风险种类多、风险敏感性强。不仅有市场风险、经营风险,还有购买力风险、利率风险、汇率风险、资本风险和流动性风险等。这就要求商业银行必须对各种风险因素有清晰的认识,尽可能避免各种风险损失,保证经营活动的可靠性和安全性。第二,商业银行自有资本较少,承受风险能力较弱。相对于一般企业而言,银行自有资本占资产的比重较低,一般都不到10%,在西方国家,一般工商企业自有资本占资产的比重通常在50%左右,而按照国际金融惯例银行资本充足率要求达到8%(核心资本达4%)。同时,银行作为一个专门从事货币信用活动的中介机构,比一般企业更容易取得社会信用,具有吸收更多负债的可能性。因此,在银行经营中就有可能保持比一般企业高的资本杠杆率(资产总额÷资本),但这样则又会形成银行承受风险能力比一般企业小得多的状况。所以,商业银行为保证其经营活动的正常营运,必须重视其资产的安全性。第三,商业银行经营条件特殊,尤需重视安全性。由于商业银行经营对象是货币及货币资金,而货币又是国民经济的综合变量,它受影响的因素很多,变化频繁。同时,商业银行与各行各业,千家万户均有直接关系,各行各业以及市场各种因素的变化都会给商业银行业务经营带来影响。因此,增强安全性观念,对于商业银行的生存与发展具有较重要的意义。

2.流动性原则

流动性是指商业银行能够随时应付客户提存,满足必要贷款需求的支付能力。其包括资产的流动性和负债的流动性。资产的流动性是指资产在不受价值损失的条件下具有迅速变现的能力。为了保持资产的流动性,需采取一级准备和二级准备。负债的流动性是指银行以较低的成本随时获取资金的能力。保持负债的流动性可通过增加一些主动负债(借入负债)的方法进行。

商业银行是典型的负债经营,资金主体部分来源于客户的存款和借入款。存款是商业银行能按时提取和随时对客户开出支票支付为前提,借入款是要按期归还或是随时兑付的。资金来源流动性决定了资产必须保持相应的流动性。而资金的运用的不确定性也要资产保持流动性。因为商业银行所发生的贷款和投资会形成一定的占用额,当然这个余额在不同时点是不相同的。商业银行要有一定的资金来源应付贷款发放和必要的投资。贷款和投资所形成的资金的收和付,在数量上不一定是相等的,时间也不一定是相对应的,就因为这种不确定性决定了商业银行资产应该具有一定程度的流动性。流动性能力在一定限度内有其物质形态,例如现金、活期存款、同业存款等,同时还要有转让性、短期性、变现性等属于流动性范畴的资产,甚至资产的优良、信用的优质、公共关系的融洽、知名度的广泛等也都是流动能力的体现。流动性风险始终是我国商业银行面临的最基本风险。流动性风险是其他风险在商业银行整体经营方面的综合体现。

3.营利性原则

营利性是指商业银行为其所有者获得利润的能力。获得利润是银行企业最终目标也是其生存和发展的必要条件。这一原则要求商业银行经营管理者在尽可能的情况下,尽可能地追求利润最大化。最大化的利润既为商业银行扩大规模、开拓业务提供了资金支持,也给予股东较高的回报,带动股票市价相应上升,从而有利于银行资金的筹集。此外,较高的营利水平还能够带来银行声誉的提高,增强公众对银行的信任,从而有利于保持银行同社会各界的良好关系,降低业务营运的总成本,提高竞争能力。

商业银行经营的三个原则既是相互统一的,又有一定的矛盾。如果没有安全性,流动性和营利性也就不能最后实现;流动性越强,风险越小,安全性也越高。但流动性、安全性与营利性存在一定的矛盾。一般而言,流动性强,安全性高的资产其营利性则较低,而营利性较强的资产,则流动性较弱,风险较大,安全性较差。由于三个原则之间的矛盾,使商业银行在经营中必须统筹考虑三者关系,综合权衡利弊,不能偏废其一。一般应在保持安全性、流动性的前提下,实现营利的最大化。

(二)商业银行的资产管理

资产管理理论是以商业银行资产的安全性和流动性为重点的经营管理理论。这一理论的核心是认为商业银行的利润主要来源于资产业务,商业银行的负债主要取决于客户的存款意愿,只能被动地接受负债。因此,商业银行经营管理的重点是资产业务,通过资产结构的安排,求得安全性、流动性、营利性的统一。资产管理理论产生于商业银行经营的初级阶段,是在"商业性贷款理论"、"转移理论"和"预期收入理论"基础上形成的。这一理论由于有利于防止、减少贷款投资的盲目性,增强商业银行资产的安全性和流动性,因而在西方商业银行长期盛行,直至20世纪60年代,有力地推动了商业银行资产业务的发展。资产管理一般由准备金管理、贷款管理和证券投资管理等三部分组成。

准备金管理。按准备金性质划分,准备金管理有存款准备金管理、资本准备金管理和贷款准备金管理。这三类准备金按照有关规定必须足额提取和上存,作为银行经营中发生风险的准备。银行对其管理主要是保证足额提取,同时也防止超额而产生无效占用等情况的发生。

贷款管理。贷款管理是商业银行资产管理的重点,其主要内容有:①贷款风险管理;②贷款长、短期限结构管理;③信用贷款和抵押贷款比例管理;④对内部人员和关系户的贷款予以限制。

证券投资管理。证券投资管理的主要内容有:①证券投资应面向不同种类的证券,实现证券最优组合。一般应优先购买收益高、风险小、流动性大的证券。②证券投资应保持适当的比例。有的国家规定,购买的证券总额不许超过资本总量的一定比例。还有的国家规定,持有地方政府发行的一般证券数额不许超过资本和盈余的一定比例。

(三)商业银行的负债管理

负债管理理论兴起于20世纪60年代,这一理论的核心是,把对商业银行资产流动性管理的重点由原来的资产方面转向负债方面,这一理论认为:银行保持资产的流动性,一是为了满足存款客户提取存款的要求,二是为保证商业银行获捕良机发放贷款的要求,对于这些资金要求商业银行可以积极主动通过借入资金的方式来维持资产流动性,可以以发行大额可转让定期存单的方式来弥补活期存款和定期存款的局限性,从而保持资金的流动性;同时还可积极向中央银行办理再贴现借款,发展同业拆借,利用各种金融债券向公众借款;再者,还可以通过其代理银行或代理人向国外银行或国际金融市场借款。负债管理理论开辟了满足银行流动性需求的新途径,改变了长期以来资产管理仅从资产运用角度来维持流动性的传统做法。负债管理的主要内容包括资本管理、存款管理和借入款管理。

资本管理(Capital Management)。资本管理的核心是确定资本需要量以及各种形式的资本占总资本的比重。目前比较通行的是按《巴塞尔协议》的规定,按资本与风险资产总额的比例计算,按资本充足率不得低于8%,核心资本充足率不得低于4%。

为了提高我国商业银行的资本充足率,近年来我国政府已经采取了若干重大的改革和政策措施,取得了丰硕成果,在2007年银行业金融机构资产总额首次突破50万亿元,达到52.6万亿元,相当于国内生产总值的210.8%,比年初增长19.7%;加权平均资本充足率首次突破8%,资本充足率达标银行161家,达标银行资产占商业银行总资产的79.02%,而在

2003 年，达标银行只有 8 家，占比仅为 0.6%；不良贷款率继续降低，截至 2007 年底，商业银行不良贷款率 6.2%，达到历史最低水平；同时提高拨备，截至 2007 年底，主要商业银行拨备覆盖率 39.2%；营利能力进一步提高并已接近国际水平，资本利润率 16.7%，资产利润率 0.9%。

存款管理(Deposit Administration)。存款管理是商业银行负债管理的重点，主要内容有：

①对吸收存款方式的管理。其目的是扩大存款来源，优化存款结构，使存款与相应的资产相匹配。

②存款利率管理。其目的是在吸收存款客户与降低吸收存款成本之间寻求一个最佳均衡点。

③存款保险管理。西方国家一般均建立了存款保险制度，商业银行参加存款保险，可以在因意外事故破产时，及时清偿债务，从而保护存款人利益和维护金融秩序的稳定。

借入款管理(Qualified Borrowings Management)。借入款管理主要包括向中央银行借款管理、同业借款管理和发行金融债券管理。其总的管理内容是：严格控制特定目的的借入款；分散借入款的偿还期和偿还金额，以减轻流动性过于集中的压力；借入款应控制适当的规模和比例，并以增加短期债券为主，增强借入款的流动性；在保证信誉的前提下，努力扩大借入款的渠道或借入款的后备渠道，以保证必要时能扩大资金来源。

(四)资产负债综合管理

资产负债管理理论认为，在商业银行经营管理中，不能偏重资产和负债的某一方，高效的银行应该是资产和负债管理双方并重。这一理论的基本要求是，通过资产、负债结构的共同调整，协调资产、负债项目在利率、期限、风险和流动性方面的合理搭配，以实现安全性、流动性、营利性的最佳组合。

资产负债管理理论是在 20 世纪 70 年代后半期产生的。不论是资产管理理论还是负债管理理论，在保证安全性、流动性和营利性的均衡方面，都存在一些不足。资产理论过于偏重安全与流动，不利于鼓励银行家的进取精神，在营利方面没有突破性进展。负债管理理论能够比较好地解决流动性和营利性的矛盾，能够鼓励银行家不断开拓与创新，但往往给经营带来很大风险，使流动性、安全性与营利性之间不可能很好地协调。而资产负债管理理论则能从资产与负债之间相互联系、相互制约的角度，把资产负债作为一个整体的、科学的管理体系来研究，所以这一理论是目前现代商业银行最为流行的经营管理理论。

资产负债综合管理是将资产负债各科目之间按“对称原则”进行安排和管理，其目的是协调安全性、流动性、营利性之间的矛盾，以求三性最佳组合。资产负债综合管理的主要方法有以下几种：第一，资金汇集法，即把各项负债集中起来，按照银行需要进行分配，在分配资金时通常首先考虑资金的流动性。第二，资产分配法，这种办法首先考虑负债结构的特点，按法定存款准备金比率的高低和资金周转速度来划分负债种类，在选择资产种类时按负债种类确定相应的投向。第三，差额管理法，差额有两种：一是利率匹配形成的差额；二是以期限匹配形成的差额。根据差额调整资产负债结构及规模，以实现“三性”的最佳组合。第四，比例管理法，即通过各类比例指标体系的约束资金运营。比例指标一般分为三类,即安全性指标、流动性指标和营利性指标。据此对资产和负债实行综合管理,分类控制。

我国银行资产负债管理制度,是随着经济体制、金融体制改革的深化而演变发展的。在传统的计划经济体制下,银行管理重点是放在信贷资产管理上,实行以计划性、偿还性、保证性为核心的资金管理制度。改革开放以后,伴随着商品经济的发展、资金需求日益扩大、资产业务不断多元化的发展,客观上要求扩大负债业务,各种筹资、融资方式随之出台。为了适应这种形势发展的需要,1984 年召开了全国信贷资金管理体制改革会议,实行了“统一计划,划分资金,实贷实存,相互融通”的信贷资金管理制度。在其积极作用的同时,由于当时国家宏观调控,特别是中央银行的调控机制尚不健全,专业银行又缺乏自我约束能力,又出现了负债规模一度过量扩大,资产规模也出现盲目扩张的新问题,引发了 1993 年一些地方乱集资、乱拆借、乱提高利率、任意扩大信贷规模、金融秩序混乱的情况。针对这种情况,1993 年下半年开展了全国性的金融秩序整顿工作。1994 年,国有商业银行包括城市、农村信用合作社,遵照人民银行信贷资金管理暂行办法要求,开始全面推行资产负债比例管理制度。即以比例加限额控制的办法,对商业银行资产负债实行综合管理。其基本要求是以负债的期限、数量结构相对应,提高资产的流动性,坚持效益性、安全性、流动性的统一,降低不良资产比例,提高经营效益。为了确保这一制度的实施,国家在 1995 年先后颁布的《中国人民银行法》和《商业银行法》中作出了法律规定。1998 年 1 月 1 日起,人民银行取消了对国有商业银行贷款增加量管理的指令性计划,改为指导性计划,在逐步推行资产比例管理和风险管理的基础上,实行“计划指导,自我平衡,比例管理,间接控制”的信贷资金管理体制。

【知识库】

信托的起源

信托的起源可追溯到古罗马时代。按照罗马法,家长需采用遗嘱形式指定其财产继承人,但非罗马市民不得被指定为继承人。为了回避这种限制,产生了“信托遗赠制度”,即财产所有者可以用遗嘱的形式指定任一罗马市民为名义上的继承人,再由其把遗产转移给自己真正要赠与的人,信托首次通过法律形式得到确定。中世纪的信托行为则是以宗教势力和世俗王权的冲突为背景。教徒在生前希望将财产,特别是土地捐赠给教会。为维护君王的利益,英王亨利三世在 13 世纪颁布了《没收条例》,规定凡以土地赠与教会者必须经君主或诸侯的同意,否则将予以没收。为了对抗这项法令,“尤斯”制度(use,意为代为使用)应运而生。凡愿以土地赠与教会者,先赠与第三者,然后让第三者将土地所产生的收益转交教会。后来,“尤斯”制扩大到更广泛的领域,如当时规定只有长子才有继承权,长子夭折则财产归封建领主所有,人们为保障财产不被掠走,就委托他人代为掌握土地,管理产业,并将其收益分配给委托人的亲属。总之,当时的信托行为更多地体现了道德约束下的社会人际关系,并未被赋予普遍的经济意义,信托动机多是为规避法律而实现财产转移,受托人通常由享有良好声誉、地位较高的人担任,且不取报酬。直到近代商品经济发展到一定阶段,信托方成为一项独立的经济业务,并且出现了专门办理信托业务以获取收入的法人信托机构。

资料引自:陈德康.商业银行中间业务精析[M].北京:中国金融出版社,2007.

第三节　政府对商业银行的监管

20世纪90年代，银行倒闭事件和金融危机频频发生。1994年墨西哥爆发金融危机；1995年，有233年历史的英国巴林银行因内部控制不健全而倒闭；1997年7月，从泰国开始，又相继爆发东南亚、东亚、俄罗斯、巴西金融危机；2007年从美国开始，席卷全球的金融危机。这一系列金融危机使金融监管问题受到各国政府前所未有的关注。

一、政府对银行业监管的主要内容

政府对商业银行的监管主要包括：对商业银行设立和变更事项的审批和对有问题银行的处理等两个方面。

（一）对商业银行设立和变更事项的审批

各国金融法对于机构开业登记的审核批准都有严格的条件规定，包括法定的最低资本额、合格的经营管理人员、健全的组织机构、管理制度和章程，符合要求的营业场所、设施等。在分业经营的情况下，市场准入监管还包括对业务经营范围、项目或品种进行核准，以避免盲目扩大业务范围和出现业务相互交叉带来不必要的竞争，危害金融体系的安全。

在我国，设立商业银行必须经过中国人民银行批准，未经批准，任何单位和个人不得从事吸收公众存款等商业银行业务。任何单位不得在名称中使用“银行”的字样。设立商业银行必须符合《中华人民共和国公司法》、《中华人民共和国商业银行法》规定的各项要求，如设立商业银行的注册资本最低限额为10亿元人民币，城市合作银行、农村合作银行的注册资本最低限额分别为1亿元和5 000万元人民币；高级管理人员要符合《金融机构高级管理人员管理暂行规定》的要求等。

《中华人民共和国商业银行法》第24条规定：商业银行有下列变更事项之一的，应当经国务院银行业监督管理机构批准：变更名称；变更注册资本；变更总行或者分支行所在地；调整业务范围；变更持有资本总额或者股份总额百分之五以上的股东；修改章程；国务院银行业监督管理机构规定的其他变更事项。

（二）对有问题银行的处理

①在银行发生支付困难前，监管者应利用事前设定的预警资本比率着手逐步对有问题的银行的活动给予一系列限制。这个通常的方法称为早期结构性干预和重组。

②当银行发生支付困难时，政府不应该保护银行股东和其债权人，但事前设定并明确的存款保险安排除外。

③不必阻止银行倒闭。

④为了强化早期结构性干预和重组的严肃性和清算过程，国家监管应更多避免政治影响。

二、存款保险制度

存款保险制度是指国家货币主管部门为了维护存款者的利益和金融业的稳健经营和安全，在金融体系中设立负责存款保险的机构、规定本国金融必须或自愿地按吸收存款的一定比率向保险机构交纳保险金进行投保的制度。

存款保险制度的组织主要有三类：第一，由政府出资设立存款保险机构，如美国、英国、加拿大等国。第二，由政府和银行界共同组建存款保险机构，如比利时和日本。第三，由银行同业协会在官方支持下组建存款保险机构，如法国、德国、荷兰、瑞士等国家。

三、我国对商业银行的监管

为了促进我国金融市场规范发展和高效运行，结合我国金融业和金融市场发展的实际情况，我国从20世纪90年代起先后建立了“中国证券业监督管理委员会”、“中国保险业监督管理委员会”和“中国银行业监督管理委员会”，分别对证券业、保险业、银行及其他金融业实行监督管理。它们和人民银行一起构成一个比较完整的金融监管体系。我国的金融监管实践表明，这些监管机构的共组对保证市场机构遵守规则、促进市场高效运行，将信息不对称和道德风险造成的市场扭曲影响减至最小，是非常必要的。随着对外开放的逐步深化，2007年金融业整体取得了良好的业绩，但银行业资产负债表的错配、结构性差距的加大，以及风险集中度的提高都不容忽视。证券市场中的违法违规现象也是屡见不鲜。可以说，我们的金融监管还存在不少问题。金融监管还需要不断的改革和创新：首先，要健全金融监管法律体系。按照我国国情和国际监管趋势，健全覆盖面广、操作性强、鼓励金融创新的金融监管法律框架。加快制定涉及金融信息安全、金融机构市场退出的相关法律，健全借贷法规，规范民间借贷。全面推进依法行政，完善金融主管机构的行政决策和相应的执法监督机制。其次，要加强金融风险监管。要加大对银行业信用、市场和操作风险的监管，严格对商业银行的资本充足率进行考核，实施以净资本为核心的证券公司、期货公司风险监管制度。以加强保险偿付能力监管为核心，深入推进对保险企业治理结构和市场行为的监管，开展有效的国际监管合作。再次，要完善金融监管体制。着力加强鼓励金融企业开拓业务和自主创新的监管机制建设，建立健全金融监管机构之间以及同中央银行、财政部等宏观调控部门之间的协调机制。理顺银行、证券、基金、信托、保险等相关金融业务的法律边界，强化按照金融产品的业务属性实施的功能监管，充分发挥金融业自律组织的作用。

【知识库】

存款保险制度

存款保险制度最早起源于1933年的美国。当时,在1929~1932年的金融危机中,美国先后有9 000多家商业银行倒闭,引致居民存款严重损失和其他一系列问题。1933年,美国通过《银行法》,据此设立了联邦存款保险公司。此后,全世界大多数国家先后建立自己的存款保险制度,成为确立商业银行市场信用和稳定金融运行秩序的重要机制。目前世界上大多数国家建立的存款保险制度,都是由银行向一家独立的机构投保,一旦银行因经营风险倒闭,就由这家机构而不是国家来承担赔付责任。美国联邦存款保险公司主席谢拉·贝尔说:“目前我们的费率是每年万分之五到七,当储备金总额达到储蓄总额的1.25%时封顶。这项制度无疑会增加银行的支出,但对整个金融体系的稳定和存款人信心来说意义重大。”与国外不同,在我国,居民储蓄存款长期以来实行政府信用制度,几个突出的实例是:在20世纪90年代的“海南发展银行”事件、“广东国际信托投资公司”事件乃至2004~2005年的证券公司挪用客户保证金事件的处理中,有关行政部门都坚持确保居民个人资金的全额兑付,以保障经济社会生活秩序的稳定。在市场经济条件下,对广大居民来说,政府信用远高于市场信用;在体制转轨和推进经济发展的背景下,我国城乡居民对政府信用的认同程度更是明显高于许多发达国家。实施存款保险制度直接意味着,当吸收储蓄存款的金融结构面临经营危机时,只有那些符合存款保险制度规定的储蓄存款才能得到本金的偿付,由此,原先由政府信用覆盖全部储蓄存款本金的状况必然收窄。例如,当存款保险制度规定保险额为10万元时,超过10万元的储蓄存款本金就可能因吸收储蓄存款的金融机构经营不善而面临损失。对西方国家而言,实行存款保险制度是信用保障面的“加法”,但对我国而言,将储蓄存款的政府信用转为市场信用,对应的是储户资金的保障面收窄,即“减法”,这是我国实行存款保险制度的特殊情况。为了防范由此引致的储户心理紧张和一系列可能发生的现象,从存款保险制度设计开始就要谨慎而细致,应避免草率从事。但从国际经验看,建立独立的存款保险机构更有利于达到保护中小存款者、提高公众信心,防范系统性金融危机的目标。其次,有利于加强该机构本身的内在约束,减少亏损。我国也在紧锣密鼓的筹建存款保险制度。

资料引自:何光辉.存款保险制度研究[M].北京:中国金融出版社,2003.

本章小结

1.商业银行是一种以追求最大利润为目标,以经营金融资产和负债为对象的特殊企业。其基本职能包括信用中介、支付中介、信用创造、金融服务及调节经济等。

2.商业银行自诞生以来,已经形成了多种组织形式,发挥着各种功能以满足社会公众不同的需要。然而,无论采用何种组织形式,商业银行都必须以效率为原则。同时由于商业银行与社会经济生活存在着紧密的联系,因此,各国银行的经营均受到政府全面和广泛的监督。

3.商业银行的资金来源为借款、存款和银行自有资本。资金运用则主要包括现金资产、贷款、贴现和证券投资等。除了反映在银行资产负债中的资产业务和负债业务外,未在资产负债表中直接反映出来的中间业务和表外业务也是商业银行的重要收入来源。

4.商业银行的经营管理必须遵循安全性、流动性和营利性三大原则。为了使安全性、流动性和营利性三个目标协调合理配合，在银行经营管理中发展起资产管理、负债管理、资产负债管理等一系列经营管理的理论和方法。

5.20 世纪 90 年代，银行倒闭事件和金融危机频频发生；2007 年从美国开始，席卷全球的金融危机等这一系列金融危机使金融监管问题受到各国政府前所未有的关注。

思考题

一、名词解释

单一银行制　银行控股公司制　连锁银行制　活期存款　储蓄存款　租赁　信托　同业拆借　中间业务　银行卡　结算　承兑业务　代理业务　贷款承诺　存款保险制度

二、简述题

1.简述商业银行的职能。

2.简述商业银行的组织形式。

3.商业银行的负债业务有哪些？

4.商业银行的资产业务有哪些？

5.什么是表外业务？商业银行表外业务的主要内容有哪些？

6.简述商业银行的经营原则。

三、论述题

1.一般使用什么方法处理有问题的银行。

2.我国对商业银行监管的情况。

【阅读资料】

单一银行制产生的原因

单一银行制源于美国汉密尔顿主义者与杰弗逊·杰克逊主义者两种银行观之间的斗争。1790 年末，财政部长汉密尔顿向国会提出了《关于建立联邦银行的报告》。该报告的主要目的，是要新建一个有助于“成功地管理财政”和“支持公共信用”，并创造货币、扩张信贷，从而增加流动性和生产性资本的“联邦银行”。1790 年和 1816 年国会两次通过《美国银行法》，先后特许建立了美国第一银行和美国第二银行，期限均为 20 年。美国第一、第二银行 80%的股本由私人认购，因此，第一和第二银行具有私人经营管理为主的性质。由于第一银行和第二银行代理政府财政的特殊地位，如代收税款，接受政府存款，因而掌握了大量地方商业银行的银行券，成为其他各商业银行的总债权人。这就使第一、第二银行得以通过强迫地方银行用硬币赎回本行发行的纸币，从而控制各州银行的硬币准备金水平，调节各州商业银行货币信贷的紧缩和扩张，履行中央银行的职能。第一和第二银行对统一货币价值，增加货币供给，改善财政状况，加强公共信用，稳定全国货币银行体系，促进工商、农业发展发挥了巨大的作用。但是汉密尔顿主义者建立联邦银行以促进和指导经济发展的构想和实践却遭到以杰弗逊·杰克逊为代表的农场主、种植园主、技匠和新兴的小工商企业家、小银行家的强烈反对。杰弗逊·杰克逊主义者反对建立联邦银行的原因是多方面的，主要有如下三点：1.普通美国人对联邦政府通过特别立法授予经营银行的特许权极度反感：因为特许制源于美国革命的敌人——英国。英国最早在 16 世纪都铎王朝时期就开始颁发皇家特许状而授予王室代理人以控制企业经营或贸易特权。此类特许公司往往滥用特权，实行贸易和经营垄断，且投机和欺诈行为常常与特许公司相伴随，直至发生18世纪初的南海泡沫事件。因此，美国移民和英国国民一样，根深蒂固地认为特许公司就意味着欺诈和垄断特权。2.杰弗逊·杰克逊主义者信奉斯密式自由放任主义和洛克的平等权利思想，他们鼓吹极端的个人主义，主张个人自由、经济独立平等和政治民主。他们乐观地认为，美国开放的边疆将为普通人提供经济扩展的无限机会。因此，只要人人享有同等的合法权利和公平的机会，消灭一切特权，则每个普通人都可以通过自己的勤勉努力而获得事业的成功。3.新兴的小工商企业家、银行家反对联邦银行还有着特殊的利益动机，新兴工商企业银行家大多是远涉重洋来到美国的、渴望迅速发财致富的欧洲移民。他们崇尚个人奋斗，因此要求更平等的机会。他们嫉妒那些已经富有的城市工商企业银行家，蔑视和憎恨特权。他们缺少传统商人的谨慎、自律和道德，贪婪、大胆鲁莽、善于投机、富于冒险精神、反对任何控制和管束。正是在农场主、种植园主、技匠、雇工和新兴小工商企业家、小银行家的合力作用下，第一银行和第二银行才先后于1811年和1836年关闭。由于小工商企业主和农场主、种植园主、技匠、工人都呼吁取消银行特许，于是一个从局部到全国的自由银行运动发生了。所谓"自由银行"，即指无须经立法机构特许，凡具备规定条件，即可申请注册开业的银行制度。自由银行制实质上就成了单一银行制的同义词。因此，自由银行制的实行为美国单一银行制奠定了基础。1864年联邦法律的《国民银行法》吸纳自由银行制，同时含混处理分行问题，而国民银行管理机关和联邦法院又进一步明确把美国指向单一银行制结构，这在实际上为美国单一制银行奠定了联邦法律的基础。从此，单一制银行成为美国商业银行体系的一大永久性特色。

由于美国实行联邦政治体制，各州的独立性比较大，早期东部和中西部经济发展又有较大的差距，为了均衡发展经济，保护本地信贷资源，保护本地中小银行，一些经济比较落后的州政府就通过颁布州银行法，禁止或者限制其他地区的银行到本州设立分行，以达到阻止金融渗透、反对金融权利集中、防止银行吞并的目的，各州对本州开设分支机构的限制也不相同。直到20世纪80年代，美国仍有$\frac{1}{3}$的州实行严格的单一银行制度。到1993年，在美国10 000多家商业银行中，4 200家是单一银行制，占总数的40%。1994年9月美国国会通过《瑞格－尼尔跨州银行与分支机构有效性法案》，允许商业银行跨州设立分支机构，宣告单元银行制在美国被废除。但由于历史原因，至今在美国仍有不少单一制银行。

单一银行制与19世纪和20世纪初期的社会环境相适应。那时，各社会团体分布辽阔，各自社会经济活动又很相似，形成了较小的地域特色。随着交通和通信的发展，商业的繁荣，各社会团体间相互依赖性加强、打破了原先的分散状态。另外，人们也越来越习惯于流动，而且更加注重银行提供的金融服务是否对自己方便有利。于是，单一银行制度被迫让位于设立分行的银行制度，后者更能满足今天的多样化要求和相互依赖的城镇与城市提出的金融联系要求。至于在那些实行单一银行制的州里，过去的传统及各州利益和特殊的顾客需求结合起来才使单一银行制保存了下来。

资料引自：百度财经.

第六章

Chapter 6

中央银行

【学习目的与要求】

通过对本章的学习，使学生了解中央银行的产生与发展和中央银行的体制；理解中央银行的性质、职能；掌握中央银行的负责业务、资产业务和资产清算业务；掌握金融监管的内涵、监管的目标与原则、监管的内容与手段。

【案例导入】

自2007年12月25日中国人民银行再次宣布上调存款类金融机构人民币存款准备金率。存款类金融机构的存款准备金率标准由原来的13.5%调至14.5%，调幅为1%，使存款准备金率标准创了20余年历史新高。此次上调是中央提出从紧的货币政策之后第一次，也是中国人民银行2007年以来第10次，同时也是本轮经济周期以来第14次上调人民币存款准备金率。而2008年9月15日，中国人民银行宣布下调人民币贷款基准利率和中小金融机构人民币存款准备金率，或称"双降"，由原来的17.5%调至16.5%，调幅为1%。2010—2011年，银行12次上调存款准备金率，大型银行存款准备金率高达21.5%，再创历史新高点。中小金融机构的存款准备金率也高达18%。而从2011年12月5日起，银行又下调存款类金融机构人民币存款准备金率0.5个百分点。此次调整后，大型金融机构的存款准备金率将降至21%，中小金融机构的存款准备金率将降至17.5%。中央银行根据实际需要对存款准备金率进行"上调"和"下调"，其主要目的是为了运用货币政策工具功能，解决市场中货币流通量的合理性，实现中央银行宏观调控目的。

第一节　中央银行概述

一、中央银行的产生与发展

银行业起源于古老的货币兑换业，已有几千年的历史。而中央银行(Central Bank)是在一般商业银行迅速发展、竞争日益激烈的客观经济基础上应运而生的，不过只有几百年的历史。

(一)设立中央银行的客观必要性

1.中央银行产生的经济背景

中央银行产生于17世纪后半期，形成于19世纪初叶，它产生的经济背景如下。

(1)商品经济的迅速发展

18世纪初，西方国家开始了工业革命，社会生产力的快速发展和商品经济的迅速扩大，促使货币经营业越来越普遍，而且日益有利可图。与此同时，资产阶级政府也产生了对货币财富进行控制的欲望。

(2)资本主义经济危机的频繁出现

资本主义经济自身的固有矛盾必然导致连续不断的经济危机。面对当时状况，资产阶级政府开始从货币制度上寻找原因，企图通过发行银行券来控制、避免和挽救频繁的经济危机。

(3)银行信用的普遍化和集中化

资本主义产业革命促使生产力空前提高，生产力的提高又促使资本主义银行信用业蓬勃发展。主要表现在：一是银行经营机构不断增加；二是银行业逐步走向联合、集中和垄断。

2.中央银行设立的客观要求

资本主义商品经济的迅速发展，经济危机的频繁发生，银行信用的普遍化和集中化，既为中央银行的产生奠定了经济基础，又为中央银行的产生提供了客观要求。

(1)政府对货币财富和银行的控制

资本主义商品经济的迅速发展，客观上要求建立相应的货币制度和信用制度。资产阶级政府为了开辟更广泛的市场，也需要有巨大的货币财富作后盾。政府的这种强烈欲望，早在资本主义工场手工业发展阶段就已经萌生，但由于当时政府没有控制大银行而未能如愿。而为了适应资本主义商品经济的进一步发展，应对私人银行经营业的不断扩大，这种意愿更为强烈。政府迫切需要以国家的名义建立资产阶级大银行，使其作为一个受国家保护并赋有国家特权的公共机构，在获得较大资本权利和巨大利润的同时，为国家财政服务，也为国家积累巨额的储备。

(2)统一货币发行

在银行业发展初期，几乎每家银行都有发行银行券的权力。许多银行为了扩大其资金来源，都把发行银行券作为自己的重要业务。随着资本主义经济的发展、市场的扩大和银行机构增多，银行券分散发行的弊病就越来越明显。一是小银行的活动由于受地区的限制，其发行的银行券只能在狭小的范围内流通，给生产和流通造成很多困难；二是为数众多、资金实力薄弱的小银行发行的银行券往往不能兑现成金属货币，加剧了货币流通的混乱与危机。银行券发行的混乱，严重阻碍了商品经济的发展，导致金融危机频繁发生，客观上要求在全国范围内由享有较高信誉和权威的大银行来统一发行货币，以克服分散发行的混乱。

(3)集中信用的需要

随着资本主义生产和流通的扩大，对贷款的要求不仅数量增多，而且期限延长。商业银行如果仅用自己吸收的存款来发放贷款，不仅不能满足社会经济发展的需要，还可能因贷款过度削弱其清偿能力；若以自己发行的银行券为支撑，又要防止挤兑风潮引致银行破产。所有这些常常使商业银行陷入营运资金不足、头寸调度不灵、周转困难而濒临挤兑、倒闭的窘境。这就从客观上要求有一家大银行，它既能集中众多银行的存款准备，又能不失时宜地为其他商业银行提供必要的周转资金，为银行充当最后的贷款人，中央银行的出现正适应了这样的客观要求。

(4)建立票据清算中心

银行业的不断发展，银行每天收受票据的数量增多，各家银行之间的债权债务关系复杂化，由各家银行自行轧差进行当日清算已发生困难。这种状况客观上要求建立中央银行，作为全国统一的、有权威的、公正的清算中心。

(5)统一金融管理

银行有着自身的特殊性，它联系着千家万户，因而一旦它在竞争中破产倒闭会给经济造成巨大的震荡，甚至导致金融危机的发生，因此，为了防止经济危机，防范和化解金融风险，客观上需要一个代表社会利益的超越所有银行的专门机构，专事对金融业的监督和管理，以保证金融业的安全和规范经营。另一方面，银行业和金融市场的发展需要政府出面进行必要的管理，政府通过建立一个与一般银行有密切联系的专门机构来监督管理金融业，同时，该机构还能依据政府的意图制定一系列金融政策和管理条例，以此来统筹、管理和监督全国的货币金融活动。这一使命由中央银行来承担最为合适。

(二)中央银行的产生和发展

1.中央银行的起源

18世纪末至19世纪初，资本主义社会生产力的迅速发展和商品流通迅速扩大，使货币信用业务也随之不断扩展，资本主义商业银行在全世界纷纷建立起来。如英国在1814年已有940多家私人商业银行。银行业在种类和数量上的迅速扩大，带来了更加激烈的竞争，引发了一系列问题。在当时银行券发行过剩，货币流通陷入混乱局面；与此同时，银行业务的迅速扩大使得各银行间债权债务关系日趋复杂；而激烈的竞争使大量较小商业银行纷纷倒闭。

由此可见，商业银行与金融业务发展到一定阶段，就具备了要求统一发行货币、统一票据结算、统一收缴存款准备金，以稳定金融、促进发展的客观基础。也就是需要国家建立一个专门的机构，代表国家对全国的金融业行使管理监督的权力。于是中央银行便在这种强烈的呼唤中悄然起步了。

2.中央银行的产生与发展

中央银行产生于17世纪后半期，但中央银行制度的真正形成和发展则始于19世纪中叶。中央银行主要是通过两种方式建立并发展起来的。

第一种方式是从一般商业银行演变而来，由国家法令授予权力，逐步确定中央银行的地位。英国的英格兰银行是这种方式的突出代表。世界上一般公认英格兰银行是现代中央银行的先驱。英格兰银行的前身是1694年成立的一家商业银行，当时英国国会规定其有不超过资本总额的钞票发行权。1826年英国国会通过法案，准许设立其他股份银行，并可发行钞票，但限制在距伦敦20英里以外，以区别于英格兰银行。直到1844年，由于1825年和1839年两次金融混乱导致了经济危机，国会才通过银行特许条例，即“皮尔条例”，宣布英格兰银行独具货币发行权，并负责集中商业银行的存款准备金。1854年英格兰银行取得清算银行的资格，从而确定了英格兰银行作为中央银行的地位。这是中央银行发展史上的一个重要里程碑。又如瑞典中央银行的前身是1656年私人创办的5家商业银行，1661年发行钞票，1668年改组为国家银行。1897年瑞典政府发布法令将货币发行权集中于该行后，其他银行发行的钞票逐步收回。这样瑞典银行演变为真正意义上的中央银行。

第二种方式是直接建立中央银行。这种典型首推美国联邦储备体系。美国国会在1863年通过了全国货币法案，建立国民银行制度。各国民银行均可发行银行券，只需在财政部设立的“通货监理署”存入一定比例的公债。但随后几年出现的金融恐慌，特别是1907年的金融大恐慌，使美国政界和经济界意识到建立中央银行的迫切性。1908年5月，美国成立了全国货币委员会，调查研究各国银行制度。鉴于各州利害关系的不同，既要实行金融改革，建立统一管理机构，又要防止中央银行成为银行“卡特尔”，于是，创新出一种折中性的联邦储备制度。1913年，伍德罗·威尔逊总统签署了“联邦储备法”，1914年正式建立了美国联邦储备体系，行使中央银行的全部职能。

中央银行是在实践中不断完善成长起来的，从产生到完善经历了几百年的曲折历程，这个发展过程可分为三个阶段。①幼年时期(1694—1870)。这一阶段的中央银行尚不具备完整的中央银行的全部职能，如英格兰银行、法国中央银行、荷兰银行等都只具有一种或兼有商业银行的职能。②成长完善期(1871—1929)。这时期英格兰银行为中央银行组织管理提供了成功的模式。③发展时期(1930～现在)。这时，中央银行已经从稳定金融、控制货币发行的作用转为在国家宏观经济中发挥稳定政策、调节经济发展的重要作用。特别是第二次世界大战以后，银行国有化加强，由政府全面出资控制中央银行。另外，各国纷纷制定新的银行法，从组织上和立法上保障了中央银行的权威地位。

此外，1920年在比利时首都布鲁塞尔举行的国际金融会议上，形成了12条决议，主要有稳定币值、财政平衡、减少通货膨胀，强调中央银行的发行权应脱离政治的控制，并有独立行使金融政策的权力。这是第二次世界大战后中央银行制度建立的最重要的理论基础。会议建议，尚未设立中央银行的国家，应该迅速设立中央银行。1922年在瑞士的日内瓦会议上，再次强调各国应建立中央银行。1930年欧洲各国发起并在瑞士巴塞尔成立了国际清算银行，谋求由各国的中央银行作为本国金融机构的代表，加强国际合作，从而使中央银行的地位与作用向前推进了一步。

(三) 中国的中央银行

中国的中央银行在清政府和北洋政府时期，户部银行(1905年开业，1908年改组为大清银行，1912 年再次改组为中国银行）和交通银行（1908 年开业）都曾部分行使过中央银行的职能。国民政府成立之后，1928 年在南京成立了中央银行，行使中央银行的职能。但是在 1942 年之前，国民党控制的四大银行，即中央银行、中国银行、交通银行和中国农民银行均享有发钞权。直到 1942 年之后，才由中央银行统一货币发行、统一代理国库、统一外汇管理。新中国的中央银行是中国人民银行。它是在根据地银行的基础上发展起来的，于 1948 年在石家庄成立，1949 年随解放军进入北京，将总行设在北京。和前苏联及东欧国家的银行一样，中国人民银行也曾是“一身二任”——既办理全国的工业、农业、商业信贷业务及城乡居民储蓄业务，又执行中央银行的职能，即代理财政金库，独占货币发行权，管理全国的金融业。这种“大一统”的银行体制有利于资金的集中调配，对于支持我国社会主义工业体系的建立，曾起到很大的作用。但是这种政企不分的体制也有很大的弊端，特别是在改革开放之后，新的金融机构、金融业务和金融方式不断出现，金融管理日趋复杂，客观上要求中国人民银行从具体的存贷款业务中超脱出来，专门行使中央银行职能。因此，1983 年 9 月，国务院做出决定，中国人民银行不再兼办工商信贷和储蓄业务，而专门行使中央银行职能，以加强信贷资金的集中管理和综合平衡。这标志着我国银行体制的一个重大转变，即从复合中央银行制转向单一中央银行制。单一中央银行制的确立标志着我国金融体制改革迈出了重要的一步。但是要真正建立一个与社会主义市场经济相适应的健全的中央银行体制，仍有不少有待探索的问题。例如，如何理顺中央银行与各级政府的关系，使中央银行在制定和实施货币政策的时候具有更大的独立性；如何改变中央银行对专业银行的资金供给制，使专业银行真正成为自负盈亏的经营实体等。这些都有待于我们在理论上和实践中不断探索。

二、中央银行体制

（一）单一式中央银行制度

单一式中央银行制度是指一国单独设立中央银行机构，由它执行中央银行的全部职能，并领导全国金融事业的制度。单一式中央银行制度又可以分为两种形式：

1.总分行制

总分行制（Multinational Banking System）一般在一国首都或该国经济金融中心城市设立中央银行总行，而在其他各地设众多分支机构，这些分支机构隶属总行，不能独立制定货币政策，一切听命于总行。目前世界上大多数国家都实行这种高度集中的中央银行制度。我国也实行这种制度。

2.联邦制

联邦制（Federal System）在中央和地方设立两级中央银行机构。中央联邦一级是最高权力和管理机构，地方联邦一级的中央银行有自己的权力机构，除执行统一的货币政策外，在业务经营管理上有较大独立性。中央和地方两级中央银行分别行使职权。采用该制度的主要是一些联邦制国家，如美国、德国等国目前采用这种制度。

美国的联邦储备体系将全国划分为12个联邦储备区，每个区设立一家联邦储备银行作为该地区的中央银行。每家联邦储备银行在其辖区内的一些重要城市设立分行。各联邦储备银行是由该储备区内作为联邦储备体系成员的私人商业银行拥有的私营公用事业的股份机构，不受州政府和地方政府的管辖，它们各有自己的理事会，有权发行联邦储备券，并根据本地区的实际情况执行中央银行的特殊信用业务。在各联邦储备银行之上设联邦储备委员会，其主要职责是制定、实施全国的货币信用政策，并对联邦储备银行进行领导和管理，包括任命联邦储备银行的部分理事，提名联邦储备银行行长的人选，审查和决定再贴现率。

（二）跨国中央银行制度

跨国中央银行制度是指几个国家共同组成一个货币联盟，各成员国不设本国的中央银行，而由成员国联合设立的中央银行制度。货币联盟主要由地域相邻、习俗相近、经济发展水平相当的若干国家所组成。跨国中央银行为联盟各国共同所有，并为联盟各国服务。其主要职能是：发行货币、为成员国政府服务、执行共同的货币政策以及有关成员国政府一致决定的事项。其最大的特点是：跨国行使中央银行的职能。

实行跨国中央银行制度的典型代表是西非货币联盟，此外，还有中非货币联盟和东加勒比海货币管理局等。而一直令全球密切关注的是，欧盟成员国为适应其内部经济金融一体化进程的要求，在1998年初步建立起欧洲跨国的中央银行——欧洲中央银行，它由欧洲中央银行及成员国中央银行两部分组成，并于1999年1月1日起在11个首批成员国内正式启动统一的欧洲货币——欧元。从2002年起，欧元钞票和硬币进入流通，取代所有货币联盟参加国的货币，成为唯一法定通货。从制度构架上来看，欧洲中央银行与各成员国中央银行之间的关系可以粗略地理解为决策者和执行者的关系，也就是说，欧洲中央银行为欧元区内的所有国家制定统一的货币政策，然后交由各成员国中央银行去实施。各成员国中央银行失去其独立性，从而事实上成为欧洲中央银行的分行。

（三）复合型中央银行制度

复合型中央银行制度是指一个国家没有设置专门行使中央银行职能的银行，而是由一家大银行既执行中央银行职能，又经营一般银行业务的银行制度。这种复合制度主要存在于前苏联和东欧等国，我国在1983年之前，也是实行这种制度。复合型中央银行制度多是为了适应一国某个阶段的国情和现实需要而建立的。而在现代经济中，大多数国家的中央银行都从一般商业银行业务中脱离出来，行使独立的中央银行职能，这有利于保证中央银行制定货币政策的权威性，以及加强对一国金融体系的监督和管理，故目前较少有国家采用复合型中央银行制度。

（四）准中央银行制度

准中央银行制度是指一些国家或地区，并无通常意义上的中央银行，只是由政府授权某个或某几个商业银行，或设置类似中央银行的金融管理机构，部分行使中央银行职能的制度。实行准中央银行制度的国家和地区主要有新加坡及中国香港等。新加坡是金融业较发达的国家,亚洲著名的离岸金融市场和国际金融中心。然而,新加坡却没有中央银行,中央银行的职能由金融管理局和货币委员会两家机构来承担,金融管理局行使除货币发行以外的所有中央银行职能,货币委员会主要负责发行货币,保管发行准备。

另外,从中央银行的组织结构来看,它包括三方面的内容,即中央银行的权力结构、中央银行的内部组织机构设置和中央银行分支机构设置等。

首先,从中央银行权力结构来看,它包括决策、执行和监督三个方面。由于世界各国的历史传统、文化背景、经济发展水平不同,中央银行在社会经济生活中所处地位不同,决定了中央银行在行使这些权力的方式上存在一定差异。比如英国的英格兰银行理事会和美国的联邦储备委员会分别是这两国中央银行的最高权力机构,同时行使着决策、执行和监督权力。而日本的日本银行政策委员会、日本银行理事会和监事会则作为日本中央银行的权力机构分别行使着决策、执行和监督权力。在我国,国务院及中国人民银行货币政策委员会是我国货币政策的决策机构。中国人民银行是我国货币政策和金融监管的执行机构。

其次,从中央银行内部组织机构来看,为了适应中央银行所担负的任务、职能、业务经营和金融监管的需要,各国中央银行内部都设置了一些具体职能部门。这些职能部门的名称、分工在各国不尽相同,一般应主要包括行政管理机构、业务经营机构、金融监管机构、经济金融调研机构等等。

最后,中央银行为了适应业务经营和金融监管的需要,要设置一定的分支机构。原则上,中央银行根据业务和监督管理的需要,按照经济区划设置其分支机构,而且这些分支机构是中央银行总行的派出机构,必须按规定执行和完成中央银行总行制定的政策和指定任务。

【知识库】

中央银行的货币发行

在历史上,曾经出现过三种形式的金本位制,即金币本位制、金块本位制和金汇兑本位制。金币本位制是一种最为典型的金本位制。在这种货币制度下,金币可以自由铸造,自由熔毁,自由输出入国境,银行券可以随时兑换成金币或黄金。因此,中央银行所发银行券的发行必须以相应的黄金储备为前提。为了保证银行券的可兑现性,从而维持一国金融体系的稳定,各国一般都规定了较为严格的发行准备制度。其中最为严格的是充分准备制,它要求中央银行所发行的现钞都有百分之百的黄金做准备。但是第一次世界大战破坏了金本位。第一次世界大战后,虽然有的国家也曾实行过一段时间的金块本位或金汇兑本位,但是在这两种制度下银行券兑换黄金的能力都受到了很大的削弱。20世纪30年代大危机之后,各国都相继放弃了金本位,转而实行不兑现银行券的货币制度。这样,银行券的发行准备制度也就丧失了它的意义。但是为了取信于民,各国政府往往也规定中央银行发行银行券要以一定数量的国债、特别提款权、外汇及部分黄金作保证。一种不可以兑换黄金的银行券之所以能够被接受,完全是基于这样一种信心,那就是持有银行券的人相信,当他用它去和别人从事商品交换时,它同样能为别人所接受。显然,这种信心是以中央银行背后的国家强制力为支撑的。由于印刷银行券的费用和银行券的面值相比是微不足道的,因此拥有不兑换银行券发行权的中央银行就掌握了一种重要的收入来源,即铸币收入。这种收入又通过中央银行利润上交的形式转化成中央政府的财政收入。因此,中央银行独占银行券发行的最终结果是使政府掌握了一笔巨大的财源。许多时候,通过增加铸币收入来应付政府开支往往成为短视的当政者所面对的不可抗拒的诱惑,其结果则是经济一步步陷入通货膨胀的深渊。不过,在银行券不可兑现的情况下,银行券本身的数量相对就不那么重要了,重要的是货币供应总量。因此,各国中央银行货币政策的重点均转向对货币总量的控制。

资料引自:金融界网站.

第二节　中央银行的性质和职能

一、中央银行的性质

中央银行是国家赋予其制定和执行货币政策,对国民经济进行宏观调控和管理监督的国家机构,是特殊的金融机构,或者说,它是具有银行特征的国家机关。

(一)中央银行是管理金融事业的国家机关

中央银行自始至终都是管理金融事业的国家机关,虽然早期中央银行的股份大多为私人持有,但第二次世界大战后,各国中央银行的私人股份先后转化为国有,有些新建的中央银行如中国人民银行,一开始就由政府出资,即使继续维持私有或公私合营的中央银行,也都加强了国家的控制。因此,各国的中央银行实质上是国家机构的一部分。

中央银行作为管理金融事业的国家机关,主要表现在:第一,中央银行是全国金融事业的最高管理机构,是代表国家管理金融事业的部门。第二,中央银行代表国家制定和执行统一的货币政策,监管全国金融机构的业务活动。第三,中央银行的主要任务是代表国家运用货币政策对经济生活进行直接或间接的干预。第四,中央银行代表国家参加国际金融组织和国际金融活动。

中央银行虽然是国家机关的组成部门,但又明显不同于一般的国家机关。这是因为中央银行不是单凭行政权力行使其职能,而是通过运用经济的、法律的和行政的等多种手段,对商业银行和其他金融机构进行引导和管理,以达到整个国民经济的宏观调节和控制。中央银行的管理职责大都寓于金融业务的经营过程之中,如通过对利率、汇率、存款准备金率的控制,引导和影响银行存贷款业务、外汇业务和公开市场的有价证券交易等业务而实现的。因此,中央银行的管理职能在很大程度是建立在它所拥有的经济手段的基础上,这是区别于一般行政权力机构的本质特征。

(二)中央银行是特殊的金融机构

中央银行作为金融机构,是不同于商业银行、投资银行、保险公司、信托公司、租赁公司等各种金融企业的特殊金融机构。中央银行的特殊性主要表现在以下四方面:

①中央银行是国家宏观金融和经济调控的主体,而商业银行等一般金融企业则是宏观金融调控的对象。

中央银行可以根据国家经济发展的情况,相应地制定和执行货币政策,控制货币供应总量,并调节信贷的投向和流量,把国家宏观经济决策和宏观经济调节的信息,向各银行和金融机构以及国民经济的各部门、各单位传递。

②与商业银行等一般金融企业不同,中央银行不以营利为目的。

中央银行以金融调控为己任,以稳定货币、促进经济发展为宗旨。虽然中央银行在业务活动中也会取得利润,但营利不是目的。如果中央银行以营利为目的,将会与商业银行等金融企业处于不平等地位。

③中央银行作为特殊的金融机构,一般不经营商业银行和其他金融机构的普通金融业务。

商业银行和其他金融机构的业务经营对象是工、商、农企业及其他单位、城乡居民个人等,而中央银行一般情况下不与这些对象发生直接的业务联系。中央银行通常只与政府和商业银行等金融机构发生业务往来。

④中央银行享有货币发行的特权,商业银行和其他金融机构则没有这种特权。中央银行虽然也吸收存款,但吸收存款的目的不同于商业银行等金融机构,即不是为了扩大信贷业务规模,而是为了在全国范围内有效的调控信贷规模,调节货币流通。

二、中央银行的职能

中央银行的性质具体体现在其职能上。对于中央银行的职能,一般将其归纳为三大职能:发行的银行、政府的银行、银行的银行。

(一)发行的银行

中央银行是发行的银行,这具有两方面的含义:首先,它是指中央银行垄断银行券的发行权;其次是指中央银行作为货币政策的最高决策机构,在决定一国的货币供应量方面具有至关重要的作用。中央银行制度的一个基本特点便是由中央银行垄断银行券的发行,中央银行发行的银行券作为现钞(即纸币)在全国范围内流通。

一般商业银行向中央银行转化的历史,首先是它独占银行券发行权的历史。发行银行券是中央银行最重要的资金来源。由中央银行发行出来的银行券,一部分形成银行等金融机构的库存现金,大部分则形成流通中的现金。它们和存款机构在中央银行的准备金存款一起(以及银行和公众手中的少量硬币),共同构成了一个非常重要的变量,即基础货币(关于这一概念,我们将在第九章中详加阐述)。

从中央银行的资产负债表可以看出，在其他负债不变的情况下，中央银行每发行一定数额的银行券，即现钞，它便可以增加相应数额的资产；在资产总额不变的情况下，中央银行每发行一定数额的银行券，就可以减少相应数额的其他负债。例如，如果中央银行利用增发的100万元银行券来购买国债，它的国债资产便增加了100万元；如果中央银行将这笔银行券用来支付某商业银行的提款要求，该商业银行在中央银行的准备金(即中央银行的负债)便减少100万元，而中央银行的资产则保持不变。由此看来，中央银行要创造资金来源是再容易不过的了，它只需开动印钞机就可以了。但事实却不然。当银行券发行量超过一定数额，便会引起通货膨胀，从而使银行券贬值。如果通货膨胀严重到使人们对银行券的稳定性丧失信心，人们就会迫不及待地将银行券脱手，以换回某些价值较为稳定的商品，从而加剧它的贬值。在某些恶性的通货膨胀时期，中央银行发行的银行券简直形同废纸。这当然不是中央银行所希望看到的。有什么制度能够保证中央银行不发行过多的银行券呢？金本位制便是这样一种制度。

(二)政府的银行

政府的银行是指中央银行代表国家制定和执行货币金融政策，代理国库收支以及为国家提供各种金融服务。作为政府的银行的职能，主要体现在以下几个方面。

1.政府的财政金融顾问

中央银行是一国的最高金融机构，与世界各国金融机构有广泛的联系，掌握与了解货币供应量、证券和外汇市场的情况，有利于参与国民经济的调节，为政府制定金融政策，为财政部或其他部门发行公债和进行外汇交易提供资料、可供选择的方案和建议，并担负着执行金融政策的任务；同时，中央银行还代表政府参加国际金融协定，从事国际金融活动，与外国中央银行接触磋商等。

2.代理国库

中央银行为政府开立账户，经办政府的财政预算、收支划拨与清算业务，执行国库出纳职能，并代理政府发行公债和处理还本付息事宜。财政在中央银行的存款不支付利息。财政存款是中央银行重点的资金来源，因而这一职能既为政府提供了服务，同时又增强了中央银行的资金实力。

3.对政府提供信贷

中央银行作为政府的银行，负有对政府融通资金、解决政府临时资金需要的义务。中央银行向财政提供资金支持的方式主要有两种：一是中央银行直接向政府提供短期贷款，这种方式大多是用以解决财政先支后收等暂时性的困难。在正常情况下，中央银行不承担向政府提供长期贷款和无限额贷款(或透支)的责任。因为，如果不如此就容易导致政府无节制地利用中央银行信用弥补赤字，逼迫中央银行为支持财政而增发货币，从而可能破坏货币的正常供给和通货的稳定。因此，许多国家以立法形式严格限制中央银行对政府贷款的期限和最高额。二是购买国家债券。若中央银行在一级市场上购买国债，资金直接流入国库；若在二级流通市场上购买国债，资金间接流入国库。所以，无论是直接还是间接，只要中央银行持有国债，就表明是对政府提供了融资。

4.保管和管理国家外汇、黄金储备

黄金和外汇是国际间清算债务的工具。国家持有的黄金、外汇被称为“国际储备”,任何一个国家都有一定数量的国际储备。中央银行负责为国家保管国际储备,并根据境况的变化,适时、适量购进或售出某种外汇或黄金,可以起到稳定货币和汇率、调节国际收支、促进国际收支平衡的作用。

(三)银行的银行

中央银行作为银行的银行,是指其与商业银行和其他金融机构发生业务往来,与商业银行发生存贷款关系及资金往来清算关系,是全国存款准备金的保管者、金融票据的交换中心、全国银行业的最后贷款者。中央银行作为银行的银行,主要表现在以下几个方面。

1.银行存款准备金的保管者

在大多数西方国家,为了保障存款的安全与调节货币信用的需要,中央银行根据银行法的规定,要求商业银行和其他金融机构根据其存款的种类与金额,按一定比例提出存款准备金无息存入中央银行的“准备金账户”,此项准备金不能由银行动用,而只能由中央银行集中保存,并根据扩张和紧缩银根的需要,通过对存款准备金率的提高或降低的幅度缩减或扩大自己的信贷规模,影响商业银行的投资和贷款。在现代中央银行制度中,集中保管存款准备金,具有以下意义:①保持商业银行的清偿力;②控制商业银行货币创造能力和信用规模,从而控制全社会的货币供应量;③强化中央银行资金的实力。

2.银行的最后贷款人

商业银行或其他金融机构资金短缺时,可以将其持有的票据向中央银行办理再贴现或抵押贷款,得到自己所需的资金。中央银行作为最后贷款人,目的是对资金周转发生临时困难的商业银行或其他金融机构给予支持,加强整个信用机构的弹性和清偿力,保护银行免于倒闭,以防金融危机的发生。有时为了配合政府财政政策,中央银行主动提高或降低再贴现率,以影响商业银行或其他金融机构向中央银行融资的成本,进而影响金融系统的贷款规模和货币供应量。

3.全国金融业的票据清算中心

各商业银行,在中央银行开设往来存款账户,它们收付的票据则可通过其在中央银行的存款账户划拨款项,办理结算,从而清算彼此间的债权债务关系。另外,各地中央银行分行主持本地区的清算事宜,全国各地区之间,则通过中央银行分行或由总行进行清算。中央银行组织、监督管理全国的清算系统,提供票据清算工具,制定有关清算纪律和清算的收费标准,执行清算中心的职能。这一方面节约了资金的使用,减少了清算费用,解决了单个商业银行资金清算所面临的困难;另一方面,也有利于中央银行通过清算系统,对商业银行体系的经营业务进行全面及时地了解、监督和控制,强化了中央银行对整个银行体系的监管职能。

【知识库】

中国人民银行的主要职责

(一)起草有关法律和行政法规;完善有关金融机构运行规则;发布与履行职责有关的命令和规章。

(二)依法制定和执行货币政策。

(三)监督管理银行间同业拆借市场和银行间债券市场、外汇市场、黄金市场。

(四)防范和化解系统性金融风险,维护国家金融稳定。

(五)确定人民币汇率政策;维护合理的人民币汇率水平;实施外汇管理;持有、管理和经营国家外汇储备和黄金储备。

(六)发行人民币,管理人民币流通。

(七)经理国库。

(八)会同有关部门制定支付结算规则,维护支付、清算系统的正常运行。

(九)制定和组织实施金融业综合统计制度,负责数据汇总和宏观经济分析与预测。

(十)组织协调国家反洗钱工作,指导、部署金融业反洗钱工作,承担反洗钱的资金监测职责。

(十一)管理信贷征信业,推动建立社会信用体系。

(十二)作为国家的中央银行,从事有关国际金融活动。

(十三)按照有关规定从事金融业务活动。

(十四)承办国务院交办的其他事项。

资料引自:中国人民银行网站.

第三节 中央银行的主要业务

中央银行的性质和职能都要通过其业务得到具体的体现,任何国家的中央银行都要经营一定的业务,虽然不同国家中央银行所经营的业务不完全相同,同一国家中央银行在不同时期所经营的业务也不尽一致,但有些业务特别是一些主要业务总是共同的。

一、中央银行的负债业务

中央银行的负债业务是形成中央银行资金来源的业务,包括资本业务、货币发行业务、各项存款业务和其他负债业务。

(一)资本业务

中央银行的资本业务(Capital Operation)就是筹集、维持和补充自有资本的业务。中央银行自有资本的形成主要有三条途径:中央政府出资、地方政府或国有机构出资、私人银行或部门出资。中央政府出资是指中央政府拨款形成中央银行自有资本。这是中央银行资本形成的主要方式,目前世界上绝大多数国家的中央银行都有政府出资,而且在一些国家政府拥有中央银行的全部资本,如英国、法国、德国以及中国等绝大多数的发展中国家。地方政府和国有机构出资是指中央政府不直接持有中央银行股份资本，而是由地方政府、国有银行、公共部门等出资构成中央银行资本。如瑞士中央银行资本的50%以上由州政府、州银行和公共部门出资形成。私人银行和部门出资是指中央银行股份资本由私营机构，如银行、公司企业持有。如美国中央银行的资本由私人性质的商业银行按其资本的一定比例认购。尽管这些国家中央银行的资本由私人拥有，但股东无权参与中央银行管理，也不能转让所持股份。需要指出的是，由于中央银行拥有特殊的地位和法律特权，其资本金的作用实际上比一般金融机构要小得多，有的国家中央银行甚至没有资本金。

（二）货币发行业务

货币发行业务（Monetary Issue Operation）是指中央银行向流通领域中投放货币的活动，它是中央银行最大、最重要的负债项目。中央银行通过再贷款、再贴现、购买有价证券以及收购黄金外汇等途径将货币投入市场，从而形成流通中的货币，成为中央银行对社会公众的债务。

1.货币发行的原则

①垄断发行原则：为了避免分散货币发行造成的多种货币同时流通给社会造成的混乱，保证国家对货币流通的管理，使货币供应量与经济的发展相适应，中央银行必须垄断货币的发行权。

②信用保证原则：信用货币是一种价值符号，不能自动调节流通量，所以货币的发行要有一个限额，不能超过国民经济发展对货币流通量的要求。因此，中央银行发行货币，一般都建立一定的货币发行准备制度，以保证中央银行超脱于政府干预，根据经济运行的实际需要发行货币，使货币发行建立在可靠的信用基础之上。

③弹性供应原则：货币发行根据国民经济发展的需要有一定的伸缩弹性，使中央银行可根据经济情况，灵活地调整货币供应量，既要避免因通货不足而导致通货紧缩与经济衰退，又要避免因通货过量供应而造成的通货膨胀与经济混乱。

2.货币发行的准备制度

货币发行的准备制度是指中央银行在货币发行时必须以某种金属或某几种形式的资产作为其发行货币的准备，从而使货币的发行与某种金属或某些资产建立起联系或制约关系。在金属货币制度下，货币发行以法律规定的贵金属金或银作为准备；在信用货币制度下，货币发行的准备制度已经与贵金属脱钩，货币发行的准备主要包括现金准备和证券准备两大类。

（三）存款业务

中央银行吸收存款的主要目的在于调控信贷规模与货币供应量、维护金融业的安全以及组织国内的资金清算。中央银行的存款业务（Deposit-taking Business）分为两大类：政府和公共机构存款、商业银行等金融机构存款。

政府和公共机构在中央银行的存款包括财政金库存款和政府及公共机构的经费存款。这两部分存款在其支出之前存于中央银行，就形成中央银行重要的资金来源。商业银行等金融机构在中央银行的存款包括法定存款准备金存款和超额存款准备金存款。在现代存款准备金制度下,集中存款准备金既是中央银行制度形成的原因,也是中央银行重要的资金来源。现代中央银行集中存款准备金的原始目的已经发生了根本的改变,从最初的为了增强商业银行等金融机构面对存款人大量挤兑存款的应付能力发展成为中央银行控制货币供给的主要政策工具。此外,商业银行等金融机构通过中央银行办理他们之间的债务清算,所以为清算需要必须交存一定的超额准备金,以便于清算能够及时、顺利地进行。另外,中央银行所吸收的存款中还包括一定的外国存款和特种存款等。

(四)其他负债业务

中央银行的负债业务除上述三项以外,还有一些其他负债业务(Other Liabilities Business),如发行中央银行债券和对国际金融机构的负债等。

二、中央银行的资产业务

中央银行的资产是指中央银行在一定时点上所拥有的各种债权。通常,其资产业务包括贷款、再贴现、有价证券买卖、黄金外汇储备等主要内容。

(一)贷款和再贴现

中央银行贷款(Loans)主要是指中央银行对商业银行和其他金融机构在经营信贷业务中因资金周转性与临时性资金不足而发放的贷款。它具有如下特征:①贷款对象是那些经营信贷业务的一般性金融机构;②这种贷款具有形成高能货币的特点;③这种贷款的利率水平、额度大小和条件限制是中央银行货币政策意愿的反映,是中央银行实施货币政策的一种手段或工具。

中央银行再贴现(Rediscount)是指商业银行和其他金融机构将其持有的已贴现的尚未到期的合法商业承兑汇票或银行承兑汇票,向中央银行进行票据再转让的一种行为。各国中央银行的再贴现业务在业务对象、申请和审查、再贴现利率、票据种类、再贴现的额度等方面都有明确的规定。一般来说,再贴现是中央银行向商业银行融资的重要方式之一,它主要用于解决商业银行由于办理贴现业务所引起的暂时性资金困难。

中央银行对商业银行和其他金融机构进行贷款和再贴现,目的是保证银行体系的安全性、流动性和银行业务的顺利进行,从而保证金融秩序的稳定和有序。

(二)证券买卖

中央银行为了稳定金融局势、调节货币流通和资金供求,进而影响整个国民经济,通常都要在公开市场(金融市场)上从事有价证券买卖(Stockholder Jobbery)业务。在需要紧缩银根、减少市场货币供应量时,中央银行便在公开市场上卖出它所持有的有价证券(抛出证券,回笼货币);反之,在需要扩张信贷、增加市场货币供应量时,便在市场上买进它所需要的有价证券(发行货币,收回证券)。一般来说,中央银行买卖有价证券时应注意以下几个问题:

第一,不能在一级市场上购买各种有价证券,而只能在二级市场上购买有价证券。

第二,不能购买市场性差(可销售性差)的有价证券,而只能购买市场性非常高、随时都可以销售的有价证券,通常较多的持有政府债券。

第三,不能购买没有正式上市资格、在证券交易所不能挂牌的有价证券,而只能购买具有上市资格、且在证券交易所正式挂牌销售的、信誉非常高的有价证券。

第四,一般不能购买国外有价证券。

(三)金银外汇储备

中央银行的资产应以随时可以出售而且又可以避免损失为原则,所以黄金、白银和外汇储备就是中央银行的一项重要资产业务。虽然当今世界各国国内市场上并不流通和使用金银币,纸币也不兑换金银,但在清算国际债权、债务时,除了以外汇作为支付手段外,还可以以黄金这一保值商品换取外汇来支付。因此,各国都把黄金、外汇作为最重要的储备资产,由中央银行保管,以便在国际收支发生逆差时,用来清偿债务。中央银行办理此项业务有着特殊重要的意义,它可以通过买卖黄金、外汇来集中储备,达到调节货币资金、改善经济和外贸结构、稳定汇率和金融市场的目的。所以,一国的黄金外汇储备是否雄厚,是该国经济实力强弱的一个重要标志。

除以上几项主要资产业务之外,各国中央银行大都根据具体情况,经营若干其他资产业务。

三、中央银行的支付清算业务

中央银行的票据清算业务是中央银行的一项传统业务。在信用制度高度发达的今天,企业间因经济往来发生的债权债务关系一般通过商业银行办理转账结算,这种企业间的债权债务关系就转变成了银行间的债权债务关系。不同银行间的债权债务关系又需要通过一个中枢机构办理转账结算,这个中枢机构即为中央银行,中央银行因此而成为全国资金的清算中心。中央银行的此项业务实现了银行之间债权债务的非现金结算,免除了现款支付的麻烦,便利了异地间的资金转移,加速了商品流通。支付清算业务也包括同地区(或同城)票据交换和异地资金转移。

(一)集中办理票据交换

在银行业的发展过程中,随着票据业务的发展,各商业银行都会收进客户交存的其他银行的票据,由此便产生了各商业银行之间的资金收付结算问题,人们在银行实践中发现,通过相互轧抵应收款项,结付其差额的方法结清债权债务,不仅使结算安全、省力,而且使结算更为迅速、方便,票据清算所便由此诞生。随着中央银行制度的建立和发展,票据清算就成为中央银行业务中的重要内容,因此,集中办理票据交换就成为中央银行的清算业务之一。由于各商业银行和其他金融机构都必须将存款的一定比例向中央银行交存存款准备金,所以在中央银行都开设有活期存款账户，因而商业银行和其他金融机构之间持有本行应收应付票据与其他银行收进的该行的票据进行交换，由票据交换产生的应收、应付账款，均可通过中央银行办理转账结算，票据交换后的债权债务差额也得以划转。

（二）办理异地资金转移

异地资金转移，如各行异地汇兑等都要通过中央银行办理的业务，总体来讲可以分为两类，一是先由各银行通过内部联行系统划转，再由其总行通过中央银行办理转账清算；二是把异地票据集中送到中央银行总行办理轧差转账。而各银行之间的异地汇兑形成的异地银行间的债权债务清算则是依靠全国性的清算中心提供服务的，在全国范围内办理异地资金汇兑，这是中央银行资金清算业务的主要部分。通过在全国范围内办理异地资金清算，中央银行不仅为全国各地的众多银行提供清算服务，而且通过资金清算对全国的资金供求状况加以了解，从而对货币资金供求状况和市场货币流通量进行合理地控制与调节。各国银行在办理异地资金清算业务时程序不尽相同，但其票据清算的基本原则则是相同的，即通过电子清算网络进行，最终汇兑差额由中央银行清算。

【知识库】

超额存款准备金率

存款准备金分为法定存款准备金和超额存款准备金。超额存款准备金是金融机构自愿存放在中央银行，用于满足支付清算、头寸调拨需要或作为资产运用的备用资金，超额存款准备金占存款的比例称为超额存款准备金率。1998 年以前，中国人民银行对金融机构超额存款准备金率有具体规定，要求保持在 5% ~7%。1998 年以后，中国人民银行不再规定超额存款准备金率要求，金融机构可根据支付清算、头寸调拨需要等因素自行决定在中央银行的超额存款准备金存款数量。

资料引自：中国人民银行网站.

第四节　金融监管

一、金融监管概念

金融监管是金融监督和金融管理的总称。金融监管是指政府通过特定的机构（如中央银行）对金融交易行为主体进行的某种限制或规定。金融监管本质上是一种具有特定内涵和特征的政府规制行为。综观世界各国，凡是实行市场经济体制的国家，无不客观地存在着政府对金融体系的监督管理。从词义上讲，金融监督是指金融主管当局对金融机构实施的全面性、经常性的检查和督促，并以此促进金融机构依法稳健地经营和发展。金融管理是指金融主管当局依法对金融机构及其经营活动实施的领导、组织、协调和控制等一系列的活动。

金融监管有狭义和广义之分。狭义的金融监管是指中央银行或其他金融监管当局依据国家法律规定对整个金融业(包括金融机构和金融业务)实施的监督管理。广义的金融监管在上述含义之外,还包括了金融机构的内部控制和稽核、同业自律性组织的监管、社会中介组织的监管等内容。

综合世界各国金融领域广泛存在的金融监管,我们认为,金融监管具有以下深层次的原因和意义。

(一)失灵和缺陷

金融市场失灵主要是指金融市场对资源配置的无效率。主要针对金融市场配置资源所导致的垄断或者寡头垄断,规模不经济及外部性等问题。金融监管试图以一种有效方式来纠正金融市场失灵,但实际上关于金融监管的讨论,更多地集中在监管的效果而不是必要性方面。

(二)道德风险

道德风险是指由于制度性或其他的变化所引发的金融部门行为变化,及由此产生的有害作用。在市场经济体制下,存款人(个人或企业)必然会评价商业性金融机构的安全性。但在受监管的金融体系中,个人和企业通常认为政府会确保金融机构安全,或至少在发生违约时偿还存款,因而在存款时并不考虑银行的道德风险。一般而言,金融监管是为了降低金融市场的成本,维持正常合理的金融秩序,提升公众对金融的信心。因此,监管是一种公共物品,由政府公共部门提供的旨在提高公众金融信心的监管,是对金融市场缺陷的有效必要补充。

(三)信用创造

金融机构产品或服务创新其实质是一种信用创造,这一方面可以节省货币,降低机会成本,而另一方面也使商业性结构面临更大的支付风险。金融系统是“多米诺”骨牌效应最为典型的经济系统之一。任何对金融机构无力兑现的怀疑都会引起连锁反应,骤然出现的挤兑狂潮会在很短时间内使金融机构陷入支付危机,这又会导致公众金融信心的丧失,最终导致整个金融体系的崩溃。金融的全球化发展将使一国国内金融危机对整个世界金融市场的作用表现得更为直接迅速。

二、金融监管体制

根据金融监管的范围来划分,金融监管可以分为:集中监管体制和分业监管体制。

(一)集中监管体制

集中监管体制指把金融业作为一个相互联系的整体统一进行监管,一般由一个金融监管机构承担监管的职责。目前,实行集中监管体制的有发达的市场经济国家,如英国、澳大利亚、意大利、瑞典等国家,也有发展中国家,如巴西、埃及、泰国、印度、菲律宾等。

集中监管体制的监管机构通常是各国的中央银行,也有另设独立监管机构的。监管职责是归中央银行还是归单设的独立机构,并非确定不移。以英国为例,英国 1979 年的银行法,正式赋予英格兰银行金融监管的职权。1997 年 10 月 28 日,英国成立了金融服务局,实施对银行业、证券业和投资基金业等金融机构的监管,英格兰银行的监管职责结束。

(二)分业监管体制

分业监管体制又称多头监管体制,是根据从事金融业务的不同机构主体及其业务范围的不同,由不同的监管机构分别实施监管的体制。而根据监管的权限不同划分,又可将其区分为分权多头式和集权多头式。

实行分权多头式监管体制的国家一般为联邦制国家。其主要特征表现为:不仅不同的金融机构或金融业务由不同的监管机关来实施监管,而且联邦和州(或省)都有权对相应的金融机构实施监管。加拿大是实行这一监管体制的代表之一。

实行集权多头式监管体制的国家,对不同金融机构或金融业务的监管,由不同的监管机关来实施,但监管权限集中于中央政府。至于多头的监管主体,有的是以财政部和中央银行为主,有的则另设机构。

我国当前的金融监管体制,属于集权多头式。在2003年十届全国人大第一次会议之前,是由中国人民银行、中国证券监督管理委员会、中国保险监督管理委员会三方共同承担监管职责。具体来说,中国人民银行主要负责银行、信托业的监管;中国证监会主要负责证券市场、证券业和投资基金的监管;中国保监会主要负责保险市场和保险业的监管。2003年4月28日,中国银行业监督管理委员会成立,承担了原来由中国人民银行承担的监管职责。监管权限高度集中于中央政府。

三、金融监管目标和原则

(一)金融监管的目标

金融监管目标是实现金融有效监管的前提和监管当局采取监管行动的依据。金融监管的目标可以分为一般目标和具体目标。各国都认为,一般目标应该是促成建立和维护一个稳定、健全和高效的金融体系,保证金融机构和金融市场健康的发展,从而保护金融活动各方特别是存款人的利益,推动经济和金融的发展。具体来说一般目标应该表现在下面的四个方面:一是促进全社会资源的配置与政府的政策目标相一致,促使整个社会金融资源的配置效率得以提高;二是消除因金融市场和金融产品本身的原因而给某些市场参与者带来金融信息的收集和处理能力上的不对称,以避免因这种信息不对称而造成的交易不公平;三是克服或消除超出个别金融机构承受能力的、涉及整个经济或者金融的系统性风险;四是促进整个金融业的公平竞争。而金融监管的具体目标则是多元化的,各个国家或一个国家的各个阶段金融监管的具体目标都是有差别的。

我国现阶段的金融监管目标可概括为:一般目标,具体目标。

1.一般目标

防范和化解金融风险,维护金融体系的稳定与安全,保护公平竞争和金融效率的提高,保证我国金融业的稳健运行和货币政策的有效实施。

2.具体目标

具体目标包括经营的安全性、竞争的公平性和政策的一致性三方面。经营的安全性包括两个方面:一是保护存款人和其他债权人的合法权益;二是规范金融机构的行为,提高信贷资产质量。公平竞争则是指通过中央银行的监管,创造一个平等合作、有序竞争的金融环境,鼓励金融机构在公平竞争的基础之上,增强经营活力,提高经营效率和生存发展能力。政策的一致性,即通过监管,使金融机构的经营行为与中央银行的货币政策目标保持一致。通过金融监管,促进和保证整个金融业和社会主义市场经济的健康发展。

(二)金融监管的原则

由于经济、法律、历史、传统乃至体制的不同,各国在金融监管的诸多具体方面存在着不少差异。但有些一般性的基本原则却贯彻于各国金融监管的各个环节和整个过程。

1.依法监管原则

依法管理原则包含三方面的内容:一是对金融机构进行监督管理,必须有法律、法规为依据;二是金融机构对法律、法规所规定的监管要求必须接受,不能有例外;三是金融监管当局实施监管必须依法行事。只有依法,才能保持监管的权威性、严肃性、强制性和一贯性,才能保证监管的有效性。

2.合理、适度竞争原则

竞争是市场经济条件下的一条基本规律。金融监管当局的监管重心应放在保护、维持、培育、创造一个公平、高效、适度、有序的竞争环境上:既要避免造成金融高度垄断,排斥竞争,从而丧失效率和活力,又要防止出现过度竞争、破坏性竞争,从而波及金融业的安全与稳定。

3.自我约束和外部强制相结合的原则

外部强制管理再缜密严格,其作用也是有限的。如果监管对象不配合、不愿意自我约束,而是千方百计设法逃避、应付、对抗,那么外部强制监管也难以收到预期效果。如果将希望全部寄托在金融机构本身自愿自觉的自我约束上,则不可能有效地避免种种不负责任的冒险经营行为与道德风险的发生。只有将外部监管与内部自律有机结合起来,才能获得有效的监管,提高监管的效率。

4.社会经济效益原则

要求金融机构安全稳健地经营业务,历来都是金融监管的中心目的。为此所设置的金融法规和一系列指标体系都是着眼于金融业的安全稳健及风险防范。但社会经济发展要求金融业必须有相应的发展,而追求发展就必须讲求效率。因此,金融监管不应该是消极地单纯防范风险,而应是积极地把防范风险同提高金融效率这个最基本的要求协调起来。

此外,金融监管还应该注意如何顺应变化了的市场环境,对过时的监管内容、方式、手段等及时进行调整。进入20世纪90年代以来,金融自由化浪潮一浪高过一浪,金融衍生工具风险、金融业间的兼并收购风潮、风险的国际扩散等,已经成为金融监管当局高度关注的问题。

监管力度的松紧搭配、管理更需审慎、强化等，已经上升为基本原则的一个重要延伸部分。

四、金融监管内容和手段

（一）金融监管的内容

金融监管从对象上来看，主要是对商业银行及非银行金融机构和金融市场的监管。具体监管内容主要有三个方面，即市场准入的监管、市场运作过程的监管、市场退出的监管。

1.市场准入的监管

所有国家对银行等金融机构的监管都是从市场准入开始的。各个国家的金融监管当局一般都参与金融机构的审批过程。金融机构的申请设立必须符合法律规定，其中有两个方面最为重要：一是具有高素质的管理人员；二是有最低限额的认缴资本额。管理人员的条件和资本额的标准各国都有具体的规定。

市场准入的监管内容主要包括：①确定金融机构设立的程序；②规定金融机构设立的组织形式，如采取股份有限公司或有限责任公司，或以合作制的形式设立；③审查批准申请设立金融机构的可行性报告；④审查批准金融机构拟订的章程；⑤规定最低的资本金要求；⑥审查批准金融机构的经营方针和营业场所；⑦审查法定代表人及主要负责人的任职资格；⑧金融机构的设立采用特许制度的国家，经监管当局审查批准后，颁发给新设金融机构法人许可证或经营许可证，凭许可证到管理部门办理登记，并领取营业执照。

2.市场运作过程的监管

金融机构经批准开业后，金融监管当局还要对金融机构的运作过程进行有效监管，以便更好地实现监控目标的要求。市场运作过程的监管主要包括以下几方面。

(1)金融机构业务经营的合规性

金融机构业务经营的合规性监管即监管金融机构是否严格遵守国家和地方政府颁布的各种金融法律、法规及各种有关规定，是否严格执行中央银行或监管当局的各种规章制度。

(2)资本充足性

资本是各种金融机构赖以生存和从事各种业务活动的基础。金融监管当局通过对金融机构资本水平和资本结构的监管，促进金融机构保持充足资本，实施稳健运作，同时通过规定资本与风险资产的比例来控制金融机构资产总量的扩张和风险的程度。

(3)资产质量

资产质量是衡量一家金融机构经营状况最重要的依据。资产质量差会直接影响到金融机构的业务活动、营利能力和社会声誉，甚至导致破产倒闭。金融监管当局主要通过设定相关指标来监管金融机构的资产质量。

(4)流动性

流动性是指金融机构到期偿还债务的能力。为防止金融机构流动性不足，资金周转失灵而出现支付危机，各国金融监管当局都对金融机构的流动性资产占总资产的比例或流动性资产与流动性负债的匹配比例作出规定。

(5)营利能力

监管当局除了对金融机构的营利能力进行评估以外,还要对金融机构在利润分配中的行为进行监管,以使金融机构具备抵御风险和自我积累发展的必要条件,保证金融机构的股东得到应有的回报。

(6)管理水平和内部控制能力

从根本上说,金融机构的经营失败都是与其管理和内部控制薄弱直接或间接相关,因而成为金融监管的重要内容。由于管理和内部控制水平很难用一些定量的客观数据、指标来衡量,监管时往往以金融机构内部的各种规章制度、业务政策、经营计划、管理人员的经历与经验、职工的素质等非定量因素做参考,故有一定的监管难度。

3.市场退出的监管

金融机构市场退出的原因和方式可以分为两类:主动退出和被动退出。主动退出是指金融机构因分立、合并或者出现公司章程规定的事由需要解散,因此退出市场的。其主要特点是"主动地自行要求解散"。被动退出则是指由于法定的理由,如由法院宣布破产或因严重违规、资不抵债等原因而遭关闭,金融监管当局将金融机构依法关闭,取消其经营金融业务的资格,金融机构因此而退出市场。

各国对金融机构退出市场的监管都通过法律予以明确,并且有很细致的技术性规定。一般有接管、解散、撤销、破产等几种形式。无论采用哪种形式,金融监管当局都是以保持退出的合理性和平稳性为目标,如公众的利益是否得到必要的保护、破产清算的标准和程序是否严谨、被他人兼并或收购是否合理合法等,将不幸事件对公众的损害和对社会的震荡降低到最低限度。

(二)金融监管的手段

各国金融监管主要运用法律手段、经济手段和行政处罚手段,并建有成套的系统性规章制度,创立了多种方式方法。从总体上看,各国的金融监管主要依据法律、法规来进行,在具体监管过程中,主要运用金融稽核手段,采用"四结合"并用的全方位监管方法。

1.依法实施金融监管

实施金融监管的依据是国家的法律和法规,金融监管当局依法对金融机构及其经营活动实行外部监管、稽核、检查和对违法者进行处罚。各国金融监管体制和风格虽然各有不同,但在依法管理这一点上是共同的,这是由金融业的特殊地位和对经济的重大影响所决定的。金融机构必须接受国家金融监管当局的监管,金融监管必须依法进行,这是金融监管的基本点。要保证监管的权威性、严肃性、强制性和一贯性,才能保证它的有效性。而要做到这一点,金融法规的完善和依法监管是绝对不能少的。

2.运用金融稽核手段实施金融监管

"稽"就是审查,"核"就是认真的对照、考察、核算、核实。金融稽核是中央银行或金融监管当局根据国家规定的稽核职责，对金融业务活动进行的监督和检查。它是由管辖行的稽核机构派出人员以超脱的、公正的客观地位，对辖属行、处、所或业务领导范围内的专业机构，运用专门的方法，就其真实、合法、正确、完整性做出评价和建议，向派出机构及有关单位提出报告。因此，金融稽核是做好金融宏观控制的一项重要手段，是经济监督体系中的一个重要组成部门，与纪检、监察、审计工作有着紧密地联系。金融稽核、检查监督的主要内容包括：业务经营的合法性、资本金的充足性、资产质量、负债的清偿能力、营利能力、经营管理状况等。

3.“四结合”的监管方法

①现场稽核与非现场稽核相结合。现场稽核是指金融监管当局派员直接到被稽核单位，按稽核程序进行现场稽核检查；非现场稽核是指由被稽核单位按规定将各种报表、统计资料、记录等文件如期报送监管当局，稽核部门按一定程序和标准对其进行稽核分析。

②定期检查与随机抽查相结合。定期检查是按事先确定的日期进行稽核检查，被监管金融机构预先可知；随即抽查则是根据情况随时进行，随即抽查事先不通知被监管金融机构。

③全面监管与重点监管相结合。全面监管是指对金融机构从申请设立、日常经营到市场退出的所有活动自始至终进行全方位的监管；重点监管是指在全面监管的基础上抓住关键问题或重要环节进行特别监管。

④外部监管与内部自律相结合。外部监管除了官方的监管机构外，还包括社会性监管。社会性监管主要指协助监管的各种社会机构，如会计师事务所、审计师事务所、律师事务所、信用评级机构等，以及社会公众和新闻媒体的监督；内部自律一方面包括金融机构内部的自我控制机制，另一方面包括行业公会展开的同业互律，如各国的银行业公会，证券业公会，保险业公会等行业公会都通过共同制定行业活动准则，彼此约束和自我约束，保护共同的利益和良好的秩序，实现行业内部的互律性监管。

五、我国的金融监管

改革开放以来，随着我国金融业的迅猛发展，出现了多元化的金融机构、多种类的金融机构和金融业务，引进了外资金融机构，迫切需要加强金融监管。为此，中国人民银行于1982年设立了金融机构管理司，负责研究金融机构改革，制定金融机构管理办法，审批金融机构的设置和撤并等。1986年国务院颁布了《中华人民共和国银行管理暂行条例》，突出了中国人民银行的金融监管职责。1995年全国人民代表大会通过并颁布了《中国人民银行法》，首次以国家大法的形式赋予中国人民银行金融监管的职权。为了加强国家对金融期货市场的监管，1992年成立了国务院证券委员会及其监督执行机构——中国证券监督管理委员会，1998年3月撤销国务院证券委员会，其职能由中国证券监督管理委员(简称证监会)行使。根据各地金融期货业发展的实际情况，证监会在天津、沈阳、上海、济南、武汉、广州、深圳、成都、西安等9个中心城市设立派出机构——证券监管办公室，并划定其所辖监管区域。1998年11月专设了中国保险监督管理委员会，专门负责对保险业进行监管。2003年4月28日，成立了银行监督管理委员会，专门对银行业实施监管。这样，就有了银行监督管理委员会、中国证券监督管理委员会、中国保险监督管理委员会三个金融监管部门，各司其职，分工合作，共同承担金融业的监管责任。

【知识库】

英国金融监管概况

英格兰银行(Bank of England)为历史最悠久的中央银行。根据英格兰银行法，其经营目标为：维护金融体系健全发展，提升金融服务有效性，维持币值稳定。就首要目标言，最终为强化保障存款户与投资者权益，这与金融机构业务经营良莠密切相关。依据1987年银行法规定，金融监管业务系由英格兰银行辖下之银行监管局掌管。随金融市场进步与发展，银行与金融中介机构的传统分界线日趋模糊。因此，英国首相布莱尔于1997年5月20日宣布，英国金融监管体系改制，将资金供需与支付清算系统中居枢纽地位的银行体系，及隶属证券投资委员会的各类金融机构，业务整合成立单一监管机构，即金融服务总署(Financial Services Authority，简称FSA)。

FSA掌管所有金融组织，目的在于提升监管效率，保障消费者权益，并改善受监管单位之金融服务。受FSA监管的金融产业，对英国经济重要性如下：金融服务占国内生产毛额70%，约占FTSE 100总值30%，近一百万人服务于金融产业，相当于5%之英国劳动人口。大部分成年人均为金融产业之消费者：80%拥有银行或建筑互助社之账户，约70%购买人寿保险或养老年金，超过$\frac{1}{4}$成年人投资股票或单位信托。

资料引自：百度网站.

本章小结

1.本章主要分析说明了中央银行的产生发展和类型。中央银行产生于17世纪后半期，但中央银行制度的真正形成和发展则始于19世纪中叶；中央银行体制包括单一式中央银行制度、跨国中央银行制度、复合型中央银行制度和准中央银行制度。

2.中央银行是国家赋予其制定和执行货币政策，对国民经济进行宏观调控和管理监督的国家机构，是特殊的金融机构。或者说，它是具有银行特征的国家机关。

3.中央银行的资产负债业务、金融监管等方面的内容，为后面的货币供求、通货膨胀和货币政策奠定基础。

思考题

一、名词解释

中央银行　资产负债　金融监管　存款准备金　利息率

二、简述题

1.中央银行产生的原因有哪些？

2.试述中央银行的性质和职能？
3.简述中央银行的业务及其内容？
4.各国为什么要对金融业进行监管？
5.如何理解金融监管的目标？

三、论述题

金融监管的内容与手段之间的联系。

【阅读资料】

美国联邦储备系统的结构

中央银行具有三大职能，即它是“发行的银行”、“银行的银行”、“政府的银行”。作为“银行的银行”，中央银行的一个重要职能是充当最后贷款人。当工商企业缺乏资金时，可以向商业银行取得借款，但如果商业银行资金周转不灵，而其他同业也头寸过紧，无法帮助，这时商业银行便要求助于中央银行，以其持有的票据要求中央银行予以贴现，或向中央银行申请抵押贷款，必要时还可申请信用的再贷款，从而获得所需资金。从这个意义上讲，中央银行成为商业银行的最终贷款人和坚强后盾，保证了存款人和银行运营的安全。货币政策有三类：扩张性货币政策，一般在社会总需求不足，社会总需求严重落后于总供给时采取此政策，以增加货币供应量，扩大社会总需求；紧缩性货币政策，当社会总需求严重膨胀时，为了紧缩货币供应量，使社会供求平衡时采用此政策；均衡性货币政策，当社会总需求与总供给基本平衡时，为了保持原有的货币供应量与需求量间的大体平衡关系，采用此政策。

美国联邦储备系统的结构属于二元式的单一中央银行制。它是由三个主要组成部分构成的，即联邦级的联邦储备理事会(Board of Governors of the Federal Reserve System)、联邦公开市场委员会(Federal Open Market Committee，FOMC)和地方级的12家联邦储备银行及其分支结构。联邦储备理事会是联邦储备系统的最高机构，它由7名理事组成(他们大多是职业经济学家)，由总统征得参议院同意后任命，每一理事任期14年，届满后不再连任，并且任期互相错开。因此，在正常情况下，每两年有一位理事任期届满；但是有不少理事因年龄或其他方面的原因提前离任。理事会主席由总统在理事会成员中遴选任命，任期只有4年，但是可以连任。联邦储备理事会是美国货币政策的制定者，它控制贴现率，并可以在规定范围内改变银行的法定存款准备金率。它和联邦公开市场委员会的其他成员一道，控制着重要的货币政策工具——公开市场业务。

由于公开市场业务在联邦储备系统实施其货币政策过程中的重要性，联邦公开市场委员会也就成为联邦储备系统内一个重要的决策中心。该委员会由12名委员组成，其中包括7名联邦储备理事会理事，5名联邦储备银行行长(其中纽约联邦储备银行行长为委员会的必然成员，其余11家联邦储备银行的行长则轮流占据其余的4个席位)。联邦储备理事会主席同时兼任联邦公开市场委员会主席。联邦公开市场委员会每年约召开8次会议，讨论决定联邦储备系统的公开市场业务，即在公开市场上买卖证券的活动。那些不是该委员会现任委员的联邦储备银行行长通常也出席会议并参加讨论，但是没有表决权。在联邦储备系统内部还有一些机构，如联邦顾问委员会等，但是它们远不如联邦公开市场委员会重要。

按12个联邦储备区设立的12家联邦储备银行分别位于纽约、波士顿、费城、克利夫兰、里士满、亚特兰大，芝加哥、圣路易斯、明尼阿波利斯、堪萨斯城、达拉斯和旧金山。这些银行的股份分别为它们各自的会员银行所拥有。这12家联邦储备银行又在其他25个大城市中设立了分支机构。纽约、芝加哥和旧金山三家联邦储备银行的规模最大，它们持有一半以上的联邦储备资产。而纽约联邦储备银行又是“冠中之冠”，持有联邦储备总资产的 30%。每家联邦储备银行都由 9 名兼职董事组成的董事会来管理。这些董事被分为 A、B、C 三类，每类各 3 名。A 类董事由会员银行推选产生，他们本人也是银行家。B 类董事可以不是银行的官员或职员，他们也可以由会员银行推选产生，但通常是由联邦储备银行行长向会员银行推荐的。C 类董事不由会员银行推选，而是由联邦储备理事会任命，其中的两名将分别担任董事会的主席和副主席。董事会的重要职责之一是选举产生各联邦储备银行的行长，但行长的正式任命必须经过联邦储备理事会的同意。除了负责检查会员银行、审批某些银行合并的申请、支票清算，收回被损坏的旧钞、发行新钞等日常的职能外，各联邦储备银行还具有一定的政策职能。例如它可以管理自己的贴现窗口，决定是否向辖区内的某一商业银行或其他存款机构提供贷款；它还可以在征得联邦储备理事会批准的情况下设定自己的贴现利率。更重要的还在于，各联邦储备银行占据着联邦公开市场委员会 12 个席位中的 5 个。

资料引自：国研网.

第七章

Chapter 7

金融市场

【学习目的与要求】

通过对本章的学习，使学生了解金融市场的概念、金融市场的构成要素和功能，熟悉掌握金融市场的各个子市场的特点及资本市场、货币市场、黄金市场和外汇市场的运行过程，还有不同金融工具实际运用的技巧。

【案例导入】

2006～2008年是世界经济不平凡的时期，国际金融市场风云变幻、跌宕起伏，给世界经济带来了前所未有的冲击。主要表现为：美元对人民币急剧贬值，幅度达22.3%；石油、黄金期货市场价格居高不下，石油每桶突破140美元，黄金每盎司突破1 000美元，超出了人们心理预期；世界主要国家的股票市场宽幅震荡，中国、巴西、印度、俄罗斯等金砖四国股票市场的股指变化演化成了过山车行情。以中国上海证券市场为例，从2007年下半年的6 124点滑落到2008年7月份的2 500点，市值缩水60%以上；2007年美国爆发了自1933年以来的最大金融危机，即次贷危机(次债危机)，导致法国兴业银行巨额亏损而倒闭，美国几百家金融企业关门歇业，最大房贷公司房地美、房利美濒临破产边缘，迫使布什政府不得不投入3 000亿美元进行挽救；越南金融危机爆发，通货膨胀高达25%以上等。

第一节　金融市场概述

一、金融市场的概念

金融市场(Financial Market)是指以金融资产为交易对象而形成的资金供应者和资金需求

者进行资金融通的场所。其具体含义为:金融市场是一个进行金融资产交易的场所,这个场所既可以是一个有形的场所也可以是一个无形的场所;金融市场中的交易对象是金融资产,金融资产是指一切代表未来收益或资产合法要求权的凭证,亦称为金融产品,它是一种无形资产;金融市场包含了金融资产在交易过程中所产生的各种运行机制,如价格机制、发行机制、监督机制等。

金融市场与其他要素市场和商品市场相比有着一定的共同特征,如参加主体均为个人、企业、金融机构和政府机构等。但也存在着较大区别,其具体特征表现为:①金融市场中的借贷关系不是单纯的买卖关系,它是一种建立在信用基础上的借贷关系;②金融市场的交易对象为特定的商品即金融工具,如股票、票据、债券、外汇、期货合约、期权合约等;③金融市场的交易大多可以在无形市场中进行,如通过电话、计算机、互联网等组织形式完成各种交易。

实践表明,金融市场的发展对世界各国的经济发展起着越来越重要的作用。它突出地表现为能够优化资源配置,产生合理的价格,形成高效率的投融资体制,提供客观有效的风险规避手段和宏观调控的政策工具等。因此,对现代金融市场的发展现状、运行趋势与经济发展的互动关系进行深入研究显得尤为重要。

二、金融市场基本要素

金融市场同其他商品市场一样存在市场交易双方、交易对象、交易中介和具体的交易形式。一般我们把它们称之为金融市场主体、金融工具、中介机构和金融市场的组织形式,它们是构成金融市场的基本要素。

(一)金融市场主体

金融市场主体即金融市场的交易者。这些交易者可以是资金的供应者,也可以是资金的需求者,或者以双重身份出现。金融市场主体在一定时期可能是资金短缺者,而在另一时期又可能是资金供给者,并且可随时互换角色。一般说来,金融市场主体状况可以决定金融市场状况。具体地说,金融市场主体一般包括政府部门、工商企业、金融机构和个人。

1.政府部门

政府部门是金融市场的监管者、调节者和资金需求者。首先,政府各部门通过制定颁布实施各种法律、法规、条例、制度,对监管机构授权等来监管金融市场的运行,使其运行过程符合国家经济发展的长远目标。其次,中央银行通过在金融市场上公开买卖有价证券来调节金融市场上的货币供应量,从而达到调节经济的政策目标。再次,中央政府和地方政府是金融市场上主要的资金需求者。一般情况下,中央政府和地方政府都可以通过发行政府债券来筹集资金,进而弥补财政赤字和进行基础设施建设等。在资本市场上,许多国家的中央政府和地方政府都是重要的资金需求者。

2.工商企业

现代企业除了传统产业运营之外往往要开展大量的资本运营活动,因此,它们与金融市场的关系日益密切。一方面，工商企业是金融市场上的资金需求者和资金供应者。在工商企业的生产活动中，其资金量呈现不断流动状态，进而产生资金的短期性、中期性或长期性的盈余或短缺。调节工商企业资金余缺除了通过银行等金融机构进行外，还可以通过金融市场来进行。首先，当工商企业产生资金盈余时，它们可以通过金融市场投资产生收益，达到融出资金的效果。其次，它们可以通过发行债券、股票、卖出其所持有的有价证券等手段达到融入资金的效果。再次工商企业通过对金融市场未来发展趋势的判断分析进行股票交易、外汇交易、期货交易、期权交易等套期、投机活动获取风险收益。

3.金融机构

金融机构泛指从事各类金融活动的组织，一般是指商业银行、保险公司、投资基金公司、证券公司、信托租赁公司、财务公司、期货经纪公司等。商业银行是以创造最大化利润为目标，通过多种金融负债筹集资金，进行多种金融资产的经营活动和信用创造，为客户提供多功能、综合性服务的金融企业。商业银行既是金融市场上的资金供应者，又是资金需求者，既参与货币市场活动，又参与资本市场活动，因此它是金融市场上的重要主体。此外，商业银行在金融市场上还发挥着信用中介功能、支付中介功能和金融服务功能。保险公司一般分为人寿保险公司与财产保险公司。人寿保险公司保费收入稳定，为追求高收益，往往把其资金投资于具有高风险、高收益的股票等金融工具或一部分用于放款。财产保险公司一般把资金投向货币市场上的金融工具，即安全性高的政府债券和高级别的公司债券等。投资基金公司是通过发行基金份额或受益凭证，汇集众多具有共同投资目的的社会大众投资者的资金，由专家进行组合投资，并将投资收益分配给基金持有者的一种金融中介机构。投资基金就是根据分散风险的原则，分别投资于股票、债券、中央银行票据、金融衍生工具等各类有价证券，投资者按出资比例享受投资收益，管理者按受益的一定比例获取报酬。其特征是：共同体投资，专家经营，共担风险，共同受益。证券公司的主要业务有代理证券发行、代理证券买卖、自营证券买卖以及其他咨询服务业务等。证券公司是金融市场上的最活跃的金融机构之一，既可以是证券市场上的资金供应者又可以是证券市场上的资金需求者（可以上市，如中信证券、国金证券、海通证券、太平洋证券等）。期货市场是金融市场的组成部分，期货公司在期货交易中占有重要地位，大部分期货交易都是通过它作为中介机构来完成的。

4.个人

个人是金融市场最活跃的主体之一。从个人的具体交易行为来看，一方面个人投资者通过购买各类有价证券、期货合约、外汇等金融工具实现投资或投机目的，进行资金的融出，成为资金的供应者；另一方面他们也可以通过抵押、变现其所持有的各类金融资产进行资金的融入，达到筹资的目的，成为资金的需求者。

（二）金融工具

金融工具（Financial Instruments）是指金融市场的交易对象或交易标的物，它泛指在金融市场上进行资金融通的各类凭证或契约。金融工具主要表现两个方面的特点：①金融工具是一种标准化的契约凭证，即融通资金的凭证是统一的、规范的、标准化的；②金融工具具有很高的流动性，即融通资金的凭证在金融市场上是被普遍接受的，可以非常方便地交易和流通。金融工具种类很多，主要分为票据、债券、外汇、股票、证券投资基金、期货合约、期权合约等。

1.票据

票据(Negotiable Instruments)是指出票人自己承诺或委托人在特定时期无条件支付一定数量资金并可以流通转让的有价证券。票据按信用关系的不同，一般可以分为汇票、期票(本票)和支票。

2.债券

债券(Bond)是指依照有关法律发行，附有一定票面利息率和本息偿付日期，反映债权与债务关系的凭证。债券是确定债权债务关系的书面凭证，其中债务人是债券的发行人，债权人是债券投资者。债券使借贷关系证券化从而使借贷条件和标准呈现出同一性、开放性和流动性的特点。债券按发行主体的不同可分为政府债券、公司债券和金融债券；按利息支付方式的不同分为付息债券和零息债券；按期限的不同分为短期债券、中期债券、长期债券、永久债券、可延期债券、自选到期日债券等；按有无担保划分为担保债券和无担保债券；按募集方式可划分为可转换债券和附新股认购权债券等。

3.外汇

外汇(Foreign Exchange)是指在国际结算时能被各国接受的、在国际金融市场上可以自由买卖的货币。它主要包括美元、日元、欧元、英镑等外币、外币有价证券、外币支付凭证和其他外汇资金等。

4.股票

股票(Stock)是股份有限公司发行的、股东持有的，证明其所入股份的所有权关系的法律凭证。投资者通过持有股票可获得其价格增值收益和分红派息收益。股票的种类繁多，一般可分为普通股和优先股，记名股票和无记名股票，有面额股票和无面额股票，有表决权股票和无表决权股票，上市股票和非上市股票，国家股、法人股、公众股和外资股，绩优股和垃圾股，一线股、二线股和三线股，S股、ST股和*ST股，主板股、二板股和三板股等。

5.证券投资基金

证券投资基金(Funds)是指通过公开发售基金份额募集资金，由基金管理人管理和运用资金，为基金份额持有人的利益，以资产组合方式进行证券投资活动的基金。证券投资基金按组织形式不同可分为契约型基金和公司型基金；按价格决定方式不同可分为封闭式基金和开放式基金；按投资对象不同可分为国债基金、股票基金和货币市场基金；按投资目标不同可分为成长型基金、收入型基金和平衡型基金；按投资样本不同可分为ETF基金和LOF基金；按地域不同可分为QFII基金和QDII基金。

6.期货合约

期货合约(Futures Contracts)是指买卖双方之间签订的在将来一个确定时间按确定的价格购买或出售某项资产的协议。一张期货合约通常包括以下基本内容:期货品种、交易单位、质量标准、最小变动价位、每日价格波动限制、合约月份、交易时间、最后交易日、交割条款。期货合约一般分为商品期货合约和金融期货合约。商品期货合约分为农产品期货合约、金属期货合约和能源期货合约;金融期货合约分为外汇期货合约、利率期货合约和股票指数期货合约。

7.期权合约

期权合约(Options Contracts)是指一种权利的有偿使用,当期权购买者支付给期权出售者一定期权费后,购买者就拥有在规定期限内按双方约定的价格购买或出售一定数量某种金融资产的权利的合约。期权合约分为商品期权和金融期权,金融期权又分为外汇期权、利率期权、股票期权和股票指数期权等。

(三)中介机构

中介机构是指在金融市场上充当交易媒介、从事资金融通交易或促进交易顺利完成的各类组织和机构。中介机构可以提高金融市场的运作效率并促进金融市场的发展。中介机构主要包括证券公司、期货经纪公司、外汇经纪人、会计师事务所、律师事务所、资产评估事务所、证券交易所、商品交易所、证券承销商、证券登记结算公司、投资咨询公司、信用评估机构、商业银行、金融公司、财务公司和信托公司等。中介机构是金融市场的主要参加者,但与金融市场主体有着明显的不同。中介机构参与金融市场的主要目的不是进行筹资或投资,而是提供大量的咨询服务、交易设施等,进而赚取咨询服务费、佣金收入和席位费等。中介机构是连接投资者与筹资者的桥梁,是金融市场不可缺少的一个组织系统。金融市场功能的发挥在很大程度上取决于中介机构的素质、服务水平、技术水平和基础条件等因素。通过各类中介机构的经营服务活动,沟通了资金供应者和资金需求者之间的联系,促进了金融市场上的各种交易的进行,维持了金融市场秩序。

(四)金融市场的组织形式

金融市场组织形式是金融市场主体进行金融工具买卖的一个关键环节,是金融市场不可缺少的一个重要系统,它一般有两种形式,即拍卖方式和柜台交易。

1.拍卖

拍卖方式是指在金融市场上进行交易的金融工具都以公开竞价的方式成交。公开竞价的方式有两种:一种是由出售者通过各种手势或高声叫价报出金融工具的卖出价,通过买入者的激烈竞争,报出买价,最终将金融工具卖给出价最高的购买者;另一种是通过计算机的自动撮合,按照价格优先和时间优先的原则实现金融工具的自动交易。价格优先原则是指在金融工具的成交过程中,价格较高的买入申报价优先于价格较低的买入申报价;价格较低的卖出申报价优先于价格较高的卖出申报;市价买卖申报优先于限价买卖申报。时间优先原则是指在金融工具的成交过程中,同价位申报,依照申报时间顺序来决定优先顺序,即先提出报价的交易者优先成交。拍卖方式的一个显著特点是:交易双方都是通过在交易所中拥有会员资格的经纪商接受其买卖委托在交易所内完成金融工具的交易。

2.柜台交易

柜台交易一般也称场外交易,是指通过中介机构在交易所以外来完成各类金融工具的交易。柜台交易中,金融工具的买卖双方分别同中介机构进行交易,即买方从中介机构中买回所需的金融工具或卖出者将金融工具卖给中介机构。柜台交易方式是一对一的交易方式,不可能产生买方内部或卖方内部的出价,而是要价竞争,故柜台交易一般由中介机构报出,并根据市场交易状况和交易者的接受程度而进行调整。

(五) 金融市场的交易价格

在金融市场,既然有交易,就要有交易价格。金融市场的交易价格是金融工具按照一定的交易方式在交易过程中所产生的价格,它与金融工具的供求、相关金融资产的价格及交易者的心理预期等因素密切相关,其高低直接决定了交易者的实际收益大小,所以是金融市场的另一个重要构成要素。金融市场上货币资金借贷的交易价格和金融工具买卖的交易价格也是两个不同的概念,货币资金借贷的交易价格通常表现为利率,金融工具的价格表现为它的总值即本金加收益。可见,金融市场的交易价格不同于商品市场的商品交易价格,众多的因素影响使金融市场的价格变得更加复杂。一般来说,一个有效的金融市场必须具有一个高效的价格运行机制才能正确地引导金融资产的合理配置与优化。

【知识库】

我国股票发行情况

统计显示,2009 年 1 月份境外上市公司数(H 股)为 153 家,与 2008 年 12 月底持平,比 2007 年年底增长 3.38%。全国境内上市公司数(A、B 股)为 1 625 家,与上年 12 月份持平。其中境内上市外资股(B 股)109 家,与上月持平,与 2007 年年底数目相等。全国境外上市公司数为 153 家,与上月持平。

2009 年 1 月份,全国股票市场境内外筹资合计 86.65 亿元,其中境内境外均无新股发行,境内只通过增发股票筹资金额为 86.65 亿元,同比下降 98.88%,增发筹资金额绝对数量较 2008 年 12 月减少 149.61亿元。

2009 年 1~2 月累计,全国境内股票筹资金额为 198.9 亿元,其中境内上市公司筹资金额 178.25 亿元,同比下降 83.99%。其中,无首发股票筹资金额。A 股增发筹资金额累计为 178.25 亿元,同比下降 67.84%;H 股累计 3.02 亿元。

资料引自:国研网.

第二节 金融市场的类型与功能

一、金融市场的类型

金融市场是一个大的集合,其内部包含着许多既互相区别又相互联系的子市场。它们按不同的标准可划分为不同的类型。

(一)按金融市场交易的期限划分为货币市场与资本市场

货币市场(Money Market)是交易期限在1年以内,主要满足交易者资金流动性需求的短期金融市场。货币市场包括拆借市场、短期债券市场、票据市场、定期存单市场,也包括短期存款市场和放款市场。资本市场(Capital Market)是交易期限在1年以上,主要满足交易者中长期投资需求的长期金融市场。资本市场包括股票市场、债券市场等有价证券市场,也包括长期存放款市场。

(二)按金融市场级次划分为一级市场与二级市场

一级市场(Primary Market)指的是证券、票据、存款凭证的发行市场。通过银行、企业等发行主体,将这些金融工具投向社会,同时使资金出现第一次分配,金融工具向其购买者转移,资金向金融工具的发行者转移。二级市场(Secondary Market)是金融工具流通转让的市场。金融工具一旦发行,就会在投资者之间流通转让,只是它的流通速度不像货币流通那样迅速,不同金融工具的周转速度也不尽相同。

(三)按金融市场交易场地划分为有形市场与无形市场

有形市场是有具体的、固定的交易场地的市场,如证券交易所;无形市场则是观念上的市场,它没有具体的、固定的场地,如资金拆借、证券场外交易等,可以电话联系成交(股票电话委托成交不算作场外交易),也可以通过柜台联系。无形市场又有场外交易、店头交易、柜台交易、电话交易等不同名称。有形市场与无形市场的主要区别在于有无固定场所,有的国家规定了对证券交易场所的限制,有的证券可以在有形市场进行交易,也可以在无形市场交易,即在场外进行交易,而另外一些证券则只能在场外交易,不准进入证券交易所进行交易。

(四)按金融市场交割方式划分为现货市场与期货市场

现货市场也称为现金市场,即当天成交,当天就进行交割(交钱付货),最迟在3天之内交割清算。期货市场则是指交易双方达成协议后,不立即交割,而在一定时间以后进行交割(1个月或3个月)。因交割期限有差别,在期货市场中从协议成交日到交割日这段时间里,由于市场利率的变化及其他原因,证券价格会有升有降,因而利用期货交易就有可能利用未来行情变化进行证券投机。购买金融期货的投资者往往企图在未来证券价格上涨中得到好处,获得额外利润,往往有投机心理;而现货市场的投资者一般是谨慎的投资人,是为了获得证券的正常利息。同时,期货市场一般风险大、收益高,而现货市场风险小、收益低。

(五)按金融市场交易方式划分为直接金融市场与间接金融市场

直接金融市场是无需金融机构的中介凭证作为中介而由交易双方直接融通资金的市场。间接金融市场是通过金融机构的中介凭证,如存贷款凭证作为媒介而进行融资的市场。

(六)按金融市场区域划分为国内金融市场与国际金融市场

国内金融市场是在一国范围内,由本国的自然人与法人作为金融交易主体的市场。国际金融市场是超越国界,其范围可以是全球性的,也可以是区域性的,由不同国家和地区的自然人与法人作为交易主体的市场。

二、金融市场的功能

金融市场分支的多样性决定了金融市场功能的多样性。一般认为金融市场的功能主要有:集聚资金功能、融通资金功能、优化资源配置功能、提高资金效率功能、改善宏观调控功能、防范金融风险功能和反映信息功能等。

(一)集聚资金功能

集聚资金功能是指金融市场通过各种金融工具的交易集聚众多小额资金并投入社会再生产的功能。在社会经济中,一个不小的货币数量分散在居民和企业手中,由于分散难以形成有规模的投资。如果它们分散地闲置着,将会造成资金的极大浪费。由于金融市场本身创造了众多可供人们选择的金融资产和渠道,从而为满足人们的储蓄和投资提供了必要的条件。因此金融市场有利于将社会资金积小为大,变短期资金为长期资金,变储蓄为投资,变货币为资本。

(二)融通资金功能

融通资金功能主要是指其调剂资金余缺、提高资金流动性的功能。一方面,资金需求者在需要筹集资金时可以通过金融市场融资,他们或者向银行等金融机构借款,或者直接向市场发行有价证券而获得资金;另一方面,资金的供给者或者通过在银行等金融机构存款或者在金融市场上购买有价证券而运用自己的资金并从而获得收益。由于金融市场的存在,为资金的供求者提供了渠道众多、方式灵活、工具多样、选择自由、范围广大的融资机制。

(三)优化资源配置功能

现代社会化大生产导致了生产的专业化和协作化。在经济运行中,拥有盈余资金的经济部门仅在本部门所涉及的范围内投资不一定能使其持有的盈余资金得到充分有效地利用,并获得最佳的产出。而这些资金一旦进入金融市场，通过专家咨询、分析、判断和投资，其投资机会和获得最大收益的可能性大大提高，从而实现稀缺资源的优化配置，最终使经济利益整体最大化。

（四）提高资金效率功能

金融市场因金融工具的多样性和流动性而使整个经济和金融体系活力增强。各类资金通过对资金来源的成本、投资风险和投资收益进行科学分析，在股票市场、债券市场、外汇市场、黄金市场、期货市场、期权市场进行组合投资或投机，可大大提高其资金流动性和收益性从而提高资金利用效率。

（五）改善宏观调控功能

金融市场不仅反映了货币的供给与需求及其变化，而且集中反映了社会总需求和社会总供给的变化状况，从而金融市场成为一国政府或者货币当局调控宏观经济的中间环节。一国政府或者货币当局通过调控金融市场上的有关变量，可以对整个宏观经济产生重大影响。具体表现在两个方面：一是通过金融市场调节货币供求量，如中央银行可以通过公开市场操作调节货币供应量，以影响货币供求状况，并进而影响社会总供求；二是充分利用利率工具，通过调控利率水平的升降影响整个市场主体的货币供给与需求和储蓄与投资行为，进而调节经济运行状况。

（六）防范金融风险功能

金融市场具有防范金融风险功能，主要表现在：一是金融市场有健全的法律、法规对金融市场各主体的交易行为进行约束，大大增强了金融工具的安全性；二是金融市场拥有众多的金融工具，满足了投资者的需要从而有效地降低各类金融风险；三是金融市场的各类金融工具的日成交量都很高，通过各类交易可保证投资者及时安全地收回投资，从而防范其价格波动的风险。

（七）反映信息功能

金融市场是国民经济的信号系统，主要表现在：一是在证券市场上，个股价格的升降变化反映了该公司经营管理和经济效益的状况，反映了该企业资金周转状况及其质量；二是金融市场也反映宏观经济运行状况，国家的经济政策尤其货币政策的实施情况、银根的松紧、通胀的程度以及货币供应量的变化，均会反映在金融市场之中；三是金融机构有着广泛而及时的信息收集、传播网络，国内金融市场同国际金融市场连为一体，可以通过它及时了解世界经济发展的动向。

【知识库】

上海证券交易所介绍

上海证券交易所(Shanghai Stock Exchange)简称上证所,是中国大陆两所证券交易所之一,位于上海浦东新区。上海证券交易所创立于1990年11月26日,同年12月19日开始正式营业。上证所市场交易时间为每周一至周五。上午为前市,9:15至9:25为集合竞价时间,9:30至11:30为连续竞价时间。下午为后市,13:00至15:00为连续竞价时间。周六、周日和上证所公告的休市日市场休市。上海证券交易所是不以营利为目的的法人,归属中国证监会直接管理。其主要职能包括:提供证券交易的场所和设施;制定证券交易所的业务规则;接受上市申请,安排证券上市;组织、监督证券交易;对会员、上市公司进行监管;管理和公布市场信息。

上证所市场交易采用电子竞价交易方式,所有上市交易证券的买卖均须通过电脑主机进行公开申报竞价,由主机按照价格优先、时间优先的原则自动撮合成交。上交所新一代交易系统峰值订单处理能力达到80 000笔/秒,系统日双边成交容量不低于1.2亿笔,相当于单市场1.2万亿元的日成交规模,并且具备平行扩展能力。

上海证券交易所是国际证监会组织、亚洲暨大洋洲交易所联合会、世界交易所联合会的成员。经过多年的持续发展,上海证券市场已成为中国内地首屈一指的市场。截至2011年年底,上证所拥有931家上市公司,上市股票数975个,股票市价总值14.84万亿元。2011年股票筹资总额3199.69亿元。一大批国民经济支柱企业、重点企业、基础行业企业和高新科技企业通过上市,既筹集了发展资金,又转换了经营机制。

资料引自:上海证券交易所网站.

第三节 金融工具

一、金融工具的概念和特征

(一)金融工具的概念

金融工具是金融市场借以进行金融交易的合法凭证,它规定了债权人和债务人所应承担的义务和享有的权利,具有法律约束力。广义的金融工具不仅包括股票、债券等有价证券,而且包括存款、贷款等金融资产。狭义的金融工具是指资金短缺单位向资金盈余单位借入资金或发行者向投资者筹措资金时,依一定格式制成标准化的、在金融市场上被普遍接受和交易的金融资产。金融工具分为原生金融工具和衍生金融工具。

(二)金融工具的特征

金融工具具有三个重要特征:流动性、风险性和收益性。

1. 流动性

它是指金融工具迅速变为货币而不致遭受损失的能力。现金和活期存款是具有完全流动性的金融资产。金融工具的流动性与偿还期成反比。期限长则变现困难,或者要变现则要付出较大的交易成本,其流动性必然弱;相反,期限短的金融工具则流动性强,变现成本也低。金融工具的流动性与发行者资信程度的高低成正比,发行者资信程度越高,其债券的流动性越强,反之亦然。如国家发行的债券,信誉卓绝的公司所签发的商业票据,银行发行的可转让大额定期存单等,流动性就较强。

2. 风险性

金融工具的风险可以划分为违约风险和市场风险。违约风险是指由于金融工具发行人破产而不能收回本金或利息的可能性。比如 2006 ~ 2008 年,美国爆发了震惊世界的次债危机,就是由于房价剧烈波动,工资收入下降,很多贷款购房者不能按期偿还贷款,出现了大量的违约风险,致使美国两大专业房地产贷款商房地美、房利美出现破产危机。市场风险是指金融工具的价格或市场价格波动的风险。在这种情况下,一旦债券被迫出售就不能完全收回本金。比如上海证券市场股票指数从 2007 年 10 月 12 日的 6 124 点暴跌到 2008 年 10 月 28 日 1 664.93点,很多股票型基金被迫降低基金仓位,出现了几年来少有的亏损。即使股指反弹到 4 000点或 5 000 点,一些基金也很难收回本金。

3. 收益性

收益性是指持有金融工具所得的收益与本金的比率。收益率有三种计算方法。

①名义收益率,即金融工具票面收益与票面额的比率。

②当期收益率,即金融工具的收益额与其当期市场价格的比率。

③实际收益率,即当期收益与资金损益一并计算的收益率。

二、金融工具的分类

(一)原生金融工具

原生金融工具(Underlying Financial Instrument)是指即期交易的金融工具,如股票、债券、外汇、商业票据、银行承兑汇票、大额存单、回购协议、投资基金等。

(二)衍生金融工具

衍生金融工具(Financial Derivative)又称派生金融工具、金融衍生品,它是在原生金融工具诸如即期交易的商品合约、债券、股票、外汇等基础上派生出来的。金融衍生工具一般包括金融远期、金融期货、金融期权和金融互换等。

【知识库】

金融衍生工具产生的客观背景

（一）金融衍生工具产生的动力来自金融市场上的价格风险

20世纪70年代以后，金融环境发生了很大的变化，利率、汇率和通货膨胀呈现极不稳定和高度易变的状况，使金融市场的价格风险大增。从汇率变动看，1973年布雷顿森林体系崩溃后，以美元为中心的固定汇率制完全解体，西方主要国家纷纷实行浮动汇率制，加之70年代国际资本流动频繁，特别是欧洲美元和石油的冲击，使得外汇市场的汇率变动无常，大起大落。从利率变动看，60年代末开始，西方国家的利率开始上升，70年代的两次石油危机更是使国际金融市场的利率水平扶摇直上，把金融市场的投资者和借贷者暴露在高利率风险中。60年代，西方货币学派兴起，至70年代对西方国家的领导人产生影响，西方国家普遍以货币供应量取代利率作为货币政策的中介目标，从而放松对利率的管制，利率变动频繁。汇率、利率以及相关股市价格的频繁变动，使企业、金融机构和个人时时刻刻生活在金融市场价格变动风险之中，迫切需要规避市场风险。因此，作为新兴风险管理手段的以期货、期权和互换为主体的金融衍生工具应运而生。进入80年代后，美、英、日等发达国家不断放松金融管制，实行金融自由化措施，创造更为宽松的金融竞争环境。这一方面使得利率、汇率等市场行情更加频繁地波动，规避风险的要求进一步扩大；另一方面为新市场的创立和新业务的开展提供了更多的机会和可能，从而促进了金融衍生工具的持续发展。

（二）新技术的推动

通信技术和电子计算机信息处理技术的飞速发展及其在金融业的运用大大降低了金融交易的成本，与此同时，新兴的金融分析理论和信息处理与技术设备的结合，为开发设计和推广金融衍生工具奠定了坚实的技术基础。

（三）金融机构的积极推动

1.银行在巨大的市场竞争压力下拓展新的业务，受金融自由化和证券化的影响，非银行金融机构利用其新颖而富有竞争力的金融工具，与银行展开竞争。

2.银行国际监管的外在压力迫使银行积极实现营利方的转移，金融衍生市场吸引了为数众多的金融机构，并因此而迅速发展起来。

（四）金融理论的推动

金融理论也直接推动了衍生工具的产生和发展。1972年12月，诺贝尔经济学奖获得者米尔顿·弗里德曼的一篇题为“货币需要期货市场”的论文为货币期货的产生奠定了理论基础。

资料引自：张亦春.现代金融市场学[M].2版.北京：中国金融出版社，2002.

第四节　货币市场

货币市场是指由一年以内的短期金融工具交易所形成的供求关系及其运行机制的总和。货币市场活动主要是为了保持资金的流动性，以便随时获得现实的货币。货币市场就其结构而言，可以分为同业拆借市场、大额可转让定期存单市场、回购市场、短期债券市场等。

一、同业拆借市场

同业拆借(Inter-bank Borrowing)市场也称为同业拆放市场,是指金融机构之间以货币借贷方式进行短期资金融通活动的市场。同业拆借市场的形成源于银行之间运用中央银行的准备金而进行的余额调剂。银行在每天的业务经营活动中,由于存款、放款的变化,汇款的收支以及库存增减等原因,必然会在一日营业终了出现资金收支不平衡的情况,某些金融机构收大于支,另一些金融机构支大于收。对于资金盈余的金融机构希望将盈余头寸贷出,以获得营利;对于资金短缺的金融机构希望借入资金,以弥补头寸不足。资金短缺者从资金盈余者拆入款项为拆借;资金盈余者向资金短缺者拆出款项为拆放。

(一)同业拆借的交易类型

同业拆借市场是一个无形市场,即交易双方不聚集在一个特定的场所,而是使用现代通信设备进行拆借的市场。双方通过电话、电传等方式,经书面确认后即可进行拨款。同业拆借的主要类型有:头寸拆借和同业借贷。

头寸拆借。头寸拆借是指金融同业之间为了轧平头寸、补足存款准备金或减少超额准备金所进行的短期资金融通活动,一般为日拆,拆借一天。

同业借贷。银行等金融机构之间因为临时性或季节性的资金余缺而相互融通调剂,以利业务经营,这就产生了同业借贷。对借入银行来说,同业借贷可扩大其资金来源,增加贷款能力以取得更多收益。对贷出银行来讲,同业借贷可以使闲散资金获得一定收益。

(二)同业拆借的运作程序

同业拆借的运作程序因拆借交易不同、拆借期限不同而有所不同。

1.直接拆借方式

一般是由拆出银行开出支票交拆入银行存在中央银行,使拆入银行在中央银行的存款准备金增加,补足资金差额。同时,拆入银行开出一张同等金额并加利息的支票或本票给拆出银行,并写明兑付日期。到期拆出银行将支票或本票通过票据交换和清算收回本息,整个拆借过程即告完成。

2.间接拆借方式

通过货币经纪商进行,买卖双方先将其需要拆出或拆入的金额、利率、期限等告知经纪商,由经纪商为其介绍交易对象。一旦成交,即由买卖双方按规定的交易程序完成交易。

(三)同业拆借的利率

同业拆借利率又叫“拆息”,是同业拆借市场的交易价格。交易双方根据当时货币市场的情况协商确定,一般低于中央银行的再贴现利率。因为如果高于再贴现利率,那么拆入方将不会需要拆借而直接从中央银行再贴现。当然,有时也会出现高于再贴现利率的情况。即如果同业拆借需求量大于供给量而又不能从中央银行取得再贴现贷款时,有可能导致拆借利率上升并高于再贴现率。同业拆借市场广泛使用的利率有伦敦同业拆借利率(LIBOR)、新加坡银行同业拆借利率(SIBOR)和香港银行同业拆借利率(HIBOR)三种。

二、票据市场

票据(Paper)市场是以各种票据为交易工具进行资金融通的市场。一般分为商业票据市场与银行承兑汇票市场。

(一)商业票据市场

1.商业票据的概念

商业票据(Commercial Paper)是一些资金雄厚、财政健全、信誉卓著的著名公司发行的,到期按票面金额付现的一种无抵押担保承诺凭证。美国的商业票据属于本票性质,英国的商业票据则属于汇票性质。商业票据市场就是对这些信誉卓著大公司所发行商业票据进行交易的市场。

西方一些国家的大公司向银行借款时,通常要受到法律的制约及银行的种种限定,比如对单一借款人的贷款不得超过一定比例;银行要求借款人在银行保留一定的存款金额等。这些都增加了借款人的筹资难度或成本。为绕开这些限制,同时也为减少筹资成本及其他商业性因素,这些大公司就试图不通过银行中介,而直接面向金融市场筹集资金,其中方式之一就是发行商业票据。很多大公司附设金融公司,专门从事商业票据的发行。商业票据经市场投资者购买后,资金流入公司供其周转使用,待票据到期,由发行人支付票款。

2.商业票据的特点、种类与收益率

(1)商业票据的特点

商业票据的特点是:①获取资金成本较低。一般而言,利用商业银行票据融资的成本通常低于同等银行同业拆借利率,因为一些大公司可能比中小银行信用更好,加上直接从投资者处获取资金,省去了银行从中赚取的利润。②筹集资金的灵活性。根据发行机构与承销机构的协议,发行者可在约定的某段时间内,不限次数及不定期地发行商业票据,以配合自己随时对短期资金的需要。③有利于提高发行公司的信誉。商业票据在货币市场上是一种标志性的信誉工具,公司发行商业票据实际上达到了免费宣传和提高公司信用形象的效果,当公司向银行借款时,也可以借此争取较好的贷款条件,长远来看有利于公司借款成本降低。

(2)商业票据的种类

商业票据按性质可以划分为金融公司票据和非金融公司票据。金融公司有三种类型:一是大公司所属的金融公司,这类金融公司的主要目的是为它们母公司的顾客提供担保融资。例如美国三大汽车公司都有附属的汽车金融公司,其中通用汽车公司的通用汽车承兑公司是美国最大的商业票据发行者;二是与银行有联系的金融公司;三是独立的金融公司。

(3)商业票据的收益率

商业票据给投资者的收益是以贴现方式计算的,大多数商业票据也是折价发行的,投资者的收益来自票据购买日与到期日价格的增值。收益率一般分为贴现收益率、真实收益率。

如果投资者要以 497 140 美元购买一张面值 500 000 美元期限为 30 天的商业票据,其贴现率为

$$DR = [(票面价格 - 购买价格) \div 票面价格] \times 360 \div 距到期天数 =$$
$$[(500\,000 - 497\,140) \div 500\,000] \times 360 \div 30 = 6.864\%$$

如果用一般债券收益的计算方法计算这种商业票据的真实收益率以便与其他可选择证券的收益进行比较,即

$$IR = [(票面价格 - 购买价格) \div 购买价格] \times 365 \div 距到期天数 =$$
$$[(500\,000 - 497\,140) \div 497\,140] \times 365 \div 30 \approx 6.999\,4\%$$

(二)银行承兑汇票市场

1.银行承兑汇票的概念

汇票(Draft)是出票人向付款人签发的,付款人按约定的付款期对收款人或其指定人无条件支付一定金额的书面凭证。银行承兑汇票(Bank Draft)是指出票人开出的远期汇票,它以银行为付款人,命令其在未来的某一确定的时刻支付一定金额给收款人。银行承兑汇票是为了方便商业交易活动而创造的一种工具,在对外贸易中运用较多。当一笔国际贸易进行时,由于出口商对进口商的信用不了解,加之没有其他信用协议,出口方担心对方不付款或不按时付款,进口方担心对方不发货或不按时发货,交易便很难进行。这时,需要银行信用为交易提供担保。一般说来,进口商首先要求本国银行开立信用证,作为向国外出口商的保证。信用证授权国外出口商开出以开证银行为付款人的汇票,汇票可以是即期的也可以是远期的。付款若是即期的,付款银行(开证行)见票付款;若是远期汇票,付款银行(开证行)在汇票正面签上“承兑”字样,填写到期日并加盖印章。银行承兑汇票就这样形成了。

2.银行承兑汇票市场交易

银行承兑汇票是货币市场上历史悠久的市场之一。由于银行承兑汇票的风险小、流动性强,因而深受投资者欢迎。银行承兑汇票的一级市场是指银行承兑汇票的发行市场,它是由出票和承兑两个环节组成,二者缺一不可。银行承兑汇票的二级市场是一个银行承兑汇票不断转让的市场。它由票据交易商、商业银行、中央银行、保险公司及其他金融机构的参加者贴现、转贴现与再贴现等一系列交易行为组成。

(1) 银行承兑汇票的一级市场

银行承兑汇票的一级市场包括两个紧密联系的环节:一是出票。出票是指出票人签发票据并将其交付收款人的票据行为,它包括两个行为:按法定格式做成票据和将票据交付收款人。出票是基本的票据行为,银行汇票一般包括下列内容:标明“汇票”字样,无条件支付一定金额的委托,付款人名称,收款人名称,出票日期,出票人签章。二是承兑。承兑是指付款人承诺汇票到期日支付汇票金额的行为。汇票承诺具有十分重要的意义。汇票的付款人并不因为出票人的付款委托,而成为当然的汇票债务人,在汇票承兑以前,付款人只处于被提示承兑或

被提示付款的地位,只有经过承兑,才对汇票的付款承担法律上的责任。

(2)银行承兑汇票的二级市场

银行承兑汇票市场作为一个不断转让的市场,包括下列行为:一是背书。背书是将票据权利转让给他人为目的的票据行为,贴现、转贴现和再贴现等票据转让行为必须以背书为前提。背书人是汇票的债务人,要承担保证其后手所持汇票承兑和付款的责任,并证明前手签字的真实性和背书的连续性。如果汇票遭拒绝付款,其后手有权向背书人追索要款。二是贴现。贴现就是汇票持有人为了取得现款,将未到期的银行承兑汇票以贴付自贴现日至汇票到期日的利息向银行或其他贴现机构所作的汇票转让。三是转贴现。转贴现就是办理贴现业务的银行将其贴现收进的未到期票据,再向其他银行或贴现机构进行贴现的票据转让行为,是金融机构之间相互融通资金的一种形式。四是再贴现。再贴现是商业银行和其他金融机构,以其持有的未到期汇票,向中央银行做出的票据转让行为。它是中央银行对商业银行及其他金融机构融通资金的一种形式,是中央银行的授信业务。

三、大额可转让存单市场

大额可转让存单市场简称 CD,是银行发行有固定面额、可转让流通的存款凭证。它首创于美国,是美国银行业为了逃避法律管制而推行的一项金融创新工具。从 20 世纪 50 年代起,随着美国金融界的竞争加剧,市场利率不断上升,而当时银行向各种存款支付利息要受联邦储备局利率上限的约束,银行存款利率不能紧随市场利率上升,因此许多银行存户提取其在商业银行的存款,转存非银行金融机构或购买国库券等,以获取较高的利率,引起银行存款流失。美国花旗银行在这种情况下,设计了具有其他货币市场工具类似特征的大额定期存单,并和一家政府证券经销商一起安排了大额定期存单的二级市场。其后,纽约银行也开始发行,并有许多债券交易商积极参与交易。目前,该市场已经成为重要的货币市场之一。

我国于 1986 年上半年开始由中国银行和交通银行采取批发式发行大额可转让存单,1989 年以后其他银行也相继发行。当时中国人民银行颁布的"大额可转让存单管理办法"规定可对个人和单位分别发行可转让存单,其中对个人发行的存单面额分为 500 元、1 000 元和 5 000元三种;对单位发行的则有 10 000 元、50 000 元、100 000 元、500 000 元和 1 000 000 元等几种。存单期限分为 1 个月、3 个月、6 个月、9 个月和 12 个月五个档次,利率由中国人民银行定出最高限,具体则由各发行者自行调整,为吸引购买者,一般利率比同期存款利率上浮 1 ~ 2 个百分点。1996 年各银行都停止了可转让存单的批发发行,只有少部分银行保留了零售式发行。

四、回购市场

(一)回购市场的定义

回购市场(Repurchase Market)是指通过回购协议进行短期资金融通交易的市场。所谓回购协议(Repurchase Agreement)指的是在出售证券的同时和证券的购买者商量签订协议,约定在一定期限后按原定价格或约定价格购回所卖证券,从而获取即时可用资金的一种交易行为。从本质上说,回购协议是一种抵押贷款,其抵押品为证券。回购和卖出价格之间的差额所隐含的收益率就是回购协议的利率。

(二)回购的种类划分

回购协议的期限以短期为主。按照到期日的性质划分,证券回购可以分为约定期限的回购和无固定到期日的回购。约定期限的回购是指必须在约定日期进行证券的回购。大多数回购都属于此种类型。当约定的时间为 1 天时,称为隔夜回购;超过 1 天的,称为隔期回购,隔期回购的标准到期日通常为 7 天、14 天、21 天、1 个月、2 个月、3 个月或 6 个月。在无固定到期日的回购中,交易双方均无需预先通知对方即可结束回购协议,这种方式可以避免不断更新回购协议的手续,只要双方合同有利可图,该回购协议就会自动持续下去。

(三)回购市场的参与者

回购市场的主要参与者有中央银行、金融机构、企业和政府等。其中,中央银行参与回购市场的目的不是为了营利,而是利用回购协议和反回购协议来贯彻货币政策,实施公开市场操作,调控货币供给量,特别是市场中短期资金的供给量。当中央银行发现各商业银行的存款准备金有大量剩余,预计一天或几天后会趋于正常时,就可以进行回购交易,出售其持有的政府债券给商业银行,从而吸收了过剩的存款准备金;反之,当中央银行发现各商业银行的存款准备金大量紧缩时,就可以利用反向回购协议,买入金融机构持有的政府债券,即可向商业银行提供大量的资金支持,从而缓解各商业银行存款准备金的紧张状况。

(四)回购交易的利率确定

1.回购交易的利率确定

在回购市场中,利率是不统一的,利率的确定取决于多种因素,这些因素主要有:一是用于回购的证券的质量。证券的信用度越高,回购利率就越低;相反,利率就高一些。二是回购期限的长短。一般说来,期限越长,不确定因素越多,利率就会高。三是交割的条件。如果采用实物交割的方式,回购利率就会低;如果采用其他交割方式,利率就会高。四是货币市场中其他子市场的利率水平。回购协议的利率水平不可能脱离货币市场其他子市场的利率水平而单独决定,否则该市场将失去吸引力。它一般是参照同业拆借利率而确定的。由于回购交易实际上是一种用较高信用的证券特别是政府证券作抵押的贷款方式,风险相对较小,因而利率也较低。

2.证券回购价格、出售价格及回购利率之间的关系

回购价格 = 售出价格 + 约定利息

约定利息 = 售出价格 × 回购利率 × 距到期日天数 ÷ 360

回购利率 = [(回购价格 − 售出价格) ÷ 售出价格] × 360 ÷ 距到期日天数

例如：交易商为筹集隔夜资金，将200万元的国库券卖给顾客，售出价为1 999 600元，约定第二天再购回，购回价为200万元，则支付顾客利息为

约定利息 = 2 000 000 − 1 999 600 = 400(元)

回购利率 = [(2 000 000 − 1 999 600) ÷ 1 999 600] × 360 ÷ 1 ≈ 0.072

【知识库】

国债回购交易

国债回购交易实质上是一种以交易所挂牌国债作为抵押，拆借资金的信用行为。具体是指交易所挂牌的国债现货的持有方(融资者、资金需求方)以持有的证券作为抵押，获得一定期限内的资金使用权，期满后须归还借贷的资金并按约定支付一定利息；而资金的贷出方(融券方、资金供应方)则暂时放弃相应资金的使用权，从而获得融资方的证券抵押权，并于回购期满时归还对方抵押的证券，收回融出资金并获得一定的利息。国债回购交易有买断式回购和质押式回购两种，根据上交所业务规则，只有机构投资者方可从事买断式回购交易，个人投资者可以参与质押式回购(实行标准券制度的债券回购)。

上海证券交易所对国债买断式回购交易申报的规定：①价格：按每百元面值债券到期购回价(净价)进行申报；②融资方申报“买入”；融券方申报“卖出”；③最小报价变动：0.01元；④交易单位：手(1手 = 1 000元面值)；⑤申报单位：1 000手或其整数倍；⑥每笔申报限量：竞价撮合系统最小1 000手、最大50 000手。

资料引自：上海证券交易所回购交易细则.

第五节　资本市场

资本市场是指以中期或长期(1年以上)金融工具为交易对象的金融市场，也称为长期金融市场或证券市场。按照融资工具的不同，资本市场可划分为股票市场和债券市场两个子市场。

一、股票市场

(一)股票的定义与特征

股票是股份有限公司发行的、股东持有的证明其入股的所有权凭证。投资者通过持有股票可获得其价格增值收益和分红派息收益。就股票的本质属性来看，它是代表股份所有权的股权证书，是代表对一定经济利益分配请求权的资本证券，是在资本市场上流通的一种重要的有价证券。其特征表现如下。

1.收益性

能获取收益是投资股票的主要原因，由于债权人的收益固定，而股份公司营利增长的大部分收益归公司股东享有，同时公司营利增长会带来公司股价的上涨，这又为股东带来获取股票

买卖差价即资本利得的好处。因此,股票持有者在承担较大投资风险的同时,也拥有获得较高投资收益的机会。

2.风险性

如果公司经营不善或其他意外原因而导致公司利润减少,股票收益下降,股票价格就会出现下跌,持有者面临本金损失的可能。风险性是投资者往往容易忽视但又是客观存在的一个特征,股票投资风险主要来自三个方面:一是公司经营不善而不能按期发放股息与红利;二是公司破产清算造成投资者的本金无法收回;三是由于价格波动使投资者的本金遭受损失。

3.流动性

流动性是指股票持有人可根据自己的意愿,自由买卖和转让股票。可以说,流动性是包括股票在内的有价证券的生命力所在,不能流通的证券其价值就要大打折扣。

4.永久性

投资者购买了股票后,其股本不能中途撤回。投资者可以在股票市场上出售股票以获取资金,但这仅仅是投资者之间的股权转让,对公司而言,股本总额没有发生变化。

5.参与性

股票是代表股份资本所有权的证书,是投资人入股的凭证,因此股票持有者享有相应的对公司决策的参与权。如一般普通股股票的股东有参加股东大会、投票表决权、盈余分配权、剩余资产分配权、股票转让权、检查账目权、新股认购权等权利。而权利的大小取决于股东所掌握的股票数量。

(二)股票的分类

1.按享有权利的不同股票分为普通股与优先股

(1)普通股

普通股(Common Stock)是股份公司发行的最基本的股票,普通股的股东享有平等权利,既没有特权也没有特别限制。一般说来,普通股股东享有以下权利:①经营决策参与权。如前所述,股东可以参与公司的经营决策,其参与的主要方式是出席股东大会,行使投票表决权。②盈余分配权。股东以所有者的身份,可以按照法定的分配顺序对公司的经营利润进行分配,这是所谓的股息和红利。普通股股东能分到多少红利,一般要取决于四个因素,即公司经营业绩、公司优先股的数量和股息率的高低、公司经营发展战略、公司现金流状况。③剩余财产分配权。这是指股份公司因破产或经营到期进行清算时,对资产拍卖所得按国家法定清偿顺序进行清偿后,其剩余财产由普通股股东按其份额进行分配。④优先认股权。优先认股权是指当股份公司为增加公司资本而决定增加发行新的股票时,原普通股股东享有的按其持股比例、以低于市价的某一特定价格优先认购一定数量新发行股票的权利。

(2)优先股

优先股(Preferred Stock)是指在某些方面比普通股享有优先权,但同时又在其他方面失去一些权利的股票。综合起来,优先股和普通股相比,其主要特点表现为:①股息率固定。普通股的股息是不固定的，受诸多因素的影响，而优先股的股息率是固定的，不随着公司经营情况而波动。②盈余分配优先。这是指在利润分配的顺序上，优先股要排在普通股的前面先进行分配。③剩余财产分配权。这是指优先股对剩余财产的分配上要先于普通股，但要排在债权人之后。④无参与经营决策权。优先股与普通股相比，一般不能参与公司经营决策，也没有投票表决权，但在涉及优先股股东重大权益的问题上也拥有一定的投票权。⑤无优先认股权。优先股一般没有优先认购原股份公司新增发行股票的权利。

2.按有无票面额的不同股票分为有面额股票与无面额股票

面额股票(Par Value Stock)就是票面表明面值的股票。世界大多数国家发行的股票都是面额股票。

无面额股票(Non-par Value Stock)就是票面不表明面值的股票。美国目前还存在这种股票，一般说来发行这种股票的企业均为未来不能预期的科技企业。

3.按持有主体的不同股票分为国家股、法人股与个人股

这是我国特有的现象，在股份制改革初期，一般均为国有企业改制，就出现了不同资产归属不同持有主体之分。国家股即国家持有股，指有权代表国家投资的政府部门或机构以国有资产投入公司形成的股份。法人股是指企业法人以其依法可支配的资产投入公司形成的股份，或具有法人资格的事业单位和社会团体以国家允许用于经营的资产向公司投资形成的股份。个人股是社会个人或公司内部职工以个人合法财产投入公司形成的股份。

(三)股票价格

1.票面价值

股票的票面价值是指股票票面上标明的金额，表示每股的资本额。但股票价值并不能表示公司的实际资产价值，也不能代表股票的实际价值。

2.账面价值

股票的账面价值又称股票的资本净值，指每股股票所代表的公司实际资产的金额。它是公司经营管理者、证券分析家和投资者分析公司财务状况的重要指标，其计算公式如下

$$每股股票的账面价值=\frac{资产总额-负债总额}{股票总份额}$$

3.发行价格

股票的发行价格是新股票发售时的实际价格。发行价格可以等于股票的票面金额，也可以高于股票的票面金额，或低于股票的票面金额。

4.市场价格

股票的市场价格是指由股票市场的供求关系所决定的价格。股票的市价随着股票交易的进行，每时每刻都在变。

5.内在价值

股票内在价值(The Intrinsic Value of Stocks)也称股票的理论价格，即股票未来收益的现值，

取决于股票收入和市场收益率。股票的内在价值决定股票市场价格,但又不等于市场价格。股票的市场价格受多种因素影响,围绕着股票内在价值上下波动。

(四)股票理论价格的形成

价值决定价格,价格围绕价值上下波动,要了解股票价格就必须研究股票的价值形成。股票价值是一系列未来现金流量的现值。这一系列未来的现金流量是由股利现金流量和股票买卖差价的收益组成。一般说来研究股票价格的形成离不开折现法。

所谓折现法就是利用某一折现率,将公司未来各期营利或股东未来各期可收到的现金股利折现为现值,这一现值即为股票的价值。

折现法在实际应用时并不好把握。一方面,究竟是用公司营利还是用股东股利作为折现的对象。一部分股票价值分析理论认为用公司营利比较好,因为股票的价值主要取决于公司的营利而并非股利发放;而大多数股票价值分析理论则认为用股东股利比较好,其原因在于,投资人投资股票,如果不是投机性质,则主要期望的收益便是股利。本书仅介绍以股利为折现对象的方法。另一方面,在运用折现法时如何确定折现率。通常认为,折现率的高低,主要取决于某种股票风险的大小以及预期报酬率的高低。风险越大,预期报酬率越高,折现率就应越高;反之,风险越小,预期报酬率越低,现金股利的折现率也就越低。

1.零增长模型

零增长模型假定股利 D 是不变的,即股利的增率等于零,股利的支付过程是一个永续年金,即

$$D_0 = D_1 = D_2 = \cdots = D_n$$

由

$$V = \frac{D_1}{(1+k)^1} + \frac{D_2}{(1+k)^2} + \frac{D_3}{(1+k)^3} + \cdots \tag{7.1}$$

得

$$V = \frac{D_0}{k} \tag{7.2}$$

式中,V 为股票的内在价值, k 为必要收益率或折现率,D_n 为第 n 年股票支付的股利。

2. 固定增长模式

固定增长是假定股利每期按一个不变的增长率增长。在不变增长状态下各期股利的一般形式为

$$D_t = D_{t-1}(1+g) = D_0(1+g)^t$$

式中,D_t 为第 t 年股票支付的股利。将 $D_t = D_0(1+g)^t$ 代入 $V = \sum_{t=1}^{\infty} \frac{D_t}{(1+k)^t}$ 中,得

$$V = \sum_{t=1}^{\infty} \frac{D_0(1+g)^t}{(1+k)^t} \tag{7.3}$$

式中，g 为股利的增长率。

因为 D_0 是常量，假设 $k > g$，则对公式(7.3)求极限可得

$$V = D_0 \frac{1+g}{k-g} = \frac{D_1}{k-g} \tag{7.4}$$

当 $k = g$ 或 $k < g$ 时，股票价值将出现无穷大或负值，与现实相矛盾。固定增长条件下要求 $k > g$，实际上是认为当股利处于不变增长状态时，增长率是小于贴现率的，也就是要求在未来每个时期股利的现值是个收敛的过程。这个假设在相当长的时间区域内(10 年或 30 年)，就行业的整体水平是符合实际情况的。但对单个特定的企业，在某一特定时段上并不一定严格遵守这一假设，所以对此类公司进行估值必须进一步放宽限制条件。

3. 多重增长模型

固定增长模型应用有它的局限性，那就是其假设公司各期的股利都按固定的比例增长，但是实际上很少有公司能够做到这一点，为弥补这一局限，在固定增长模型的基础上衍生出多重增长模型。所以在多元增长模型中，股利在某一特定时期没有特定模式可以观测或者说其变动比率是需要逐年预测的，并不遵循严格的等比关系。

现以每个时期的模型为例，该模型假设在某个时期股利将以较高比率增长，随后稳定增长。

第一部分，在 T 以前，预测各期股利的现值为

$$V_T = \frac{D_1}{(1+k)^1} + \frac{D_2}{(1+k_2)^3} + \cdots + \frac{D_T}{(1+k)^T} = \sum_{t=1}^{T} \frac{D_t}{(1+k)^t} \tag{7.5}$$

第二部分 T 期以后股利流动的现值，设这部分股利年增长率为 g，则得

$$V_T = \frac{D_{T+1}}{k-g} \tag{7.6}$$

由于 V_T 得到的现值是 $t = T$ 时点上的现值，要得到 $t = 0$ 时的现值 V_{Tt}，还需要对 V_T 进一步贴现

$$V_{Tt} = \frac{V_T}{(1+k)^T} = \frac{V_{T+1}}{(k-g)(1+k)^T} \tag{7.7}$$

将两部分现金流量现值相加，则得到多种模型的公式

$$V = \sum_{t=1}^{T} \frac{D}{(1+k)^t} + \frac{V_{T+1}}{(k-g)(1+k)^T} \tag{7.8}$$

公式(7.8)是比较符合现实企业实际成长情况的，根据现值的衰减规律，当 $k > 15\%$ 且 $T > 10$ 时，V_T 在 V 中所占比重一般不超过 $\frac{1}{4}$。所以，当我们明确预测了 8 ~ 10 年的股利贴现之后再对 T 时期之后的股利流量做出不变增长的假设，不会对 V 造成过大的影响。

4. 非永久持续的股票定价

一般情况下，投资者对股票投资不可能永久持有，仅仅是在一定期限内持有某种股票。如

果投资者计划在一定期限内出售这种股票,他们接受的现金流量等于从现在起的 1 年内预期的股利再加上预期的出售股票价格。所以,该种股票的内在价值的决定是用必要收益率对两种现金流进行贴现,其表达式如下

$$V_0 = \frac{D_1 + P_1}{1 + k} \tag{7.9}$$

式中,D_1 为 $t=1$ 时的预期股利;P_1 为 $t=1$ 时股票出售价格。

在 $t=1$ 时股票出售价格的决定是基于出售以后预期支付的股利,即

$$P_1 = \frac{D_2}{(1+k)} + \frac{D_3}{(1+k)^2} + \cdots = \sum_{t=2}^{\infty} \frac{D_t}{(1+k)^{t-1}} \tag{7.10}$$

把式(7.10)代入式(7.9),得到

$$V_0 = \frac{D_1}{(1+k)} + \left[\frac{D_2}{(1+k)} + \frac{D_3}{(1+k)^2} + \cdots\right] \times \frac{1}{(1+k)} = \sum_{t=1}^{\infty} \frac{D_t}{(1+k)^t} \tag{7.11}$$

上述计算说明,对未来某一时刻的股利和这一时刻原股票出售价格进行贴现所得到股票的价值,等于对所有未来预期股利贴现后所得股票的股票价值,这是因为股票预期出售价格本身也是基于出售之后的股利的贴现。所以,非永久持有股票的内在价值的决定等同于无限期持有股票条件下的股票内在价值决定。也就是说,基于股利贴现股价模型,投资者持股期限的长短不影响股票价值。

(五)股票价格的影响因素

1.公司经营状况

股份公司的经营状况是股票价格的基石。一般而言,股价与公司经营状况成正比,公司经营状况好,股价上升;反之,股票价格会下跌。

2.国家宏观经济运行状况

一国宏观经济运行能否持续稳定地保持良好状态,是影响股票价格能否稳定上升的重要因素。一般而言,一国经济运行态势良好,则大多数企业的经营状况也较好,其股票价格会上升;反之,股票价格会下跌。

3.经济周期的变动

国民经济运行经常地表现为扩张与收缩的周期性交替,而这种经济周期循环对股票市场具有非常显著的影响。一般而言,在经济的复苏和高涨阶段,股票价格会上升;而在经济危机和萧条阶段,股票价格就会下跌。

4.政治因素

政治因素对股票价格的影响很大,往往很难预料。如战争,往往破坏社会生产,严重打击股票市场,使股票价格长期低迷不振;政权更替、政治事件的爆发以及政府重大经济政策的出台,也会影响投资者的心理状态和投资行为,引起股票价格的涨跌变化。

5.心理因素

投资者的心理因素对股票价格变动也有不小的影响。在大多数投资者对股市持乐观态度时,竞相购买股票的行为会促使股票价格上升;而当投资者对股市持悲观态度时,他们往往会持观望态度,致使市场冷落,股票价格下降。

此外,诸如市场供求关系的变化、人为操纵等因素也会影响股票价格的涨跌变动。

(六)股票发行市场

1.股票发行的条件

(1)首次公开发行股票的条件

所谓首次公开发行股票,是指以募集方式设立股份有限公司时公开募集股份或已设立公司首次公开发行股票。

首次公开发行股票,应该符合《公司法》、《证券法》所规定的条件。另外根据中国证监会2006年5月17日发布实施的《首次公开发行股票并上市管理办法》的规定,首次公开发行股票的公司除在主体资格、独立性、规范运行和财务会计方面符合要求外,还应符合如下条件:

① 最近3个会计年度净利润均为正数且累计超过人民币3 000万元,净利润以扣除非经常性损益前后较低者为计算依据。

② 最近3个会计年度经营活动产生的现金流量净额累计超过人民币5 000万元,或者最近3个会计年度营业收入累计超过人民币3亿元。

③ 发行前股本总额不少于人民币3 000万元。

④ 最近一期末无形资产(扣除土地使用权、水面养殖权和采矿权等后)占净资产的比例不高于20%。

⑤ 最近一期末不存在未弥补亏损。

(2)增发新股的条件

根据《公司法》的有关规定,上市公司申请增发新股,应符合以下条件:

① 前一次发行的股份已募足,并间隔1年以上。

② 公司在最近3年内连续营利,并可向股东支付股利。

③ 公司在最近3年内财务会计文件无虚假记载。

④ 公司预期利润率可达同期银行存款利率。

根据证监会2001年出台的"关于做好上市公司新股发行工作的通知",对其中的营利条件做了具体规定。

①经注册会计师核验,公司最近3个会计年度加权平均净资产收益率平均不低于6%,且预测本次发行完成当年加权平均净资产收益率不低于6%;加权平均净资产收益率按配股的有关规定计算;设立不满3个会计年度的,按设立后的会计年度计算。

②经注册会计师核验,如公司最近3个会计年度加权平均净资产收益率平均低于6%,则应符合以下规定:

a.公司及主承销商应当充分说明公司具有良好的经营能力和发展前景,新股发行时,主承销商应向投资者提供分析报告。

b.公司发行完成当年加权平均净资产收益率应不低于发行前一年的水平,并应在招股文件中进行分析论证。

c.公司在招股文件中应当认真做好管理层关于公司财务状况和经营成果的讨论与分析。

(3)配股的条件

配股是增资发行的一种,是指上市公司在获得有关部门的批准后,向其现有股东提出配股建议,使现有股东可按其所持股份的比例认购配售股份的行为,它是上市公司发行新股的一种方式。

根据证监会2001年出台的"关于做好上市公司新股发行工作的通知",配股的条件除符合增发新股的条件外,还应符合以下要求:

①经注册会计师核验,公司最近3个会计年度加权平均净资产收益率平均不低于6%;扣除非经常性损益后的净利润与扣除前的净利润相比,以低者作为加权平均净资产收益率的计算依据;设立不满3个会计年度的,按设立后的会计年度计算。

②公司一次配股发行股份总数,原则上不超过前次发行并募足股份后股本总额的30%;如公司具有实际控制权的股东全额认购所配售的股份,可不受上述比例的限制。

③本次配股距前次发行的时间间隔不少于1个会计年度。

2.股票发行的基本方式

股票的发行方式依不同的标准可以有不同分类,常用的包括以下几类:按照股票发行对象的范围不同进行分类,有公募发行和私募发行两种方式;按照股票发售有无中介机构承办这一标准分类,分为直接发行和间接发行两种方式;按照股票发行价格与其票面金额的关系分类,可将股票发行分为溢价发行、平价发行和折价发行三种方式。各种发行方式都有其特点和利弊,因此发行股票要对不同方式进行比较选择。

(1)公募发行和私募发行

①公募发行

公募发行(Public Placement)也称公开发行,是指面向市场上广泛的不特定的投资公众发售股票的方式。在股票公开募集发行情况下,社会所有合法的投资者均可以认购股票。选择这种方式发行股票的优点在于:发行范围广泛,投资者人数众多,筹集资金的潜力巨大;可以较好地避免或减少因股票集中于少数人手中而对证券发行人经营管理的干预;公开发行的股票可在二级市场上交易,流动性强,也有利于提高发行人的社会知名度。

②私募发行

私募发行(Private Placement)也称私下发行,是指面向少数特定的投资者发行股票的方式。私募发行的对象可分为两类:一是个人投资者,如发行股票公司现有股东或发行人内部职工;二是机构投资者,多为银行、保险公司、养老基金、投资基金等金融机构或与发行人有密切业务往来关系的企业。比较而言,公开发行是最基本、最常用的发行方式,而私募发行因各国法规和股票市场的发展情况不同而有所差别。

(2)直接发行和间接发行

①直接发行

直接发行是指发行人直接向投资者出售股票,自己承办股票发行的具体事务。这种发行方式的好处是可以节省向股票发行中介机构支付的承销费,减少发行成本,一般适用于数额较小的股票发行,以避免认购数额低于发行数额而导致的发行失败。直接发行的发行人必须具有很高的信誉和知名度,否则公开发行股票难以成功。因此,直接发行方式通常多运用于股票私募。

②间接发行

间接发行是指发行人委托股票发行中介机构即承销商向投资者发售股票,由承销商承办股票发行的具体事务。根据承销商与发行人达成的承销协议所规定的承销方式的不同,间接发行又可具体分为全额包销、代销和余额包销三种方式。大多数公开发行的股票都采用间接发行的方式。

(3)溢价发行、平价发行和折价发行

①溢价发行

溢价发行是指按高于票面金额的价格发行股票,又可分为时价发行和中间价发行两种方式。时价发行是指以同种或同类股票在流通市场上的价格为基准所确定的价格发行股票,也称为市价发行。通常情况下,公司初次发行股票会参照同一产业(行业)经营状况相似的公司股票的市场价格来确定自己的发行价格。而当公司增发新股时,则可根据本公司已发行股票在流通市场上的交易价格水平确定发行价格。中间价发行是指以介于票面额和时价之间的价格发行股票。溢价发行可使发行人以出让较少的股份筹集到较多的资金,获得溢价收入。

②平价发行

平价发行也称为面额发行,即以票面金额作为发行价格发行股票。由于股票上市后的交易价格通常要高于其面额,因此这种方式能使投资者获得额外的收益,对投资者有较大的吸引力,但发行人筹集的资金相对较少。

③折价发行

折价发行是指按票面金额打一定折扣后的价格发行股票。折扣的大小主要取决于发行公司的业绩和承销商的能力,由发行公司和承销商共同决定。

3.股票发行程序

第一步:投资者申购。申购当日(T日),投资者在申购时间内通过与上海证券交易所联网的证券营业部,根据发行人发行公告规定的发行价格和申购数量缴足申购款,进行申购委托。

第二步:资金冻结。申购日后的第一天(T+1日),由中国结算上海分公司将申购资金冻结。

第三步:验资及配号。申购日后的第二天(T+2日),中国结算上海分公司配合上海证券交易所指定的具备资格的会计师事务所对申购资金进行验资,并由会计师事务所出具验资报告,以实际到位资金作为有效申购。

上海证券交易所将根据最终的有效申购总量,按以下办法配售新股。

①当有效申购总量小于或等于该次股票上网发行量时,投资者按其有效申购量认购股票,余额部分按承销协议办理。

②当有效申购总量大于该次股票发行量时,则上海证券交易所按照每1 000股配一个号的规则,由交易主机自动对有效申购进行统一连续配号,并通过卫星网络公布中签率。

第四步:摇号抽签。主承销商于申购日后的第三天(T+3日)公布中签率,并根据总配号量和中签率摇号抽签,于次日公布中签结果。每一个中签号可认购1 000股新股。证券营业部应于抽签次日在显著位置公布摇号中签结果。

第五步:中签处理。中国结算上海分公司于T+3日根据中签结果进行新股认购中签清算,并于当日收市后向各参与申购的股票公司发送中签数据。

第六步:资金解冻。申购日后的第四天(T+4日),对未中签部分的申购款予以解冻。

第七步:发行结束。申购日的第四天后(T+4日后),主承销商在收到中国结算上海分公司划转的认购资金后,依据承销协议,将该款项扣除承销费用后,划转到发行人指定的银行账户。

(七)股票流通市场

股票流通市场又称二级市场或次级市场,是已发行在外的股票进行买卖交易的场所,主要由两部分组成。

1.证券交易所

证券交易所是证券买卖双方公开交易的市场,是一个高度组织化、有固定地点、集中进行交易的次级市场,是整个证券市场的主体和核心。证券交易所组织形式为公司制与会员制。公司制证券交易所是由银行、证券公司、投资信托机构及各类民营公司等共同投资入股建立起来的公司法人。公司制的证券交易所通常规定,证券商及其股东或经理人员不得担任证券交易所的董事、监事或经理,以保证交易所经营者与交易参与者的分离,公司制证券交易所大多是营利性组织。目前,日本、加拿大、新加坡、印度、中国香港等国家和地区的交易所为公司制。会员制证券交易所是以会员协会形式成立的不以营利为目的的组织,主要由证券商组成。只有会员及享有特权的经纪人才有资格在交易所中进行证券交易,会员对证券交易所的责任仅以其缴纳的会员费为限,一般说来法人证券交易所的会员包括法人和自然人。1993年国务院证券委发布的《证券交易所管理暂行办法》规定:证券交易所是不以营利为目的,为证券的集中和有组织的交易提供场所、设施,并履行相关职责,实行自律性管理的会员制事业法人。

2.场外市场

场外市场是在证券交易大厅以外进行的各种证券交易活动的总称。场外市场的类型主要有:店头市场、第三市场与第四市场。

(1)店头市场

店头市场也称柜台市场,是指在证券公司开设的柜台上进行交易活动而形成的市场。店头交易市场交易的证券主要是依照证券交易法公开发行但未在证券交易所上市的证券,证券交易价格依照议价制方式确定,而且交易方式仅限于现货交易,不能进行包括期货交易和期权交易在内的其他交易活动。

(2)第三市场

第三市场是指在证券柜台上从事已在证券交易所上市证券的交易而形成的市场。第三市场的出现是与证券交易所采取的固定佣金制度相联系的。由于证券交易所对在交易大厅交易的证券规定了固定比率的佣金,证券大量买进卖出的交易成本就变得很高,对巨额资本拥有者来说,小笔交易和大笔交易在本质上无特别之处,故收取高额佣金就变得难以接受了,而场外交易主要采取自营制方式。证券自营商为吸取更多的交易活动,也愿意适当减少交易差价,即使是证券经纪商也不采取固定佣金制,从而减少证券投资者的交易成本,这样就构成了以大额上市证券为主要对象的第三市场。

(3)第四市场

第四市场是通过电子计算机网络相联系的证券投资者直接接洽成交的场所,这种场外市场完全不同于其他证券交易市场。其特点为:一是证券买卖双方直接进行,没有证券交易中介;二是证券交易数额比较庞大。美国的“NASDAQ”就是典型的第四市场。

(八)股票价格指数

1.股价平均数

股价平均数是用来衡量所有样本股经过调整后的价格水平的平均值。通常有简单算术平均数、加权股价平均数和修正股价平均数三种表达形式。

(1)简单算术股价平均数

该方法是把列入计算范围的股票各抽取一股,将它们的收市价或者开市价、最高价、最低价、平均价加在一起(通常是按收市价计算),然后除以总股数,得出算术平均数。在市场上未发生不可比因素的情况下,如证券交易所开办之初尚未有除权因素时,以此种方法计算的股价平均数,实际上就是算术平均股价。其计算公式为

$$\text{简单算术股价平均数}=\frac{\sum \text{样本股票的当天收盘价}}{\sum \text{股票样本数}}$$

此种方法有助于判断股票投资的获利情况,进而知道平均股价在利率体系中是偏高还是偏低。它的缺陷是没有考虑股票分割、权数不一等因素的影响,所以,不能反映股价一般的、长期的和动态的变化,也容易被发行量或交易量较少的股票价格的涨落所左右,难以真实地反映股市动态。

(2)加权股价平均数

该方法是把各种样本股票的发行量或交易量作为权数计算出来的股价平均数。其方法是把列入计算范围的各种股票的交易价格乘以各自的权重后相加，再除以总权重，得出加权平均数。权重的取法有两种情况：一是以计算期的成交量为权重，哪一种股票成交的股数越多，其权重就越大；二是以各种股票各自的发行量为权重，发行股数多的权重就大。

以样本股成交量为权重的加权股价平均数计算公式为

$$加权股价平均数 = \frac{样本股票成交总额}{同期样本成交总股数}$$

其中 $$样本股票成交总额 = 每股价格 \times 成交股数$$

计算结果为平均成交价。

以样本股发行量为权重的加权股价平均数计算公式为

$$加权股价平均数 = \frac{样本股市价总额}{同期样本股发行总量}$$

其中 $$样本股市价总额 = 每股价格 \times 发行股数$$

计算结果为平均市场价格。

(3)修正股价平均数

修正股价平均数是在简单算术平均数的基础上，当发生增资配股或股份细拆时，通过变动除数，使股价平均数不受影响。其计算公式为

$$修正股价平均数 = \frac{拆股后的总价格}{新除数}$$

其中 $$新除数 = \frac{股份变动后的总价格}{股份变动前的平均数}$$

2.股价指数

(1)股价指数的定义

股票价格指数是由证券交易所或金融服务机构编制的，反映不同时点上股价变动情况的价格平均数。编制股票指数一般以某一时点为基期，以这个基期的股票价格作为100(或1 000)，用以后各计算期的股票价格和基期价格比较，计算出升降的百分比，就是该计算期的股票指数。

(2)股价指数的编制与应用

①算术平均法

算术平均法步骤如下：

a.将组成指数的每种股票的收盘价进行简单平均，计算得出一个平均值，即

$$简单算术股价平均数 = \frac{P_1 + P_2 + P_3 + \cdots + P_n}{n}$$

b.用计算期平均股价除以基期平均股价，再乘以基期点数100点(或1 000点)，即得出计

算期股价指数。

算术平均法计算公式

$$I=\frac{\sum_{i=1}^{n}\frac{P_m}{P_0}}{n}\times i_0$$

式中，I 为股票价格指数，P_m 为第 m 报告期股票价格，P_0 为基期股票价格，i_0 为基期股票价格指数，n 为组成股票指数的股票种类数。

②加权平均法

加权平均法就是在计算股价平均值时，不仅考虑到每只股票的价格，还要根据每只股票对市场影响的大小，对平均值进行调整。实践中一般是以股票的发行数量或成交量作为市场影响参考因素并纳入指数计算，称为权数。加权平均法计算公式

$$I=\frac{\sum_{i=1}^{n}p_i\times w_i}{\sum_{i=1}^{n}p_0+w_i}\times i_0$$

式中，I 为股票价格指数，p_i 为组成股价指数的各种股票报告期价格，p_0 为组成股价指数的各种股票基期价格，n 为组成股价指数的各种股票种类数，w_i 为组成股价指数的各种股票的上市总量(即权数)，i_0 为基期价格指数。

【例 7.1】 假设某证券市场计算股价指数时包含 4 种股票，报告期价格分别为每股 10 元、15 元、20 元、25 元，基期股价平均为每股 7 元，基期指数为 100，它们在报告期的权数分别为 250，200，150，100，试用加权平均法计算股价指数。

解 该证券市场报告期股票指数为

$$股价指数=\frac{10\times250+15\times200+20\times150+25\times100}{7\times(250+200+150+100)}\times100\approx225$$

(3)世界主要股价指数

①道·琼斯股价指数

道·琼斯股价指数是世界上最早、最享盛誉和最有影响的股票价格指数，由美国道·琼斯公司计算并在《华尔街日报》上公布，是以 65 家公司股票(工业股 30 家、运输股 20 家、公用事业股 15 家)为编制对象的股价综合平均数。以 1928 年 10 月 1 日为基期，基期指数为 100 点。

②金融时报指数

金融时报指数是英国最具权威性的股价指数，由《金融时报》编制和公布。以 1962 年 4 月 10 日为基期，基期指数为 100 点，以伦敦股市上精选 700 多种股票为样本的综合股票指数。

③日经 225 股价指数

日经 225 股价指数是日本经济新闻社编制公布以反映日本股票市场价格变动的股价指数。以 1950 年平均股价 176.21 点为基数，以东京交易所上市的 225 种股票为样本股(150 家

制造业、15 家金融业、14 家运输业、46 家其他行业)的股价平均数。

④恒生指数

恒生指数是中国香港恒生银行于 1969 年 11 月 24 日起编制公布,是系统反映香港股票市场行情变动最有代表性和影响最大的指数。它以 1984 年 1 月 13 日为基期,以 975.47 点为基数,挑选了 33 种有代表性的上市股票(金融业 4 家、公用事业 6 家、地产业 9 家、其他商业 14 家)为成分股,用加权平均法计算。

(4)我国大陆主要股价指数

①沪深 300 指数

为反映中国证券市场股票价格变动的概况和运行状况,并能够作为投资业绩的评价标准,为指数化投资及指数衍生产品(300 股指期货)创新提供基础条件,中证指数公司编制并发布了沪深 300 统一指数。沪深 300 指数基日为 2004 年 12 月 31 日,基点为 1 000 点。

②上证综合指数(上证指数)

上证综合指数是上海证券交易所编写的,以上海证券交易所挂牌的全部股票为计算范围,以发行量为权数的加权综合股价指数。该指数以 1990 年 12 月 19 日为基准日,基准日指数定为 100 点,自 1991 年 7 月 15 日开始发布。

③新上证综指

新上证综指简称为“新综指”,指数代码为 000017,于 2006 年 1 月 4 日首次发布。新上证综指选择已完成股权分置改革的沪市上市公司组成样本,实施股权分置改革的股票在方案实施后的第二个交易日纳入指数。新上证综指以 2005 年 12 月 30 日为基日,基点为 1 000 点。

④深证成指

成分指数以 1994 年 7 月 20 日为基日,1995 年 1 月 23 日开始发布,基准日指数定为 1 000。

⑤深证新指数

深圳证券交易所于 2006 年 2 月 16 日正式编制和发布深证新指数,代码 399100。深证新指数采取自由流通股数为加权权重,以 2005 年 12 月 30 日为基日,基点为 1 107.23 点。

⑥中小企业指数

中小企业指数简称“中小板指数”,代码为 399101,由深圳证券交易所编制。中小企业板指数以全部在中小企业板上市后并正常交易的股票为样本,新股于上市次日起纳入指数计算。中小企业板指数基日为 2005 年 11 月 30 日,基点为 1 000 点,2005 年 12 月 1 日正式对外发布。

二、债券市场

(一)债券的概述

1.债券的定义

(1)债券的定义

债券是指政府、金融机构、工商企业等为筹措资金,依照法定程序向投资人发行,并承诺按一定利息和约定条件偿还本金的债权债务凭证。债券本质是一种借款的证明书，具有法律效力，债券购买人与发行人之间是一种债权债务关系。

债券是一种有价证券，其反映和代表一定的价值，债券本身是有一定面值的，投资人持有债券可按期获得利息，债券与其代表的权利是联系在一起的，投资人拥有了债券也就拥有了债券所代表的权利，债权转让也就是将其代表的权利一并转移。另外，债券是一种虚拟资本，因为债券的本质是证明债权债务关系的证书，在债权债务关系建立时，所投入的资金已被债务人占用。因此，债券作为真实资本的证书，其流动是独立于实际资本之外进行的，并不意味着它所代表的实际资本的流动。

(2)债券的基本要素

① 债券的票面价值

债券的票面价值有两方面的内容：一是票面的币种，即以何种货币作为债券的价值的计量单位；二是债券的票面金额，票面金额的不同对债券发行成本、发行数额和持有者的分布具有不同的影响。如果票面金额定得较小，有利于小额投资人的购买，持有人分布面广，但债券的印刷和发行工作量较大，印刷费用等成本较高；如果债券的票面金额定得比较大，则有利于大额投资人认购，印刷费用等也会相应减少。然而，却使小额投资人无法参与购买。

②债券的利率

债券的利率是指债券的利息与债券票面价值的比率。债券的利息对债务人来说是筹资成本，利率高则债务人负担重，利率低则债务人负担轻。债券的利息对投资人来说就是投资收益的重要组成部分，利率高则投资收益高，利率低则投资收益低。因此，利率是债券票面要素中不可缺少的。债券利率的高低主要是受银行利率、发行人的资信、偿还期限、利率计算方式和证券市场资金的供求关系等因素影响。

③债券的市场价格

债券的票面价值是债券市场价格形成的主要依据，一般情况下，债券的发行价格同债券的票面价值是一致的，也就是平价发行。在实际情况下，发行人需要考虑种种因素，可能折价发行，也可能溢价发行，这都是债券价格与债券面值出现了一定程度的背离。债券进入资本市场后，其交易价格波动的范围将进一步扩大，影响因素也更为复杂。

④债券的偿还期

债券的偿还期是指债券从发行之日起至偿清本息之日止的时间。债券偿还期的确定，主要受发行人未来一定时期内可调配的资金规模、未来市场利率的发展趋势、证券交易市场的发达程度、投资人的投资方向、心理状态和行为偏好等因素的影响。各种债券有着不同的偿还期限，从几个月到十几年不等。

⑤债券发行人的名称

这一要素指明了该债券的债务主体，也为债权人到期追索本金和利息提供了依据。

2.债券的特征

(1)安全性

安全性是指债券投资人的收益相对稳定,不会因发行人经营收益的变动而变化,而且可按期收回本金。与股票相比,债券的风险比较小。债券通常规定有固定的利率,与债券发行人利益无关,收益比较可靠。此外,在企业破产时,债券的持有人享有优先于股票持有人对企业剩余资产的索取权。

(2)收益性

收益性是指债券能为投资人带来一定的利息收益。在实际情况下,债券的收益性主要表现在两个方面:一方面是投资债券可以给投资人带来定期和不定期的利息收入;另一方面投资人可以利用债券价格的涨跌,买卖债券赚取差额。

(3)偿还性

偿还性是指债务人必须按规定的时间向债权人支付利息和偿还本金。债券一般都有规定的到期日,发行人必须按约定条件偿还本金并支付利息,筹资人不能无限期地占用债券投资人的资金。

(4)流动性

流动性是指债券持有人可按自己的需要和市场的实际情况,灵活地转让债券,提前收回本金。债券作为有价证券,大部分可在证券市场上作为投资品种自由买卖,债券持有人可在到期之前在流通市场上进行交易。很明显,债券的流动性要远远高于银行定期存款,定期存款提前变现,要遭受利息损失。一般来说,债券的流动性越强,安全性越高。

3.债券的分类

(1)按发行的主体划分

按债券发行主体的不同可以分为政府债券、金融债券和公司债券。

①政府债券

政府债券是指政府财政部门或其他代理机构为筹集资金,以政府名义发行的债券,它的发行主体是政府。政府债券主要包括国库券和公债两大类,一般来说国库券是由财政部发行的,用以弥补财政收支不平衡;公债是指为筹集建设资金而发行的一种债券,有时也将两者统称为公债。中央政府发行的也叫国家公债,地方政府发行的称为地方政府债券也叫地方公债。中央政府债券是由国家承担偿还本息的责任,其可以全部在证券交易所上市,也可以在到期前用作抵押贷款的担保品,而且,政府不征收债券收益的所得税。政府债券的发行量和交易量在证券市场一般都占有相当大的比重,不仅在金融市场上起着重要的融资作用,而且是各国中央银行进行公开市场业务的重要手段。地方公债是由市、县、镇等地方政府发行的债券。其发行这类债券的目的是为了筹措一定数量的资金用于满足市政建设、文化进步、公共安全、自然资源保护等方面的资金需要。

②金融债券

金融债券是金融机构为了筹集资金而发行的债券，其发行主体是银行或非银行金融机构。一般来讲，银行等金融机构的资金来源除了发行债券外，还有吸收存款和向其他机构借款。存款资金的特点之一是在经济发生动荡的时候，容易发生储户争相提款的现象，从而造成资金来源的不稳定。向其他商业银行或中央银行借款所得的资金主要是短期资金，而金融机构往往需要进行一些期限较长的投融资，这就出现了资金来源和资金运用在期限上的矛盾，发行金融债券就比较有效地解决了这个问题。债券在到期之前一般不能提前兑换，只能在市场上转让，其保证了所筹集资金的稳定性。同时，金融机构发行债券时可以灵活规定期限，比如为了一些长期项目投资，可以发行期限较长的债券。因此，发行金融债券可以使金融机构筹措到稳定且期限灵活的资金，从而有利于优化资产结构，扩大长期投资业务。

③公司债券

公司债券是由股份有限公司或有限责任公司依照法定程序发行，约定在一定时期内还本付息的债券。其发行主体是股份有限公司或有限责任公司。公司债券是公司根据经营运作具体需要所发行的债券，它的主要用途是固定资产投资，技术更新改造，改善公司资金来源的结构，调整公司资产结构，降低公司财务成本，支持公司并购和资产重组等。

(2)按发行区域划分

按债券发行区域分为国内债券和国际债券。

①国内债券

国内债券是指一国政府、金融机构或工商企业在本国国内，以本国货币为面值发行的债券。

②国际债券

国际债券是指一国政府、金融机构、工商企业或国家组织为筹措和融通资金，在本国以外金融市场上，以外国货币计价发行的债券。国际债券的特征是发行人和投资人属于不同的国家、筹集的资金来源于国外金融市场。国际债券的发行和交易，既可用来平衡发行国的国际收支，也可用来为发行国政府或企业引入资金从事开发和生产。

(3)按计息方式划分

根据债券计息方式上的差异，债券可分单利债券、复利债券、贴现债券和累进利率债券等。

①单利债券

单利债券是指在计算债券利息时，不论期限长短，仅按本金计息，所产生利息不再加入本金计算下期利息的债券。

②复利债券

复利债券是指计算利息时，按一定期限将所生利息加入本金再计算利息，逐期滚算的债券。

③贴现债券

贴现债券是指在票面上不规定利率，发行时按规定的某一折扣率，以低于票面金额的价格发行,到期时按票面金额偿还本金的债券。

④累进利率债券

累进利率债券是指以利率逐年累进方法计息的债券,即债券的利率随着时间的推移,后期利率比前期利率来得高,成累进状态,期限越长,利率越高,这种债券的期限往往是浮动的,但一般会规定最短持有期和最长持有期。

(4)按利率是否浮动划分

按债券利率是否浮动可分为固定利率债券和浮动利率债券。

①固定利率债券

固定利率债券是指债券利率在偿还期内不会发生改变的债券。由于利率水平不能改变,在偿还期内,当出现较高通货膨胀时,会有市场利率上调的风险。

②浮动利率债券

浮动利率债券是指债券利率随市场利率定期调整的债券。这种债券利率通常根据市场基准利率加上一定的利差来确定。采用浮动利率形式可减少持有人的利率风险,同时也有利债券发行人按短期利率筹集中长期的资金,降低筹资成本。

(5)按是否记名划分

按债券是否记名分为记名债券和不记名债券。

①记名债券

记名债券是指在债券面上注明债权人姓名,同时在发行公司名册上进行同样的登记。转让这种债券,要在债券上背书并且还要在公司名册上更换债权人姓名。记名债券的投资人必须凭印鉴领取本息。其优点是较为安全,不足之处是转让手续复杂、流动性差。

②不记名债券

不记名债券是指在债券上无须注明债权人姓名,也不在公司名册上登记。这种债权转让时就不需要背书和在发行公司的名册上更换债权人姓名。其优点是流动性强,不足之处是不能挂失和补发,安全性较差。

(6)按有无抵押担保划分

按有无抵押担保分为信用债券和担保债券。

①信用债券

信用债券也称无担保债券,指不提供任何形式的担保,仅凭筹资人信用发行的债券。政府债券属于此类债券。这种债券由于其发行人的绝对信用而具有坚实的可靠性。除此之外,一些公司也可发行这种债券,即信用公司债券。但为了保护投资者利益,发行这种债券的公司往往受到种种限制,只有那些信誉卓著的大公司才有资格发行。

②担保债券

担保债券是指以抵押、质押或保证等形式作为担保而发行的债券。因担保形式不同,担保债券又可分为抵押债券、质押债券、保证债券等多种形式。抵押债券是指债券发行人在发行一笔债券时,通过法律上的适当手续将债券发行人的部分财产作为抵押,一旦债券发行人出现偿债困难,则出卖这部分财产以清偿债务。抵押债券具体来说又可分为优先抵押债券和一般抵押债券。质押债券也叫抵押信托债券,是指公司以其他有价证券作为担保所发行的公司债券。保证债券是指由第三者担保偿还本息的债券。保证人一般是政府、银行及资信高的大公司等。保证债券主要有政府保证债券和背书公司债券。政府保证债券是指由政府所属企业或与政府有关的部门发行,并由政府担保的债券。

(7)按形态划分

按债券形态可分为实物债券、凭证债券和记账式债券。

①实物债券

实物债券是一种具有标准格式实物券面的债券。其债券的发行与购买时通过债券的实体来实现的,是看得见、摸得着的,而且不用记名。

②凭证式债券

凭证式债券主要通过银行承销,各金融机构向企事业单位和个人推销债券,同时向买方开出收款凭证。这种凭证式债券可记名,可挂失,但不可上市流动,持有人可以到原购买网点办理提前退付手续。

③记账式债券

记账式债券是指没有实物形态的债券,以记账方式记录债权,通过证券交易所的交易系统发行和交易。投资者利用已有的证券交易账户通过交易所网络,按其欲购买价格和数量购买,买入之后,债券数量自动计入客户的账户内。由于记账式国债发行和交易均无纸化,所以交易效率高,成本低,是债券发展的主要趋势。

(8)按发行方式划分

按债券发行方式的不同可分为公募债券和私募债券。

① 公募债券

公募债券是指按法定手续,经证券主管机构批准在市场上公开发行的债券。这种债券的认购者可以是社会上的任何人,是以非特定的社会公众投资人为发行对象的债券。发行人一般要具有较高的信誉,而发行公募债券又有助于提高发行人的信用度。除政府机构、地方公共团体外,一般私营企业必须符合规定的条件才能发行公募债券。由于发行对象是不特定的广泛分散的投资人,因此要求发行人必须遵守信息公开制度,向投资者提供各种财务报表和资料,并向证券主管部门提交有价证券申报书,以保护投资人的利益。发行公募债券还必须经过公认的资信评级机构评定资信级别,因为不同资信级别的债券有不同的发行条件。

② 私募债券

私募债券是指以特定的少数投资人为对象发行的债券。投资人大多数与发行人有密切关系,了解发行人的资信。由于发行数额较小,因此不必事先提供企业的财务资料,也不必向主管部门申报批准,发行手续简单。私募债券不能在一级市场上公开发行,也不能在二级市场上进行买卖,流动性较差,私募债券的发行范围很小,一般只限于与发行人有密切关系的银行、保险公司、信托投资公司等少数机构投资者。它不采用公开呈报制度,手续简便,筹款迅速。

(9)按转换方式划分

按是否可以转换为公司的普通股可分为可转换债券和不可转换债券。

① 可转换债券

可转换债券是指发行人依据法定程序和约定条件,在一定时期内可以转换成公司股份的公司债券。它是一种可以在特定时间、按特定条件转换为普通股票的企业债券。作为一种典型的混合金融产品,可转换债券兼具了债券、股票和期权的某些特征。首先,可转换债券是一种公司债券,具有普通公司债券的一般特征,具有确定的利率和期限,投资人可以选择持有债券到期,收取本息。其次,它又具有股票属性,通常被视为“准股票”,因为可转换债券的持有人到期有权利按事先约定的条件将它转换成股票,从而使原债券持有人变成了公司的股东,可参与企业的经营决策和红利分配。最后,可转换债券具有期权性质,为投资人或发行人提供了形式多样的选择权。如果债券持有人不想转换,则可以继续持有债券,直到偿还期满时收取本金和利息,或者在流通市场出售变现;如果持有人看好发债公司股票增值潜力,在宽限期之后可以行使转换权,按照预定转换价格将债券转换成为股票,发债公司不得拒绝。可转换债券利率一般低于普通公司债券利率,企业发行可转换债券可以降低筹资成本。

②不可转换债券

不可转换债券就是在任何情况下都不能转换成公司普通股的债券。

(10)按偿还期限划分

按偿还期限的长短债券可分为短期债券、中期债券和长期债券。

① 短期债券

短期债券是指期限在1年以内的债券。企业发行短期债券大多是为了筹集临时性周转资金。在我国,这种短期债券的期限分为3个月、6个月和9个月。政府发行短期债券多是为了平衡预算开支,我国政府发行的短期债券较少。短期债券属于货币市场工具。

②中期债券

中期债券是指期限在1年以上5年以下的债券。也有些国家将中期债券的期限规定在1年以上10年以下。中期债券的发行者主要是政府、金融机构和企业。我国政府发行的债券主要是中期债券。中期债券属于资本市场工具。

③长期债券

长期债券是指期限在10年以上的债券。发行长期债券的目的是为了获得长期稳定的资金。长期债券由于期限较长,利率风险较大,可能带来利率浮动或可赎回之类的条款,也可能采取分次支付利率的方式。一般情况下,期限越长的债券,其利率水平越高。长期债券也属于资本市场工具。

4.债券的偿还方式

(1)到期偿还、期中偿还和展期偿还

①到期偿还

到期偿还也叫满期偿还,是指按发行债券时规定的还本时间,在债券到期时一次全部偿还本金的偿债方式。采用到期偿还方式,手续简便,计算方法简单。

②期中偿还

期中偿还也叫中途偿还,是指在债券最终到期日之前,偿还部分或全部本金的偿债方式。它包括部分偿还和全额偿还两种形式。在偿还的具体时间上,有定时偿还和随时偿还。期中偿还的目的主要在于分散债务人到期一次还本的压力,同时在某些情况下也有利于增加对投资者的吸引力。此外,还要对债券的宽限期、偿还率等事先做出规定。债券的宽限期是指债券发行后不允许提前偿还、转换的时间,它一般是根据债券偿还期的长短来确定的。偿还率是指每次偿还的债务金额占发行额的比例。

③展期偿还

展期偿还是指在债券期满后又延长原规定的还本付息日期的偿还方式,它属于延期偿还的一种情况。它适用的场合通常是发行一种附设延期收回条款的债券。这种债券赋予投资者在债券到期后继续按原定利率持有债券直到一个指定日期或几个指定日期中的一个日期的权利。延期方式对发行者和投资人都有一定的吸引力,它使发行人在需要继续发行债券和投资者愿意继续购买时省去新发债券的麻烦,也使投资者可以据此灵活地调整投资组合的结构。延期偿还的另一种情况是由于债券到期时债务人无力偿还,也不能或不便借新债还旧债,于是在征得债券持有者的同意后将到期债券予以延期。

(2)部分偿还和全额偿还

①部分偿还

部分偿还是指从债券发行日起,经过一定宽限期后,按发行额的一定比例陆续偿还,到债券期满时全部还清。这样设置的目的是为了保证这类债券的投资的长期性。采用部分偿还方式,可减轻债券发行人一次偿还的负担。

②全额偿还

全额偿还是指债券到期之前偿还全部本金。债券发行采用全额偿还有两方面的目的:一是债券发行后债务人拥有的资金过剩,债务本金全额偿还后可以避免支付更多的利息;二是债券发行后市场利率下降,导致原发行的债券利率过高,如果提前偿还原来发行的全部债券,再发行较低利率的新债,可以降低筹资成本。

(3)定时偿还和随时偿还

①定时偿还

定时偿还也称定期偿还,是指债券宽限期过后分次在规定的日期,按一定的偿还率偿还本金。定时偿还可以使债券有一个平均偿还年限。在定时偿还方式下,偿还日期、偿还率、具体偿还方式等一般在发行债券时已明确,并在发行公告中说明。

②随时偿还

随时偿还也称任意偿还,是指债券宽限期过后,发行人可根据自己的情况选择有利的时机偿还债务,因而对发行人较有利,对投资者相对不利。

(4)抽签偿还和买入注销

①抽签偿还

抽签偿还是指在期满前偿还一部分债券时,通过抽签方式决定应偿还债券的号码。采用抽签还本方式,债券发行人在发行债券时要规定抽签方式,对中签债券则应按规定的偿还日起予以清偿。而债券持有者中签后,也要按规定接受偿还。未中签则不能得到清偿。

②买入注销

买入注销是指债券发行人在债券未到期前,按照市场价格从二级市场中购回自己发行的债券而注销债务。买入注销方式使债券发行人在清偿债务方面有了主动权,而同时又不损害债券持有者的利益。

(二) 债券价值与收益率分析

1.资金的时间价值

要正确地进行投资,就必须清楚在不同时点上收到和付出的资金价值之间的数量关系,计算资金、年金的现值、终值等。终值也称为将来值,是现在一定量资金在未来某一时点上的价值量,是若干期后本金加上若干期的利息(利息可以用单利计算,也可以用复利计算),终值又称为本利和。现值也就是本金,是指未来某一时点上的一定量资金,折合到现在的价值量,是未来资金的现在价值,现值又称为贴现值。

资金的时间价值计算中经常使用的符号如下:

P 为现值;F 为终值;i 为利率;I 为利息;n 为时间,通常以年为单位;A 为年金。

(1)单利的计算

单利是指在计算利息时,规定期限内获得的利息不再计算利息,只就本金计算利息的方法。使用单利方法时,本金能带来利息,利息必须在提出去以后再以本金的形式投入才能产生利息,否则不能产生利息。单利的计算有单利终值的计算和单利现值的计算。

①单利终值的计算

单利的终值为本金与以单利和利息之和。其计算公式为

$$F = P + nPi = P(1 + ni) \tag{7.12}$$

【例7.2】　某公司把10 000元存入银行,存期3年,年利率为5%,以单利计息,3年后的本利和为多少?

$F = 10\ 000 \times (1 + 5\% \times 3) = 11\ 500$(元)。

②单利现值的计算

单利现值的计算同单利终值的计算是互逆的,通过终值计算现值称为折现。将单利终值

计算公式变形就可得到单利现值的计算公式

$$P=\frac{F}{1+i\cdot n} \tag{7.13}$$

【例 7.3】 某公司拟在 5 年后得到 600 000 元,银行年利率为 5%,单利计息,则该公司现在应存入银行多少钱?

$P=\frac{600\ 000}{1+5\%\times 5}=480\ 000$(元)。

(2)复利的计算

复利是每经过一个计息期,要把所生利息加入本金后再计算利息,俗称"利滚利"。我们把相邻两次计息的时间间隔称为计息期,可以是年、月、日等,但经常以年为单位。现代财务管理中一般以复利计算资金的时间价值。一次性收款或一次性付款可以按照复利计算其终值和现值,即复利的计算有复利终值的计算和复利现值的计算。

①复利现值的计算

复利现值是指未来某一时点一定量资金按复利计算的现在价值。复利现值的计算同复利终值的计算是互逆的,将复利终值计算公式变形也同样可以得到复利现值的计算公式

$$F=P\times(1+i)^n=P\times(F/P,i,n) \tag{7.14}$$

【例 7.4】 某公司现在存入银行 20 000 元,存期 3 年,年利率为 5%,每年按复利计息一次,到期时能得到多少钱?

$F=P\times(1+i)^n=20\ 000\times(1+5\%)^3\approx 20\ 000\times 1.157\ 6=23\ 152$(元)。

②复利现值的计算

复利现值是指未来某一时点一定量资金按复利计算的现在价值。复利现值的计算同复利终值的计算是互逆的,将复利终值计算公式变形也同样可以得到复利现值的计算公式

$$P=\frac{F}{(1+i)^n}=F\times(1+i)^{-n}=F\times(P/F,i,n) \tag{7.15}$$

【例 7.5】 某公司在 3 年后可以获得 80 000 元的投资收益,按年利率 5% 进行复利计算,这笔钱相当于现在的多少钱?

$P=F(1+i)^{-n}=80\ 000\times(1+5\%)^{-3}\approx 80\ 000\times 0.863\ 8=69\ 104$(元)。

(3)年金的计算

①普通年金的计算

a. 普通年金终值的计算

普通年金终值是一定时期内每期期末等额收付款项的复利终值之和。普通年金终值的计算公式为

$$F=A(1+i)^0+A(1+i)^1+A(1+i)^2+\cdots+A(1+i)^{n-2}+A(1+i)^{n-1}+$$
$$A\times(F/A,i,n) \tag{7.16}$$

【例 7.6】 某公司每年年末在银行存入 10 000 元,年利率为 5%,10 年后可以积攒多少钱?

$$F = A\,\frac{(1+i)^n - 1}{i} = 10\,000 \times \frac{(1+5\%)^{10} - 1}{5\%} \approx 10\,000 \times 12.577\,9 = 125\,779(\text{元})。$$

b.普通年金现值的计算

普通年金现值是一定时期内每期期末等额收付款项按复利计算的现在价值。普通年金现值的计算公式为

$$P = A(1+i)^{-1} + A(1+i)^{-2} + \cdots + A(1+i)^{-(n-1)} + A(1+i)^{-n} = A \times \sum_{t=1}^{n}(1+i)^{-t} = A \times \frac{1-(1+i)^{-n}}{i} \tag{7.17}$$

【例 7.7】　某公司需要每年交纳 1 000 元房租,共交 9 年,公司打算现在存入银行一笔款项用来交纳房租,银行年利率为 8%,现在应当存多少钱?

$$P = A \times \frac{1-(1+i)^{-n}}{i} = 1\,000 \times \frac{1-(1+8\%)^{-9}}{8\%} \approx 1\,000 \times 6.246\,9 = 6\,246.9(\text{元})。$$

②预付年金

预付年金是指每期期初收到或支付的年金。它与普通年金的区别就在于付款的时间不同,它是在期初收到或支付款项,而普通年金是在期末收到或支付款项。

a.预付年金终值的计算

因为预付年金是每年的年初收到或支付款项,所以,预付年金的每一项年金的款项额都比同一年的相同普通年金的款项额多存续 1 年,预付年金终值的计算可在普通年金终值计算公式的基础上,再乘以 $1+i$ 即可得到预付年金终值的计算公式

$$F = A \times \frac{(1+i)^n - 1}{i}(1+i) = A \times \left[\frac{(1+i)^{n+1} - 1}{i} - 1\right] \tag{7.18}$$

b.预付年金现值的计算

因为预付年金是每年的年初收到或支付款项,所以,预付年金的每一项年金的款项额都比同一年的相同普通年金的款项额多存续 1 年,预付年金现值的计算可在普通年金现值计算公式的基础上,再乘以 $1+i$ 即可得到预付年金现值的计算公式

$$P = A \times \frac{1-(1+i)^{-n}}{i}(1+i) = A \times \left[\frac{1-(1+i)^{-(n-1)}}{i} + 1\right] = A \times (P/A, i, n) \tag{7.19}$$

③递延年金

递延年金是指第一次收付款项发生的时间不在第一期,而是在若干期后才开始发生的一系列等额收付款项。我们用 m 表示尚未发生收付款项的期数,那么发生一系列的等额收付就是在 $m+1$ 期,m 称为递延期。递延年金有普通递延年金和预付递延年金两种。普通递延年金是普通年金的特殊形式,即不是从第一期开始的普通年金。普通递延年金的计算包括其终值和现值的计算。

a.递延年金终值的计算

企业在5年后可以得到50 000元,我们现在就知道5年后企业资金将增加50 000元,过了3年,我们会发现再过2年企业的资金将增加50 000元。从上面的叙述我们会发现,将来一定量的资金,并不随着你在其前期的哪一时刻去观察它而改变。如果每年年末支付100元,利率 i 不变动,连续付 n 年,其终值为 F,现在开始连续支付 n 年的 F 值和 m 年后再连续支付 n 年的 F 值相等。因此,递延年金终值的大小与递延期 m 无关,计算递延年金终值时,可以用普通年金终值计算公式来计算。但是,要注意计息期是按照连续收支的期限进行计算,其余各方面与普通年金终值计算相同。

b.递延年金现值的计算

递延年金现值是自若干时期以后开始的每期等额款项现值之和。它有多种计算方法,这里只介绍两种。

第一种方法,先计算出 $m+n$ 期的年金现值,再减掉前 m 期的年金现值,即可得到递延年金的现值,其计算公式为

$$P = A(P/A,i,m+n) - A(P/A,i,m) = A[(P/A,i,m+n) - (P/A,i,m)] \tag{7.20}$$

第二种方法,先将递延年金看成 n 期的普通年金,计算 n 期普通年金在 n 期期初的现值,再将该现值看成 m 期期末的终值,计算其在 m 期期初的现值,即可得到递延年金的现值,其计算公式为

$$P = A(P/A,i,n)(P/F,i,m) \tag{7.21}$$

(4)实际利率与通货膨胀率

名义利率是指央行或其他提供资金借贷的机构所公布的未调整通货膨胀因素的利率,即利息的货币额与本金的货币额的比率。通货膨胀率是货币超发部分与实际需要的货币量之比,用以反映通货膨胀货币贬值的程度。实际利率则是指名义利率扣除通货膨胀率之后的差数。

实际利率有两种计算方法,一种是较为简单,但比较粗略的计算方法,公式为

$$r = i - p \tag{7.22}$$

考虑利息税的公式为

$$r = i(1-t) - p \tag{7.23}$$

式中,r 为实际利率,i 为名义利率,t 为税率,p 为通货膨胀率。

另一种是比较精确的计算方法,其公式为

$$r = \frac{1-i}{1+p} - 1 \tag{7.24}$$

考虑利息税的公式为

$$r = \frac{i(1-t)-p}{1+p} \tag{7.25}$$

2. 债券的价值分析

债券的价值是指将未来收益按一定条件贴现成现在的价值。在确定债券价值时，需要知道一些信息，包括估计的预期货币收入，投资者要求的适当收益率，即必要收益率。债券的预期资金收益有票面利息和票面额，债券的必要收益率一般是比照具有相同风险程度和偿还期的债券的收益率得出的。

(1)一次还本付息的债券价值

一次还本付息的债券，在存续期内不发债息，到期末一次还本付息。

①如果按单利计算

$$V = \frac{M(1+in)}{1+rn} \tag{7.26}$$

式中，V 为债券的价值，M 为票面价值，n 为债券到期时间，r 为投资者要求的必要收益率，i 为票面利率。

②如果按照复利计算

$$V = \frac{M(1+i)^n}{(1+r)^n} \tag{7.27}$$

(2)一年付息一次的债券价值

这种债券定期支付利息，也叫定息债券，是较常见的一类债券。

①如果按单利计算

$$V = \sum_{i=1}^{n} \frac{A}{1+tr} + \frac{M}{1+nr} \tag{7.28}$$

式中，V 为债券的价值，A 为每年支付的利息，M 为债券的面值，n 为债券到期时间，t 为第 t 次发放利息，r 为投资者要求的必要收益率。

②如果按复利计算

$$V = \frac{A}{1+r} + \frac{A}{(1+r)^2} + \cdots + \frac{A}{(1+r)^n} + \frac{\mu}{(1+r)^n} = \sum_{t=1}^{n} \frac{A}{(1+r)^t} + \frac{\mu}{(1+r)^n} \tag{7.29}$$

(3)贴现债券的价值

贴现债券又称零息票债券，它是以低于面值的方式发行，不支付利息，到期按债券面值偿还的债券。所以，此种债券发行价格和面值之间的差额就可以看做投资者的利息收入。按复利计算，其公式为

$$V = \frac{M}{(1+r)^n} \tag{7.30}$$

式中，V 为债券价值，M 为债券的面值，n 为债券到期时间，r 为投资者要求的必要收益率。

理论上计算出来的仅仅是债券的内在价值，债券实际的价格要受到供需关系等因素的影响，债券的价格常常与其内在价格发生偏离，有时被高估，有时被低估。投资者可通过债券价值分析，如果发现高估则抛出，反之则买入。

3. 债券投资收益率分析

投资人购买债券时，最关心的就是债券收益有多少。对于附有票面利率的债券，如果投资人从发行时就买入并一直持有到期，那么票面利率就是该投资者的收益率。事实上许多的债券投资人希望所持有的债券拥有变现功能，这样持有人不仅可以获取债券的利息，还可以通过买卖赚取价差。在这种情况下，票面利率就不能够精确衡量债券的收益状况。投资人一般使用债券收益率这个指标来衡量债券的投资收益。债券收益率是债券收益与其投入本金的比率，通常用年率表示。决定债券收益率的主要因素，有债券的票面利率、期限、面值和购买价。债券收益率是指投资债券所得收益与投资总额的比率。

(1)一次还本付息的债券收益率

按单利计算时，一次还本付息的债券收益率计算公式

$$r = \frac{M - P + nI}{P \times n} \times 100\% \tag{7.31}$$

式中，r 为债券的收益率，M 为债券的面值，P 为认购价格，n 为持有年限，I 为年利息额。

按复利计算时，一次还本付息的债券收益率计算公式

$$P = \frac{I}{r} + \frac{(1+r)^n - 1}{(1+r)^n}\ \frac{M}{(1+r)^n} \tag{7.32}$$

(2)一年付息一次的债券收益率

一年付息一次的债券收益率计算公式

$$r = \frac{I}{P} \times 100\% \tag{7.33}$$

式中，r 为债券的收益率，I 为年利率，P 为债券的价格。

(3)贴现债券的收益率

按单利计算时，贴现债券的到期收益率计算公式为

$$r = \frac{M - P}{Pn} \times 100\% \tag{7.34}$$

式中，r 为债券的收益率，M 为债券的面值，P 为债券买入价格，n 为债券到期年限。

按复利计算时，贴现债券的到期收益率计算公式为

$$r = \left(\sqrt[n]{\frac{M}{P}} - 1\right) \times 100\% \tag{7.35}$$

【知识库】

上证指数历史演变

“上证指数”全称“上海证券交易所综合股价指数”，是国内外普遍采用的反映上海股市总体走势的统计指标。由上海证券交易所编制并发布的上证指数系列是一个包括上证 180 指数、上证 50 指数、上证综合指数、A 股指数、B 股指数、分类指数、债券指数、基金指数等的指数系列，其中最早编制的为上证综合指数。上证综合指数于 1991 年 7 月 15 日公开发布，上证指数以“点”为单位，基日定为 1990 年 12 月 19 日，基日指数定为 100 点。随着上海股票市场的不断发展，于 1992 年 2 月 21 日，增设上证 A 股指数与上证 B 股指数，以反映不同股票(A 股、B 股)的各自走势。1993 年 6 月 1 日，又增设了上证分类指数，即工业类指数、商业类指数、地产业类指数、公用事业类指数、综合业类指数，以反映不同行业股票的各自走势。为推动长远的证券市场基础建设和规范化进程，2002 年 6 月，上海证券交易所对原上证 30 指数进行了调整并更名为上证成分指数(简称上证 180 指数)。至此，上证指数已发展成为包括综合股价指数、A 股指数、B 股指数、分类指数在内的股价指数系列。

资料引自：百度百科.

第六节　外汇市场

一、外汇市场概述

(一)外汇的含义与内容

外汇(Foreign Exchange)的定义有广义和狭义之分，广义外汇是指以外国货币表示的各种金融资产或债权；狭义外汇是仅指以外国货币表示的用来进行国际间结算的支付手段。综合两个方面的含义，外汇包括四个组成部分：一是外国货币与存款；二是外币支付凭证；三是外币有价证券；四是其他外汇资金(国际货币基金组织的储备头寸与特别提款权)。

(二)汇率的含义与内容

汇率(Exchange Rate)就是一种货币用另一种货币所表现的价格，外汇汇率就是用本国货币的金额反映外汇的价格，也是外汇市场的交易价格。

1.汇率的标价方法

(1)直接标价法

直接标价法(Direct Quotation)是以一定单位的外国货币为基准，计算折合成若干本国货币的一种标价方法，如 100 美元等于 685.460 0 元人民币。在这种标价法下，外国货币的金额不变，而本国货币的金额是变动的，外国货币的币值与本国货币的金额成正比例变化，而本国货币的币值则与本国货币的金额成反比例变动。在这种标价法下，汇率上升则表示本币币值下降；汇率下降则表示本币币值上升。目前全世界大多数国家采用这种方法，我国也是如此。

(2)间接标价法

间接标价法(Indirect Quotation)是以一定单位的本国货币为基准,计算折合成若干外国货币的一种表示方法。在这种标价法下,本国货币的金额一定,而外国货币的金额是变动的,本国货币的币值与外国货币的金额成正比例变化,而外国货币的金额与其自身币值成反比例变化。在这种标价法下,汇率上升则表示本币币值上升;汇率下降则表示本币币值下降。目前只有英美国家采用这种标价方法。

2.汇率种类

(1)按银行外汇买卖划分为买入汇率、卖出汇率与中间汇率

在直接标价法下,外汇价格的等式中前一个较小的数字为买入汇率,而后一个较大的数字是卖出汇率。例如,在我国2008年8月8日人民币与美元的汇率为1美元=6.854 2—6.856 5元,其中6.854 2是1美元的买入汇率,而6.856 5是1美元的卖出汇率。在间接标价法下正好相反,外汇价格的等式中,前一个较小的数字为卖出汇率,而后一个较大的数字为买入汇率。例如,在纽约市场2008年8月8日1美元=0.653 3—0.655 7欧元,则0.653 3为欧元的卖出汇率,表示银行卖出0.653 3个欧元收入1美元;而0.655 7为买入汇率,表示银行买入0.655 7的欧元付出1美元。中间汇率为买入汇率与卖出汇率的算术平均数。

(2)按银行买卖外汇使用的工具划分为电汇汇率、信汇汇率与票汇汇率

电汇汇率(Telegraphic Transfer Rate)是通过电报电传的方式买卖外汇使用的汇率。电汇汇率是市场汇率的基础,其他形式的汇率都以它为基准。信汇汇率(Mail Transfer Rate)是通过航空信函的形式进行外汇交易时使用的汇率。由于信汇的需要时间比电汇时间长,银行有较长的时间可以利用在途资金,所以信汇汇率要低于电汇汇率。票汇汇率(Draft Exchange Rate)是指通过开立汇票和邮寄汇票的形式买卖外汇时使用的汇率,票汇汇率较之前两种汇率来说,它的高低比较复杂,但是总的水平与信汇汇率差距不大。

(3)按买卖外汇时交割期限划分为即期汇率与远期汇率

即期汇率(Spot Exchange Rate)是指买卖双方成交后,立刻或在两个营业日内交割完毕使用的汇率。远期汇率(Forward Exchange Rate)则是指买卖双方在成交后,不是立刻进行交割,而是约定在未来某一时间交割时使用的汇率,远期汇率是事先约定好的汇率,使用远期汇率的主要目的是为了锁定外汇交易的风险。

(三)外汇市场的参与者

外汇市场是指由银行等金融机构、自营交易商、大型跨国企业参与的,通过中介机构或电信系统连接的,以各种货币为买卖对象的交易市场。从外汇市场的交易主体看,外汇市场的主要参与者有以下几个方面组成。

1.银行

银行是外汇交易的最重要的主体。在外汇市场上,参与外汇交易的主要有如下两种。

(1)中央银行

中央银行进行外汇市场参与交易的重要目的是为了维持本国货币汇率的稳定和转移外汇储备的风险。中央银行主要是以一个监管者的身份介入的。它可以采用直接干预外汇市场和间接的政策指导的方式参与外汇市场的活动。当中央银行认为市场汇率对本国国内经济发展不利或影响到本国国际收支平衡时,就会采取直接干预的办法。当外汇市场本国货币的汇率过高,中央银行就会在外汇市场上抛售本国货币,买入外汇,以抑制本国货币汇率偏高的局面,而如果本国货币的汇率在外汇市场上过低,中央银行会在外汇市场购入本币,抛售外汇,以抑制本国货币币值的进一步下滑,通过中央银行的操作,使本国货币的币值保持在一个相对稳定的水平。

(2)外汇银行

外汇银行(Foreign Exchange Bank)是由一国货币当局或银行监管部门指定或授权经营外汇业务的银行。一般都是由商业银行组成,可以是专门经营外汇业务的银行,也可以是兼营外汇业务的银行。其主要业务活动主要分两个类:一是代客户进行外汇买卖,其目的是为了赚取代理佣金和交易手续费。二是自营外汇买卖,即用自己的账户直接进行外汇交易。其交易目的是减少外汇头寸可能受汇率变动而引发的风险,同时也可以获得买卖外汇的差价收入。外汇银行在外汇市场中发挥着更重要的作用,这主要表现在外汇市场是外汇汇集的中心,所以能反映外汇的供给和需求,并最终决定汇率水平。

2.外汇经纪人

外汇经纪人(Broker)是指以赚取佣金为目的的促成外汇买卖双方成交的中间商,它介于外汇银行之间、外汇银行与其他外汇交易者之间进行联系,接洽外汇买卖。如同外汇银行一样,外汇经纪商也必须经过所在国中央银行的核准或取得经营外汇交易的资格方可参与市场活动。外汇经纪人通常与银行和客户保持密切的联系,并了解和掌握外汇市场的各种行情和信息,为买卖双方寻求交易的契合点,从而在客观上提高了外汇市场交易的效率。

3.外汇投机者

外汇投机者(Speculator)是通过预测汇率的涨跌趋势,利用某种货币汇率的时间差异,低买高卖,赚取价差利润的市场参与者。外汇投机者对外汇并没有真实的需求,如调整头寸或清偿债权债务,他们参与外汇买卖纯粹是为了寻找因市场障碍而可能利用的获利机会,这些机会是隐蔽的,难以发现的。外汇投机者通常以风险承担者形象出现在外汇市场上,他们出入于各个外汇市场,频繁地买卖外汇,使各种外汇市场的汇率趋于一致、汇率更接近外汇供求状况,因此外汇投机者是外汇市场上不可缺少的力量,投机活动是使外汇市场完善的有效途径。

4.其他外汇交易者

其他外汇交易者(Dealer)包括进出口商、跨国公司与个人外汇交易者等。

(1)进出口商

进出口商是外汇的最大的和最终的需求者和供给者。一方面对出口商来说,他们在出口商品之后，取得了外汇的债权，为了保值或取得本币资金，出口商可能会在外汇市场出售外汇，成为外汇市场的外汇供给者，而对于进口商而言，在进口商品时，一般需要支付对方国货币或者对方国要求的第三国货币，所以需要在外汇市场上购买外汇，成为外汇市场上外汇的需求者。

(2)跨国公司

跨国公司也要参与外汇市场的交易，如跨国公司需要在各国的分公司和子公司之间进行资金的调拨，有时为了规避风险或投机获利的需要，也要在外汇市场进行交易。

(3)个人外汇交易者

居民个人也可以成为外汇市场的交易者。个人会从各种收入中取得一部分外汇，为了保值需要，会进行外汇买卖，有时为了增值或投机的需要，也会从事外汇交易，另外还会因出国旅游等使用外汇的事由形成对外汇的需求。

二、外汇市场的交易

(一)即期外汇交易

1.即期外汇交易的含义

即期外汇交易(Spot Exchange Transaction)又称现汇交易，是银行之间以及银行代理客户的交易，买卖双方约定按交易当时的外汇市场的即期汇率成交后，当日或最迟在两个营业日之内完成货币的收付交割。在国际外汇市场上，外汇交易双方一旦达成买卖协议，交易价格就已经确定。由于外汇交易与其他商品交易不同，并不能当时就进行资金的收付。外汇交易涉及的金额较大，而汇率又在不停的运动，所以在所有的外汇市场上，都有其固定的标准交割日，以免出现分歧和经济纠纷。

2.即期外汇交易市场的报价

在即期外汇市场上，报价的最小单位在外汇市场称为基本点，它一般是以给出的汇率的小数点最后一位算起，通常是小数点后四位。例如，USD1 = CHF1.002 4，这里“4”就是基本点，如果汇率变为 USD1 = CHF1.003 0，则可以说美元升值 6 个点。

3.即期外汇交易交叉汇率的计算

在实际外汇交易中，通常都需要给出两个价格，但是由于买卖价格的位置不同，所以交易者需要通过计算来确定他选择哪一种价格。一般说来有以下几种方法。

(1)交叉相除法

如果两个汇率的单位货币相同，要计算计价货币之间的汇率，一般要采用交叉相除法。

已知：USD/JPY：105.81/105.99

　　USD/HKD：7.793 4/7.798 0

求：HKD/JPY

则采用下列方法

	买入价	卖出价
USD / JPY:	105.81	105.99
USD / HKD:	7.793 4	7.798 0
（交叉相除）	买入价	卖出价
HKD / JPY =	13.57 / 13.59	

如果两个汇率的计价货币相同,要计算单位货币之间的汇率,一般也要采用交叉相除法。

已知:EUR/USD:1.217 9　　1.219 8

　　GBP/USD:1.822 8　　1.824 6

求:EUR/GBP

则采用下列方式

	买入价	卖出价
EUR / USD:	1.217 9	1.219 8
GBP / USD:	1.822 8	1.824 6
（交叉相除）	买入价	卖出价
EUR / GBP =	0.667 5 / 0.669 1	

(2)同边相乘法

如果两个汇率中一种货币在一个汇率中是计价货币,在另一个汇率中是单位货币,一般采用同边相乘法。

已知:USD/JPY:105.81/105.99

　　EUR/USD:1.217 9/1.219 8

求:EUR/JPY

则采用下列方法

	买入价	卖出价
USD / JPY:	105.81	105.99
EUR / USD:	1.217 9	1.219 8
(同边相乘)	买入价	卖出价
EUR / JPY =	128.87 / 129.29	

(二)远期外汇交易

1.远期外汇交易的含义

远期外汇交易(Forward Exchange Transaction)是指外汇交易双方在成交后,不是立刻进行交易,而是约定在未来的某一时间,按事先约定好的汇率,币种和金额进行交割的外汇交易。在远期外汇交易中,最重要的是确定远期汇率和交易的期限。远期汇率是指远期外汇买卖的汇率。即在外汇买卖成交后,根据合约规定的到期日,按约定的汇率进行交割所使用的汇率。远期汇率是由将来交货时货币的供求情况决定的。远期汇率是以即期汇率为基础的,但是与即期汇率之间还有一个差价,称为远期差价(Forward Margin)。远期差价是通过“升水”、“贴水”、“平价”来表示的。如果远期汇率比即期汇率贵,高出的差额称为升水(At Premium);如果远期汇率比即期汇率便宜,低出的差额称为贴水(At Discount);如果远期汇率与即期汇率相等,称为平价(At Par)。

2.远期汇率的计算

通过远期差价来计算远期汇率,一般有以下方法。

(1)在已知标价法的情况下计算远期汇率

在直接标价法下,远期汇率 = 即期汇率 + 升水或远期汇率 = 即期汇率 - 贴水

例如,在我国外汇市场,即期汇率

USD1 = CNY8.261 2—8.262 4

外汇升水(3 个月)

23/34

则远期汇率(3 个月)

USD1 = CNY8.261 2—8.262 4
+0.002 3—0.003 4

USD1 = CNY8.263 5—8.265 8

在间接标价法下,远期汇率 = 即期汇率 - 升水或远期汇率 = 即期汇率 + 贴水。

例如,在美国外汇市场,即期汇率

USD1 = CHF1.863 7/47

远期差价升水(3 个月)

20/14

则远期汇率(3 个月)

USD1 = CHF1.863 7—1.864 7
-0.002 0—0.001 4

USD1 = CHF1.861 7—1.863 4

(2)考虑标价法的情况下计算远期汇率

远期差价一般都是以点数来表示的,所以又称远期点数,在实际业务中,有时可以不考虑标价方法,而只根据远期点数来计算远期汇率,如可以按下列规则计算。

远期点数前小后大:远期汇率 = 即期汇率 + 远期点数。

远期点数前大后小:远期汇率 = 即期汇率 - 远期点数。

3.远期外汇交易的目的

(1)避免贸易上的和国际借贷中的外汇风险

在国际贸易中,经常会碰到合同中的货币,与进口商手中持有的货币不一致。而合同中的支付一般在将来的一定时期。为了避免在支付时外汇汇率的变化,进口商可以事先进行远期外汇买卖,固定成本,避免在将来支付时因汇率变化带来的外汇风险。在国际借贷中也会经常碰到,借款货币与实际经营收益的货币不一致,而借款的偿还一般又是在远期。为了避免在还款时外汇汇率的变化,借款人可以事先进行远期外汇买卖,固定还款金额,避免将来在付款时因汇率变化带来的外汇风险。例如,1998 年某公司与外商在某天签订了一个进口合同,根据合同规定,公司在 3 个月后付 340 万瑞士法郎,如果按签约当时的汇率 1 美元 = 1.245 5 瑞士法郎,该公司到期大约用 272 万美元就可以支付货款了,但由于汇率变动,3 个月后汇率跌为 1 美元 = 1.224 4 瑞士法郎,签约后没有进行保值的该公司就须用大约 277 万美元去购买 340 万马克以支付合同,这样该公司就损失了 5 万美元。如果该公司在签约日便以 1 美元 = 1.245 0 瑞士法郎的 3 个月远期汇率作一笔远期外汇交易,购入 340 万瑞士法郎,3 个月后的交割日,在付款日期无论汇率如何变化,公司只需按原计划支付 272 万美元就足够了,该公司达到了外汇保值的效果。

(2)平衡外汇头寸

在外汇交易中,银行的外汇头寸出现失衡,其表现或者是多头寸或者是缺头寸。多头寸(Long Position)时如果外汇汇率不断下跌,则外汇资产价值变小;缺头寸(Short Position)时如果外汇汇率不断上升,则外汇负债越来越大。多头寸时为防止风险,银行会出售远期外汇,以降低损失。例如:某美国银行收到 40 万英镑,当期即期汇率 GBP1 = USD1.655 0,那么 3 个月后,如果汇率不变,这笔外汇价值 66.2 万美元。但是如果英镑汇率不断下跌,假设 3 个月后变为 GBP1 = USD1.500 0,则 40 万英镑仅值 60 万美元,无端损失 6.2 万美元,为此银行要进行远期外汇交易:若 3 个月远期汇率 GBP1 = USD1.650 0,则该银行可以签订 3 个月的远期合同出售英镑,到期可以得到 4 000 × 1.650 0 = USD66 万美元,保值成本 = 净外汇资产 × 远期外汇贴水 = 40 万 × 0.005 = 2 000 美元。缺头寸时可买进远期外汇,以降低损失。例如:美国某银行 3 个月后需支付 4 000 英镑,现在即期汇率为 GBP1 = USD1.600 0,则 3 个月后需花 6 400 美元支付。如果英镑汇率一直上升,3 个月后可能为 GBP1 = USD1.800 0,则 3 个月后需花 7 200 美元购买用以支付,多支付 800 美元。若现在将 3 个月远期汇率定为 GBP1 = USD1.650 0,签订 3 个月购买英镑远期合同,到期交割时,该银行须花 6 600 美元用来支付,保值成本 = 净外币负债额 × 远期升水 = 4 000 × 0.05 = 200 美元。

(3)谋取投机利润

投机(Speculation)分为软货币投机(Weak Currency Speculation)与硬货币投机(Strong Currency Speculation)。

①软货币投机一般表现为卖空投机，就是先高卖后低买的交易方式，又称为空头或做空交易。投机者预期某种外汇估价过高，在未来一定时间内极有可能会贬值，他们就要在贬值以前以较高的价格卖出这种外汇，等到贬值后再以较低的价格买回该种货币。例如：某投机者有1 000英镑，贬值前的即期汇率为 GBP1 = USD1.650 0，3 个月后即期汇率变为 GBP1 = USD 1.640 0，3 个月期远期英镑汇率为 GBP1 = 1.647 5，该投机者以 GBP1 = USD1.647 5 的远期汇率出售英镑的 3 个月远期，3 个月后收到 1 000 × 1.647 5 = 1 647.5(美元)，然后再以 GBP1 = USD1.600 0 的低价在外汇市场上买进 1 000 英镑，支付 1 000 × 1.600 0 = 1 600(美元)，则投机利润为 1 647.5 − 1 600 = 47.5(美元)。总之，空头交易是对即将贬值的外汇贵卖贱买的交易。

②硬货币投机是投机者预期某种货币将要升值，于是先以较低的价格买入，等到该货币升值后，再以较高的价格卖出以赚取差价利润的交易行为，也叫多头交易或做多头。例如：某投机者预期加拿大元将要升值，升值前的即期汇率是 CAD1 = USD0.755 5，于是该投机者将要买入一笔 3 月期加拿大元，3 个月的加拿大元的远期汇率为 CAD1 = USD0.780 0，3 个月后如果加拿大元果然升值，即期汇率变为 CAD1 = USD0.789 0，这时将预示着投机者的投机成功。他利用 1 000 美元以远期汇率 1:0.780 0 买入 1 000 ÷ 0.780 0≈1 150.4(元)，然后再以 1:0.789 0 的即期汇率将买入的加拿大元卖出，收入 1 150.4 ÷ 0.789 0≈1 451.6(美元)，投机利润为 301.2 美元。

【知识库】

中国外汇管理体制改革

新中国成立 60 年来，中国经济和金融形势发生了翻天覆地的变化。与此相适应，中国外汇体制从计划经济体制下的统收统支逐步走向市场经济体制下的市场调节占主导的历史新阶段。在此过程中，我国的外汇市场从无到有，从小到大，2008 年全年交易额已超过 3 万亿美元，外汇储备则从新中国成立之初的 1.57 亿美元猛增到 2009 年 9 月的 22 726 亿美元，增长了 14 475 倍。随着我国与世界经济接轨，社会发展与经济体制改革的内在要求不断提升，要求外汇管理体制进一步加快改革，以适应社会与经济发展的需要。

总的来说，中国外汇体制改革的过程可分为四个阶段，计划经济体制下统收统支、高度集中的外汇管理阶段(1953 ~ 1978)；改革开放后经济转型时期的外汇管理阶段(1979 ~ 1993)；社会主义市场经济体制初步建立时期的外汇管理阶段(1994 ~ 2001)；社会主义市场经济调节机制进一步完善时期的外汇管理阶段(2002 年以来)。2005 年 7 月 21 日晚，我国再次宣布进行人民币汇率形成机制改革，从单一盯住美元改为实行以市场供求为基础，参考一篮子货币进行调节、有管理的浮动汇率制度；货币兑换起始水平从 8.276 5 元人民币/美元调整为 8.11 元人民币/美元。同时，实施一系列配套外汇管理政策，包括提高经常项目外汇账户限额；提高个人因私购汇指导性限额和简化手续凭证；扩大银行为客户办理远期结售汇业务和开办人民币与外币掉期交易；调整银行挂牌汇率管理；并加强外汇政策的宣传和培训等。这些举措为改革开放后新时期的企业、银行逐步适应市场汇率波动的变化创造了条件。

资料引自：李东荣.中国外汇管理体制改革[J].当代金融家.2009,12.

本章小结

1.金融市场是指以金融资产为交易对象而形成的资金供应者和资金需求者进行资金融通的场所。

2.按金融市场交易的期限划分为货币市场与资本市场;按金融市场级次划分为一级市场与二级市场;按金融市场交易场地划分为有形市场与无形市场;按金融市场交易方式划分为直接金融市场与间接金融市场;按金融市场区域划分为国内金融市场与国际金融市场。

3.金融市场的功能主要有:集聚资金功能、融通资金功能、优化资源配置功能、提高资金效率功能、改善宏观调控功能、防范金融风险功能和反映信息功能等。

4.货币市场是指由一年以内的短期金融工具交易所形成的供求关系及其运行机制的总和,可以分为同业拆借市场、大额可转让定期存单市场、回购市场、短期政府债券市场等。

5.资本市场是指以中期或长期(1 年以上)为基本特征的金融市场,也称为长期金融市场或证券市场。按照融资工具的不同,资本市场可划分为股票市场和债券市场两个子市场。

6.股票价格平均数是用来衡量所有样本股经过调整后的价格水平平均值。通常有简单算术平均数、加权股价平均数和修正股价平均数三种表达形式。

7.外汇市场是用来交易外汇的场所,广义的外汇是指以外国货币表示的各种金融资产或债权;狭义的外汇仅指以外国货币表示的用来进行国际间结算的支付手段。汇率就是一种货币用另一种货币所表现的价格,外汇汇率就是用本国货币的金额反映外汇的价格,也是外汇市场的交易价格。汇率标价方法有直接标价法与间接标价法。外汇交易方式分为即期外汇交易与远期外汇交易。

思考题

一、名词解释

金融市场　货币市场　资本市场　金融工具　票据　同业拆借　大额可转让存单　基金债券　股票　外汇　汇率　直接标价法　间接标价法　贴水　升水　股价指数

二、简述题

1.金融市场是如何分类的?

2.金融市场的功能有哪些?

3.外汇汇率是如何分类的?

4.如何计算股价指数?目前我国股价指数有哪些?

5.货币市场的子市场有哪些?

三、论述题

论述外汇交易的目的。

【阅读资料】

安泰科技股份有限公司可转换公司债券发行基本情况(节选)

1.证券类型:可转换公司债券。

2.发行总额:7.5亿元。

3.发行数量:750万张。

4.票面金额:100元/张。

5.发行价格:按票面金额平价发行。

6.可转债基本情况:

(1)债券期限:本可转债存续期限为6年,即自2009年9月16日至2015年9月16日。

(2)票面利率:第1年到第6年的利率分别为:1.0%,1.2%,1.4%,1.6%,1.8%和2.0%。

(3)付息方式:本可转债采用每年付息一次的付息方式,计息起始日为本可转债发行首日。每年的付息债权登记日为每年付息日的前一日,发行人将在每年付息日之后的五个交易日内支付当年利息。在付息债权登记日当日已转换及已申请转换为公司股票的可转债,发行人不再向其支付利息。

(4)初始转股价格:22.30元/股,本可转债的初始转股价格为公布《安泰科技股份有限公司可转换公司债券募集说明书》之日前20个交易日公司股票交易均价和前1个交易日均价之间的较高者。

(5)转股起止时期:自本可转债发行结束之日起满6个月后的第一个交易日起至本可转债到期日止。

(6)信用评级:AA。

(7)资信评估机构:上海新世纪资信评估投资服务有限公司。

(8)担保方式:本次发行无担保。

7.发行时间:本次发行的优先配售日和网上申购日为2009年9月16日(T日)。

8.发行对象:

(1)向发行人原股东优先配售:本发行公告公布的股权登记2009年9月15日(T-1日)收市后在登记公司登记在册的发行人所有股东。

(2)深交所交易系统网上定价公开发行:中华人民共和国境内持有深交所股票账户的自然人、法人及证券投资基金等机构(法律法规禁止购买者除外)。

9.发行方式:

(1)本次发行的安泰转债向发行人原股东优先配售,原股东优先配售后余额(含原股东放弃优先配售部分)采用通过深交所交易系统网上定价发行的方式进行。

(2)原股东可优先配售的安泰转债数量

原股东可优先配售的安泰转债数量为其在股权登记日收市后登记在册的持有安泰科技股份数量按每股配售1.699元面值可转债的比例,再按100元/张转换为张数,每1张为一个申购单位。

安泰股份现有总股本441 263 680股,按本次发行优先配售比例计算,原股东可优先认购安泰转债约7 497 070张,约占本次发行的可转债总额的99.96%。(不足1张部分按照中国结算深圳分公司配股业务指引执行,最终优先配售总数可能略有差异)

(3)原股东除可参加优先配售外,还可参加优先配售后余额的申购。

(4)原股东的优先认购通过深交所系统进行,申购代码为“080969”,申购简称为“安泰配债”。网上优先配售不足1张部分按照中国结算深圳分公司配股业务指引执行，即所产生的不足1张的优先认购数量，按数量大小排序，数量小的进位给数量大的参与优先认购的原股东，以达到最小记账单位1张，循环进行直至全部配完。

原股东持有的“安泰科技”股票如托管在两个或者两个以上的证券营业部，则以托管在各营业部的股票分别计算可认购的张数，且必须依照中国结算深圳分公司配股业务指引在对应证券营业部进行配售认购。

(5)投资者通过深交所交易系统参加原股东优先认购后余额的申购，申购代码为“070969”，申购名称为“安泰发债”。每个账户最小认购单位为1手(10张，1 000元)，每1手为一个申购单位，申购上限是75万手。

10.发行地点：

全国所有与深交所交易系统联网的证券交易网点。

11.本次发行的安泰转债不设持有期限制。

12.承销方式：由承销团余额包销。

13.与本次发行有关的时间安排：

日期发行安排

T－2(2009年9月14日)刊登募集说明书摘要、发行公告、网上路演公告

T－1(2009年9月15日)网上路演；原股东优先配售股权登记日

T(2009年9月16日)刊登发行提示性公告；原股东优先认购日；网上申购日

T＋2(2009年9月18日)网上申购资金验资；计算网上中签率；网上申购配号

T＋3(2009年9月21日)刊登网上中签率公告，根据中签率进行网上申购的摇号抽签，根据中签结果，网上清算交割和债权登记

T＋4(2009年9月22日)刊登网上申购的摇号抽签结果公告，投资者根据中签号码确认认购数量；解冻未中签的网上申购资金，上述日期为工作日。如遇重大突发事件影响发行，保荐机构(主承销商)将及时公告，修改发行日程。

资料引自：中国证券报.

第八章

Chapter 8

金融衍生工具市场

【学习的目的和要求】

通过对本章的学习，使学生了解金融远期合约、金融期货、金融期权、互换的概念、种类和功能，掌握金融远期合约、金融期货、金融期权、互换等不同衍生工具的特点、交易功能与交易技巧。

【案例导入】

1994年我国国债期货交易频繁，中经开与万国证券公司展开了多空对决，爆发了"327"事件，动摇了中国金融经济基础，管理层被迫关闭国债期货。2005年是中国股票市场发展的关键年，4月29日经国务院批准，中国证监会发布"关于上市公司股权分置改革试点有关问题的通知"，批准紫江企业、金牛能源、三一重工等企业进行分置试点。在试点过程中，为了取得流通股东的赞同，一些企业推出配送方案，并且配以权证方式。从此以后二级市场出现了一种新的衍生金融交易工具，如宝钢权证、长电权证、五粮液权证、钾肥权证、南航权证、中集权证等。权证的出现虽然丰富了交易品种，但它们绝不是投资品种而是投机品种，一些投资者在没有弄清权证与股票的区别时，擅自将权证当成股票进行买卖，结果造成巨额亏损。

第一节　金融衍生产品的含义与种类

一、金融衍生产品的含义

美国经济学家费兰克·J·法伯齐等指出："一些合同给予合同持有者某种义务或对某一种金融资产进行买卖的选择权。这些合同的价值由其交易的金融资产的价格决定，相应的这些合约被称为衍生工具(Financial Derivative)。”2004 年,巴塞尔新资本协议中规定:“金融衍生交易合约的价值取决于一种或多种基础资产的价值或相关指数,除了远期、期货、掉期(互换)和期权等基本合约形式之外,具有以上任一种或多种特征的结构化金融工具也称为衍生工具。”我国一些学者认为,金融衍生工具是给予交易对手的一方,在未来的某个时间点,对某种基础资产拥有一定债权和相应义务的合约。

二、金融衍生产品的种类

金融衍生产品按交易对象划分为金融远期、金融期货、金融期权与金融互换。

(一)金融远期

金融远期(Financial Forwards)指合约双方同意在未来日期按照协定价格交换金融资产的合约。金融远期合约规定了将来交换的资产、日期、价格和数量,合约条款因合约双方的需要不同而不同。金融远期合约主要有远期利率协议、远期外汇合约、远期股票合约。

(二)金融期货

金融期货(Financial Futures)指买卖双方在有组织的交易所内以公开竞价的形式达成的,在将来某一特定时间交收标准数量特定金融工具的协议。主要包括外汇期货、利率期货和股票指数期货等。

(三)金融期权

金融期权(Financial Options)指合约双方按约定价格在约定日期内就是否买卖某种金融工具所达成的契约。包括现货期权和期货期权两大类,每类又可分为很多种类。

(四)金融互换

金融互换(Financial Swaps)指两个或两个以上的当事人按共同商定的条件,在约定的时间内,交换一定支付款项的金融交易,主要有货币互换和利率互换两类。

【知识库】

金融衍生工具的功能

1.远期:最重要的功能在于通过固定将来实际交付的利率而避免了利率变动风险。另外,由于远期利率协议交易的本金不用交付,利率是按差额结算的,所以资金流动量较小,这就给银行提供了一种管理利率风险而无需通过大规模的同业拆放来改变其资产负债结构的有效工具。最后,与金融期货、金融期权等场内交易相比,远期利率具有灵活、简便、不需支付保证金等特点,更能充分满足交易双方的特殊需求。

2.期货:转移价格风险;价格发现。

3.期权:转移价格风险;价格发现。

4.互换:降低筹资成本、提高资产收益、优化资产负债结构、转移和防范利率风险以及外汇风险和逃避管制等功能。

资料引自:张亦春.现代金融市场学[M].2 版.北京:中国金融出版社,2002.

第二节　金融远期合约交易

金融远期合约(Forward Contracts)是指交易双方约定在未来的某一确定时点,按照事先商定的价格(如汇率、利率或股票价格等),以预先确定的方式买卖一定数量的某种金融资产的合约。2000年以来,中国人民银行同日本、新加坡、韩国等国家的商业银行签订了相应的外汇远期结汇协议,中国银行、工商银行也先后涉足了此业务,但业务量不大。原因很简单,利率、汇率在我国没有实现市场化。2008年,由于世界金融市场风险监控的艰难性,银监会暂停了各商业银行的远期外汇交易业务。

一、远期利率协议

从使用者角度看,远期利率协议(FRA)是希望对未来利率走势进行保值或投机的双方所签订的一种协议。保值者要对未来利率风险进行防范,投机者虽然面对利率风险,但指望从未来的利率变化中获利。远期利率协议的买方相当于名义借款人,而卖方则相当于名义贷款人,双方签订远期利率协议,相当于同意从未来某一商定日期开始,按协议利率借贷一笔数额、期限、币种确定的名义本金。只是双方在清算日时并不实际交换本金,而是根据协议利率和参照利率之间的差额及名义金额,由交易一方支付给另一方结算金。虽然我国商业银行远期利率协议没有开展,但随着利率市场化进程的加快,将来此业务有望会成为各大商业银行业务竞争的焦点。

二、重要术语

合同金额(Contract Amount)——借贷的名义本金额。

合同货币(Contract Currency)——合同金额的货币币种。

交易日(Dealing Date)——远期利率协议成交的日期。

结算日(Settlement Date)——名义借贷开始的日期,也是交易一方向另一方交付结算金的日期。

确定日(Fixing Date)——确定参照利率的日期。

到期日(Maturity Date)——名义借贷到期的日期。

合同期(Contract Period)——结算日至到期日之间的天数。

合同利率(Contract Rate)——在协议中双方商定的借贷利率。

参照利率(Reference Rate)——在确定日用以确定结算金的在协议中指定的某种市场利率。

结算金(Settlement Sum)——在结算日,根据合同利率和参照利率的差额计算出来的,由交易一方付给另一方的金额。

三、交易流程

【例 8.1】 假定今天是 2007 年 10 月 8 日星期一，两商业银行同意成交一份 1×4 名义金额 100 万美元、合同利率 4.75%的远期利率协议。其中"1×4"是指起算日和结算日之间为 1 个月，起算日至名义贷款最终到期日之间的时间为 4 个月。交易日与起算日时隔一般两个交易日。在本例中，起算日是 2007 年 10 月 10 日星期三，而结算日则是 2007 年11 月 12 日星期一(11 月 10 日、11 日为非营业日)，到期时间为 2008 年 2 月 11 日星期一，合同期为 2007 年 11 月 12 日至 2008 年 2 月 11 日，即 92 天。在结算日之前的两个交易日(即 2007 年 11 月 9 日星期五)为确定日，确定参照利率。参照利率通常为确定日的伦敦银行同业拆放利率。我们假定参照利率为 5.50%。这样，在结算日，由于参照利率高于合同利率，名义贷款方就要支付结算金给名义借款方。上述流程可用图 8.1 表示。

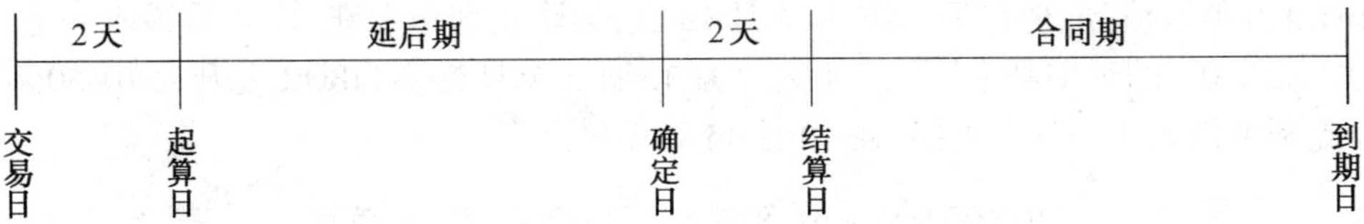

图 8.1　远期利率协议流程图

四、结算金的计算

在远期利率协议下，如果参照利率超过合同利率，那么拆出银行就要支付拆入银行一笔结算金，以补偿拆入银行在实际借款中因利率上升而造成的损失。一般来说，实际借款利息是在贷款到期时支付的，而结算金则是在结算日支付的，因此结算金并不等于因利率上升而给拆出银行造成的额外利息支出，而等于额外利息支出在结算日的贴现值，具体计算公式如下

$$结算金=\frac{(r_r-r_k)\times A\times\frac{D}{B}}{1+(r_r\times\frac{D}{B})}$$

式中，r_r 表示参照利率，r_k 表示合同利率，A 表示合同金额，D 表示合同期天数，B 表示天数计算惯例(如美元为 360 天，英镑为 365 天；如果我国开始远期利率协议，则为 360 天)。

在公式中，分子表示由于合同利率与参照利率之间的差异所造成的额外利息支出，而分母是对分子进行贴现，以反映结算金的支付是在合同期开始之日而非结束之时。

当 $r_r>r_k$ 时，结算金为正，拆出银行向拆入银行支付利差；当 $r_r<r_k$ 时，结算金为负，拆入银行向拆出银行支付利差。

我们把上例的数字代入式中，就可算出拆出银行应向拆入银行支付的结算金为

$$结算金 = \frac{(0.055 - 0.047\,5) \times 100 \times \frac{92}{360}}{1 + 0.055 \times \frac{92}{360}} \approx 1\,890.10(美元)$$

五、远期利率协议交易

(一)远期利率协议的报价

远期利率协议常常以 LIBOR 为参照利率,其报价一般由银行报出。我国上海已经推出 SHIBOR 拆借利率,向利率远期协议迈出了重要一步。如银行报出"美元 3V6V10.03—9.99",说明美元 FRA 3 个月后起息,再过 6 个月结束;10.03 和 9.99 分别为银行卖价和买价,表示银行愿以 10.03%的利率卖出,以 9.99%的利率买进 FRA。

【例 8.2】 某公司将在 2008 年 7 月 15 日借入一笔为期 3 个月,以 LIBOR 浮动利率支付利息的 1 000 万英镑债务,现在是 2008 年 4 月 15 日,为防止利率上涨,该公司买入一笔 1 000 万英镑"3V6V10.03"的远期利率协议。假定 7 月 15 日 3 个月英镑 LIBOR 上升为 10.50%,该公司如果以此利率借入 3 个月期英镑,在 10 月 15 日须付息

$$10\,000\,000 \times 10.50\% \times \frac{92}{365} \approx 264\,657.5(英镑)$$

而由于购买了 FRA,7 月 15 日该公司得到支付利息差额现值

$$结算金 = \frac{10\,000\,000 \times (10.5\% - 10.03\%) \times \frac{92}{365}}{1 + 10.5\% \times \frac{92}{365}} \approx 11\,541.1(英镑)$$

将这笔钱以 10.50%利率存入 3 个月期,10 月 15 日得利息 302.95 英镑,因此,10 月 15 日 1 000万英镑债务实际利息支出为

$$264\,657.5 - 11\,541.1 - 302.95 = 252\,813.45(英镑)$$

这样,相当于利率为 10.03%。假如 7 月 15 日 LIBOR 利率降至 10.03%以下,该公司支付利差,从而将借款成本提高到 10.03%。由此可见,该公司通过购买 FRA 将其借款成本锁定在 10.03%。

(二)远期利率协议的运用

远期利率协议运用的原则是:未来时间里持有大额负债的商业银行,在面临利率上升、负债成本增加的风险时,必须买进远期利率协议;未来期间拥有大笔资产的商业银行,在面临利率下降、收益减少的风险时,必须卖出远期利率协议。运用远期利率协议可以实施利率风险管理。

【例 8.3】 假设甲银行根据其经营计划在 3 个月后需向某银行拆借一笔 1 000 万美元,期限 3 个月的资金,该银行预测在短期内利率可能在目前 7.5%(年利率)基础上上升,从而将增

加其利息支出，增大筹资成本。为了降低资金成本，甲银行的操作是：按 3 个月期年利率7.5%的即期利率买进 1 000 万美元的远期利率协议，交易期限为 3 个月。3 个月后，果真同预测一样，LIBOR 上升为 8.5%，这个时候，甲银行采取了如下交易将利息成本固定下来。

①轧平远期利率协议头寸

即按 3 个月后远期利率协议交割日当天的伦敦同业拆放利率，卖出 3 个月期 1 000 万美元利率协议。由于利率上升，甲银行取得利差，其计算结果是

$$\text{结算金}=\frac{(8.5\%-7.5\%)\times 10\,000\,000\times\frac{90}{360}}{1+8.5\%\times\frac{90}{360}}\approx 24\,479.8(\text{美元})$$

②利息成本的计算

按交割日 LIBOR8.5%取得 3 个月期美元贷款 9 975 520.2 美元（即 10 000 000 − 24 479.8美元）。由于甲银行已从远期利率协议中取得了 24 479.8 美元的收益，因而，它只需取得 9 975 520.2美元的贷款，即可满足借款 1 000 万美元的需要。可以计算出甲银行此笔借款利息支出为

$$\text{借款利息支出}=(10\,000\,000-24\,479.8)\times 8.5\%\times\frac{90}{360}\approx 211\,979.9(\text{美元})$$

$$\text{远期利率协议所得}=24\,479.8(\text{美元})$$

$$\text{最终利息支出}=187\,500\times 4\div 9\,975\,520.2\approx 7.5\%$$

由此可以看出，甲银行通过远期利率协议交易，在 LIBOR 上升的情况下，仍将其利率固定在原来的水平上，从而避免了因利率上升加大筹资成本的风险。

【例 8.4】　假设乙银行 3 个月后会收回一笔 2 000 万美元的贷款，并计划将这笔贷款再做 3 个月的短期投资。但乙银行预测短期内利率将在目前 7.5%的基础上下降，将使未来投资收益减少。为了减少损失，乙银行决定通过远期利率协议交易将其未来的收益固定下来。

乙银行的操作是：按 7.5%的即期利率卖出 2 000 万美元的远期利率协议，交易期限为3 个月。3 个月后，如同预测的那样，利率下降为 7%，乙银行则做以下交易来固定其收益。

①轧平远期利率协议头寸

即按 3 个月后远期利率协议交割日当天的 LIBOR 买进 3 个月期的远期利率协议。由于利率水平下降，乙银行可从远期利率协议交易中获取利差收益。其计算结果如下

$$\text{结算金}=\frac{20\,000\,000\times(7\%-7.5\%)\times\frac{90}{360}}{1+7\%\times 90/360}\approx -24\,570(\text{美元})$$

负号代表利差支付方向为买方支付给卖方。

②利息成本的计算

以远期利率协议交割日的 LIBOR 贷放 3 个月期 20 024 570 美元的贷款，即 20 000 000 +

24 570。由于远期利率协议的利差收益在开始日已支付,因而可打入本金计算复利。乙银行此笔放款的利息收益为

$$放款利息收入=(20\ 000\ 000+24\ 570)\times 7\%\times\frac{90}{360}\approx 350\ 430(美元)$$

$$加远期利率协议所得=24\ 570(美元)$$

$$最终收益=375\ 000(美元)$$

$$年利率=375\ 000\times 4\div 20\ 024\ 570\approx 7.5\%$$

由此看出,乙银行预测在短期内 LIBOR 利率下降的情况下,采取卖出远期利率协议的交易方式,将未来的收益固定在原有的水平上。

【知识库】

远期利率协议业务管理规定(节选)

第二条　本规定所称远期利率协议是指交易双方约定在未来某一日,交换协议期间内一定名义本金基础上分别以合同利率和参考利率计算的利息的金融合约。其中,远期利率协议的买方支付以合同利率计算的利息,卖方支付以参考利率计算的利息。

第三条　远期利率协议的参考利率应为经中国人民银行授权的全国银行间同业拆借中心(简称交易中心)等机构发布的银行间市场具有基准性质的市场利率或中国人民银行公布的基准利率,具体由交易双方共同约定。

第四条　全国银行间债券市场参与者(简称市场参与者)中,具有做市商或结算代理业务资格的金融机构可与其他所有市场参与者进行远期利率协议交易,其他金融机构可以与所有金融机构进行远期利率协议交易,非金融机构只能与具有做市商或结算代理业务资格的金融机构进行以套期保值为目的的远期利率协议交易。

第六条　市场参与者开展远期利率协议业务应签署《中国银行间市场金融衍生产品交易主协议》。《中国银行间市场金融衍生产品交易主协议》中关于单一协议和终止净额等约定适用于远期利率协议交易。

《中国银行间市场金融衍生产品交易主协议》由中国人民银行授权中国银行间市场交易商协会(简称交易商协会)制定并发布。

第七条　金融机构在开展远期利率协议交易前,应将其远期利率协议的内部操作规程和风险管理制度送交易商协会和交易中心备案。内部风险管理制度至少应包括风险测算与监控、内部授权授信、信息监测管理、风险报告和内部审计等内容。

第九条　远期利率协议交易既可以通过交易中心的交易系统达成,也可以通过电话、传真等其他方式达成。未通过交易中心交易系统的,金融机构应于交易达成后的次一工作日将远期利率协议交易情况送交易中心备案。

第十条　市场参与者进行远期利率协议交易时，应订立书面交易合同。书面交易合同包括交易中心交易系统生成的成交单，或者合同书、信件和数据电文等。交易合同应至少包括交易双方名称、交易日、名义本金额、协议起止日、结算日、合同利率、参考利率、资金清算方式、争议解决方式等要素。交易双方认为必要时，可签订补充合同。

第十一条　市场参与者可按对手的信用状况协商建立履约保障机制。

第十二条　远期利率协议交易发生违约时，对违约事实或违约责任存在争议的，交易双方可以按照合同的约定申请仲裁或者向人民法院提起诉讼，并于接到仲裁或诉讼最终结果的次一工作日12:00之前，将最终结果送达交易商协会，交易商协会应在接到最终结果的当日予以公告。

第十三条　交易商协会要充分发挥行业自律组织作用，制订相应的自律规则，引导市场参与者规范开展远期利率协议业务。

第十四条　交易中心应依据本规定制定远期利率协议交易操作规程，报中国人民银行备案后实施。

第十五条　交易中心负责远期利率协议交易的日常监控工作，发现异常交易情况应及时向中国人民银行报告。交易中心应于每月后的10个工作日内将本月远期利率协议交易情况以书面形式向中国人民银行报告，同时抄送交易商协会。

第十六条　交易中心应按照中国人民银行的规定和授权，及时公布远期利率协议交易有关信息，但不得泄漏非公开信息或误导参与者。

第十七条　交易中心应定期向中国人民银行上海总部、各分行、营业管理部、省会（首府）城市中心支行以及副省级城市中心支行提供其辖区内市场参与者的远期利率协议交易有关信息，同时抄送交易商协会。各分支机构应加强对辖区内市场参与者远期利率协议交易的日常管理。

第十八条　市场参与者、交易中心违反本规定的，由中国人民银行按照《中华人民共和国中国人民银行法》第四十六条的规定予以处罚。

第十九条　本规定由中国人民银行负责解释。

第二十条　本规定自2007年11月1日起施行。

资料引自：中国人民银行公告[2007]第20号.

第三节　金融期货交易

一、期货含义与功能

（一）期货交易

期货交易（Futures Transaction）是指交易双方在集中性的市场以公开竞价的方式所进行的期货合约的交易。随着中国期货市场的发展，商业银行代理客户从事金融期货交易及自身的外汇、利率期货交易终究会打开禁令，从而参与市场经营，实现金融产品的套期、投机、套利交易。

(二)期货合约

期货合约(Futures Contract)是指由期货交易所设计,安排上市并在期货交易所内集中交易的标准化合约。

一张期货合约通常包括以下基本内容:期货品种,交易单位(Trading Unit),质量标准,最小变动价位(Minimum Price Change),每日价格波动限制(Daily Price Limit),合约月份(Contract Months),交易时间(Trading Hours),最后交易日(Last Trading Day),交割(Delivery)条款等。

二、期货交易的功能

(一)风险转移功能

风险转移(Risk Shifting)是期货交易最基本的经济功能。所谓风险转移,就是将市场上的风险从不愿承担风险的人身上转移到愿意承担风险的人身上。有了期货交易后,生产经营者就可利用套期保值交易把价格风险转移出去,以实现规避风险的目的。

套期保值是指在现货市场某一笔交易的基础上,在期货市场上做一笔价值相当、期限相同但方向相反的交易,以期保值。期货的套期保值分为两种形式:多头(买进)套期保值和空头(卖出)套期保值。

1.多头套期保值

多头套期保值是指在现货市场处于空头的情况下,期货市场做一笔相应的多头交易,以避免现货价格变动的风险。

【例 8.5】 美国某公司 2009 年 5 月 1 日借入 10 万英镑,偿还期限为 2009 年 11 月 1 日,公司在外汇现货市场按即期汇率 1 英镑 = 2 美元,把 10 万英镑兑成美元使用,他们希望 6 个月之后也是按此汇率把美元兑成英镑,偿还贷款,固定成本。公司为防止偿还时英镑升值的汇率风险,可以买进英镑期货合约,6 个月后卖掉合约,以达到保值目的,具体数字计算见表 8.1。

表 8.1 期货多头套期保值

	现货市场	期货市场
5 月 1 日	借入 100 000 英镑,并按汇率 1 英镑 = 2 美元卖出英镑	按汇率 1 英镑 = 1.95 美元买入 4 份 12 月交割的英镑期货合约,每份合约面额为 25 000 英镑
11 月 1 日	按汇率 1 英镑 = 2.05 美元买回 100 000 英镑	按汇率 1 英镑 = 2 美元卖出 4 份 12 月交割的英镑期货合约
结果	亏损 5 000 美元	营利 5 000 美元

通过表 8.1 可看到,在现货市场公司亏损 5 000 美元,在期货市场营利 5 000 美元,营亏相

抵,公司达到规避汇率风险的目的。

2.空头套期保值

空头套期保值是指在现货市场处于多头的情况下,期货市场做一笔相应的空头交易,以避免现货价格变动的风险。

【例 8.6】 某贸易商打算经销小麦现货,先买进,后卖出,担心在买卖过程中价格会降低而带来亏损,于是,他在期货市场上做空头(卖出)套期保值,见表 8.2。

表 8.2　期货空头套期保值

	现货市场	期货市场
6 月 10 日	某贸易商买进小麦 100 吨,价格为 1 590 元/吨	6 月 10 日,该贸易商卖出 10 手 12 月到期的小麦期货合约,价格为 1 848 元/吨
11 月 8 日	该贸易商卖出小麦 100 吨,价格为 1 500 元/吨	11 月 8 日,该贸易商买进 10 手 12 月到期的小麦期货合约,价格为 1 758 元/吨
结果	亏损 $90 \times 100 = 9\ 000$(元)	营利 $90 \times 100 = 9\ 000$(元)

从表 8.2 可以看出,该贸易商经受了价格下降给现货买卖带来的风险,因为他在期货市场上营利,盈亏完全相抵,达到了完全保值。

(二)价格发现功能

价格发现是期货交易的另一重要功能。价格发现(Price Discovering)也叫价格形成(Price Formation),是指大量的买者和卖者通过竞争性的叫价而形成新的市场价格,它反映了人们对利率、汇率和股指等变化和收益率曲线的预测及对目前供求状况和价格的综合看法。

(三)投机功能

期货交易之所以能够规避价格风险,并不是因为期货本身能从根本上消除各经济主体在生产经营和投资过程中所面临的种种风险,而是因为通过期货交易,套期保值者能够将其面临的价格风险转移给别人。这种风险的转移,必须是以有人愿意承担风险作为基本前提的。在期货市场上,愿意承担风险的交易者便是投机者。

投机(Speculation)是指人们根据自己对金融期货市场的价格变动趋势预测,通过看涨时买进,看跌时卖出,以期获利的交易行为。

三、金融期货交易

根据标的物的性质不同,金融期货可分为三大类:外汇期货、利率期货和股票指数期货。

(一)外汇期货

1.外汇期货的概念

所谓外汇期货(Foreign Exchange Futures),是指交易双方约定在未来特定的时期进行外汇交割,并限定了标准币种、数量、交割月份及交割地点的标准化合约。外汇期货交易则是指在期货交易所中进行的外汇期货合约买卖。外汇期货也被称为外币期货(Foreign Currency Futures)或货币期货(Currency Futures)。

2.外汇期货的交易规则

外汇期货为标准化的合约,每个交易所对外汇期货合约的交易币种、数量、交割月份、地点等都作了统一规定。以 IMM 为例,外汇期货合约的具体规定见表 8.3。

表 8.3 国际上主要的外汇期货合约(IMM)

	欧元	日元	加元	英镑	澳元	瑞士法郎
通用代码	EUR	JPY	CAD	GBP	AUD	SFR
交易单位	12.5 万欧元	1 250 万日元	10 万加元	6.25 万英镑	10 万澳元	12.5 万瑞郎
报价	以 1 外币等于多少美元表示					
最小变动单位	0.000 1 (1 点)	0.000 001 (1 点)	0.000 1 (1 点)	0.000 2 (2 点)	0.000 1 (1 点)	0.000 1 (1 点)
最小变动值	12.5 美元	12.5 美元	10 美元	12.5 美元	10 美元	12.5 美元
涨跌限制每份合约限制	200 点 2 500 美元	150 点 1 875 美元	100 点 1 000 美元	400 点 2 500 美元	150 点 1 500 美元	150 点 1 875 美元
交易月份	3 月、6 月、9 月、12 月					
交易时间	芝加哥时间上午 7:20 ~ 下午 2:00					
最后交易日	交割日期前第二个营业日的上午 9:16(通常为星期一)					
交割日	合约交割月份的第三个星期三					
交割地	结算所指定的各货币发行国银行					

(1)交易币种

目前,在期货交易所进行外汇期货交易的币种包括英镑、欧元、瑞士法郎、加拿大元、澳大利亚元、日元及 3 个月期的欧洲美元等货币。

(2)交易单位

外汇期货的交易单位都以各种货币的某一特定的数量来表示。这一特定的数量由交易所根据各种标的货币同结算货币之间的某一正常的汇率确定。

(3)标价方式

统一以每种外币折合多少美元标价，报价采取小数形式，小数点后一般是四位数(日元例外，虽然日元期货也是以四位数的形式报价，但实际上省略了两位数，如报价为 0.472 8，则实际价格为 0.004 728)

(4)最小变动价位

外汇期货的最小变动价位通常以一定的“点”(Point)来表示。所谓点是指外汇市场所报出的外汇汇率中小数点之后最后一位的数字。但是由于各种货币对美元的汇率中小数点以后的位数不同，所以同为一个点，不同的货币有不同的含义。在 IMM，英镑、加拿大元和澳大利亚元这几种货币的 1 个点为 0.000 1，对日元而言是 0.000 001。

(5)每日价格波动限制

外汇期货的每日价格波动限制一般也以一定的点数来表示。

3.外汇期货的交易实务

由于外汇汇率变动风险的存在，为避免因此造成的损失，许多跨国公司、进出口公司、商业银行以及外汇管理机构都以期货交易的方式进行套期保值，另外，许多投机者也看好外汇期货市场。这里我们举一些例子来说明运用套期保值、投机等策略在外汇期货市场进行的交易操作。

【例 8.7】 外汇期货套期保值策略的应用。

某跨国公司有两个分支机构，一个在美国，另一个在英国。假定某年 7 月在英国的分支机构有一笔富余资金可以闲置 3 个月，而在美国的分支机构却缺少维持经营必需的现金。因此，该公司的管理部门希望能把这笔资金从英国调到美国，这就涉及汇率风险的问题。为了避免风险，公司决定运用多头套期保值策略，以 1 英镑 = 2 美元的价格在现货市场卖掉 62 500 英镑的同时，在期货市场上以 1 英镑 = 2.05 美元的价格买入 10 月份交割、价值 62 500 英镑的期货合约。

到 9 月份，该公司需要把资金从美国调回英国的分支机构，于是在现货市场上以 1 英镑 = 2.05 美元买回 62 500 英镑，为了对冲期货合约，公司又在期货市场上卖出价值 62 500 英镑、10 月份交割的期货合约，比价为 1 英镑 = 2.10 美元，见表 8.4。

表 8.4　外汇期货套期保值策略应用

	现货市场	期货市场
7 月 1 日	以 1 英镑 = 2 美元的价格卖出 62 500 英镑	以 1 英镑 = 2.05 美元的价格买入 10 月份交割、62 500 价格英镑的期货合约
9 月 1 日	以 1 英镑 = 2.05 美元的价格买回 62 500 英镑	以 1 英镑 = 2.10 美元的价格卖出 10 月份交割、价值 62 500 英镑的期货合约
结果	损失 3 125 美元	营利 3 125 美元

因此，该公司在现货市场上损失 3 125 美元(62 500 × (2.05 − 2.00) = 3 125(美元))，在期货市场上获利 3 125 美元(62 500 × (2.10 − 2.05) = 3 125(美元))。盈亏相抵，该公司未因完成其经营目的而在外汇市场上亏损。

【例 8.8】 外汇期货投机策略应用。

假设近期由于日本国内政局混乱，大批期货持有者担心价格不断下跌，因此纷纷抛售所持有的期货。某公司推测，本周末日本国内大选将结束，影响期货行情巨变的近期因素都将明朗化。因此，期货行情经过这一个平衡阶段后有转向上升的趋势。依据该预测结果，该公司决定运用投机策略，买入日元期货，待行情上升时再抛出。10 月 25 日，该公司以 0.007 030 的价格购买了 10 个单位交割月份为 12 月的日元期货。

大选结束后，政局走向平稳，期货商纷纷买回抛售出的期货，行情正如该公司所预测的那样，经过平稳阶段后呈上升趋势。因此，该公司于 11 月 1 日以 0.007 110 的价格卖掉其在行情处于低谷时所购入的 10 个单位日元期货。投机收入为 10 000 美元。按现货市场上 1∶141 的汇率水平折合 141 万日元，见表 8.5。

表 8.5 外汇期货投机策略应用

10 月 20 日	买入 10 单位 12 月日元期货合约 成交价:7 030 点，即 0.007 030 美元/日元 价值:0.007 030 × 1 250 × 10 = 87.875(万美元)
11 月 1 日	卖出 10 单位 12 月日元期货合约 成交价:7 110 点，即 0.007 110 美元/日元 价值:0.007 110 × 1 250 × 10 = 88.875(万美元)
结果获利	88.875 − 87.875 = 1(万美元) 或(7 110 − 7 030) × 1 250 × 10 = 1(万美元)

(二)利率期货

1.利率期货的概念

利率期货(Interest Rate Futures)是继外汇期货之后产生的又一个金融期货类别，它是指标的资产价格依赖于利率水平的期货合约，如长期国债期货、短期国债期货及欧洲美元期货。1995 年以前，我国开展了利率期货交易，但由于万国证券公司与中经开信托公司多空对决，出现了严重的道德风险，爆发了“327”事件，为了控制金融风险，最终管理层不得不停止该期货交易。

2.短期利率期货的种类及交易规则

短期国库券期货是交易最活跃的利率期货之一。短期国库券以拍卖的方式折价发行，每周进行一次拍卖，其到期时间通常是 91 天。同时，短期国库券还是一个纯折现工具，其折现率通常以 360 天计算。

在美国,标准的短期国库券期货合约面值为100万美元,最低波幅为年利率一个百分点的1%,称为一个基本点,价值25美元($100\times10^5\times0.01\%\times\frac{90}{360}$美元)。不同的交易所规定的每日限价不完全相同,芝加哥期货交易所为60个基本点(1 500美元),纽约期货交易所为100个基本点(2 500美元)。3月期国库券期货合约见表8.6。

表8.6　IMM 3月期国库券期货合约

交易单位	1 000 000美元面值的短期国库券
最小变动价位	0.01
最小变动值	25美元
每日交易限价	0.60,即每张合约1 500美元
合约月份	3月、6月、9月、12月
交易时间	芝加哥时间8:00~14:00
最后交易日	交割日前一天
交割日	交割月份中1年期国库券尚余13周期限的第一天
交割等级	还剩余90、91或92天期限,面值为1 000 000美元的短期国库券

短期国库券期货以指数的形式报价,具体报价方式为100减去短期国库券利率(贴现率),得出的指数便是短期国库券期货的价格。这一报价方式为IMM首创,故亦称IMM指数。例如,假设某一短期国库券期货合同贴水为8.28,这一合同的IMM指数就是100－8.28＝91.72。指数与利率期货合约的价值成正比,指数越高,合约价值相应就越大;反之,指数越低,合约价值越小。

3.长期利率期货的种类及交易规则

长期利率期货是指期货合约的标的物的期限超过一年的各种利率期货,即以资本市场的各种债务凭证作为标的物的利率期货。在美国,主要的长期利率期货交易有四种:长期国库券期货、中期国库券期货、房屋抵押债券期货和市政债券期货。

长期国库券期货是以长期国库券作为交易对象的利率期货。长期国库券是美国财政部为筹集长期资金而向公众发行的,其本质与中期国库券一样,两者的区别仅在于期限的长短不同。长期国库券的期限从10年到30年不等。长期国债期货合约见表8.7。

长期国库券期货的报价方式与短期利率期货的报价方式不同,采取价格报价法,而不采取指数报价法。长期国库券期货以合约规定的标的债券为基础,报出其每100美元面值的价格,且以$\frac{1}{32}$为最小报价单位。例如,标的物为标准化的期限为20年、息票利率为8%的美国长期国库券的期货合约,若期货市场报出的价格为98－22,则表示每100美元面值的该种国库券的期货价格为 98 $\frac{22}{32}$美元，若以小数点来表示，则为 98.687 5 美元。

表 8.7　CBOT 长期国债期货合约

交易单位	100 000 美元面值的长期国债
最小变动价位	$\frac{1}{32}$
最小变动值	31.25 美元
每日交易限价	0.03，即每张合约 3 000 美元
合约月份	3 月、6 月、9 月、12 月
交易时间	芝加哥时间周一至周五 7:00～14:00 晚场交易周一至周四 17:00～20:30
最后交易日	交割月份最后营业日前第 7 个营业日
交割等级	剩余期限或不可赎回至少为 15 年的长期国债
交割方式	联储电子过户簿记系统

4.利率期货的交易实务

【例 8.9】　利率期货套期保值策略应用。

2009 年 8 月 15 日，某投资者打算把 11 月 15 日将得到的五笔美元收入以 LIBOR 利率存入银行。该笔美元数量为 10 000 000 美元。为避免因利率下降引起的利息收入损失，该投资者决定运用多头套期保值策略对此金额进行套期保值，具体操作过程见表 8.8。

表 8.8　短期利率期货套期保值策略应用

时间	现货市场	期货市场
8 月 15 日	3 个月 LIBOR 利率为 8%	买入 10 单位 12 月期的欧洲美元期货合约，价格 91.00
11 月 15 日	3 个月 LIBOR 利率为 7.5%	卖出 10 单位 12 月期的欧洲美元期货合约，价格 91.50
结 果	亏损 12 500 美元 $(10\ 000\ 000 \times (7.5\% - 8\%) \times \frac{90}{360})$	营利 12 500 美元 $((91.50 - 91.00) \times 1\ 000\ 000 \times 10 \times \frac{90}{360})$

套期保值的结果是期货市场营利 12 500 美元，刚好弥补现货市场 12 500 美元的亏损。

【例 8.10】　长期利率期货套期保值策略应用。

某投资人拥有 200 万美元的长期国库券，他预测不久利率会上升，于是他运用空头套期保值策略，卖出长期利率期货合约进行套期保值，见表 8.9。

表 8.9 长期利率期货套期保值策略应用

	现货市场	期货市场
3 月份	持有 200 万美元长期国库券，市场价值为 198 万美元	按总值 183 万美元共卖出 20 张 6 月份长期国库券期货合约
5 月份	长期国库券市场价值跌至 190 万美元	按总值 175 万美元共买进 20 张 6 月份长期国库券期货合约
结 果	亏损 8 万美元	营利 8 万美元

套期保值的结果是现货市场亏损 8 万美元，完全可以由期货的营利来弥补，从而避免了利率变动的风险。

【例 8.11】 利率期货的套利策略应用。

2009 年 1 月 5 日，同在芝加哥交易所(CBOT)交易的美国长期国库券期货和 10 年期美国中期国库券期货行情，见表 8.10。

表 8.10 CBOT 利率期货行情(1 月 5 日)

合约种类 合约月份	T－Bond 期货	10 期 T－Note	价 差
3 月	99－12	100－02	0－22
6 月	99－04	99－21	0－17
9 月	98－29	99－14	0－17

从表中可以看出，T－Bond 期货与 T－Note 期货的价差以 3 月份合约之间的最大。某投资者认为这一价差不合理。因此，他预测经过一段时间后，这一价差将会缩小。于是，他决定运用跨品种套利策略，在 2009 年 1 月 5 日入市，买进 10 张 3 月份的 T－Bond 期货合约，同时卖出 10 张 3 月份的 T－Note 期货合约。

到 3 月 10 日，T－Bond 期货的价格涨至 99－23(上涨了 0－11)，而 T－Note 期货的价格涨到 100－09(上涨了 0－07)，投资者对冲其持仓合约。见表 8.11。

表 8.11 利率期货的套利策略应用

	T－Bond 期货	10 年期 T－Note 期货	价差
1 月 5 日	买进 10 张 3 月份的 T－Bond 期货合约，价格为 99－12	卖出 10 张 3 月份的 10 年期 T－Note 期货合约，价格为 100－02	0－22
3 月 10 日	卖出 10 张 3 月份的 T－Bond 期货合约，价格为 99－23	买进 10 张 3 月份的 10 年期 T－Note 期货合约，价格为 100－09	0－18
结果	营利 3 437.5 美元(11 × 31.25美元 × 10)	亏损 2 187.5 美元(7 × 31.25美元 × 10)	价差缩小 0－04 获利 1 250美元

投资者对冲 T - Bond 期货而获利 3 437.5 美元，通过对冲 T - Note 期货而损失了 2 187.5 美元，两相抵消后，该投资者还可在此交易中净营利 1 250 美元。

（三）股票指数期货

1.股票指数期货的概念

股票指数期货（Stock Index Futures）是指期货交易所同期货买卖者签订的，约定在将来某个特定的时期，买卖者向交易所结算公司收付等于股价指数若干倍金额的合约。我国即将推出沪深 300 股票指数期货交易，商业银行最终也会成为股指期货市场重要参与者。

2.股票指数期货的种类和交易规则

股票指数期货合约的种类较多，都以合约的标的指数的点数报价，合约的价格是由这个点数与一个固定的金额相乘而得。例如，对恒生指数及其分类指数期货而言，这个固定金额为港币 50 元，假如现时恒生股票指数期货的报价是 5 000 点，则一张恒生股票指数期货合约的价格就是 25 万港币（50 × 5 000）。再例如，标准普尔 500 种股票指数期货合约的价格是当时指数的 250 倍，即如果标准普尔 500 种股票指数某日报价为 210 点时，一份标准普尔 500 种股票指数期货合约的价格为 52 500 美元（250 × 210）。沪深指数为 3 000 点，则沪深 300 股指期货合约的价格为 90 万元人民币（3 000 × 300）。

3.股票指数期货的交易

【例 8.12】 股票指数期货套期保值策略应用。

2009 年 5 月 3 日，某公司股票的市场价格为每股 25 美元。于是，该公司决定一周后以这一价格增发 20 万股股票，以筹措 500 万美元的资本，用于扩充生产规模。然而，若一周后股市下跌，则该公司发行同样多的股票，却只能筹得较少的资本。因此，该公司决定用同年 6 月份到期的 S&P500 指数期货合约做空头套期保值。其基本步骤及结果见表 8.12。

表 8.12 股票指数期货套期保值策略应用

	现货市场	期货市场
5 月 3 日	S&P500 指数为 456，该公司计划于一周后发行股票 20 万股，每股 25 美元，计划收入 500 万美元	卖出 44 张 6 月份到期的 S&P500 指数期货合约，价格为 458，合约总值为 503.8 万美元
5 月 10 日	S&P500 指数跌至 442，该公司发行股票 20 万股，每股 24.25 美元，实际筹得资本 485 万美元	买进 44 张 6 月份到期的 S&P500 指数期货合约，价格为 443，合约总值为 487.3 万美元
结果	亏损 15 万美元（(24.25 − 25) × 20 万股）	营利 16.5 万美元（(458 − 443) × 250 × 44 美元）

套期保值结果得到 1.5 万美元的净收入。

【例 8.13】 股票指数期货套利策略应用。

2009年3月1日,假定某交易者预测,不久将出现多头股票市场,而且主要市场指数的上涨势头会大于纽约证券交易所综合股票指数的涨势,于是,他运用跨市套利策略,在382.75点水平上买进2张主要市场指数期货合约,并在102.00点水平上卖出1张纽约证券交易所综合股票指数期货合约,当时的价差为280.75点。经过3个月,价差扩大为284.25点。交易者在388.25点水平上卖出2张主要市场指数期货合约,而在104.00点水平上买进1张纽约证券交易所综合指数期货合约,进行合约对冲,见表8.13。

表8.13　股票指数期货投机策略应用

	主要市场指数期货	纽约证券交易所综合指数	价差
3月1日	买进2张12月份主要市场指数期货合约,点数水平382.75	卖出1张12月份纽约证券交易所综合指数期货合约,点数水平102.00	280.75
6月1日	卖出2张12月份主要市场指数期货合约,点数水平388.25	买入1张12月份纽约证券交易所综合指数期货合约,点数水平104.00	284.25
结果	获利2 750美元((388.25－382.75)×250美元×2)	亏损1 000美元((102.00－104.00)×500美元×1)	获利1 750美元(3.5×500)

结果是,由于主要指数期货合约在多头市场中上升5.50点,大于纽约证券交易所综合指数期货合约上升的2.00点,交易者因此获利1 750美元。

4.股票指数期货套期保值合约数量的测算

(1)β及决定系数的确定

在有价证券组合投资中,由于分散化投资策略,非系统化风险可以降低到很低水平,因此该证券组合总的风险近似等于系统性风险,这时投资者最为关心的就是如何避免系统性风险。系统性风险通常由β系数确定,非系统性风险与β系数无关,β系数表明一种股票的价格随股市变化而上下波动的幅度。若要探讨股价相对于大市的波幅,可以利用统计学上的线性回归分析,以股票的回报率(变数)以及大市的回报率(不变数)得出回归线,此回归线的倾斜度就是β,代表了当大市变动1%时,该股票的预期变动百分率。大市的β是1.0,若股票的β比1.0小,则表示股价的波动会低于大市的波动;反之,若某股票的β比1.0大,则表示股价的波动会高于大市的波动。

具有较大β系数的证券(投资组合)会面临扩大的系统性风险,低风险股票具有接近于零的β系数。例如,β系数为0.5,说明当整个股票市场价格(股价指数)上升或下降1%时,该种股票(或股票投资组合)的价格将上升或下降0.5%;β系数为2,则说明该种股票(或投资组合)的价格将上升或下降2%。β系数也可以为负,表示股票(或股票投资组合)的价格与股市价格的变动方向相反。

由于 β 是由以往的股票以及大市回报率计算出来的，它只代表了两种回报率的平均关系，若以不同时间的资料计算 β，便会有不同的数值。利用回归统计得出的相关系数，可计算出 β 相对于其平均值的变化，使人们知道股价跟随大市波动的相关程度。相关系数的平方就是决定系数，从决定系数的数值，可得知股票回报率的变动有多少百分比是由大市变动所致。换言之，该数值显示股票投资的风险中，有多少是系统性风险。例如，相关系数是 0.8，则决定系数是 0.64，也就是说有 64% 的投资风险是由系统性风险所致。β 以及决定系数都是进行套期保值时不可缺少的资料，β 系数可用来计算套期保值合约的数目，而决定系数可协助人们了解套期保值的有效度。

(2)β 及合约数量的确定

一种证券组合的 β 系数(β_p)是组成它的各种证券的 β 系数的简单加权平均数，其权数等于投向这些证券的资金的相对比例。证券投资组合的 β 系数(β_p)计算公式为

$$\beta_p = \sum_{i=1}^{n} x_i\beta_i = X_1\beta_1 + X_2\beta_2 + \cdots + X_n\beta_n$$

【例 8.14】 一个套期保值者持有一个由三种股票组成的投资组合，通过对以往历史数据的计算，他知道所持有股票的 β 系数，从而可计算其投资组合的 β 系数(β_p)。

股 票	市值/美元	β
A	4 000	0.9
B	5 000	1.2
C	6 000	1.4
—	15 000	—

$$\beta_p = \frac{4\,000\text{美元}}{15\,000\text{美元}} \times 0.9 + \frac{5\,000\text{美元}}{15\,000\text{美元}} \times 1.2 + \frac{6\,000\text{美元}}{15\,000\text{美元}} \times 1.4 \approx 1.2。$$

知道了某种股票的 β 系数或股票投资组合的 β 系数(β_p)，套期保值者可以计算出其所需买入或卖出的股票指数期货合约数目。

一般说来，计算套期保值的期货合约份数的公式为

$$N = \frac{S}{F} \times \beta_p$$

式中，N 为期货合约份数，S 为股票组合的总价值，F 为期货合约的价值，β_p 为股票组合的系数。

若股票组合总价值 100 万美元，且该股票组合的 β 系数等于 1.2，当时标准普尔 500 种股票价格指数为 200.00 点，则进行套期保值的期货合约份数为

$$N = \frac{1\,000\,000}{500 \times 200.00} \times 1.2 = 12(\text{美元})$$

【例 8.15】　某商业银行 2009 年 1 月 5 日计划将在 3 月进行金额为 100 万元人民币的 30 种工业普通股票的投资组合，因此对两个月后股票价格上涨的可能性极为关注。因为预测目前股票市场的熊市已经见底，3 月份收到投资资金再购进股票时，股票市场很有可能正牛市冲天，与目前情况相比，投资者将会蒙受巨大的损失。因此，商业银行决定现在购进中国金融期货交易所 3 月份到期的沪深 300 股票指数期货合约，对预期的股票价格上涨进行保值。

1 月 5 日，3 月沪深 300 股票指数期货合约的指数标价是 998，即期货合约的价值为 299 400 元人民币(998 × 300)。商业银行以过去 12 个月的有关历史资料数据计算了将要投资的普通股票组合的 β 系数(β_p)为 1.25。它表示所选择的这个投资组合对未来市场变化的敏感度为 1.25，它比沪深 300 指数所代表的股市更加易变，那么就可能根据 β_p 求出套期保值率，从而确定出所需的最适合的期货合约份数，即

$$N=\frac{1\ 000\ 000}{300\times 998}\times 1.25\approx 4.17$$

在本例中，$N=4.17$，取整数为 5 份合约。这样，若股票价格将来真的上升了，股票投资因为价格上升所受到的损失，就可以以指数期货交易中所获得的收益来抵补(表 8.14)。

表 8.14　期货套期保值

	现　货	期　货
1 月 5 日	1 000 000 元人民币未收到，股票市场已经到了底部	买进 5 份合约，指数价格 998，乘数 300，则总价值为 998 × 300 × 5 = 1 497 000(元)人民币
3 月	收到 1 000 000 元人民币，买进股票投资组合 30 种，平均价格上涨 12.5%	指数价格上涨 1 122.75，卖出合约 5 份，则总价值为 1 122.75 × 300 × 5 = 1 684 125(元)人民币 1 684 125 − 1 497 000 = 187 125(元)人民币
结果	损失 12.5 万元	营利 18.7 万元

期货市场的营利弥补现货市场的亏损。

【例 8.16】　某商业银行持有市场总价值为 500 万元人民币的 10 种普通股票的投资组合，现在(2009 年 9 月 8 日)银行担心在今后 3 个月中利率水平会上升，其投资组合的市场价值将会降低。但银行又不愿意卖出这些股票，所以决定以沪深 300 股票指数期货进行套期保值，此时指数价格为 6 124 点，每份合约价值则为 300 × 6 124 = 1 837 200(元)人民币。通过对过去半年来的历史数据进行计算，可知这 10 种股票对市场变化的敏感度，即 β 系数分别为 1.22，1.43，0.96，1.15，1.42，1.50，1.00，1.25，1.33，1.40。人民币 500 万元总价值的投资组合中，每种股票所占的比重分别为 12%，11%，8%，14%，7%，6.5%，10%，12.8%，8.3%，10.4%。因此系数为

$$\beta_p = 1.22 \times 12\% + 1.43 \times 11\% + 0.96 \times 8\% + 1.15 \times 14\% + 1.42 \times 7\% + 1.50 \times 6.5\% + 1.00 \times 10\% + 1.25 \times 12.8\% + 1.33 \times 8.3\% + 1.40 \times 10.4\% = 1.254\ 39$$

$$N = \frac{5\ 000\ 000}{300 \times 6\ 124} \times 1.254\ 39 \approx 3.41$$

到了12月12日，现货市场上10种股票组合的市场价值变为4 375 000元人民币，损失了625 000元人民币，亏损率为12.5%。中金所内12月沪深300股票指数期货合约的标价为5 511.6点，表明整个股票市场价格下跌10%，每份合约价值1 653 480元人民币，商业银行在期货交易中，从每份合约中获利183 720元人民币，4份合约获利734 880元人民币。结果期货市场上收益734 880元有效抵补了现货市场资本损失625 000元，尚可获取109 880元净利润(表8.15)。

表8.15　期货套期保值

	现货市场	期货市场
9月8日	手中握有10种股票组合，总价值为5 000 000元人民币	担心市场下跌，卖出4份合约，指数期货价格为6 124，则总价值为6 124×300×4=7 348 800(元)人民币
12月12日	股市价格下挫，总价值为4 375 000元人民币	买入4份合约，指数期货价格为5 511.6点，总价值为5 511.6×300×4=6 613 920(元)人民币 7 348 800−6 613 920=734 880(元)人民币
结果	损失625 000元人民币	营利734 880元人民币

期货市场的营利完全弥补了现货市场的亏损。

【知识库】

里森与巴林银行的倒闭

一、事件发生

1995年2月，具有230多年历史、在世界1 000家大银行中按核心资本排名第489位的英国巴林银行宣布倒闭，这一消息在国际金融界引起了强烈震动。

巴林银行的倒闭是由于该行在新加坡的期货公司交易形成巨额亏损引发的。1992年新加坡巴林银行期货公司开始进行金融期货交易不久，前台首席交易员(而且是后台结算主管)里森即开立了“88888”账户。开户表格上注明此账户是“新加坡巴林期货公司的误差账户”，只能用于冲销错账，但这个账户却被用来进行交易，甚至成了里森赔钱的“隐藏所”。里森通过指使后台结算操作人员在每天交易结束后和第二天交易开始前，在“88888”账户与巴林银行的其他交易账户之间做假账进行调整。通过假账调整，里森反映在总行其他交易账户上的交易始终是营利的，而把亏损掩盖在“88888”账户上。

二、股指期货等衍生品交易的亏损分析

巴林银行倒闭是由于其子公司——巴林期货新加坡公司,因持有大量未经保值的期货和选择权头寸而导致巨额亏损,经调查发现,巴林期货新加坡公司1995年交易的期货合约是日经225指数期货,日本政府债券期货和欧洲日元期货,实际上所有的亏损都是前两种合约引起的。(一)来自日经225指数期货的亏损。自1994年下半年起,里森认为日经指数将上涨,逐渐买入日经225指数期货,不料1995年1月17日关西大地震后,日本股市反复下跌,里森的投资损失惨重。里森当时认为股票市场对地震反映过激,股价将会回升,为弥补亏损,里森一再加大投资,在1月16日~26日再次大规模建多仓,以期翻本。其策略是继续买入日经225期货,其日经225期货头寸从1995年1月1日的1 080张9503合约多头增加到2月26日的61 039张多头(其中9503合约多头55 399张,9506合约5 640张)。据估计其9503合约多头平均买入价为18 130点,经过2月23日,日经指数急剧下挫,9503合约收盘价跌至17 473点以下,导致无法弥补损失,累计亏损达到了480亿日元。(二)来自日本政府债券的空头期货合约的亏损。里森认为日本股票市场股价将会回升,而日本政府债券价格将会下跌,因此在1995年1月16日~24日大规模建日经225指数期货多仓同时,又卖出大量日本政府债券期货。里森在"88888"账户中未套期保值合约数从1月16日2 050手多头合约转为1月24日的26 079手空头合约,但1月17日关西大地震后,在日经225指数出现大跌同时,日本政府债券价格出现了普遍上升,使里森日本政府债券的空头期货合约也出现了较大亏损,在1月1日到2月27日期间就亏损1.9亿英镑。(三)来自股指期权的亏损。里森在进行以上期货交易时,还同时进行日经225期货期权交易,大量卖出鞍马式选择权。鞍马式期权获利的机会是建立在日经225指数小幅波动上,因此日经225指数出现大跌,里森作为鞍马式选择权的卖方出现了严重亏损,到2月27日,期权头寸的累计账面亏损已经达到184亿日元。

截至1995年3月2日,巴林银行亏损额达9.16亿英镑,约合14亿美元。3月5日,国际荷兰集团与巴林银行达成协议,接管其全部资产与负债,更名为"巴林银行有限公司";3月9日,此方案获英格兰银行及法院批准。至此,巴林银行230年的历史终于画上了句号。

资料引自:中金在线.

第四节　金融期权交易

一、期权的相关概念

(一)期权的定义

期权(Option)又称选择权,实质上是一种权利的有偿使用,当期权购买者支付给期权出售者一定的期权费后,购买者就拥有在规定期限内按双方约定的价格(简称协议价格、敲定价格(Striking Price)或执行价格(Exercise Price))购买或出售一定数量某种金融资产(称为潜含金融资产(Underlying Financial Assets)或标的资产)的权利的合约。目前,一些上市银行如深发展、招商银行相继推出了认沽权证与认购权证,说明商业银行参与期权市场的深度逐渐加强。

(二)期权交易的合约要素

1.期权的买方

期权的买方即购买期权的一方,是支付期权费,获得权利的一方,称期权的多头方。

2.期权的卖方

期权的卖方即出售期权的一方,获得期权费,因而承担着在规定的时间内履行该期权合约的义务。

3.协定价格

协定价格也称敲定价格或执行价格,是指期权合约所规定的期权买方在行使权力时所实际执行的价格。

4.期权费

因为期权交易是一种权利的交易。期权费就是这一权利的价格。所谓期权费,又称为权利金、期权价格或保险费,是指期权买方为获取期权合约所赋予的权利而向期权卖方支付的费用。

5.通知日

当期权买方要求履行标的物(或期货合约)的交货时,他必须预先在交货和提运日之前的某一天通知卖方,以便让卖方作好准备,这一天是通知日。

6.到期日

也称履行日,在这一天,一个预先作了声明的期权合约必须履行交货。

【例 8.17】 场内的标准期权合约报价行情如下:

3	IBM	NOV	400	Call	Premium 15
合约份数	标的物名	期权到期日	协定价格	买权	期权费

其含义是:3 份 IBM 公司的协定价格为 400 的 11 月份到期的买权股票期权,期权费为 15。

(三)期权的类型

1.看涨期权、看跌期权

按期权买者的权利划分,期权可分为看涨期权(Call Option)、看跌期权(Put Option)。

(1)看涨期权

看涨期权是指赋予期权的购买者在预先规定的时间以执行价格从期权出售者手中买入一定数量的金融工具的权利的合约。为取得这种买的权利,期权购买者需要在购买期权时支付给期权出售者一定的期权费。因为它是人们预期某种标的资产的未来价格上涨时购买的期权,所以被称为看涨期权。

【例 8.18】 某交易商对 6 月到期的瑞士法郎期货行情看涨,于是买进一份 6 月到期的瑞士法郎期货期权,面值为 125 000 瑞士法郎,协定价格为 1 美元 = 2.5 瑞士法郎,期权费为 5 000 美元,有效期为一个月。一个月后,6 月到期的瑞士法郎期货合约的价格果真上涨,市场价格为 1 美元 = 2.0 瑞士法郎，期权持有人执行期权，以 1 美元 = 2.5 瑞士法郎的协定价格买进这份瑞士法郎期货合约，付出 50 000 美元，同时将合约按市场价格卖出，收回 62 500 美元，除去期权费后，净获利 7 500 美元。

(2)看跌期权

看跌期权是指期权购买者拥有一种权利，在预先规定的时间以协定价格向期权出售者卖出规定的金融工具。为取得这种卖的权利，期权购买者需要在购买期权时支付给期权出售者一定的期权费。因为它是人们预期某种标的资产的未来价格下跌而购买的期权，所以被称为看跌期权。

【例 8.19】　2009 年 1 月初，某交易商认为瑞士法郎的汇率将下降，且下降的损失足以超过期权费，另一交易商则认为瑞士法郎的汇率将上升，且上升的程序足以使期权持有人放弃执行期权，于是双方达成一份 125 000 瑞士法郎 3 月到期的期货期权协议，其协定价格为 1 美元 = 2.3 瑞士法郎，期权费为 3 000 美元，有效期为 3 个月。3 个月后，期货市场价格全面下跌，3 月到期的瑞士法郎期货合约的价格为 1 美元 = 2.5 瑞士法郎。期权持有人执行期权，以1 美元 = 2.3瑞士法郎的协定价格卖出一份 3 月到期的瑞士法郎期货合约，收进 54 347.8 美元，营利 1 347.8 美元。如果瑞士法郎的汇率不降反升，期权持有人放弃期权只不过损失 3 000 美元的期权费。期权卖出者可以得到 3 000 美元的净收入。

2.欧式期权和美式期权

按期权买者执行期权的时限划分，期权可分为欧式期权和美式期权。

欧式期权是指期权的购买者只能在期权到期日才能执行期权(即行使买进或卖出标的资产的权利)，既不能提前也不能推迟。而美式期权的购买者既可以在期权到期日这一天行使期权，也可以在期权到期日之前的任何一个营业日执行期权。

3.实值期权、平值期权和虚值期权

按协定价格与标的物市场价格的关系不同划分，期权可以分为实值期权、平值期权和虚值期权。

实值期权是指如果期权立即执行，买方具有正的现金流；平值期权是指如果期权立即执行，买方的现金流为零；虚值期权是指如果期权立即执行，买方具有负的现金流。其与看涨期权、看跌期权的对应关系可参见表 8.16。

表 8.16　实值期权、平值期权、虚值期权与看涨期权、看跌期权的对应关系

	看涨期权	看跌期权
实值期权	市场价格 > 协定价格	市场价格 < 协定价格
平值期权	市场价格 = 协定价格	市场价格 = 协定价格
虚值期权	市场价格 < 协定价格	市场价格 > 协定价格

二、期权交易的功能

(一)期权交易的保值功能

风险是由价格的不确定性变动所引起的。所谓价格的不确定性变动,是指在未来某一时间,价格既可能发生有利的变化,也可能发生不利的变化。如果价格发生有利的变化,人们将获得意外的收益;反之,将会遭受损失。因此所谓风险较大,是指人们获得意外收益的可能性与遭受意外损失的可能性都较大。这种风险我们称之为“对称性风险”。当标的物面临风险时,可以在期权市场上支付一定的期权费购买一种期权进行套期保值。这实际上是将“对称性风险”转化为“不对称性风险”。也就是说,利用期权可避免损失。如价格发生不利变化时,套期保值者又可以通过放弃期权来保护利益。因此人们通过期权交易,既可避免价格的不利变动所造成的损失,又可在相当的程度上保住价格的有利变化所带来的收益。这可以在以下的例子中看到。

【例 8.20】 美国某公司从英国进口机器设备,需要在 3 个月后向英国出口商支付 1.25 万英镑。为了避免 3 个月后实际支付时汇率变动可能造成的损失,需要将进口成本固定下来。为此,美国公司提前购入一份英镑看涨期权,期权费为每英镑 0.01 美元,一份英镑买权需要支付 125 美元购得一项权利,允许该公司在今后 3 个月内,随时按协定汇率购买 1.25 万英镑。3 个月后将会出现以下三种情况中的任意一种:其一为英镑升值,如 1 英镑 = 1.75 美元;其二为英镑贬值,如 1 英镑 = 1.65 美元;其三为汇率不变,仍为 1 英镑 = 1.7 美元。

①英镑升值至 1 英镑 = 1.75 美元,若不买进期权,该公司需支付 21 875 美元(1.25 万 × 1.75)。该公司执行期权,按协定价格 1 英镑 = 1.7 美元购买英镑,可比按市场汇率购英镑少支付 625 美元(1.25 × 1.75 − 1.25 万 × 1.7),除去期权费 125 美元,还节省了 500 美元。

②英镑贬值至 1 英镑 = 1.65 美元,该公司可放弃执行期权,而按市场汇率购进英镑,只需 20 625 美元(1.25 万 × 1.65),加上期权费 125 美元,总共只需 20 750 美元,节省 500 美元(1.25 万 × 1.75 − 20 750)

③英镑汇率保持不变,美国公司可执行期权,也可不执行期权直接按市场汇率购买英镑,其最大的损失就是期权费 125 美元,没有遭受任何汇率变动的损失。

(二)期权交易的投机功能

一般而言,交易客户只有在与其相关的期货价格仅出现小幅度波动或略有下降的情况下才会卖出看涨期权;只有在与其相关期货价格会保持平稳或略有上升的情况下才会卖出看跌期权。卖出看涨期权和看跌期权的目的都只有一个,就是赚取期权权利金。对于看涨期权的卖方来讲,他们最怕出现这样的情况:相关期货价格上涨至足以使期权买方履约的水平,或者说相关期货价格的上涨吞没所得到的权利金。对于看跌期权的卖方来讲,他们最怕出现这样的情况:相关期货价格下降,降至足以使期权合约买方行使履约权利的水平,或者说相关期货价格的下降足以吞没所得到的期权费。

【例 8.21】 某商人预期两个月后瑞士法郎对美元的汇率将上升，于是按协定汇率 1 美元 = 1.7瑞士法郎购买两份瑞士法郎买权(金额总共 12.5 万瑞士法郎)。期权价格为每瑞士法郎 0.01 美元，该商人共支付期权费 1 250 美元。这样他获得在未来的两个月内随时以协定汇率购买瑞士法郎的权利。两个月后，如果瑞士法郎真如商人所预期的那样，上升到 1 美元 = 1.6 瑞士法郎，他即执行瑞士法郎买权，以 1 美元 = 1.7 瑞士法郎的汇率购买 12.5 万瑞士法郎，支付 7.352 9 万美元(12.5 万 ÷ 1.7)；然后再按上升了的外汇市场瑞士法郎汇率卖出瑞士法郎，收入 7.812 5 万美元(12.5 万 ÷ 1.6)，除去期权费和执行瑞士法郎买权合同的成本，净获利 3 346 美元(7.812 5 万 - 7.352 9 万 - 0.125 0 万)。如果两个月后，瑞士法郎的汇率没有变化或下跌，该商人则可放弃执行期权，损失的仅为期权费 1 250 美元。

(三)期权的价格发现功能

同期货一样，期权也具有价格发现的功能。原因在于期权交易具有以下的特点：期权交易的透明度高；期权交易的市场流动性强；期权交易的信息质量高；期权价格的公开性；期权价格的预期性。

三、权证理论与交易实务

(一)权证的经济内涵

权证又称“认股证”、“认股权证”或“衍生权证”，其英文名称为 Warrant(香港译“涡轮”)。在证券市场上，Warrant 是指一种具有到期日、行权价等其他行权条件的金融衍生工具。而根据美交所(American Stock Exchange)的定义，Warrant 是指一种以约定的价格和时间购买或者卖出标的证券(The Underlying)的期权。我国深、沪证券交易所公布的“权证管理暂行办法”定义是：权证是指标的证券发行人或其以外的第三人(简称发行人)发行的，约定持有人在规定期间内或特定到期日，有权按约定价格向发行人购买或出售标的证券，或以现金结算方式收取结算差价的有价证券。我国先后发行了宝钢 JTB1、万科 HRP1、邯钢 JTB1、武钢 JTB1、万华 HXB1、五粮 YGP1、钾肥 JTP1、青啤 CWB1、中远 CWB1、日照 CWBI、中兴 ZXC1、国安 GAC1、深发 SFC2、南航 JTP1、云化 CWBI、马钢 CWB1 等 40 多只权证。权证的定义揭示了两个特点。

1.发行人与持有人的合同关系

权证说明了发行人与持有人之间存在一定的合同关系，权证持有人享有的权利与股东所享有的股东权在权利内容上有着明显的区别：即除非合同有明确约定，权证持有人对标的证券发行人和权证发行人的内部管理和经营决策没有参与权。

2.发行人与持有人不同的权利与义务

权证赋予权证持有人的是一种可选择的权利而不是义务，与权证发行人有义务在持有人行权时根据约定交付标的证券或现金不同，权证持有人完全可以根据市场情况自主选择行权还是不行权,而无需承担任何违约责任。

【例 8.22】 假如某银行股票 2008 年 5 月 5 日的价格是 7.00 元/股,有投资者看好其在未来一年的走势,于是购买一个以某银行股票为标的的认购权证,约定价格 6.8 元,期限一年,权证价格是 0.5 元/份权证。

表明:投资者支付给权证发行人 0.5 元后,在未来的一年内,不管某银行股价涨到多少钱,投资者都有权从权证发行人处以 6.80 元的价格买进一股某银行股。如果届时该银行股价为 8.50 元高于约定价格,投资者执行权力是有利的。投资者只要支付给权证发行者 6.80 元,就可以得到价值 8.50 元的某银行股(也可以直接进行现金结算:投资者要求行权时,权证发行者直接支付投资者 8.50 - 6.80 = 1.7(元),净收益等于这部分收益减去权证价格,即 1.70 - 0.50 = 1.20(元))。如果届时某银行股票跌至 6.00 元,显然用约定价格 6.80 元购买 6.00 元的股票是不合算的,投资者可以放弃买进某银行股票的权利,但是就损失了购买权证的成本 0.50 元。

(二)权证价值的构成

权证的价值一般由两部分构成,即内在价值与时间价值。内在价值是标的证券的价格与行权价之间的差额。认购权证的内在价值 = 标的证券价格 - 行权价格;认沽权证的内在价值 = 行权价格 - 标的证券价格。一般情况,权证价值至少等于它的内在价值。内在价值大于零的权证称为实值权证,如果是认购权证,这表示标的证券的价格高于行权价格;如果是认沽权证,则表示标的股价格低于行权价格。如果标的证券的价格等于行权价,就称为平值权证。内在价值小于零的权证,就称为虚值权证。

【例 8.23】 宝钢 JTB1 权证(580000)2008 年 8 月 22 日的价格(行权比例为 1:1):

宝钢股份(600019):4.63 元

行权价:4.50 元

权证价格:1.263 元

该权证的内在价值和时间价值分别是:

内在价值:$0.13(\text{元}) = \dfrac{4.63 - 4.50}{1}(\text{元})$

时间价值:$1.133(\text{元}) = 1.263 - 0.13(\text{元})$

(三)影响权证价值的因素

权证的价值受很多因素影响,其中受标的证券价格、行权价格、标的证券波动率、剩余存续期、红利收益率、无风险收益率等六个因素的影响最大。

1. 标的证券价格

从认购权证看,如果标的证券价格上升,认购权证的收益将上升,认购权证的价值将上升;从认沽权证看,如果标的证券价格上升,认沽权证的收益将会下降,认沽权证的价值越低,标的证券价格越高,认沽权证的价值越低。

2.行权价格

认购权证的行权价格越高,认购权证价值越低;认沽权证的行权价格越高,认沽权证价值越高。

3.标的证券的历史波动率

波动率表示标的证券价格变化幅度的大小,若标的股票价格过去曾出现过大幅度变化或未来预期会出现大幅变动,就会被称为波动率大的证券。假设上证指数的某年波动率是30%,而指数值是1 000点,波动几率为68%。30%×1 000±300点,亦即未来一年上证指数在1 300至700点之间的几率有68%。同时未来一年指数是在400至1 600之间(1 000±(2×1 000×30%))几率亦有95%。所以波动率上升,认沽权证与认购权证的价值均上升,标的证券的波动率越大,认购和认沽权证的价值越高。

4.剩余存续期

权证的有效期越长,标的股价向权证持有人预测的方向移动的几率就越高,权证就有更多的行权机会。因此,剩余存续期长的权证有较高的价值。到期时间越短,权证的价值越低。

5.红利收益率

发放红利意味标的股票即将除权,股价随之下降。因此对于认购权证来讲,标的证券的红利越高,红利增幅越高,权证的价值也就越低;反过来说,对于认沽权证来讲,红利越高,红利增幅越高,权证的价值也就越高。

6.无风险收益率(无风险利率)

一般说来,利率提升很多人不愿意投资其他产业,因为成本过高。投资者就会转而投资股票市场,推动股票价格上扬。所以对于认购权证来讲,利率上升权证价值也会随之上升;对于认沽权证而言,利率上升权证价值就会下降。

表8.17　六项因素与权证价值的变化关系

因 素	认 购 权 证	认 沽 权 证
标的证券价格	+	−
行权价格	−	+
标的证券的波动率	+	+
剩余存续期	+	+
红利收益率	−	+
无风险收益率	+	−

(四)权证定价模型

权证是一种期权,因此对于权证的定价,多采用Black - Scholes模型。BS模型适用于欧式权证。

认购权证的价值

$$C = S \cdot N(d_1) - X \cdot e^{-rt} \cdot N(d_2)$$

认沽权证的价值

$$P = X \cdot e^{-rt} \cdot [1 - N(d_2)] - S \cdot [1 - N(d_1)]$$

式中

$$d_1 = \frac{\ln(\frac{S}{X}) + (r + 0.5\sigma^2) \cdot t}{\sigma\sqrt{t}}$$

$$d_2 = d_1 - \sigma\sqrt{t}$$

式中，S 为计算时标的股票的价格，X 为执行价格，r 为无风险利率，N 为累积正态分布概率，σ 为标的股票价格的波动率，T 为权证的存续期限(以年为单位)。

波动率常用历史波动率来衡量，即使用过去的股价数据计算波动率数值。计算方法为：首先从市场上获得标的证券在固定时间间隔(如每天、每周或每月等)上的价格；其次，对于每个时间段，求出该时段末的股价与该时段初的股价之比的自然对数，即对数收益率；然后，求出这些对数收益率的标准差，得到的即为历史波动率。许多行情统计软件都会揭示证券的历史波动率。

【例 8.24】 假设 A 公司目前股价为 4.60 元，其认购权证的行权价为 4.50 元，存续期为 1 年，股价年波动率为 0.30，无风险利率为 6%，那么

$$d_1 = \frac{\ln(\frac{4.60}{4.50}) + (0.06 + 0.50 \times 0.30^2) \times 1}{0.30 \times \sqrt{1}} \approx 0.42$$

$$d_2 \approx 0.42 - 0.30 \times \sqrt{1} \approx 0.12$$

查累积正态分布表，得

$$N(0.42) \approx 0.662\,8,\ N(0.12) \approx 0.547\,8$$

则 $$C = 4.60 \times 0.662\,8 - 4.50 \times e^{-0.06\times1} \times 0.547\,8 \approx 0.72$$

【例 8.25】 假设 B 公司认沽权证标的股票的价格为 4.30 元，权证的行权价为 3.73 元，标的股票的历史波动率为 0.25，存续期为 0.75 年，无风险年利率为 5%，那么

$$d_1 = \frac{\ln(\frac{4.30}{3.73}) + (0.05 + 0.50 \times 0.25^2) \times 0.75}{0.25 \times \sqrt{0.75}} \approx 0.94$$

$$d_2 = 0.94 - 0.25 \times \sqrt{0.75} \approx 0.72$$

查累积正态分布表，得

$$N(0.94) \approx 0.8264,\ N(0.72) \approx 0.7642$$

则 $$p = 3.73 \times e^{-0.05\times0.75} \times (1 - 0.764\,2) - 4.30 \times (1 - 0.826\,4) \approx 0.10$$

上述例子表明，只要把相关参数代入 BS 模型就能方便地计算权证的理论价格。通过与市场价格相比较，即能判断出权证是低估或高估。

在实际中，权证的市场价格很少与其理论价值相同。事实上，在许多情况下，权证的市场价格要大于其理论价值。以认股权证为例，市场价格超过其理论价值的部分被称为“认股权证的溢价”。

（五）权证投资溢价分析

$$\text{认购权证溢价认购}=\frac{\dfrac{\text{认购权证价格}}{\text{行权比例}}+\text{行权价}-\text{正股价格}}{\text{正股价格}}\times 100\%$$

【例 8.26】　宝钢 JTB1 行权价为 4.5 元，2008 年 8 月 25 日宝钢 JTB1 的收盘价为 1.83 元，当日其正股宝钢股份(600019)的收盘价为 4.54 元。宝钢 JTB1 的溢价为

$$\frac{1.83+4.5-4.54}{4.54}\times 100\%\approx 39.43\%$$

也就是说，如果投资者以 2008 年 8 月 25 日收盘价格 1.83 元的价格买入宝钢 JTB1 认购权证，那么宝钢股份的股价至少需上涨 39.43%，宝钢 JTB1 行权才能获利。考虑到宝钢股份的股价上涨 39.43%几率较小，风险意识比较强的投资者会认为宝钢 JTB1 当前的价格过高，而不会买入。

$$\text{认沽权证溢价认购}=\frac{\dfrac{\text{认沽权证价格}}{\text{行权比例}}+\text{正股价}-\text{行权价}}{\text{正股价}}\times 100\%$$

【例 8.27】　在香港上市的长江实业认沽权证(4900HK)2008 年 9 月 8 日价格为 0.051 元，行权比例为 0.1(即 10 份权证对应一份正股)，行权价为 73.38 元，权证的到期日为 2008 年 11 月 28 日，正股长江实业的股价为 85.3 元。长江实业认沽权证的溢价为

$$\frac{\dfrac{0.051}{0.1}+85.3-73.38}{85.3}\times 100\%\approx 14.57\%$$

也就是说，如果投资者以 0.051 元买入长江实业认沽权证，那么长江实业在到期日前股价至少还需要下跌 14.57%，长江实业认沽权证才能获利。对于该权证，投资者在判断时，除了要考虑溢价外，还需要注意一个事实，那就是长江实业正股价格高于认沽权证的执行价格。

【知识库】

华菱管线权证(038003)发行情况

[038003 华 菱 JTP1]

标的证券代码 000932 标的证券简称 华菱管线

发行人 华菱集团、米塔尔钢铁公司 发行方式 无偿派送

交易代码 038003 交易简称 华菱 JTP1

权证上市规模 633 180 787 份 行权价 4.90 元

上市时间 2006年3月2日 深圳交易所 权证类型 备兑认沽权证

权证存续期间 2006年3月2日至2008年3月1日,共计24个月

行权日 2008年2月27日、2月28日及2月29日,权证存续期限内最后三个华菱管线A股股票交易日

行权比例 1份权证对应1股标的股票

权证交易 欧式认沽权证(行权日为权证存续期限内最后三个华菱管线A股股票交易日)

结算方式 股票给付结算方式,即权证持有人行权时,应交付标的股票,并获得依行权价格及标的股票数量计算的价款;发行人应支付按照行权价格及标的股票数量计算的价款,并获得相应数量的标的股票

资料引自:中国证券报.

第五节 金融互换

按照国际清算银行(BRS)定义,金融互换是买卖双方在一定时间内,交换一系列现金的合约。具体说,金融互换是指两个(或两个以上)当事人按照商定的条件,在约定的时间内,交换不同金融工具的一系列支付款项或收入款项的合约。金融互换最基本的形式包括:一种货币与另一种货币之间的互换;同一货币的浮动利率与固定利率互换;不同货币的固定利率与固定利率互换;不同货币固定利率与浮动利率互换;不同货币的浮动利率与浮动利率的互换;同一货币的浮动利率与浮动利率的互换等。

随着我国经济体制改革的深化和金融业对外开放的扩大,互换交易也逐渐在我国引入并加以运用。1984年中国银行开始接受代理为客户进行境外互换业务,但由于利率与汇率都还处于严格的管制中,互换业务发展缓慢。2001年工商银行与荷兰银行在北京正式签订掉期总协议,开始试探着从事互换业务。建设银行也与德意志银行、大通银行、里昂银行、美林、高盛、瑞士银行、摩根等在内的10多家银行开展了掉期以及金融互换等业务合作。2000年至2005年,中国人民银行先后与东盟十国以及中日韩进行数次货币互换业务,推动国际金融合作进入新的历史时期。

一、金融互换市场的起源和发展

(一)平行贷款

20世纪70年代初,由于国际收支恶化,英国实行外汇管制并采取了对外投资扣税的办法,以控制资金的外流。于是一些商业银行为满足企业逃避外汇管制的需求,推出了平行贷款(Parallel Loan):两个母公司分别在国内向对方公司在本国境内的子公司提供金额相当的本币贷款,并承诺在指定的到期日各自归还所借货币。例如,英国母公司向美国母公司在英国境内的 *B* 子公司贷款;美国母公司相应地贷款给英国母公司在美国境内的 *A* 子公司,结构如图8.2

所示。

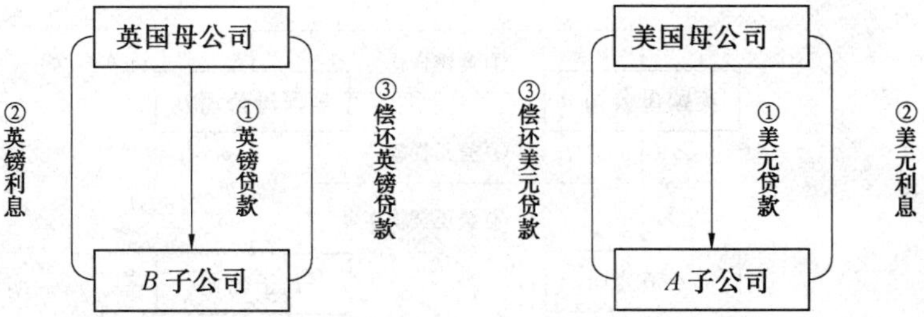

图 8.2　平行贷款结构图

平行贷款既可满足双方子公司的融资需要,又可逃避外汇管理,因此深受欢迎。但平行贷款存在信用风险问题,这是因为平行贷款包含两个独立的贷款协议,它们分别具有法律效力,其权利、义务不相联系,当一方违约时,另一方仍不能解除履约义务。

【例 8.28】　市场汇率 1 英镑 = 2 美元,英镑利率为 8%,美元利率为 5%。一家美国公司在英国的子公司需要筹资 1 亿英镑,一家英国公司在美国的子公司需要贷款 2 亿美元,期限都是 5 年。两家公司及其子公司在平行贷款条件下的现金流量状况如表 8.18 所示。

表 8.18　平行贷款的现金流量

年份	美国母公司/百万美元	英国在美国子公司/百万美元	英国母公司/百万英镑	美国在英国子公司/百万英镑
0	-200	+200	-100	+100
1	+10	-10	+8	-8
2	+10	-10	+8	-8
3	+10	-10	+8	-8
4	+10	-10	+8	-8
5	+210	-210	+108	-108

这种融资方式的主要优点是可以绕开外汇管制的限制,不会发生跨国界的资金转移。但运用这种方式融资,需要有两个母公司、两个子公司,而且双方需要融资的数额相同,并且都愿意承担所包含的信贷风险。

(二)背对背贷款

背对背贷款(Back to Back Loan)是为了解决平行贷款中的信用风险问题而产生的。它是指两个国家的公司相互直接贷款,贷款币种不同但币值相等,贷款到期日相同,各自支付利息,到期各自偿还原借款货币。其流程如图 8.3 所示。

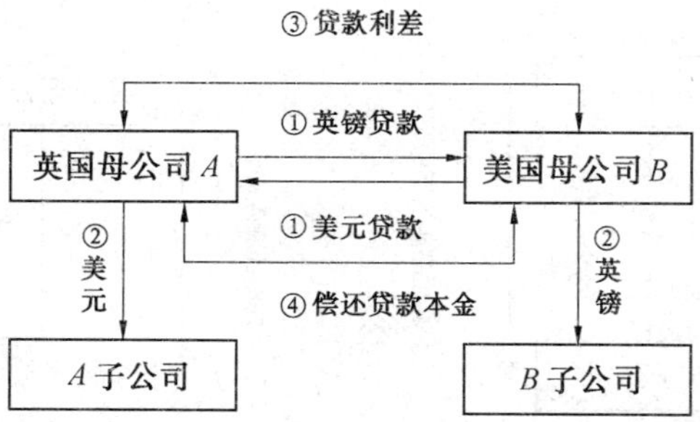

图 8.3　背对背贷款流程图

背对背贷款尽管有两笔贷款，但只签订一个贷款协议，协议中明确规定若一方违约，另一方有权抵消应尽的义务。这就大大降低了信用的风险，向货币互换大大迈进了一步。但是背对背贷款涉及跨国借贷问题，存在外汇管制的问题。因此背对背贷款只是在 1979 年英国取消外汇管制后才作为一种金融创新工具而出现。

背对背贷款虽然已非常接近现代货币互换，但二者仍有本质的区别。前者是一种借贷行为，在法律上会产生新的资产和负债（双方互为对方的债权人和债务人）；而后者则是不同货币间负债或资产的互换，是一种表外业务，并不产生新的资产与负债，因而也就不改变一个公司原有的资产负债结构。这也是互换交易之所以受到人们青睐并得以飞速发展的重要原因。

二、金融互换的种类

金融互换的发展历史虽然较短，但品种不断创新。除了传统的货币互换和利率互换外，各种新的金融互换品种不断涌现。

（一）利率互换

利率互换（Interest Rate Swaps）是指双方同意在未来的一定期限内，根据同种货币的同样的名义本金交换现金流，其中一方的现金流根据浮动利率计算，而另一方的现金流根据固定利率计算。互换的期限通常在 2 年以上，有时甚至在 15 年以上。双方进行利率互换的主要原因是双方在固定利率和浮动利率市场上具有比较优势。由于利率互换只交换利息差额，因此信用风险很小。

（二）货币互换

货币互换（Currency Swaps）是将一种货币的本金和固定利息与另一货币的等价本金和固定利息进行交换。货币互换的主要原因是双方在各自国家中的金融市场上具有比较优势。由于货币互换涉及本金互换，因此当汇率变动很大时，双方将面临一定的信用风险。当然这种风险比单纯的贷款风险小得多。

三、货币互换的基本原理

(一)货币互换交易基本步骤

①本金的初期互换指互换交易之初,双方按协定的汇率交换两种不同货币的本金,以便将来计算应支付的利息再换回本金。初期交换一般以即期汇率为基础,也可以交易双方协定的远期汇率为基准。

②利率的互换指交易双方按协定利率,以未偿还本金为基础,进行互换交易的利率支付。

③到期日本金的再次互换,即在合约到期日,交易双方通过互换,换回期初交换的本金。

货币互换中的三个基本步骤,能够把一种货币的债务有效地转变为另一种货币而得到充分保值。下面将以一家美国公司通过中间商(某银行)与英国一家公司的互换交易为例,来说明货币互换的基本原理,如图 8.4 所示。

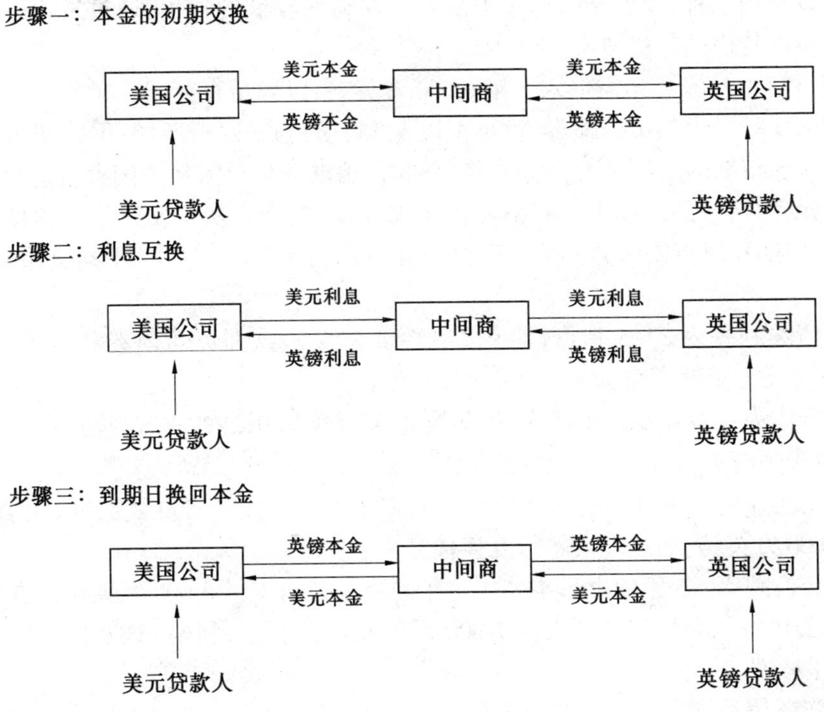

图 8.4　货币互换交易示意图

【例 8.29】　假定欧元与美元的即期汇率为 EUR0.75/USD,即每单位欧元的价值为 1.34 美元。另外,假定美元利率是 10%,欧元利率是 8%。C 方持有欧元 1 500 万元,希望交换为美元;D 方持有美元 2 000 万元,希望交换为欧元。于是 C 方与 D 方进行一笔货币互换交易。最初,双方根据当时的即期汇率交换本金,C 方支付欧元 1 500 万元而取得 2 000 万美元,

D 方支付美元 2 000 万元而取得欧元 1 500 万元。假定这笔货币互换交易的期间为 7 年，每年交换一次固定利率的利息流量。D 方必须根据最初收取欧元 1 500 万元每年支付 8% 的利息 120 万欧元给 C 方。同样，C 方必须根据最初收取美元 2 000 万元每年支付 10% 的利息 200 万美元给 D 方。在此例中，双方支付相关货币的固定利率。7 年后，当合约到期时，双方重新换回本金，C 方支付 2 000 万美元，D 方支付 1 500 万欧元，结束整笔货币互换交易。

实际上，利息款项仅交换净额。若在第一年交换利息流量的日子，假定当时的即期汇率是 EUR1.1111/USD，或每单位欧元为 0.9 美元。根据当时的汇率结算美元金额，C 方必须支付 200 万美元，D 方必须支付 108 万美元(120 万欧元 × 0.9)，所以 C 方支付 92 万美元差额给 D 方。同时，在利息流量的其他交换时间，仍然是以当时的汇率决定某一方必须支付的净额。

(二)货币互换的作用

1.降低筹资成本

借款人可以利用某种有利条件，通过举借另一种利率较低的货币，通过货币互换，换成所需资金来降低所需货币的筹资成本。

【例 8.30】 日本一家公司需借入 5 年 6 000 万英镑，以满足在英国大量投资的需要，由于该公司已在英国发行了大量英镑债券，很难再以 5.75% 的利率发行新债，但公司可按 8.875% 的固定利率发行 5 年期的欧洲美元债券。与此同时，香港一公司需从英国大量进口商品，需借入一笔欧洲美元，原所借的欧洲美元利率均在 9.25% 左右，但它从未发行过英镑债券，并可按 5% 利率发行 5 年期欧洲英镑债券。这两家公司在英国资本市场上发行不同货币的债券存在其相对的利差：

欧洲美元债券利差为 37.5 基点，即 9.25% − 8.875%，欧洲英镑债券利差为 75 基点，即 5.75% − 5%。美元与英镑汇率为：1 英镑 = 1.3 美元。

某投资银行作为双方互换的中间人，按年度本金金额的 0.25% 收取风险费。于是双方达成协议，通过投资银行进行互换。基本程序是：

一是期初交换债券。由日本公司在英国发行欧洲美元债券 7 800 万美元，由香港公司发行英镑债券 6 000 万英镑，通过投资银行互换债券。

二是期内交换利率。5 年中由日本公司每年向香港公司支付 6 000 万英镑债券的利息，年利率 5%；香港公司每年向日本公司支付 7 800 万美元债券利息，利率 8.875%，投资银行收取 0.25% 的各种手续费。

三是期末归还债券。由日本公司向投资者偿还欧洲美元债券 7 800 万美元，由香港公司向投资者偿还欧洲英镑债券 6 000 万英镑，完成此笔互换交易，如图 8.5 所示。

进行上述互换，日本公司通过发行欧洲美元债券筹集到了所需的英镑，其结果比直接发行欧洲英镑债券节省了 75 基点(即 5.75% − 5%)；香港公司通过发行欧洲英镑债券换回了所需的欧洲美元，其结果比直接借欧洲美元节省了 37.5 基点(即 9.25% − 8.875%)。(表8.19)

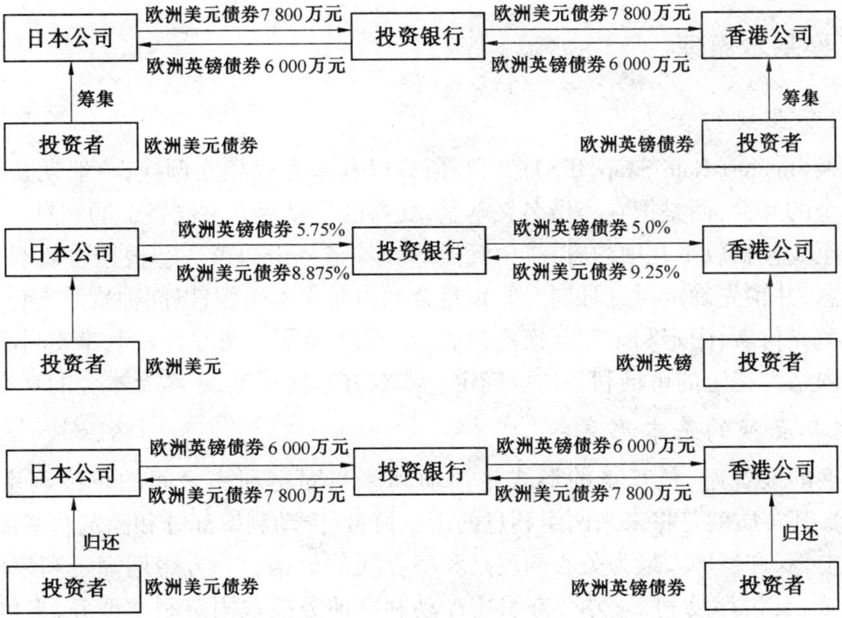

图 8.5　互换方式示意图

表 8.19　互换节省利率基点分配

	原币筹资利率	互换筹资利率	利率差异(节省基点)
日本公司	5.75%	5%	75
香港公司	9.25%	8.875%	37.5

2.调整资产和负债的货币结构

借款人可以根据外汇汇率和各种货币的利率变化情况,通过货币互换,不断调整资产和负债的货币结构,使其更加合理,避免外汇汇率和利率变化带来的风险。

【例 8.31】　有一家英国公司的英镑固定利率债务过多,造成负债结构不合理,决定将35 万5 年期英镑固定利率债务(利率 6.65%,半年付息一次)换成浮动利率的美元债务(以 LIBOR 为基础,半年付息一次)。为此,英国公司与一家互换银行安排了这次货币互换。互换开始时,双方按当时的即期汇率交换本金,英国公司付给银行 35 万英镑,银行付给英国公司 20 万美元。互换期间,银行按英镑本金的 6.65%支付固定利息给英国公司,半年付息一次,公司按6 个月LIBOR 浮动利率支付美元利息给银行,半年支付一次。互换结束时,银行付 35 万英镑给英国公司,英国公司付 20 万美元给银行。

从以上的例子中可以看出,英国公司可以不必重新融资,通过货币互换就可以改变其负债结构,避免利率、汇率风险。

四、利率互换基本原理

(一)利率互换的含义

利率互换(Interest Rate Swap,IRS)指两笔债务以利率方式相互调换,一般期初或到期日都没有实际本金的互换,而是把它当做名义本金,交换的只是双方不同特征的利息。标准的利率互换的定义至少包括以下几项内容:①由互换双方签订一份协议。②根据协议双方各向对方定期支付利息,并预先确定付息日期。③付息金额由名义本金额,以同种货币支付。④互换一方是固定利率支付者,固定利率在互换之初商定。⑤互换另一方是浮动利率支付者,浮动利率参照互换期内某种特定的市场利率加以确定。⑥双方互换利息,不涉及本金的互换。

(二)利率互换的基本形式

利率互换的最普遍、最基本的形式是浮动利率与固定利率之间的单纯利率互换(Plain Vanilla Swap),其实质就是将未来两组利息的现金流量(浮动利率部分和固定利率部分)进行交换。在交换中,双方当事人最为关心的就是利率互换的价格。一方想用固定利率的债务换取浮动利率债务,支付浮动利率;另一方想用浮动利率债务换取固定利率债务,支付固定利率。一般说高信用评级的机构借入固定利率款项较容易,而低信用评级的机构容易借入浮动利率贷款。

【例 8.32】 *A* 是信用评级为 AAA 的跨国公司,需要借 5 年期 5 000 万美元,*A* 可以以一个较低的固定利率借款,但它希望获得浮动利率的好处,以便利率差距最大化。*B* 是信用评级为 BBB 的公司,也需要借入 5 年期 5 000 万美元,它的信用评级较低,故可以以浮动利率借款,或发行高利率的债券,这比借入固定利率款项更容易。它希望利率是固定的,以便确定未来的利息支付。利率情况见表 8.20。

表 8.20 *A*,*B* 公司利率表

利 率	*A* 可借入	*B* 可借入
固 定	10.00%	12.00%
浮 动	LIBOR	LIBOR + 1%
要求利基	固 定	浮 动

利率互换运行过程:*A* 以固定利率 10%,*B* 以浮动利率 LIBOR + 1%借款,*A* 和 *B* 签订名义本金为 5 000 万美元的利率互换协议。5 年期的利息交换支付,*A* 替 *B* 支付 LIBOR + 1%浮动利率利息,*B* 替 *A* 支付 11.75%固定利率利息。*B* 支付较高的利率利息以补偿信用评级更高的 *A* 公司。表 8.21 表明了交易双方如何从互换中受益。

表 8.21　互换双方收益情况表

	A	B
付 出	LIBOR + 1% + 10%	11.75% + LIBOR + 1%
收 回	11.75%	LIBOR + 1%
支 付	LIBOR − 0.75%	11.75%
无互换时	LIBOR	12.00%
节 约	0.75%	0.25%

【例 8.33】　甲公司现有 5 亿美元的固定利率美元借款，由于公司借款结构偏重于固定利率，因而希望在不增加借款总额的基础上调整其浮动利率负债。当时欧洲美元市场上，浮动利率为 6 个月 LIBOR + 0.125%。该公司决定将一笔利率为 11.0%，尚有 5 年期的 1 亿美元固定利率贷款进行利率互换。与此同时，乙公司希望能以短期浮动利率获得资金，由于乙公司资信不太高，它只能以 13% 的利率借到固定利率借款，而它在欧洲美元市场上只能以 6 个月 LIBOR + 0.725% 借到浮动利率借款。

根据上述条件，一家商业银行安排了双方的利率互换，即甲公司按 11.5% 接受固定利率，乙公司按 11.65% 支付固定利率，差额 0.15% 为这家商业银行所收费用，并反映甲乙双方的信用风险。浮动利率部分，双方相同。均为 6 个月期 LIBOR，且互换交易的付款日期与本来贷款的付息日期相同。对 5 年期 1 亿美元借款，每半年由双方相互支付 1 次利息，直到到期为止。其利率互换交易资金流向如图 8.6 所示。

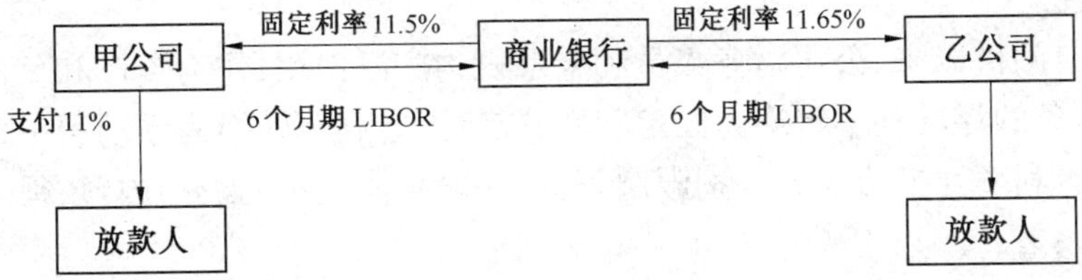

图 8.6　利率互换示意图

上述利率互换，使交易双方均获得了低融资成本的好处，同时也使双方在不增加新贷款的条件下使债务重新得到了调整。双方融资成本节约情况见表 8.22。

银行在经营利率互换业务时，除了面临市场风险外，还会面临企业的信用风险。市场风险是银行向企业报价后，市场发生变化，使得银行无法执行其报价的风险。一般而言，银行接受企业的委托后，按照委托的价格寻找机会执行交易，且只有当市场价格满足企业需要时，银行才与企业正式成交，这样便可规避市场风险。而较为棘手的是信用风险，因为利率互换业务承做的是今后一系列现金流量的交换，当企业无法履约时，银行必须按当时的市价将其所做的保值交易一一对冲,其中发生损失的可能性很大,且涉及互换的时间越长,可能损失的金额越大。为此,银行必须为企业设立相应的信用额度,信用额度对银行而言是一种资源,这种资源的占用是要收取费用(Credit Charge)的,而这种费用也应该是与时间长度成正比的。

表 8.22　融资成本节约表

	甲公司	乙公司
从对方接受	11.5%	6 个月 LIBOR
向放款人支付	11.0%	6 个月 LIBOR + 0.725%
净收益	+0.5%	-0.725%
比直接借款节约	+0.125%[(LIBOR+0.125%)-LIBOR]	+1.35%(13%-11.65%)
节约+净收益	+0.625%	+0.625%

(三)利率互换的作用

1.获得低于市场利率的贷款,降低筹资成本

通过利率互换,客户能够获得低于市场上得到的固定利率贷款或浮动利率贷款,降低筹资成本。

通过例 8.32,8.33 我们不难看出利率互换起到了降低筹资成本的作用,同期权期货比较,它的操作更为简便。此外,利率互换对资产负债表无影响,采用表外业务形式不需要附注说明,同时也没有额外的税务损失。从浮动利率换为固定利率,还可以排除利率变化风险,在利率趋势看涨时更为有利。所以利率互换在我国有很大的发展潜力。

2.操作方便

利率互换自问世以来,公司财务人员和金融机构广泛使用,作为资产和负债管理的新颖工具,将资产或债务的浮动利率转换为固定利率,或将固定利率转换为浮动利率,安排手续简便,操作极为方便。利率互换协议无特别限制条款,一般只需较少的契约内容,很多条款都是标准化的。

第六节　金融衍生产品风险与商业银行管理

近年来,随着金融体制改革的推进,各商业银行也逐渐进入资本市场并开始涉足金融衍生产品业务。在中间业务方面,商业银行极力开拓新业务,寻求新利润增长点。金融衍生产品的创新是商业银行今后竞争的关键,是决定商业银行发展、壮大的重要因素。但是金融衍生产品隐含着一定风险,如果控制不好可能引发金融危机。

(一)金融衍生工具的风险类型

1.信用风险

信用风险(Credit Risk)即金融衍生工具合约交易的对手违约或无力履行合约义务而带来的风险。金融衍生产品的到期日越长,其信用风险越大。实际上,信用风险就是道德风险。从历史上看,金融衍生产品交易过程中的道德脆弱导致金融机构倒闭的案例比比皆是。1997 年交易员里森违规交易日经 225 股票指数期货,使英国巴林银行惨遭 14 亿美元的损失,最终无力继续经营而宣布破产。2004 年,中国航油财务公司(新加坡)投机期货巨亏 5.5 亿美元,海内外舆论一片哗然。2008 年,31 岁的交易员凯维埃尔越权建立大量违规期货头寸,给法国兴业银行带来 49 亿欧元的巨额亏损。

2.市场风险

市场风险(Market Risk)即金融衍生产品的基础工具价格,如利率、汇率、证券价格波动发生逆向变动而带来的损失风险。金融市场的动荡是导致市场风险的主要原因,由于市场的不稳定性,利率、汇率、证券价格剧烈波动,催生熊市的出现,人气低落、竞相抛售手中筹码,市场一泻千里,无法阻止,产生的风险是无法想象的。1987 年美国由于"双赤字",经济出现"滞胀",经济衰退引发了股票市场的"黑色星期一",股指狂跌,金融衍生产品价格也出现非理性的下跌。1997 年亚洲爆发金融危机,日本、韩国、新加坡股票市场出现暴跌,日本、中国香港一些著名的投资银行如山一证券、百富勤等纷纷倒闭。

3.流动性风险

流动性风险(Liquidity Risk)包括两方面的内容:

①市场流动风险指市场深度不够或受到震荡发生故障,即市场业务量不足或无法获得市场价格,此时,金融衍生工具的使用者因不能轧平其头寸而面临无法平仓的风险。

②资金流动风险即金融衍生交易使用者的流动资金不足,合约到期时无法履行支付义务或无法按合约要求追加保证金的风险。资金缺乏与泛滥都会产生风险。中国股票市场自 2005 年底的 998 点一路飙升至 2007 年的 6 124 点,其主要原因就是国际市场游资不断进入中国,以此大赚中国资本市场的钱,可以想象如果我们已经开设了金融衍生产品交易市场,这次股市暴跌会给金融衍生市场带来什么样的后果。

4.操作风险

运作风险(Operation Risk)即由于技术问题,如计算机失灵、报告及控制系统缺陷以及价格变动反映不及时等引致损失的风险。

5.法律风险

法律风险(Legal Risk)即指金融衍生产交易合约的内容在法律上有缺陷或不完善而无法履约带来的风险。

(二)我国金融衍生市场发展的现状与原因

1.应用领域狭窄,产品种类单一

由于缺乏以证券、股票指数、利率、信用为基础的金融衍生产品,国内金融衍生工具的应用领域主要集中在外汇市场,人民币衍生市场相对于外汇衍生市场极不活跃,不能满足商业银行和投资者在金融市场的需求。目前我国境内人民币衍生产品使用最多的是人民币远期结售汇,从1997~2003年,人民币远期的成交金额都很小,2003年成交金额仅有90亿美元,占我国当年贸易总额的1.06%。2004年人民币远期交易金额总体上比2003年增加一倍,也只占当年贸易额度2%左右。国内商业银行因受自身风险管理和定价能力的限制,仅推出了一年期以内的人民币远期结售汇业务,远远不能满足企业的避险需求。2006年2月,为了满足银行间债券市场投资者利率风险管理及资产负债管理的迫切需求,央行推出了人民币利率互换试点。2008年个别商业银行进行尝试,但业务的真正开展尚需时日。

2.产品同质性高,为客户量身定做的产品有限

国内商业银行尚处在金融衍生产品的起步阶段,由于尚未掌握金融衍生产品的核心技术,因此主要是在模仿和借鉴外资银行的金融衍生产品基础上推出自己的相关产品。因此,与外资银行相比,国内商业银行的衍生产品设计水平仍有较大差距,产品种类明显偏少,各家商业银行推出的金融衍生产品也具有高度的同质性。

造成金融衍生产品起步慢的原因是多方面的,但归结起来主要有两个方面。

(1)金融衍生产品发展的宏观环境及体制因素存在障碍

具体表现在:一是基础产品和现货产品的规模不够。金融衍生交易是由相应的基础资产工具交易衍生而来的,它以基础金融产品为依托,不能脱离相应的现货市场而独立发展。发达的现货市场是衍生产品市场快速发展的前提和基础,而我国有关的现货市场还非常小,相应的机构投资者的数量和规模也有限,交易很不活跃,这直接影响了衍生产品市场的发展。二是衍生产品的形成机制不够完善。衍生产品的出现是随着市场的发育程度和市场成员的客观需求应运而生的,但目前出于防范风险的考虑,监管部门对衍生产品的推出仍实施严格的管理,一定程度上制约了衍生产品的研发与推广。随着我国金融市场的进一步深化和市场成员的经营行为日臻理性与成熟,监管层不断放松管制并积极推进金融衍生产品的发展,衍生产品面临的制度环境将有所改善。三是目前人民币资本项目仍然受到严格管制,尚未实现完全可自由兑换,这就意味着人民币金融资产与外币金融资产尚不能自由"交易",使本应十分庞大的金融衍生产品需求受到抑制,从而影响了金融衍生产品的发展。

(2)作为衍生产品交易主体的商业银行核心竞争力有待提高

金融衍生产品发展的微观环境不足主要体现在商业银行缺乏产品创新能力上。由于金融衍生产品为高附加值的金融产品,必须以高技术含量为内涵;又由于金融衍生产品交易涉及了货币、债券、资本等多个市场,因此对商业银行在金融产品的设计、定价乃至风险防范等方面提出了很高的要求。近一时期,随着利率市场化的稳步推进和相关政策的出台,商业银行产品创新十分活跃，以金融衍生产品为基础构造的各种理财产品花样翻新。但仔细分析后可以看出，这些产品基本上仍然没有摆脱种类少、同质化、技术含量较低、营利能力比较差的状况，这从另一方面说明我国商业银行金融衍生产品创新能力不足的问题远没有得到解决。

(三)我国金融衍生市场的发展前景

我国目前的市场条件已经具备了发展金融衍生市场的基础。随着人民币汇率弹性化、利率市场化的推进以及股权分置改革的顺利实施，市场对发展金融衍生产品的要求日益迫切，因此可以预计，未来一个时期国内金融衍生市场将会获得长足的发展。对此，学术界和金融界基本达成共识，但是对于如何发展国内金融衍生市场，却仍是见仁见智。我们认为，我国发展金融衍生市场应遵循"适应经济金融改革进程、满足市场需求、结构上由简到繁、风险上由低到高"的总体原则。相对于我国经济与金融市场的改革进程而言，金融衍生产品的推进次序处于微观层面，因此局部必须服务于整体，既不能超前也不应拖后，要与我国经济和金融市场改革的进程相适应、相协调。另外，金融衍生产品种类繁多，不同的衍生产品发展所需的基础和条件不同，金融衍生产品的推进作为一项系统工程，需要市场基础、投资者结构、法律法规的完善等多方面的协调，稍有不慎便可能酿成较大的金融风险。因此，坚持由简单到复杂、从低级到高级、从低风险到高风险的原则是必要而且审慎的。

(四)国内商业银行开展金融衍生交易的具体策略

商业银行一般在金融衍生交易中扮演着最终用户和交易商两个角色。在扮演最终用户角色时，商业银行主要是对冲自己因利率、信用等风险而暴露的头寸；而作为交易商时，商业银行主要是作为衍生产品买卖双方的中介，从中赚取价差及手续费。因此，金融衍生产品对于商业银行规避风险、提高收入和巩固客户关系均具有重要作用。在我国国内金融市场2006年底全面开放、2008年衍生产品呼之欲出的背景下，外资银行在金融衍生产品交易方面拥有的绝对优势已对中资银行形成了较大的竞争压力，积极开发并利用金融衍生产品已成为中资商业银行提高自身竞争力的迫切需求。对于金融衍生产品及交易，国内银行业基本上是陌生的，而如大家所知，高风险又是金融衍生产品的明显特征。在这种情况下，国内商业银行应采取以下具体策略。

1.以资产保值增值为主要目的参与交易

金融衍生产品一直被看做是金融市场发达和进步的标志，而且衍生产品的创新和开发在提高金融服务效率、质量和分散风险以及风险识别、风险定价等方面显示了强大的效用，同时也不断盘活着金融机构和投资者持有的长期资产，增加了金融机构的流动性和资产利用效率。因此，它一问世就得到包括商业银行在内的金融市场主体的欢迎。但金融衍生产品在现实交易中是一把双刃剑，它本身也存在许多致命的弱点，如高杠杆的财务运作意味着高风险的隐患，通过衍生产品市场交易把更多的投资者绑定到系统风险的漩涡之中，为投机炒作开启了便利之门，同时也使得"蝴蝶效应"式危机大面积蔓延变得更加可能和可行。所以，在经历了衍生产品市场发展和成熟的过程后，国际商业银行在涉足金融衍生产品市场的交易中已显示出明显的交易偏好：多以套期保值者身份从事金融衍生产品交易，即交易大多是为了对商业银行的金融风险并且主要是对利率风险进行管理。目前国内商业银行尤其是国有商业银行大多处在股份制改革的进程中，自身的风险管理水平尚待提高，因此更要遵循审慎经营原则，应以保值为主要目的参与金融衍生产品交易，坚决避免投机。

2.以银行间外汇衍生交易为切入点，以利率类衍生产品为长期发展方向

我国商业银行能开展何种金融衍生业务不仅取决于国内的经济金融环境及监管限制的放松程度，还取决于银行自身的经营特点及其在金融衍生交易方面的核心能力。

从近期来看，商业银行介入银行间外汇衍生产品交易比较切实可行。相对于交易所主导的外汇期货来说，我国银行间外汇衍生市场的起步与发展要早得多。1997年以来，监管层不断扩大商业银行开办人民币远期结售汇业务的试点。人民币汇率形成机制改革后，国内经济主体对市场提供更多、更好的汇率避险服务提出了更高要求，人民币对外币远期和掉期交易是银行为客户提供套期保值的主要汇率风险管理工具。由于扩大远期结售汇业务和开办掉期业务的时机和条件已经成熟，2005年8月，央行进一步扩大外汇指定银行远期结售汇业务和开办人民币与外币掉期业务。截至2005年底，已有包括四大国有银行在内的15家国内银行获准开办远期结售汇业务，并有7家国内银行获准开办人民币与外币掉期业务。人民币汇率远期和外币掉期均是较为基本的场外衍生产品，企业对运用此类产品避险的需求十分强烈，国内商业银行应以此为切入点，积极增强衍生产品的创新动力，满足客户需求。

从远期来看，利率类衍生产品将在商业银行参与的衍生产品中占据主导地位。从原因看，一是国内商业银行已经获准发放中长期固定利率贷款，在利率变动的情况下，银行面临着存贷利差减小的风险。二是近年来国内商业银行风险管理意识增强、资本充足率约束等因素影响，逐步改变了过度依赖存贷款利差收入的单一营利模式，倾向于提高债券等低风险权重的资产占比。2005年，我国商业银行有价证券投资及交易占资金运用的比例已经由1995年的5.7%上升到26.1%，利率变动将直接影响银行业持有的大量中长期债券价格。总之，由于管理利率风险的迫切需要，国内商业银行应当将利率衍生产品作为长期推动和重点参与的衍生交易品种。

3.提高金融衍生产品的核心竞争力

银行金融衍生产品的核心竞争力主要体现在两个方面：一是将复杂的结构性金融衍生产品拆分成简单的、基础的、流动性好的产品，并利用相对简单的产品平掉风险的能力；二是对衍生产品自主定价的能力。对于简单产品如一般的外汇交易来说，规避其风险比较容易，国内商业银行都具有这种能力。但在拆分结构性金融产品和衍生产品的定价能力上，国内银行与国外银行相比还存在较大差距，以往的操作主要是采取“背对背”的方式在国际市场上寻找较好报价的交易对手来达成交易，实际上是把大部分利润空间让给了国外商业银行。

为了提高自主定价能力，国内商业银行可以根据需要开发或引进金融衍生产品的定价系统,使银行在合理承担风险的基础上获取更多的收益。特别是在人民币利率、汇率市场化日益深化的基础上,应通过制定合理的人民币衍生产品报价,在提高国内金融服务效率的同时增强银行的核心竞争力。另外,国内商业银行还可以引进国际上较为成熟的衍生产品电子交易系统,这样既有利于国内银行尽早进入国际衍生产品交易市场,也可以根据国际上衍生产品交易的真实价格对衍生产品定价系统进行调整,以便尽快提高国内银行衍生产品的定价能力,也有助于国内银行提高构造结构性金融衍生产品的能力。

4.加强内控建设,防范金融衍生交易风险

国内商业银行应从三个方面着手构建激励与约束机制,完善制度安排,并使各项制度相互匹配,在银行内部形成合理高效的衍生交易风险控制机制。

(1)建立合理的奖惩和内控制度

银行应制定明确的奖惩制度,对交易员的权限进行明确的限定,做到风险授权与头寸限额相对称,防止越权操作或以赌博的心态进行交易。应建立行之有效的约束机制,实行前台交易与后台管理相脱钩,交易业务与风险管理相分离。为了克服可能出现的信息障碍,应建立高效独立的信息通道。交易后台应及时把交易头寸的变动情况和风险暴露情况上报到管理层,管理层应对上报信息的真实性进行分辨,并及时提出反馈意见。

(2)建立风险评估与预警制度

应成立专门的风险管理部门负责对衍生交易各种可能的风险进行事前的评估,对交易对手的信用状况进行详细的调查和评估,对每一笔交易的风险特性进行测试并提出应对措施。风险管理部门应采取先进可靠的风险评估模型,准确测量衍生交易头寸变化时风险价值的变化情况,估计可能出现的极端情况下的风险状况。在此基础上,建立衍生交易的止损点和风险预警线,以便有效地管理市场风险和操作风险。为了克服衍生交易的“表外性”可能带来的风险披露不充分,应改革现行的财务报表结构和编制方式,增加衍生交易头寸报表,使表外业务表内化。

(3)建立风险应急预案制度

金融衍生产品市场是一种投机性很强、风险性极高的市场。各种风险头寸随着时间的推移而不停地变动,即使衍生交易机构本身经营状况良好,衍生市场上的偶发事件所引起的连锁的信用风险也可能危及该机构的生存,所以建立风险应急预案制度就显得十分必要。风险应急预案制度的建立还有利于交易者之间建立稳定的预期,增加相互信任,减少道德风险的发生。

5.培养和引进衍生产品交易和风险管理人才

金融衍生产品的交易具有较高的技术性和复杂性,与传统的银行业务有本质的区别,需要专家型人才从事衍生产品交易和风险管理。金融衍生产品交易需要三种人才:交易人员、研究人员和产品设计人员。衍生产品交易直接面对复杂的国际金融市场,因此它对交易员的要求很高,交易员不仅要有很扎实的理论基础,也要有很好的心理素质、交易经验、对信息的敏感度以及把握市场走势的能力。相对于一般产品而言,衍生产品对交易员的素质要求更综合,因为他要把握的是影响产品价格的各综合要素而不是单一要素的变化。对于研究人员来说,需要对各种产品有深入的了解,还要熟悉产品的定价模型和分解技术,即金融工程方面的内容,因此需要有很好的数学功底。对产品设计人员的要求则更高,也最具综合性。他除了了解产品的特点外,还应了解市场,对市场变化有很强的敏感性,同时最好对数学模型、产品分解原理、计算机技术等也有相当程度的了解,这样才有可能根据客户的需求和市场的变化设计出具有可行性的优秀的产品,并保证产品能够为银行带来较高营利。交易员可通过市场交易实践培养,研究人员也可以通过招聘数学类人才进行定向培养,而第三类人才由于要求最综合,培养的难度最大,也是当前银行最缺乏的。

金融衍生产品的风险管理人才需要对衍生产品的风险进行识别、度量和控制,因此同样需要具有高素质和复合型的知识结构。鉴于国内银行与国际先进银行在衍生产品风险管理方面差距较大,对于缺乏相应风险管理专才的关键岗位,可招聘国外银行的风险管理专家,以加速银行市场风险管理的进程。

【知识库】

利率互换交易

法国巴黎银行与汇丰银行,在中国银行间市场完成了首笔基于中国一年期贷款利率的人民币利率互换交易。交易首次以中国人民银行公布的一年期贷款利率5.31%为基准,是一笔金额为1亿元人民币的2年期利率互换交易,巴黎银行同意接收5.71%的固定利率,作为交换巴黎银行将支付一年期贷款利率。目前中国银行间市场的人民币利率互换交易主要以一年期定存利率、隔夜或3个月Shibor、7天回购利率为参考利率,以一年期贷款利率作为交易参考利率尚属首次。随着市场对未来加息预期的升温,公司管理利率风险的需求也在上升。利率互换交易可以满足企业规避贷款利率上升风险的需求,以及银行对未来加息前景判断不同导致的套利需求等。目前,花旗、渣打和摩根大通等外资金融机构的中国大陆法人银行均是银行间市场人民币利率互换业务的参与者。

资料引自:杨斯媛.第一财经日报,2009-12-14.

本章小结

1.金融衍生工具是给予交易对手的一方,在未来的某个时间点,对某种基础资产拥有一定债权和相应义务的合约。金融衍生产品按交易对象划分为金融远期、金融期货、金融期权与金融互换。

2.金融远期指合约双方同意在未来日期按照协定价格交换金融资产的合约。金融远期合约规定了将来交换的资产、交换的日期、交换的价格和数量,合约条款因合约双方的需要不同而不同。金融远期合约主要有远期利率协议、远期外汇合约、远期股票合约。

3.金融期货指买卖双方在有组织的交易所内以公开竞价的形式达成的,在将来某一特定时间交收标准数量特定金融工具的协议。主要包括货币期货、利率期货和股票指数期货等。金融期货交易规则主要包括间接清算制度、价格报告制度、保证金制度、每日结算制度、登记结算制度、交易限额制度、对冲制度、交割制度和风险处理制度等。

4.金融期权指合约双方按约定价格，在约定日期内就是否买卖某种金融工具达成的契约。包括现货期权和期货期权两大类，每类又可分为很多种类。权证是金融期权的一种，是指标的证券发行人或其以外的第三人(简称发行人)发行的，约定持有人在规定期间内或特定到期日，有权按约定价格向发行人购买或出售标的证券，或以现金结算方式收取结算差价的有价证券。

5.金融互换指两个或两个以上的当事人按共同商定的条件，在约定的时间内，交换一定支付款项的金融交易，主要有货币互换和利率互换两类。金融互换最基本的形式包括：一种货币与另一种货币之间的互换；同一货币的浮动利率与固定利率互换；不同货币的固定利率与固定利率互换；不同货币固定利率与浮动利率互换；不同货币的浮动利率与浮动利率的互换；同一货币的浮动利率与浮动利率的互换等。

思考题

一、名词解释

金融远期　金融期货　金融期权　金融互换　权证　远期利率协议　股票指数期货　外汇远期交易　利率互换　金融衍生工具

二、简述题

1.如何计算远期利率协议?

2.金融衍生工具是如何分类的?

3.权证的价值构成的内容是什么?

4.如何确定套头率？举例说明。

三、论述题

我国发展金融衍生工具的现状与原因。

【阅读资料】

国债期货“327”事件

“327”是国债期货合约的代号，对应1992年发行1995年6月到期兑付的3年期国库券，该券发行总量是240亿元人民币。1995年2月23日，上海万国证券公司违规交易327合约，最后8分钟内砸出1 056万口卖单，面值达2 112亿元国债，亏损16亿元人民币。

国债期货是非常好的金融期货品种。国债由政府发行保证还本付息，风险度小，被称为“金边债券”，具有成本低、流动性更强、可信度更高等特点。在国债二级市场上做多做空，做的只是国债利率与市场利率的差额，上下波动的幅度很小。当时我国国债发行难，靠行政性摊派。1992年发行的国库券，发行一年多后，二级市场的价格最高时只有80多元，低于面值。中国考察团到美国考察了一圈，决定也在国内上市国债期货。

我国国债期货交易于1992年12月28日首先出现于上海证券交易所。1993年10月25日，上证所国债期货交易向社会公众开放,北京商品交易所在期货交易所中率先推出国债期货交易。1994 年 10 月以后,中国人民银行提高 3 年期以上储蓄存款利率和恢复存款保值贴补,国库券利率也同样保值贴补,保值贴补率的不确定性为炒作国债期货提供了空间,大量机构投资者由股市转入债市,国债期货市场行情火暴。1994 年全国国债期货市场总成交量达 2.8 万亿元,占上海证券市场全部证券成交额的 74.6%。1994 年至 1995 年春节前,全国开设国债期货的交易场所陡然增到 14 家,成交总额达 28 000 亿元。这种态势一直延续到 1995 年,与全国股票市场的低迷形成鲜明对照。

327 国债应该在 1995 年 6 月到期,它的 9.5%的票面利息加保值补贴率,每百元债券到期应兑付 132 元。与当时的银行存款利息和通货膨胀率相比,“327”的回报太低了。于是有市场传闻,财政部可能要提高“327”的利率,到时会以 148 元的面值兑付。但上海三大证券公司之一万国证券的总裁管金生不这样看,他认为高层正狠抓宏观调控,财政部不会再从国库里割肉往外掏出 16 亿元来补贴 327 国债。于是管金生率领万国证券做空。

1995 年 2 月 327 合约的价格一直在 147.80 ~ 148.30 元徘徊。23 日提高 327 国债利率的传言得到证实,百元面值的 327 国债将按 148.50 元兑付。一直在 327 品种上与万国联手做空的辽国发突然倒戈,改做多头。327 国债在 1 分钟内竟上涨了 2 元,10 分钟后共涨了 3.77 元。327 国债每上涨 1 元,万国证券就要赔进十几个亿。按照它的持仓量和现行价位,一旦到期交割,它将要拿出 60 亿元资金。毫无疑问,万国没有这个能力。管金生铤而走险,16 时 22 分 13 秒突然发难,砸出 1 056 万口卖单,把价位从 151.30 打到 147.50 元,使当日开仓的多头全线爆仓。这个行动令整个市场都目瞪口呆,若以收盘时的价格来计算,这一天做多的机构,包括像辽国发这样空翻多的机构都将血本无归,而万国不仅能够摆脱掉危机,并且还可以赚到 42 亿元。

最意外的是上交所总经理尉文渊,他做梦都没有想到贴息,美联储调息时都是 0.25%地调,咱们一下子竟然就是 5 个百分点。当天下午,他陪证监会期货部主任耿亮在场内。耿说国债期货管理办法修改完了,准备发布。尉正在为此高兴,突然发现市场上气氛不对劲,各地国债市场都是向上的突破性行情,“327”价格大幅下跌,交易量突然放大了许多。

夜里 11 点,尉文渊正式下令宣布 23 日 16 时 22 分 13 秒之后的所有 327 品种的交易异常,是无效的,该部分不计入当日结算价、成交量和持仓量的范围,经过此调整当日国债成交额为 5 400 亿元,当日 327 品种的收盘价为违规前最后签订的一笔交易价格 151.30 元。上交所没有公布管和万国的名字,但是万国在劫难逃,如果按照上交所定的收盘价到期交割,万国赔 60 亿元人民币;如果按管自己弄出的局面算,万国赚 42 亿元;如果按照 151.30 元平仓,万国亏 16 亿元。

5 月 17 日,中国证监会鉴于中国当时不具备开展国债期货交易的基本条件,发出“关于暂停全国范围内国债期货交易试点的紧急通知”,开市仅两年零六个月的国债期货无奈地画上了句号。

资料引自:罗孝玲.期货投资学[M].北京:经济科学出版社,2005.

第九章

Chapter 9

货币供给与货币需求

【学习目的和要求】

通过对本章的学习，使学生了解本章的基本概念、资金需求与货币需求的关系、不同学派的货币需求和供给理论；掌握市场经济条件下中央银行通过公开市场业务、贴现政策和法定金额准备金率间接调节货币供应量的运作机理，以及各微观经济主体行为对中央银行货币供给的影响。

【案例导入】

由于受金融危机影响，从2008年中期开始，全球性的"救市"行为向各大经济体注入了大量资金。以我国为例，2009年11月末，广义货币供应量(M_2)余额为59.46万亿元，同比增长29.74%，增幅比上年末高11.92个百分点，比上月末高0.23个百分点。狭义货币供应量(M_1)余额为21.25万亿元，同比增长34.63%，增幅比上月末高2.60个百分点。市场货币流通量(M_0)余额为3.63万亿元，同比增长14.99%。2009年1～11月净投放现金2 125亿元，同比多投放638亿元。这种货币的大量投放使资产价格普遍上涨，比如股票价格和房地产价格的上涨。因此，市场出现了强烈的通货膨胀预期。由于通货膨胀对国家经济及居民生活影响很大，已经成为人们关注的焦点。所以，我们不能只看表面现象，应该分析现象背后的深刻原因。

第一节　货币供给

一、货币供给的相关定义

(一)货币供给与货币供给量

1.货币供给

货币供给(Money Supply)是一个动态概念,指一国在某一时点上为社会经济运行服务的货币量,它由包括中央银行在内的金融机构供给的货币存款和现金货币两部分组成。影响和决定货币存量大小的是银行的信贷收支,银行是供给和改变货币存量大小的重要机构。研究货币供给的目的,在于促使经济体中的货币供给量与商品流通和经济发展对货币的需求相一致;使银行体系实际提供的货币量能够与社会经济总体对货币的需求量保持一致,并能不断维持经济的稳定增长。

2.货币供应量

货币供应量是一个静态的存量概念,是指社会上现存的货币数量,是由政府、企事业单位、社会公众所持有的、由银行体系所供应的债务总量。货币供应量是一个外生变量。外生变量,又叫政策变量,是指在经济运行过程中,由经济循环外部因素,即非经济因素所决定的变量。流通中货币数量及其结构在很大程度上受到中央银行货币政策的影响。

但是,货币供应量又不是纯粹的外生变量。货币供应量不完全受制于中央银行的货币政策,还受到社会经济生活中其他经济主体的货币收付行为的影响,政府不能随意地增加或减少货币供应量,而必须根据经济发展的客观需要,因此,货币供应量又是一个内生变量。货币供应量作为内生变量时,是利率的增函数。货币供应量的内生性质,使中央银行对货币供应量的控制与调节变得十分困难。

所谓货币供给机制是指在运行中,货币通过什么传递途径,采用什么方式向社会供给。在现代信用货币条件下,货币供给机制完全以银行信贷活动为基础。银行每发放一笔贷款都意味着货币供给的增加。贷款的发放造成同等金额的货币供给,其中部分为现金、部分为存款。相反的过程也一样,用现金还贷款,现金流回银行,贷款相应减少,用存款归还贷款,则存款减少,贷款减少的金额也相等,即每回收一笔贷款即意味着货币供给的减少。

(二)名义货币供给与实际货币供给

1.名义货币供给

名义货币供给是指一定时点上不考虑物价因素影响的货币存量,用 M_s 表示。通常所说的货币供给概念是名义货币供给。

2. 实际货币供给

实际货币供给是指剔除通货膨胀影响之后的一定时点上的货币存量。通常用$\frac{M_s}{P}$表示，其中 P 表示一般物价水平。$\frac{M_s}{P}$真实的货币供给上升了，是扣除了物价因素，货币供给增加，在货币需求不变的情况下，供给大于需求，货币的价格下降，就是利率下降，利率下降企业的融资成本降低，就会增加投资，同时消费者消费信贷成本降低，就会增加消费需求，就会刺激企业多生产物品，刺激企业增加投资来增加生产。

在经济分析和论证中，经常需要分析实际货币供给，即剔除了通货膨胀因素的货币供给。但是假若某一经济体系正经历着物价商品的剧烈波动，那么，只分析名义货币的变动，就可能导致错误的经济形势判断和失误的政策选择。举个简单的例子，如果一个国家流通中现有货币是100亿元，在考察期间内商品、服务增长率与货币增长率均为0，但商品价格水平却提高了100%。显然，原有的100亿元货币就只能实现流通中商品、服务的50%。此时，这个国家这一期间的货币存量显然严重不足，即整整少了一半，而在货币供给的宏观决策上却没有给予应有的考虑。

二、存款创造

在信用货币条件下，银行体系成为货币供给的主体。为具体剖析银行系统是如何向社会供给货币的，我们先分析商业银行存款货币的过程。这里的货币指狭义货币，即现金和活期存款。

（一）存款创造的定义

存款创造（Deposit Creation）是指商业银行体系通过贷款、投资、贴现等业务活动，创造出多倍于原始存款的派生存款的过程。原始存款指客户以现金形式存入银行的直接存款。派生存款指银行利用贷款、投资、贴现等业务活动引起的存款。

（二）存款创造的基本条件

商业银行存款创造需要两个基本条件，一是实行部分准备金制度；二是银行借款人不完全现金提取。

如果银行实行的是全额准备金制度，就意味着银行对活期存款持有100%的准备金，以作为应付提现的准备。此时，银行可贷放或使用的资金为零。这时的银行没有创造多倍存款的能力。如果客户100%提取现金，则全部资金以现金形式从银行流出，此时，银行可贷放或使用的资金也为零。这时的银行也没有创造多倍存款的能力。

（三）存款创造过程

商业银行体系创造存款货币过程的几个假设：①商业银行只持有法定准备金，无超额准备金；②客户收入的一切款项均存入银行，形成活期存款，既不增加其定期存款和储蓄存款，也不持有现金;③法定准备率为20%。

假设客户甲把10 000元现金存入A银行。A银行在中央银行的存款增加10 000元,同时在客户的活期存款账户上记10 000元。A银行的T型账户表现为

A银行

资产		负债	
在中央银行存款	10 000元	活期存款	10 000元

按照法定准备率20%的要求,A银行只需持有2 000元准备金,另8 000元可发放贷款给客户乙,即

A银行

资产		负债	
在中央银行存款	2 000元	活期存款	10 000元
贷款	8 000元		

乙获得的贷款用来支付丙的购货款,丙则将所收到的A银行的8 000元支票存入B银行。B银行的T型账户为

B银行

资产		负债	
在中央银行存款	8 000元	存款	8 000元

B银行只需持有1 600元准备金(8 000×20%),其余的6 400元可发放贷款给其他客户。B银行的T型账户变为

B银行

资产		负债	
在中央银行存款	1 600元	存款	8 000元
贷款	6 400元		

B银行处于均衡状态,但C银行又会延续这一过程,它收到6 400元的存款,同样只要保留20%(即1 280元)作为准备金,而把5 120元用以发放贷款或购买证券。这样,它将变成D银

行的存款，从而 D 银行又可以贷出，接着它将变成 E 银行的存款。以此类推，各家银行的存款额就表现为一个无穷等比数列

10 000 元，8 000 元，6 400 元，5 120 元，4 096 元，…

该数列的总和 D 可用无穷等比数列的求和公式计算如下

$$D = 10\ 000 + 8\ 000 + 6\ 400 + 5\ 120 + \cdots =$$
$$10\ 000[1 + \frac{80}{100} + \frac{80}{100} \times 2 + \frac{80}{100} \times 3 + \cdots] =$$
$$50\ 000$$

由此可见，在部分准备制度下，A 银行最初的 10 000 元存款，使银行系统的存款总额增至 50 000 元。存款总额等于最初存款乘以法定准备率的倒数。派生存款是存款总额超过原始存款的那部分存款。如以 ΔD 表示经过派生的存款总额的增额，以 $\triangle R$ 表示原始存款的增额，r 表示法定准备率，则三者关系为

$$\Delta D = \frac{\Delta R}{r}$$

即

$$\frac{\Delta D}{\Delta R} = \frac{1}{r}$$

式中，$\frac{\Delta D}{\Delta R}$ 表示存款总额变动对存款的倍数，它表明了单位原始存款的变动引起存款总额变动的最大扩张倍数。该倍数称为派生倍数，也称为存款货币乘数（d）。一般而言，派生倍数或存款货币乘数是法定准备率的倒数。法定准备率越低，派生倍数越大，法定准备率越高，存款货币乘数越小，存款派生倍数越小。

商业银行派生存款的创造原理在相反方向也适用。现假设 A 银行的客户用 A 银行签发的 1 000 元支票向中央银行购买 1 000 元证券，支票清算后，A 银行将减少 1 000 元活期存款和 1 000 元在中央银行存款，其 T 型账户为

A 银 行

资　　产		负　　债	
在中央银行存款	－1 000 元	活期存款	－1 000 元

假定法定准备率为 20%，A 银行减少 1 000 元活期存款，法定准备金至多只能减少 200 元。但 A 银行法定准备金已减少 1 000 元，因而它还缺 800 元准备金，它必须通过出售证券或收回 800 元贷款予以弥补。假定 A 银行通过收回贷款，收到客户归还的 B 银行签发的支票 800 元。支票经清算后，A 银行的 T 型账户为

A 银行

资　产		负　债	
在中央银行存款	–200 元 (–1 000 + 800)	活期存款	–1 000 元
贷 款	–800 元		

A 银行处于平衡状态,但 *B* 银行的 T 型账户表现为

B 银行

资　产		负　债	
在中央银行存款	–800 元	活期存款	–800 元

在中央银行存款–800 元活期存款,*B* 银行客户用其活期存款归还了 *A* 银行的 800 元贷款。*B* 银行签发的支票经过清算后,活期存款减少 800 元,在中央银行存款减少 800 元。同样,根据 20%的法定准备率,*B* 银行法定准备金短缺 640 元(800 – 800 × 20%),因而它也要收缩自己的贷款或出售证券 640 元,以补足准备金。其 T 型账户变为

B 银行

资　产		负　债	
在中央银行存款	–160 元 (–800 + 640)	活期存款	–800 元
贷 款	–640 元		

显然,*B* 银行收回 640 元贷款的结果,是 *C* 银行减少同等数额的活期存款和在中央银行存款。*C* 银行为弥补准备金,又将收回 512 元贷款。以此类推,在整个过程中,*A* 银行存款下降1 000元,*B* 银行下降 800 元,*C* 银行下降 640 元,……,存款以等比级数形式减少。存款减少总和可用等比数列求和公式求得为 5 000 元($1\ 000 \times \frac{1}{0.2}$)。可见,商业银行派生存款的倍数缩减过程与其倍数扩张过程的原理是完全一样的。

在上述存款货币的创造过程的分析中,我们假设无现金漏损,无超额准备金等。但在实际经济生活中,以上因素都会影响存款货币的创造过程:

第一,当出现现金漏损时,银行系统的存款准备金会减少,银行由吸收存款而可扩大贷款

的资金相应减少，银行创造派生存款的能力下降。假定，现金漏损与存款总额之比称为现金漏损率，也称提现率，用 c 表示。在前述派生存款创造过程分析示例中，若假定 c 为 10%。那么，A 银行吸收的 10 000 元存款，除了必须保留 2 000 元作为法定准备金外，还将有 1 000 元（10 000×10%）被贷款者提取，B 银行因 A 银行贷款或投资而吸收的存款只有 7 000 元。同样，B 银行除了必须保留 1 400 元作为法定准备金外，还将有 700 元被客户提现，C 银行因 B 银行贷款或投资而吸收的存款只能是 4 900 元，以此类推。这样，存款变动（ΔD）对原始存款变动（ΔR）的比率可以修正为

$$d = \frac{\Delta D}{\Delta R} = \frac{1}{r + c}$$

第二，银行超额准备金的存在，使银行创造派生存款的能力减小。一般将银行超额准备金与存款总额之比称为超额准备金率，用 e 表示。派生倍数相应变动为

$$d = \frac{\Delta D}{\Delta R} = \frac{1}{r + c + e}$$

第三，部分活期存款转变为定期存款也会影响存款创造过程。假设，定期存款的准备金比率 r_t，活期存款转化为定期存款的比率为 t，商业银行存款货币乘数则变动为

$$d = \frac{\Delta D}{\Delta R} = \frac{1}{r + c + e + r_t t}$$

综上所述，商业银行通过吸收存款、发放贷款或投资，可以使它所吸收的原始存款扩大成数倍的派生存款，银行存款派生的倍数机制构成银行创造货币的货币供给机制。

三、基础货币与货币乘数

（一）基础货币

1. 基础货币的定义及特征

基础货币（Money Base）是指中央银行对社会公众的负债总额，包括流通中的现金货币及商业银行存款准备金。由于中央银行的负债总额可以作为准备金来支持数倍的货币供给额，所以又称为高能货币（High-powered Money）、强力货币。基础货币、现金货币、存款准备金通常用 B，C，R 表示。三者之间的关系为

$$B = C + R$$

基础货币是整个商业银行体系借以创造存款货币的基础，是整个商业银行体系的存款得以倍数扩张的源泉。从质上看，基础货币具有几个最基本的特征：

一是中央银行的货币性负债，而不是中央银行资产或非货币性负债，是中央银行通过自身的资产业务供给出来的；

二是通过由中央银行直接控制和调节的变量对它的影响，达到调节和控制供给量的目的；

三是支撑商业银行负债的基础，商业银行不持有基础货币，就不能创造信用；

四是在实行准备金制度下，基础货币被整个银行体系运用的结果，能产生数倍于它自身的量。

基础货币是通过中央银行资产业务提供出去的。一般有三条渠道：

①在外汇市场买外汇、黄金；

②在公开市场上买政府债券；

③对商业银行办理再贴现或发放再贷款。

2.基础货币的影响因素

基础货币对货币总供给影响很大，因此，研究影响基础货币供给的因素十分重要。由于基础货币实际上是中央银行的负债，因此，通过中央银行的资产负债表来考察影响基础货币的因素是最为方便的。

中央银行的资产业务主要包括：①贴现及放款；②政府债券和财政借款；③黄金和外汇储备；④其他资产。负债业务主要有：①流通中的现金即通货；②国库及公共机构的存款；③商业银行等金融机构的存款；④其他负债和资本项目。

可以看出，基础货币等于全部资产减去除基础货币之外的所有负债，因此，中央银行的资产和负债的变化都会影响到基础货币的变化。

基础货币的主要影响因素包括如下内容。

(1) 中央银行对商业银行等金融机构债权的变动

这是影响基础货币的最主要因素。一般来说，中央银行的这一债权增加，意味着中央银行对商业银行再贴现或再贷款资产增加，同时也说明通过商业银行注入流通的基础货币增加，这必然引起商业银行超额准备金增加，使货币供给量得以多倍扩张。相反，如果中央银行对金融机构的债权减少，就会使货币供应量大幅收缩。通常认为，在市场经济条件下，中央银行对这部分债权有较强的控制力。

(2)国外净资产数额的变化

国外净资产由外汇、黄金占款和中央银行在国际金融机构的净资产构成。其中，外汇、黄金占款是中央银行用基础货币来收购的。一般情况下，若中央银行不把稳定汇率作为政策目标的话，则对通过该项资产业务投放的基础货币有较大的主动权。否则，中央银行就会因为要维持汇率的稳定而被动进入外汇市场进行干预，以平抑汇率，这样外汇市场的供求状况对中央银行的外汇占款有很大影响，造成通过该渠道投放的基础货币具有相当的被动性。

(3)对政府债权净额的变化

中央银行对政府债权净额增加通常由两条渠道形成：一是直接认购政府债券；二是贷款给财政以弥补财政赤字。无论哪条渠道都意味着中央银行通过财政部门把基础货币注入了流通领域。

(4)其他项目(净额)的变化

这主要是指固定资产的增减变化以及中央银行在资金清算过程中应收应付款的增减变

化。它们都会对基础货币量产生影响。

(二)货币乘数

1.货币乘数概念

所谓货币乘数(Money Multiplier)是说明货币供给总量与基础货币之间关系的系数。如果以 M 表示货币供应量,以 B 表示基础货币,以 K 表示货币乘数,则有如下货币供应量的理论公式

$$M = B \cdot K$$

该公式表明,由于货币乘数的作用,使中央银行的基础货币扩张为货币供应总量,因此,货币乘数是货币供应机制中的一个至关重要的因素。

2.影响货币乘数的因素

(1)法定存款准备金率对货币乘数的影响

定期存款与活期存款的法定准备金率均由中央银行直接决定。通常,法定准备金率越高,货币乘数越小;反之,货币乘数越大。

(2)现金比率对货币乘数的影响

现金比率是指流通中的现金与商业银行活期存款的比率。现金比率与货币乘数负相关,现金比率越高,说明现金退出存款货币的扩张过程而流入日常流通的量越多,因而直接减少了银行的可贷资金量,制约了存款派生能力,货币乘数就越小。凡影响货币需求的因素,都可以影响现金比率。

(3)非交易性存款比率对货币乘数的影响

非交易性存款与活期存款的比例是社会公众资产选择的结果,从而不可避免的受收入(财富)、利率结构、市场风险等因素的影响。一般来说,作为有价证券的替代品,定期存款相对于活期存款更带有“奢侈品”的特点,所以,它的需求由更大的收入(财富)弹性,因此,在收入增长时,趋于上升;反之则下降。另一方面,定期存款比活期存款有较高的利息收益和较低的流动性,因此,利率结构与市场动态的变化必然会影响定期存款与活期存款的比例,然而,利率与市场状况又与经济政策有关。

(4)超额准备金比率对货币乘数的影响

超额准备金率与货币乘数之间也呈反方向变动关系。

存款准备金率完全受中央银行所控制,因而是一个外生变量,决定于货币当局的货币行为。而超额准备金率主要取决于商业银行的经营行为。但商业银行的经营行为也受中央银行业务活动的影响。

四、货币供给理论

(一)弗里德曼 - 施瓦兹货币供给决定模式

弗里德曼与施瓦兹在其二人合著的《1867—1960 年的美国货币史》一书中,分析了货币供

给的决定因素。

弗里德曼－施瓦兹将现代社会的货币划分为两种类型：一是货币当局的负债，即通货；二是商业银行的负债，即银行存款。如果以 M 表示货币存量，以 C 表示非银行公众所持通货，以 D 表示商业银行存款，则货币存量可表示为

$$M = C + D$$

而根据高能货币定义，又有

$$H = C + R$$

式中，H 和 R 分别代表高能货币和商业银行存款准备金。因此

$$M = H \times \frac{\frac{D}{R}\left(1 + \frac{D}{C}\right)}{\frac{D}{R} + \frac{D}{C}}$$

上式是弗里德曼－施瓦兹分析货币供给决定因素时所使用的基本方程式。从该式中可以看出，有三个因素决定着货币存量，即货币供给：其一是高能货币（或基础货币）H；其二是商业银行存款与其准备金之比 $\frac{D}{R}$；其三是商业银行存款与非银行公众所持通货之比 $\frac{D}{C}$。

从高能货币的式子中可以看出，高能货币是非银行公众所持现金与银行存款准备金之和。它们之所以被称为高能货币，是因为一定量的这样的货币被银行作为准备金而持有后可引致数倍的银行存款货币。弗里德曼－施瓦兹认为高能货币的一个典型特征就是能随时转化为（或被用做）存款准备金，不具备这一特征就不是高能货币。

$\frac{D}{R}$ 和 $\frac{D}{C}$ 两者的变化会引起货币存量的同方向变化。从经济含义上分析，$\frac{D}{R}$ 的比率越高，一定量的存款准备金所支持的存款越多，货币存量也就越多；同样，$\frac{D}{C}$ 的比值越大，高能货币中充当银行准备金的部分也越大，从而货币乘数就越大，货币存量也就越大。

弗里德曼－施瓦兹还认为上述三个决定货币存量的因素要涉及到公众、银行、货币当局三个经济主体，正是这三个经济主体的行为决定了上述三个因素。

弗里德曼－施瓦兹利用上述分析方法检验 1867—1960 年美国货币史得出的基本结论是：高能货币量的变化是广义货币存量长期性变化和周期性变化的主要原因；$\frac{D}{R}$ 比率和 $\frac{D}{C}$ 比率的变化对金融危机条件下的货币运动有着决定性影响，同时，$\frac{D}{C}$ 比率的变化还对货币存量长期缓慢的周期性变化起重要作用。

（二）菲利普·卡甘的货币供给决定模式

菲利普·卡甘（Philip Cagan）是美国著名的经济学家，他系统地研究了美国自 1875 年的 85 年中货币存量的主要决定因素，并于 1965 年出版了专著《1875—1960 年美国货币存量变化的决

定及其影响》。其研究成果是对近一百年来美国货币供给量决定的最全面最深入的分析。

同弗里德曼－施瓦兹一样，卡甘也将货币定义为(非银行)公众手持通货及商业银行存款(包括活期和定期)之和。卡甘货币供给方程式表达为

$$M = \frac{H}{\frac{C}{M} + \frac{R}{D} - \frac{CR}{MD}}$$

上述式子是卡甘的货币供给决定模型，它表示货币存量由强力货币乘以货币乘数 $\frac{1}{\frac{C}{M} + \frac{R}{D} - \frac{CR}{MD}}$ 决定。

这一模型与弗里德曼－施瓦兹的模型相似，但有两个特点：第一，卡甘将通货比率定义为 $\frac{C}{M}$，即通货占货币存量的比率，并以此取代存款与通货比率。第二，卡甘将准备金比率定义为 $\frac{R}{D}$，即准备金与存货比率，并以此取代存款准备金比率。

同弗里德曼－施瓦兹一样，卡甘也认为，政府控制高能货币，而公众和商业银行则决定持有高能货币的比例。公众通过通货与银行存款的相互转化改变其高能货币的持有额；而商业银行则通过贷款和投资的放出和收回来改变其高能货币的持有额。显然，公众的行为改变着通货比率，而商业银行的行为改变着准备金比率。此外，如果公众减少通货持有而相对增加银行存款时，银行准备金就增加了。如果此时准备金比率不变，则货币存量将增加。同样，当银行增加贷款时，如果存款不变，准备金就减少了，货币存量则增加了。

(三) 乔顿的货币乘数模型

在弗里德曼－施瓦兹和卡甘关于货币存量的决定因素的分析有两个共同的特征：一是采用了广义的货币定义，即货币不仅包括共同采用的通货和活期存款(M_1)，而且包括定期存款和储蓄存款(也就是 M_2)；二是未区分不同类型的银行和金融当局对不同类型存款的不同准备金要求。20 世纪 60 年代末，美国经济学家乔顿导出较为复杂的货币乘数模型。

乔顿的货币乘数模型为

$$m = \frac{1 + c}{r + r_t t + e + c}$$

式中，r 为活期存款的法定准备金率，r_t 为非交易存款的法定准备金率，c 为通货比率，e 为超额准备金率，t 为非交易存款与活期存款的比率。

在乔顿模型中，货币只包括通货和活期存款在内的 M_1，决定货币乘数的变量有 c,t,e,r 和 r_t，当 r,e,c 上升时，货币乘数减小。

在上述货币供给的分析中，货币乘数被看成是一些比例的函数。关于货币控制的问题，则主要同货币乘数的具体形式和稳定性有关，中央银行控制货币供给能力的大小，取决于它能否

准确地预测货币乘数及其决定因素的变化;而中央银行能否准确地作出预测,又取决于这些变化是否稳定。这些变化越是有章可循,中央银行的预测就越准确,其控制货币供应的能力也越大。所以,当前西方货币供给的研究,已经转向货币乘数及其决定因素的研究了。

【知识库】

财政收支对货币供给的影响

当财政收支出现赤字时,采用特定的方式弥补赤字时,会影响货币供给量的变化。例如从历史上看,政府经常会由于战争、自然灾害,或过去庞大的皇室支出导致财政赤字,经常增加铸币来弥补赤字,直接增加了货币的投放量。

在不兑现信用货币流通的情况下,财政赤字的弥补主要有两个途径,一是向社会公众借款,二是向银行借款。下面分析一下这两种途径对货币供给量的影响。

(一)向社会公众借款

社会公众用闲置资金购买政府发行的债权,使社会公众手中的闲置资金转移到政府部门,在这个过程中,现金和存款货币从社会公众手中转移到政府的存款账户上,货币供给量没有发生变化。但是如果个人或企业不是用闲置资金购买政府债券,而引起借款增加,而且银行为满足他们的贷款需求,增加从中央银行的贷款,就引起了货币供应量的增加。

(二)向银行部门借款

它又分为向商业银行和向中央银行借款两种情况。

1.向商业银行借款。政府以发行债券的形式向商业银行借款。如果商业银行用超额存款准备金购买政府债券,并没有因此增加它向中央银行的借款,货币供应量不增加;如果由于商业银行购买政府债券,引起商业银行超额存款准备金不足,然后向中央银行进行再贷款、再贴现或者卖出中央银行票据,这样就会增加货币供给量。

2.向中央银行的借款。当财政向中央银行借款时,对货币供给量的影响非常直接。如财政向中央银行出售债券,中央银行购买国债的结果是:中央银行持有政府债券数量增加,同时财政存款增加,随着财政支出的过程,现金货币增加、商业银行的存款准备金增加,即基础货币增加,并在货币乘数作用下使货币供应总量按乘数成倍扩张;如果财政以借款方式从中央银行取得资金,则中央银行对财政的贷款增加,同时财政存款增加,随着财政支出的过程,基础货币增加,同样在货币乘数的作用下,货币供应量成倍地增加。

资料引自:李文.财政收支对货币供给的影响[J].中央财经大学学报,1996,11.

第二节　货币需求

货币需求理论主要分析经济中哪些因素会影响到公众的货币需求量,这些因素又是如何对公众的货币需求产生影响的。我们首先给出货币需求的相关定义,并分析影响货币需求的主要因素,个体持有货币的动机,然后介绍几种比较重要的货币需求理论。

一、货币需求的相关定义

所谓货币需求(Demand For Money)是指在一定时期内,社会各阶层(个人、企业单位、政府)愿意以货币形式持有财产的需要。从货币职能的角度看,货币需求是社会各阶层对执行流通手段、支付手段和价值储藏手段的货币的需求。

从货币需求的定义可以看出:第一,货币需求是主观货币需求和客观货币需求的统一。货币需求是愿望和能力的统一,它不仅是一种主观愿望,而且与个人的经济利益和社会经济状况有关。第二,人们产生货币需求的根本原因是货币所具有的职能。在现代市场经济中,人们需要以货币方式取得收入,用货币作为交换和支付的手段,用货币储存财富。第三,货币需求是一个存量概念。即货币需求是指在特定的时点和空间范围内,社会各部门愿意而且能够以货币形式持有其所拥有的财产或收入的数量或份额。

(一)宏观货币需求

宏观货币需求指的是从整个国民经济的宏观角度,考察一个国家在一定时期内的经济发展和商品流通所必需的,能够保持社会经济平稳、健康发展的货币量。从研究动机看,宏观货币需求是从国民经济总体出发,去探讨一国经济发展所需要的货币量。从包含的内容看,宏观货币需求一般指货币执行流通手段和支付手段所需求的货币量,不包括货币发挥储藏手段职能所需要的货币量。从研究方法看,宏观货币需求注重动态的、客观的研究。

(二)微观货币需求

微观货币需求指的是从个人、家庭或企业的角度,考察其在既定的收入水平、利率水平和其他经济条件下,愿意而且能够保持的货币量。从研究动机看,微观货币需求是从一个经济单位着眼,研究每一经济单位持有的最佳货币量,即机会成本最低和效用最大的货币持有量。从包含的内容看,微观货币需求是指个人持有现金、企业单位库存现金以及各自在银行保留存款的必要量,强调的是以货币形式持有财产的多少,即货币执行储藏手段职能所需的货币量。从研究方法看,微观货币需求注重于静态的主观研究。

(三)名义货币需求

所谓名义货币需求,它是实际货币需求的对称,是指一个社会或一个经济部门适应物价增减幅度在名义上增减的货币需求,亦即用货币单位来表示的货币数量,通常以 M_d 表示。名义货币需求另一种说法是指个人或家庭、企业等经济单位或整个国家在不考虑价格变动时的货币持有量。名义货币需求与价格的涨跌按同比例变动,用公式表示,即

$$M_d = \frac{PQ}{V}$$

式中,P 为市场上商品与劳务价格的加权平均数,Q 为以货币形式交换的商品、劳务的数量,V 表示一定时期内货币的流通速度。

(四)实际货币需求

所谓实际货币需求,则是名义货币需求的对称,是指剔除物价变动的影响,由商品流通本身所引起的货币需求,亦即社会经济部门用货币所能够买卖的物品及劳务来表示的货币数量。它等于名义货币需求除以物价水平,用公式表示:实际货币需求 = $\frac{M_d}{P}$。

名义货币需求与实际货币需求的根本区别就在于是否剔除了物价变动的影响。如果名义货币需求量为 M_d,那么用某一具有代表性的物价指数 P 进行平减后,就可以得到实际货币需求量$\frac{M_d}{P}$。在现代经济运行中,价格波动是经常性的,区分名义货币需求与实际货币需求有利于正确理解货币需求理论。

二、货币需求的决定因素

(一)收入状况

1.货币需求与收入水平的高低正相关

出于交易动机的货币需求量与收入正相关。一般情况下,收入通常是定期支付的,而支出则是经常的、陆续发生的,人们收入的取得与支出的发生一般不在同一时间,在一次取得收入到下一次取得收入之间往往存在着一定的时间间隔。在此时间间隔中,支出将陆续发生。因此,在该时间间隔中,人们必须持有一定数量的货币,以随时用于支出。考虑到正常情况下人们将遵循量入为出的原则,在时间间隔既定的条件下,人们需要持有的货币数量取决于该时间间隔中的支出和收入水平。收入越多,支出也越多;而支出越多,需要持有的货币也越多。

出于投机动机的货币需求量也与收入水平的高低正相关。由于人们以货币形式持有的财富只是财富的一部分,而收入水平的高低决定着总财富的规模及其增长,收入水平越高,总财富也越高,在个体投资组合中各种资产份额不变的前提下,出于投机动机的货币需求量也越大。预防动机的货币需要量依赖于个体对未来交易水平的预期,后者与个体的现期收入正相关,预防动机下的后备需求量也正相关于收入水平。因此,不管是何种动机的货币需求,都与收入水平正相关,较高的收入水平蕴含较高的货币需求。

2.货币需求依赖于收入支付的具体方式

在收入水平一定的条件下,人们取得收入的时间间隔与货币需求正相关。也就是说,人们取得收入是时间间隔越长,货币需求就越多;反之,人们取得收入的时间越短,则货币需求也就越少。人们需要货币,首先是为了开支。而人们支出水平高低取决于他们的收入水平。实际收入越高的家庭,支出水平也越高,因而需要的货币数量也越多。可见,货币需求是和实际收入水平同方向变化的。若用 M_d 表示需要的货币量,持币量在实际收入 Y 中的比率为 k,则 $M_d = k \cdot Y$。

(二)市场利率

在市场经济中,市场利率是人们在一定时期内使用资金的价格。在现代货币经济中,资金的表现形式是货币。所以,资金的供求关系通常表现为货币的供求关系。在正常的情况下,市场利率对货币的影响主要表现为两个方面:一是市场利率决定人们持有货币的机会成本;二是市场利率影响人们对未来利率变动的预期,从而影响人们对资产持有形式的选择。每个家庭在一定时期所拥有的财富数量总是有限的。人们必须决定他所拥有的那笔财富的形式。他们也许想以拥有一定数量货币来拥有这笔财富,但如果以货币形式拥有财富的比例越大,则以其他形式(如证券、实物资产等)拥有财富的比例就越小。以这些其他形式拥有财富会给他带来收益,例如,以房地产形式拥有财富会带来租金,以债券形式拥有财富会带来利息,而以货币形式拥有财富则会丧失这种收益。这就是持有货币的机会成本。若某人有价值1万元财富,如购买债券或股票,则可得到利息或股息收入或红利收入。为方便起见,假定把所有非货币资产统称为债券,则债券年利率为10%时,手持10 000元货币一年的损失或者说机会成本就是1 000元,年利率为5%时,持币一年成本即为500元。显然,利率越高,人们越不愿意把很多货币放在手中,或者说对货币需求量就越小。这就是说,货币需求和利率是反方向变化的。

(三)信用发达程度

通常,金融业的发达程度与货币需求负相关。个体之所以愿意持有货币资产,是因为交易时需要货币,持有货币可以起到预防作用,作为一种较为安全的资产,货币在投资组合中可以降低风险。

在一个信用制度健全,金融业发达的经济中,相当一部分交易可以通过债权债务的相互抵消来了结,从而减少了作为流通手段和支付手段的货币需求量;另外,在这样一种成熟经济中,人们可以将收入中暂时不用的部分购买短期债、股票等资产,需要支付迅速出售,以换回现金。但是,在金融业比较落后的经济中,往往缺乏适当的手段,并且交易成本通常也比较高,因此,人们通常会将收入中准备用于支付的货币较长时间的保存在手中。特别在一些偏远地区,更是因为信用制度落后、金融机构缺乏,人们甚至以窖藏现金的形式进行储蓄。

(四)消费倾向

消费倾向是消费在收入中所占的比例,可以分为平均消费倾向和边际消费倾向。平均消费倾向是消费总额在收入总额中所占的比例。边际消费倾向是消费增量在收入增量中所占的比例。

通常,消费倾向与货币需求关系可以从以下两个方面来考虑:一方面,消费倾向越大,个体将现期收入用于消费的部分越大,相应地用于交易的货币需求也越大,因此,消费倾向与出于交易动机的货币需求正相关;另一方面,消费倾向的提高使得收入中储蓄的部分下降,相应地降低了以货币形式持有的财富量,因此,出于投机的货币需求量与消费倾向负相关。在讨论消费倾向与货币需求之间的关系时,需要考虑这两种效应哪一种占优势,如果前者占优势,则货币需求与消费倾向正相关;反之亦然。

但是,在金融业比较发达的经济中,通常第一种效应占优势,货币需求与消费倾向是正相关的,即消费倾向越大,货币需求也越大。但是,在金融业边际落后的经济中,个体储蓄主要以货币形式持有,即通过现金窖藏或活期存款的持有来储蓄,从而第二种效应占优势。因此,消费倾向越大,货币需求反而越小;消费倾向越小,货币需求越大。

(五)货币流通速度、社会商品可供量和物价水平

货币流通速度是指一定量的货币在一定时期内的平均周转次数。通常,货币流通速度负相关于整个经济中的货币需求,即在其他条件不变的假定下,货币流通速度越快,货币需求就越少,反之亦然。

可供流通的社会商品总量,即待实现的商品总量,在自给自足的自然经济和物物交换的商品经济中,这部分在总产出中所占的比例极小。在现代货币经济中,就整个经济而言,所有产出几乎都进入了流通领域,以货币作为媒介进行商品交换。因此,可供流通的社会商品总量越大,流通中的交易量就越大,所需要的货币量就越多,反之亦然。

商品价格水平或价格指数,人们持有货币是为了购买商品。因此,人们需要的货币实际是需要货币具有的购买力,或货币能买到的商品数量。当价格水平提高时,为了保持原先持有货币的购买能力,他需要持有的名义货币量必须相应增加。一定数量名义货币需求除以价格水平称之为实际货币需求量。若用 m_d 表示实际货币需求量,用 M_d 表示名义货币需求量,用 P 表示价格水平或者说价格指数,则 $m_d=\frac{M_d}{P}$。

(六)心理预期

货币需求在相当程度上还受到人们的主观意志和心理活动的影响,特别是受到人们对未来经济情况的预期以及对各种金融资产的偏好的影响。人们对未来经济情况的预期主要包括对市场利率的预期、对物价水平的预期和其他金融资产收益率的预期。人们对各种金融资产的偏好主要是指对货币和其他金融资产的爱好程度,这种偏好取决于人们对高期望回报率和低风险的相对重视程度。

三、货币需求理论

(一)现金交易数量说

在社会生活中,货币最初是作为交换媒介出现的,人们对货币需求理论的研究也是从货币的交换手段职能中开始的。古典货币理论认为,货币本身不存在内在价值,货币具有的只是交换价值,即对商品和劳务的实际购买力。正因如此,商品价格,即货币的交换价值只是货币现象,与货币数量的多少有关,而与实际经济活动无关。

由于货币数量说关注商品交易所需的货币量的问题,即人们对货币的需求问题,从而货币

数量说演变为一种货币需求理论(Demand Theory of Money)。古典货币数量说有两种成熟的形态,其一是费雪的现金交易说;其二是剑桥学派的现金余额说。

美国经济学家欧文·费雪(I. Fisher,1867—1947)在其1911年出版的《货币购买力》一书中,提出了货币速度(Velocity of Money)的概念,并在此基础上得出现金交易方程式(Equation of Exchange),从而对古典货币数量论观点作了最清晰的表述。所谓货币速度,指货币周转率,即一美元货币每年用来购买经济中产出的最终产品和劳务总量的平均次数。如以 V 表示货币速度,M 表示流通中的货币量,P 表示一般物价水平,T 表示商品和劳务的实际交易量,那么它们之间的关系可用下列公式表示

$$MV = PT \text{ 或 } P = \frac{MV}{T}$$

该方程式将名义收入同货币数量和货币速度联系起来。这里的货币是纯粹的交易工具,发挥着流通媒介的作用。这里研究的货币数量,是一定时期流通的起交易媒介作用的货币量,因此该理论又称为现金交易数量论(Cash Transaction Approach)。

该方程式是一个关于货币供应(M)、货币速度(V)和名义收入(PT)的恒等式,要揭示货币供应(M)和名义收入(PT)的变动关系,还需要揭示货币速度(V)的决定因素和变动规律。

费雪指出,货币速度是由经济体中影响个人从事交易的交易制度决定的,经济体中影响货币速度的制度特性是随着时间的推移缓慢变化的,所以,在短期内,货币速度是稳定不变的。在这种情况下,名义收入(PT)仅仅决定于货币数量(M)的变动,即当 M 增加时,MV 加倍增加,名义收入 PT 也加倍增加。由此可见,费雪所持的短期内货币速度相对稳定的观点,使交易方程式转变为货币数量理论。

费雪以及其他古典经济学家还认为:工资和价格是完全有弹性的,经济中产出总量总会保持在充分就业水平上,因而,交易方程式中的商品和劳务的实际交易量(T)在短期内也是相对稳定的。在这种情况下,交易方程式中如果 M 增加,由于 V 和 T 不变,P 也一定会上升。因此,在货币数量论看来,价格水平的变动仅仅源于货币数量的变动。

现金交易数量说从交易需要货币的角度研究了货币需求的决定问题,影响货币需求的三个因素,即 V,T 和 P,均是经济体中客观存在的变量,因此,现金交易说没有考虑微观主体动机对货币需求的影响。许多经济学家认为这是一个缺陷。剑桥学派弥补了这一缺陷,提出了现金余额说。

(二)现金余额说

以马歇尔和庇古为代表的剑桥学派,在研究货币需求问题时,重视微观主体的行为。他们认为,处于经济体系中的个人对货币的需求,实质是选择以怎样的方式保持自己资产的问题。剑桥学派在研究货币需求时,着眼于货币储藏手段的职能,认为货币是购买力的暂栖所,所谓货币数量则是一定时刻停息的货币量,或现金余额数量,因此,该理论被称为现金余额说(Cash Balance Approach)。

剑桥学派认为,经济单位在通常情况下持有的货币量或现金余额,与国民收入保持一个固定或稳定的关系。如以 Y 表示真实收入;P 表示平均物价水平;M 表示货币需求;K 代表一个常数($0 < K < 1$),即国民收入中以货币形式持有的比例,那么,货币需求可表示为

$$M_d = KPY$$

该方程式就是著名的剑桥方程式(Equation of Cambridge)。剑桥学派认为,实际生产总量 Y,主要是由人类所能控制的经济资源数量、生产的技术水平与生产要素供给等外生因素决定,这些因素短期内不易变化,因而 Y 是一个相对稳定的量。国民收入中以货币形式持有的比例 K,有三个重要的影响因素:第一,持有货币所带来的便利和所能避免的风险。持有货币获得的便利越大,风险规避的程度越大,K 值就越大。第二,持有货币的机会成本,即把以货币形式持有的资产用于投资所获得的收益。收益越少,人们愿意以货币持有的资产就越多,K 值就越大。第三,货币的消费效用,即把货币用于消费所能得到的满足程度。满足程度越低,K 值越大。这三个因素在短期内是不易变化的,因而 K 值在短期也是相对稳定的量。在这种情况下,货币需求量 M 与 P 成正比例关系。

现金余额说和现金交易数量说从不同角度分析,得出相同的货币量与价格的关系。但现金余额说在学术思想上有所突破并更适用于现实社会。第一,现金交易数量说强调的是单位货币的平均持有时间,现金余额说强调的是总收入中以货币形式持有的比例;前者重视货币的交易媒介功能,后者重视货币的资产功能。第二,现金交易数量说重视影响交易的货币流通速度的金融及经济制度等机械因素,后者重视与资产的选择相关的人的意志及预期等心理因素的作用。在经济理论中重视人的主观意志及其影响因素的分析,是学术思想上的重大突破。庇古本人认为剑桥方程式的优点是能顾及人类意志,即需求之原动力的作用。这一观点对后来的经济学家影响很大。

(三)凯恩斯的货币需求理论

凯恩斯在其 1936 年出版的划时代巨著《就业、利息和货币通论》(General Theory of Employment, Interest and Money)一书中,提出了一种创新性的货币需求理论。该理论认为货币是流动性最强的资产,人们对流动性强的资产具有偏好性,而且这种流动性偏好是形成货币需求的基础,因此凯恩斯的货币需求理论又被后人称为流动性偏好论(Liquidity Preference Theory)。凯恩斯从人们得到收入(通常以货币形式)后的抉择中分析货币需求,他认为,人们得到收入后会有两个抉择:第一个抉择是决定收入中消费和储蓄的比例,这是时间偏好的选择;第二个抉择是收入中的储蓄部分以现金形式储蓄和以有价证券形式储蓄的比例,这是流动性偏好的选择。货币的需求体现在消费和现金形式储蓄中。要从根本上揭示这两种抉择和货币需求的根源,需要分析决定人们货币需求的动机。

1.持有货币的三种动机

凯恩斯认为,人们的货币需求行为取决于三种动机,即交易动机、预防动机和投机动机。

交易媒介是货币的一个十分重要的职能,用于交易媒介的货币需求量与收入水平存在着稳定的关系。人们为了可能遇到的意外支出,需要持有一定数量的货币,这种货币需求称为预防性货币需求,决定预防性货币需求的主要因素是也收入水平。投机动机是指人们为了储藏或增值财富而持有货币的动机,由此产生的货币需求称投机性货币需求,这是凯恩斯货币需求理论中最具特色的部分。凯恩斯把储藏财富的资产分为两类,即货币和债券,持有货币不能带来利息收入,而持有债券不仅可以得到利息收入,还可以在债券价格上涨时获益。决定投机性货币需求的主要因素是市场利率,这是因为:债券价格与债券利息成正比,与市场利率成反比,如果市场利率趋于上升,债券价格就要下跌;市场利率趋于下降,债券价格就要上升,在后一种情况发生时,债券持有者有收益。当市场利率较低,人们会预期利率上升和债券价格下跌,人们就倾向于卖出债券,则投机性货币需求增加;反之,当市场利率较高,人们会预期利率下降和债券价格上升,人们就倾向于买进债券,则投机性货币需求减少。

2.凯恩斯的货币需求函数

由于交易性货币需求和投机性货币需求是收入的函数,投机性货币需求是利率的函数,因此凯恩斯的总的货币需求函数可以表示为

$$M = M_1 = M_2 = L_1(Y) + L_2(r)$$

式中,M 表示总货币需求,L_1 表示交易性货币需求和预防性货币需求之和,L_2 表示投机性货币需求,Y 表示收入水平,r 表示市场利率。

凯恩斯的货币需求理论的新颖之处在于强调了货币作为资产或价值储藏的重要性。该理论认为,货币不仅仅是一种交易手段,它本身也有值得保存的价值,特别是当人们预期其他商品及资产价格将要下跌时,持有货币可达到财富保值甚至升值的目的。

3.凯恩斯货币需求理论的特点

凯恩斯的货币需求理论区别于前人的最显著特点,是对投机动机货币需求 M_2 的分析。凯恩斯对 M_2 的分析,抛弃了货币纯粹作为交换媒介的观点,第一次将货币作为一种资产进行研究,明确提出了货币在现实经济中作为资产的功能。因此,凯恩斯分析的货币需求,不仅是作为交易媒介的货币需求,更重要的是作为一种投资媒介,一种直接为人们财富存在形式的货币需求。另一方面,强调 M_2 与利率之间的关系,是凯恩斯对货币理论的一大贡献,也为货币政策的实施奠定了基础。既然 M_2 与利率有直接关系,金融管理当局完全可以通过改变货币量来控制市场利率,进而对投资、就业和国民收入产生影响。同时,凯恩斯也指出,当利率降至某一很低的水平时,所有的人都预期利率将迅速上升,持有债券会遭受很大损失,因而人人都希望持有货币。这时,货币无论如何增加,均有对货币的需求产生,货币需求成为完全弹性。这就是所谓的"流动性陷阱"。与"流动性陷阱"相反的是所谓的"古典区域"。即当利率高达某一水平时,人们普遍预期利率将下降,债券价格将上涨,因而货币将全部转为债券,此时对货币的投机需求为零。这就是说,在一般情况下,货币供给增加,利率下跌,对货币需求增加;在"流动性陷阱"区域,货币供给无论怎么增加,都会被灵活偏好所吸收,从而使中央银行企图通过增

加货币供给降低利率刺激投资的政策完全失效;相反,在"古典区域",人人都逃避通货,除非利率有所改变,否则货币供给对货币需求的影响也非常困难。到此,我们可以进一步看出凯恩斯货币需求理论的政策指导意义。

(四)现代货币数量理论

1.弗里德曼的货币需求函数

弗里德曼在"货币数量说的重新表述"一文中,给货币数量说以新的解释。他承袭了剑桥学派现金余额数量说的传统,但他认为货币数量说并非关于产量、货币收入或物价的理论,而是货币需求理论。通过对影响货币保有量,即货币需求量的各种因素的深入分析提出了他的货币需求函数。

弗里德曼认为影响人们的货币保有量的因素有:财富的总额;物质财富占总财富的比率;人们保有货币及其他资产时所预期的收益率;与保有货币所得到的效用及影响这种效用的收入以外的其他各种因素。用函数表示,则名义货币需求函数

$$M_d = f(P, r_m, r_b, r_e, \frac{1}{P} \cdot \frac{dP}{dt}, w, Y, u)$$

若将上式两边同时除以 P,可得实质货币需求函数

$$\frac{M}{P} = f(r_m, r_b, r_e, \frac{1}{P} \cdot \frac{dP}{dt}, w, \frac{Y}{P}, u)$$

式中,Y 表示恒久收入或财富总值,包括货币在内的各种资产的集合,它是一个较长时期的收入水平,不应是年度收入,w 表示非人力财富在总财富中所占的比例,即物质资料在财富中所占的比例,亦即财富的结构,r_m 表示货币的预期收益率,r_b 表示债券的预期变化率,r_c 表示股票的预期收益率;$\frac{1}{P} \cdot \frac{dP}{dt}$ 表示价格水平的预期变化率,即物价的变动率,u 代表其他影响实际货币需求量的各种各样的因素,M 表示名义货币需求量,$\frac{M}{P}$ 表示实质货币需求量,$\frac{Y}{P}$ 表示实质收入。

在公式中,个体永久收入的上升将导致资产需求的上升,永久收入和实际货币余额需求正相关。R_b, R_c 分别代表了预期超额回报率,也就是持有货币的机会成本,机会成本越高实际余额需求越小,因此,这两个变量与实际余额需求负相关。$\frac{1}{P} \cdot \frac{dP}{dt}$ 代表了向对于持有货币而言持有水平的预期超额回报率,$\frac{1}{P} \cdot \frac{dP}{dt}$ 上升,个体将更多地选择持有商品而不是货币,因此,该变量同实际余额需求负相关。

2.弗里德曼的货币需求理论

弗里德曼认为,货币作为资产形式之一,是持有财富的一种方式,是一种资本品。对消费者来说,货币能提供一系列劳务和效用,包括方便、安全和对消费品及劳务的支配。对企业来说,货币是一种资本品,能提供生产性效用。因此,人们对货币的需求与对其他物品及劳务的需求

并没有本质的区别,因为它们都为人们提供了效用。根据消费者选择理论,弗里德曼认为,货币需求取决于以下因素:

第一,总财富。弗里德曼认为,总财富在货币需求中的作用类似于一般消费者选择理论中的预算约束,它决定着货币需求总量的限度。弗里德曼认为,财富是收入的源泉,因而能够创造收入的因素都应包括在总财富中。这样,不仅货币、债券、股票、实物资产等非人力资本是财富,而且个人将来获得收入的能力,包括一切先天和后天的才能与技术的人力资本也是财富。财富的大小可视为是收入的资本化价值。即若以 Y 表示收入流量总额,r 表示财富存量与收入流量之间的贴现率,那么,总财富就为$\frac{Y}{r}$。这里的收入 Y,不是现期收入,而是恒久性收入,它是消费者所预期的其人力财富和非人力财富在相当长的时期内所能获得的平均收入。可将恒久性收入理解为大致相当于一个人过去、现在和将来的获得收入的平均数。恒久的收入具有一定的稳定性,是制约人们对货币需求的重要因素之一。

第二,持有货币的机会成本。人们以货币形式保存其财富,那么其放弃的以其他形式的资产保存其财富的收益就成了持有货币的机会成本。这些机会成本的高低自然会影响人们对货币的需求。债券、股票和实物资产是货币的主要替代品,这三种资产的收益就成了具有代表性的持有货币的机会成本。

第三,非人力财富在总财富中所占的比重。这个因素之所以影响货币需求,是因为虽然人力财富和非人力财富之间存在着相互转换的关系。但是,这种转换常常是受到严格限制的。例如,人力财富在劳动需求很低时,是难以获得收入的。因而,如果非人力财富在总财富中所占比例越小,则为人力财富获取收入的可能性很低时做好准备的必要性就越强,对货币的需求也就越大。

第四,财富所有者对不同形式财富所提供效用的嗜好与偏好。上述嗜好与偏好,一般应视为不变,但当客观环境变动时,也有可能变动,如战时,以货币形式保持的财富的比例就会增大。所以,此类嗜好与偏好的变动也会影响货币需求。

现代货币数量论认为,只要货币需求函数稳定,货币供应量的变化就将引起价格水平的变化;由于货币具有作为商品的媒介的功能,使它具有很高的生产性,这种生产能力同现金余额持有量的实际规模直接有关,因而确定了资本存量规模,$\frac{M}{P}$的扩张就会增加总产出。任何理论的成立都包含一定的前提假设,现代货币数量论也不例外。这里我们不打算探讨其理论自身的前提假设,而是要着重揭示现代货币数量论隐含的前提假设,即:经济在发达的市场经济中运行;资本市场是完善的;经济运行中各经济主体产权边界清晰,行为独立。正是在这一系列假定前提下,货币主义者得出了上述现代货币数量论的基本结论——价格水平会随货币量的增加而上升;实际货币量的增加会导致实际产出的增加,即增加货币即可促进经济发展。

弗里德曼所创立的现代货币数量论为我们提供了包括中国在内的发展中国家促进经济发展的另一个视角。

【知识库】

证券、保险业务活动对货币需求的影响

证券(股票和债券)的发行和交易都要求一定的货币与之相对应,证券发行规模越大,市场交易越活跃,这类金融商品引致的货币需求就越多。近几年来,国内许多关注资本市场与货币需求中间联系的研究,已在这一问题上达成了一致看法,并从三条路径对股市状况与货币需求之间的关系进行了论证:一是财富效应,股市上涨,人们收入增加,相应地货币需求也会增加;二是交易余额效应,股市交易越活跃,交易量越大,需要的媒介货币也就越多;三是替代效应,股票价格上涨会使得人们对自己的资产结构进行调整,作为非生利资产的货币在人们资产组合中的相对比重将下降,这会在一定程度上降低人们的货币需求。无论股市行情是好还是坏,财富效应和交易余额效应的货币需求强度总是大于替代效应产生的货币需求强度,正是由于这一点,可以认定:证券市场的状况同货币需求是正相关关系。

保险业务发展与货币需求的关系目前在国内还很少有人研究。

保险公司发行保单,保单实际是预防性货币需求的集中化、社会化表现。在一个发达的保险市场环境中,讲信誉、高质量的保险服务会产生理赔支出同保费收入大体相抵的情况。在这种条件下,保险公司的利润将主要来自保单销售资金的运营收益。并且,在这样的市场环境下,保单也同样存在着二级市场,因此,货币需求就会由投保人预防性货币需求和保单转让市场所必需的交易余额需求共同构成。据此,我们也可以简单地将保险市场发展与货币需求之间的关系描述为正相关关系。

上面对证券市场、保险市场发展与货币需求之间关系的描述都可以称为“简单描述”,原因就在于:①这两部分描述都没有由某项货币需求的结构变化如何对总量货币需求的影响进行分析;②没有分析证券机构、保险机构作为一个具有独立财务安排的微观经济主体,它们自身也具有货币的需求行为。这后一点在我们分析具有庞大分支机构和从业人员的商业银行的业务活动对货币需求影响问题时也许就更为重要。

金融部门是一个以服务参与社会再分配的部门,在资本短缺和金融服务欠发达国家,金融部门本身就会以较高的人均费用水平及营业收入等形式形成与其业务活动外部性不同的特殊货币需求,一般地说,金融部门的人均费用越高、分支机构层次越多,这类货币需求的数额就越大。以保险为例,在我国一些寿险公司中,寿险保单所对应的本来是人们的变相长期储蓄,保单到期后,这类保费收入及其运营收益的绝大部分都会连本带息一起支付给投保人或受益人,但在我国保险业普遍流行的代理制度下,有许多代理机构在初级代理层次就可能截留近40%的保费收入,假若未来的最终支付承诺依然能够全额兑现,这类保险机构的业务活动简直可视同“创造货币”,这也是一种近于极端的说法,其用意只在于说明,金融机构越发达,即使不考虑它们的业务活动,这些机构自身的人均费用和分支机构层层收入分流就足以形成不容忽视的货币需求。

资料引自:王松奇.证券、保险业务活动对货币需求的影响[J].西南金融.

第三节　货币供需均衡

货币需求理论和货币供给理论是货币经济学的基石。货币需求和供给的相互作用决定了价格水平,并进而通过价格水平影响到通货膨胀率、名义利率和产出消费及劳动投入。

一、货币均衡的判断

(一)货币均衡与非均衡

均衡是由物理学引入经济学的一个概念,用于描述市场供求相适应的状态;失衡也称为非均衡,即指市场供求不相适应的状态。

1.货币均衡的含义

通过对均衡和非均衡概念的界定,可以得出货币均衡的含义包括以下几点:

(1)货币均衡是货币供需作用的一种状态,是货币供给与货币需求的大体一致,而非数量上的完全相等;货币供需完全相等只是一种偶然的现象。若以 M_d 表示货币需求,以 M_s 表示货币供给,则货币均衡可以表示为

$$M_d = M_s$$

(2)货币均衡是一种动态过程,它允许短期内货币供求之间出现一定程度上的失衡现象,但在长期内是大体一致的。可能存在着过大的货币需求,但货币供给短缺;也可能是相对于货币需求来说,货币供给过多。

把价格水平变动的因素考虑在内,假若价格水平提高,名义收入水平提高,名义货币需求相应增加;价格水平下降,则名义货币需求相应减少。如果货币当局不相应调整名义货币供给,货币非均衡的局面就会出现。从另一个角度分析,名义货币需求的增减变化如果只是由于价格水平的波动引起的,实际货币需求的增减变化如果只是由于价格水平的波动引起的,实际货币需求并不会因之改变。这时,如果名义货币供给量不变,当物价水平提高时,意味着实际货币供给量减少;物价水平下降时,则数额增大。对应着并未改变的实际货币需求,同样也说明货币的非均衡。

(3)在现代经济运行中,货币均衡在很大程度上反映了国民经济的总体均衡状况。这是因为:货币不仅仅是现代经济中商品交易的媒介,而且其本身还是国民经济发展的内在要求;货币供需的相互作用制约并反映了国民经济运行的全过程,并且有机地将国民经济运行与货币供需作用联系在一起。在所分析的时期内,国民经济的运行状况势必要通过货币均衡与否的状况反映出来。

2.货币非均衡的表现及形成原因

在现实经济生活中,绝对的货币均衡是不常见的,货币失衡反而是一种常见的经济现象。当货币供给量与客观经济过程对货币的需求不一致时,就出现了货币失衡现象。货币失衡有三种情况:货币供给过多、货币供给不足以及结构型货币失衡。

货币供给过多及货币供给量关于货币供给量的经济总体,一般表现为物价上涨和强迫储蓄。假设货币市场原本处于均衡总体,若货币供给量超出了经济运行对货币的客观需求量,则

均衡被打破,只有通过物价的上涨吸收过多的货币,是货币供求在较高的价格水平上恢复均衡,这是一致带有破坏性的强制性均衡;直接的或简洁的强制的储蓄都是强制均衡,过多的货币并不会消失,压力始终存在。

造成货币供给大于货币需求的原因主要是政府发生财政赤字而向中央银行透支。政府财政收支若发生赤字,在中央银行没有事先准备的条件下,政府财政的投资会迫使中央银行增加货币发行,从而导致货币供给量增加过量,造成货币供需失衡。一种常见的情况是,在经济反之过程中,由于政府的高速经济增长政策迫切地需要货币来支撑,在中央银行无足够的货币资本实力的情况下,银行信贷规模不适当扩张,从而导致货币供给大于需求的货币失衡现象。

(二)货币均衡和非均衡的判别标志

1.货币供求均衡的标准

货币均衡不是简单的货币供给与货币需求的均衡,而是货币供给与货币必要量的均衡。货币均衡也不是货币供给简单地适应某个既定的货币必要量而实现的均衡,是在货币供给量与货币必要量的相互作用中实现的货币均衡,是一种动态均衡。

2.货币供求均衡的实现条件

货币供求要实现均衡,既要有均衡的利率水平又要有均衡的国民收支。

(1)均衡的利率水平

所谓均衡的利率水平是指在货币供给既定的条件下,货币需求正好等于货币供给时的利息率。均衡利率是货币均衡的重要条件。均衡利率水平的形成是由货币供求的条件决定的。货币供不应求,利率上升;货币供过于求,利率下降。同样的道理,适当调节利率水平,就可以有效地调节货币供求,使其处于均衡状态。例如,当货币需求大于货币供给时,适当提高利率水平,可减少货币需求。当货币需求小于货币供给时,适当降低利率水平,以刺激投资并增加国民收入。而收入水平的提高,将增加对货币的需求,从而使货币供求处于均衡状态。

(2)均衡的国民收支

一定时期内的国民收入经过企业的初次分配之后,还要经过财政和银行的再分配,最终形成积累基金和消费基金。只要这两部分基金形成的国民支出与同期国民收入均衡,货币供求就处于均衡状态。

3.货币供求均衡的标志

货币供求均衡的标志主要有以下三点:

①利率反映敏感;

②市场物价稳定;

③商品供求平衡。

4.货币非均衡

货币非均衡,即货币失衡,是指一国一定时期内货币供给与货币需求基本不相适应,也就

是 $M_s \neq M_d$。

货币失衡的表现形式有

$$M_s > M_d \text{通货膨胀}$$

$$M_s < M_d \text{通货紧缩}$$

二、货币供给、货币需求与社会总需求、社会总供给的关系

(一)货币供给与社会总需求的关系

社会总需求是指一国在一定的支付能力条件下全社会对生产出来供最终消费和使用的商品和劳务的需求的总和,也就是社会的消费需求和投资需求的总和。任何需求都是以一定的货币量作为载体的,故社会总需求决定于货币的总供给。总需求指的是有效需求,即有支付能力的需求,如果没有货币供给,有效需求就无从产生。因此,货币供给决定并制约社会总需求。货币供给增加,社会总需求增大;货币供给减少,社会总需求减少。货币供给量的变化在保持国民经济持续、稳定发展和社会总供给与社会总需求的平衡中起重要作用。如果货币供给过多,就会造成消费需求和投资需求的膨胀,从而导致通货膨胀;如果货币供给不足,则消费需求和投资需求就不能实现,致使经济萎缩。

社会总需求的构成通常由以下四项:消费需求、投资需求、政府支出、出口需求。政府支出也可分解为投资支出和消费支出,把国民经济作为一个整体来考察时,出口需求这部分可以略去。

总需求的实现手段和载体是货币,而货币供给都是通过银行体系的资产业务,其中主要是贷款活动创造出来的。因此,银行贷款活动调节货币供给规模,货币供给规模又直接关系到社会总需求的扩张水平。

然而,并不能保证的货币供给和货币需求可以保证产出得以出清并充分发挥其作用。可能出现两种情况。一种是企业与个人有过多的货币积累,不形成当期的货币需求,而又没有提供相应的货币供给,这则会形成总需求的不足;另一种情况是,扩大投资与提高消费的压力过强,或产生创造赤字,要求提供不纯的货币予以弥补,或银行不得不扩大信贷,直接投放过多的货币。结果货币供给过多并从而造成总需求过旺的局面。这两种情况在我国经济中都曾经发生过。

(二)社会总供给与货币需求

社会总供给是指一国在一定时期内提供的全部供最终消费和使用的商品和劳务的总和。

货币不仅是社会再生产连续不断进行的条件,也是社会总供给实现的媒介。从宏观角度看,一个经济体系可以简化为两个方面:商品、服务越多的方面和货币越多的方面。货币方面的任务就是提供货币与实际部门资源的对流保证商品服务这个实际的正常运转。经济体系中到底需要多少货币,从根本上说,取决于有多少实际资源需要货币实现其流转并完成生产、交

换、分配和消费相互联系的再生产流程。这是社会总供给决定货币需求的基本理论出发点。

然而,宏观的货币需求通过微观主体对货币的需求才能直接引出货币供给;能否使货币供给为流通所吸纳,也取决于微观主体对货币的需求。企业有紧迫的投资需求,需要更多的货币需求,则往往超出收入提供的可能去争取追加的货币;反之,投资的需求较小,不那么需要货币,则收入的货币就会变为储存。个人的消费需求,对货币的需求也会引出类似的现象。当然,无论是企业的货币需求还是个人的货币需求,从总体上受制于总供给。总供给决定收入,而收入是货币需求函数的决定性自变量。对宏观微观均如此。因为微观主体的货币需求具有独立性,因此,微观主体的可实现的货币需求的总和实际上并不总是等于由社会总供给决定的货币需求量。

(三)货币供求和社会总供求的关系

货币供给(M_s),货币需求(M_d),社会总供给(A_S),社会总需求(A_D)之间的相互关系是:如果有 $A_S = A_D$,则有 $M_s = M_d$。可见,社会总供求的均衡与货币供求均衡密切相关。

三、中央银行对货币供求的调节

中央银行可使用货币政策工具来调节货币供求。货币政策工具可分为一般性政策工具和选择性政策工具。

(一)一般性政策工具

一般性货币政策工具是中央银行运用最多的传统工具,包括存款准备金政策、再贴现政策和公开市场政策,统称中央银行的三大法宝。

(二)选择性政策工具

传统的三大货币政策都是通过调节货币总量以影响整个宏观经济。在一般性政策工具之外,还有可选择地对某些特殊领域的信用加以调节和影响的措施,主要有如下几种。

1.消费者信用控制

消费者信用控制是指中央银行对不动产以外的各种耐用消费品的销售融资予以控制。主要包括:①规定分期付款购买耐用消费品时第一次付款的最低金额。②规定用消费信贷购买商品的最长期限。③规定可用消费信贷购买的耐用消费品种类,对不同消费品规定不同的信贷条件等。在通货膨胀时期,中央银行采取消费信用控制能起到抑制消费需求和物价上涨的作用。

2.不动产信用控制

不动产信用控制是指中央银行对金融机构在房地产方面放款的限制措施,以抑制房地产的过度投机。如对金融机构的房地产信贷规定最高限额,最长期限以及首付款和分摊还款的最低金额等。

3.证券市场信用控制

证券市场信用控制是中央银行对有关证券交易的各种贷款进行限制，目的在于抑制过度投资。如规定一定比例的证券保证金率，并随时根据证券市场的状况加以调整。

4.预缴进口保证金

预缴进口保证金类似证券保证金的做法。

5.优惠利率

优惠利率是中央银行对国家重点发展的经济部门或产业，如出口工业、农业等所采取的鼓励措施。优惠利率不仅在发展中国家多有采用，发达国家也普遍采用。

(三)其他政策工具

1.直接信用控制

直接信用控制是指中央银行对金融机构的信用活动进行直接控制。例如，规定利率的最高限，对商业银行的信贷实行规模控制，规定商业银行的流动性比例等。

2.间接信用控制

间接信用控制是指中央银行通过道义劝告、窗口指导等办法直接影响商业银行的信用创造。

【知识库】

后凯恩斯主义的货币市场均衡思想

凯恩斯的流动偏好理论遭到了后凯恩斯主义学派的批判。关于交易性货币需求与利率的关系，鲍莫尔修正了传统的凯恩斯理论，认为交易性货币需求也和利率有关，其关系即为著名的平方根公式；关于预防性货币需求与利率的关系，惠伦则修正了传统的凯恩斯理论，并认为预防性货币需求也与利率有关，其关系即为著名的立方根公式；关于投资需求，则被后凯恩斯主义学派发展为“资产选择理论”。后凯恩斯主义学派视为一种资产形式，对货币的需求取决于风险和受益的比较。

关于货币供给，后凯恩斯学派和凯恩斯学派之间确实存在着较大的分歧。凯恩斯把货币供给外生化遭到了后凯恩斯主义者及其他内生论者的反对。在这一点上，后凯恩斯主义者及其他内生论者坚持回到新古典理论上去。早期的内生论者从货币乘数入手（外生论的核心假设就是和货币乘数是稳定的），对外生论提出批判。后期的内生论者则是从经济运行的角度提出货币供给主要是经济自身对货币的需求而形成的。因此，后凯恩斯主义者及其他内生论者又把货币供给作为流量来分析。

早期的内生性论思想并没有得到应有的重视和深入的研究，直到20世纪50年代，在对新古典综合学派的批评中，内生性货币供给的思想开始复兴。凯恩斯在《货币论》中的关于货币供给内生性的思想一直在英国享有重要地位；1959年的拉德克利夫报告提出了货币供给主要由银行贷款决定，提出了内生性供给的思想；罗宾逊、卡尔多、凯恩和早期的后凯恩斯主义者明斯基提出并发展了内生性货币供给理论。

适应主义的主要观点认为，面对企业的信贷需求，商业银行根据自身利益最大化行事。当商业银行因扩大贷款而出现储备不足时，可以向中央银行寻求准备，中央银行必须适应性的满足它们的需要，否则将引发金融危机，严重时会危及宏观经济的安全。因此，中央银行对商业银行没有控制力，相反中央银行只能适应商业银行寻求准备。因为在适应主义的内生性货币供给方程中货币供给具有完全的利率弹性，所以莫尔将货币供给曲线表示为一条水平于货币供给横轴的直线，所以持这种观点的学者又被称为水平主义。

结构主义的内生性货币供给理论认为，中央银行并不是完全被动地适应商业银行对储备金的需求的，而是可以拒绝商业银行寻求准备。但结构主义者同时认为，虽然中央银行拒绝了适应银行，但是商业银行可以通过资产负债管理扩大了商业银行储备的来源范围。比如，商业银行可以同业拆借、金融创新等手段来解决自身的准备不足问题，流动性偏好观点的学者同意适应主义和结构主义关于内生性货币供给理论的核心观点，但同时认为，商业银行在经营中，必须对其未来的流动性做出预测，特别是对家庭部门的流动性偏好做出预测，由此银行的流动性偏好和家庭部门的流动性偏好密切地联系在了一起。如果家庭部门的流动性偏好增加而倾向于持有银行最具流动性的负债(即存款增加)，则计划消费会随之减少，而储备需求会增加，单个银行将面临储备枯竭的情况(Wray，1992)。总之流动性偏好的观点在承认内生性货币供给理论的核心即在贷款创造存款的基础上，进一步说明了从存款到贷款过程的因果关系。

总之，无论货币供给内生性理论内部存在怎样的差别，有一点是确信无疑的，那就是，货币供给是由经济运行对信贷需求而创造的，货币供给的过程就是信贷发放的过程。经济中的货币供给量随信贷的发放而增加，随信贷的回笼而减少。

虽然，内生论的许多思想极富启发性，但是，和凯恩斯一样，货币供给仍然没有成为后凯恩斯学派及其他内生论者的研究主要对象。究其原因，后凯恩斯学派及其他内生论者只是抛弃了凯恩斯的形式而继承了凯恩斯的灵魂。这个灵魂就是：货币市场总是处于均衡状态的。凯恩斯认为货币市场是供给决定需求，而后凯恩斯学派及其他内生论者则认为，货币市场是需求决定供给。因此，在货币市场的状况上，后凯恩斯主义者及其他内生论者又和新古典理论决裂转而接受了凯恩斯的理论，即认为货币市场总是均衡的。不同之处仅仅在于：凯恩斯是以“萨伊定律”为依据，而后凯恩斯学派及其他内生论者是以“萨伊逆定律”为依据的。

至于货币的需求，后凯恩斯主义者及其他内生论者主要是以资产选择理论来解释对货币的需求的，这实际上也是凯恩斯投资性货币需求的扩展而已，并无本质差别。

资料引自：刘劲松，黄安仲．后凯恩斯主义的货币市场均衡思想[J]．现代管理科学．2007，2.

本章小结

1．货币供给是一个动态概念，指一国在某一时点上为社会经济运行服务的货币量，它由包括中央银行在内的金融机构供给的货币存款和现金货币两部分组成。

2．货币供应量是一个静态的存量概念，是指社会上现存的货币数量，是由政府、企事业单位、社会公众所持有的、由银行体系所供应的债务总量。货币供应量是一个外生变量。

3．存款创造是指商业银行体系通过贷款、投资、贴现等业务活动，创造出多倍于原始存款的派生存款的过程。商业银行存款创造需要两个基本条件,一是实行部分准备金制度;二是银行借款人不完全现金提取。

4. 基础货币是指中央银行对社会公众的负债总额,包括流通中的现金货币及商业银行存款准备金。货币乘数是说明货币供给总量与基础货币之间关系的系数。

5. 货币需求是指在一定时期内,社会各阶层(个人、企业单位、政府)愿意以货币形式持有财产的需要。

6. 中央银行可使用货币政策工具来调节货币供求。货币政策工具可分为一般性政策工具和选择性政策工具。

思考题

一、名词解释

货币供给　货币供给量　货币需求　存款创造　基础货币　货币乘数

二、简述题

1. 比较名义货币需求与实际货币需求。
2. 中国是怎样划分货币层次的?
3. 简述存款货币的创造过程。
4. 你认为货币供给量是外生变量还是内生变量?
5. 谈谈你对乔顿货币乘数模型的理解。

三、论述题

中央银行如何调节货币供求关系。

【阅读资料】

基础货币激增银行资金面宽松

从 2008 年我国央行的资产负债表能够看出,2008 年底我国基础货币激增,11 月份增加了 3 617.41 亿元,12 月份更是大幅度增加了 9 889.62 元。基础货币增加,必然会导致银行信贷上升,2008 年 11 月份我国新增贷款 4 770 亿元,12 月份银行贷款增加了 7 720 亿元。而导致我国基础货币迅速增加的原因主要有:一是外汇占款增加。11 月份我国外汇占款增加为 430.2 亿元,12 月份外汇占款增加了 2 591.89 亿元,而同时我国采取宽松的货币政策,央行并没有完全冲销外汇占款的增加,新增外汇占款都转化为基础货币。这从央行票据的变化能够清楚看出这一点,11,12 月份我国央行票据的存量不但没有上升,反而分别下降了 902.25 亿元、745.27 亿元,这说明了央行不但没有冲销外汇占款的增加,还有央票到期所增加的资金。基础货币激增的第二个原因是政府存款的大幅度下降。我国政府存款 11 月份下降了 1 923.09 亿元,12 月份更是大幅度减少10 445.47 亿元,这主要是由于政府大幅度扩大财政支出拉动内需的缘故。

从央行的资产负债表变化来看,政府存款的下降,政府支出将增加,最终都会反映到基础货币的增加上。基础货币增加,商业银行可创造货币的资金增加,如果货币乘数上升,甚至是不变,货币供应量都会大幅度上升,也就意味着只要商业银行把资金贷出去,货币供应量就会大幅度上升。从最近公布的 2009 年 1 月份货币信贷数据来看,1 月份这几项指标应该继续保持了去年年底的变动趋势。基础货币激增意味着银行资金面宽松,货币市场利率有下行的趋势,其中1月份银行间市场同业拆借月加权平均利率0.9%,比上年末低0.34个百分点,比去年同期低1.42个百分点;1月份质押式债券回购月加权平均利率0.9%,比上年末低0.32个百分点,比去年同期低1.91个百分点。货币市场流动性充裕和货币市场利率下降,可能会迫使央行降息,否则商业银行的负担会加重,或者需要央行通过央票继续回笼资金,调节资金的投放,稳定货币市场利率水平。最终央行选择了后者,春节之后,以前隔周发行的三月期央行票据,恢复为每周发行,年前持续的央行资金净投放也变为净回笼,并且央行回笼资金的力度在加大。1月份央行在公开市场则为净投放3 810亿元,而2月份有3 025亿元资金到期,预计2月份将实现净回笼,控制过多的流动性投放。由此可以看出,央行放闸的资金,如果没有完全渗入实体经济,导致货币市场利率不断下行,央行必须通过央票继续回笼资金,稳定市场利率,这体现了资金在商业银行和中央银行之间的空转。

货币供给的第二个过程是商业银行向企业和居民贷款,经过多轮储蓄和信贷的循环,货币供给增加。我国1月份新增贷款增加1.62万亿元,创造了我国月度新增贷款的新高,信贷激增引起了政府和市场的广泛关注。除此之外,货币和信贷数据有几点值得注意,一是 M_1 和 M_2 之间的剪刀差。1月 M_2 同比增长18.79%,而 M_1 仅为6.68%,M_2 与 M_1 增速出现超过12个百分点的"剪刀差"。我们知道 M_1 主要包括流通中的现金和活期存款,M_2 主要包括 M_1、储蓄存款和定期储蓄,M_1 和 M_2 之间的剪刀差表明货币供应量增加更多地体现在居民、企业、财政的定期存款增加上。虽然银行贷款增加,但是资金的循环最终又沉淀在居民、企业和财政手中,活期存款变化不大,没有发挥货币的支付和循环作用。也就是说,虽然货币供应量增加,但是货币流通速度下降了,实体经济的支出和收入循环交易量没有大幅度上升,国内生产总值也不会大幅度上升。实际上,活期存款下降,定期存款上升意味着投资和消费没有大幅度增加,资金以定期存款形式沉淀在银行体系,对内需的拉动作用有限。二是票据融资约占贷款总量的4成,为6 239亿元。票据融资上升可能主要是票据融资套利机制导致的,因为票据的融资利率要低于商业银行的存款利率,这就存在套利机制。企业通过票据贴现获得低成本资金,而企业存款则能够获得更高的利息,这就表现为大部分资金流向企业票据贴现贷款,票据融资增加。从票据套利机制来看,资金在银行和企业之间空转,没有渗入实体经济。三是企业贷款和居民储蓄激增。根据统计数据,1月份居民户贷款增加1 214亿元,非金融性公司及其他部门贷款增加1.5万亿元。在储蓄存款和定期存款的增加中,1月份居民户存款增加1.53万亿元,非金融性公司及其他部门存款减少919亿元,财政存款增加488亿元。其中1月份居民储蓄大幅度增加的合理解释是春节前居民年终薪资收入增加,居民储蓄存款增加,而企业贷款和居民户存款的上升也反映了资金在银行、企业和居民之间的空转,即银行贷款给企业,企业派发了员工福利和奖金,居民把资金存在银行,资金转了一圈,又回到银行手里。在这个过程中,没有消费和投资的交易过程,资金完成了一个空转的循环。

资金空转反映出几个问题,因此资金在中央银行和商业银行之间空转,以及最近在商业银行、企业和居民之间空转至少反映了以下问题:一是货币政策的有效性下降。资金空转,意味着尽管央行打开资金池的闸门,但是资金并没有进入实体经济,投资和消费不会大幅度上升,消费和投资信心有待进一步恢复,货币政策的有效性下降。二是货币市场流动性过剩迫使央行降息或者央行要继续通过增发央票回笼资金,否则货币市场利率会一路下行,套利交易将继续存在。尽管央行采取宽松的货币政策,但是如果资金没有进入实体经济,只在金融市场上空转,将增加商业银行资产运作和央行货币政策调控的难度。三是应更大程度上发挥财政政策的功能。资金空转说明货币政策的效果较弱,拉动内需要发挥财政政策的作用,要更多地依赖政府投资、减税或转移支付来刺激经济,促进经济平稳较快增长。

资料引自:陆前进.证券时报.

第十章

Chapter 10

货币政策

【学习目的与要求】

通过对本章的学习，使学生了解货币政策的概念、内容，了解货币政策各个目标之间的关系；掌握货币政策的最终目标、货币政策的中介目标和操作目标以及货币政策工具体系的构成及其内容、货币政策的传导机制和货币政策的运用。

【案例导入】

2008年9月，为减弱美国次级债带来的影响，中国政府实施积极的货币政策，"两率"齐降与"三箭"齐发，显示我国在"一保一控"的宏观经济政策指导下，在经济增长方面所做的努力。所谓"两率"齐降，即9月15日，央行同时下调存款准备金率和贷款基准利率。而"三箭"齐发，是指从9月19日起，证券交易印花税由现行双边征收改为单边征收，税率保持1%。中央汇金公司将在二级市场自主购入工、中、建三行股票，并从即日起开始有关市场操作。前所未有的经济调控组合政策表明全球各大央行和财政部开始进入集体救市阶段。国家通过灵活利用货币政策工具，以期达到物价稳定、经济增长、充分就业和国际收支平衡的目标。

第一节　货币政策目标

一、货币政策及其内容

（一）货币政策的定义

狭义货币政策（Monetary Policy）指中央银行为实现既定的经济目标（稳定物价，促进经济增长，实现充分就业和平衡国际收支）运用各种工具调节货币供给和利率，进而影响宏观经济的方针和措施的总和。广义货币政策:指政府、中央银行和其他有关部门所有有关货币方面的规定和采取的影响金融变量的一切措施。两者的不同主要在于后者的政策制定者包括政府及其他有关部门,它们往往影响金融体制中的外生变量,如硬性限制信贷规模、信贷方向、开放和开发金融市场。前者则是中央银行在稳定的体制中利用贴现率、准备金率、公开市场业务达到改变利率和货币供给量的目标。

货币政策是通过政府对国家的货币、信贷及银行体制的管理来实施的。货币政策的性质(中央银行控制货币供应,以及货币、产出和通货膨胀三者之间联系的方式)是宏观经济学中最吸引人、最重要、最富争议的领域之一。一国政府拥有多种政策工具可用来实现其宏观经济目标。其中主要包括:由政府支出和税收所组成的财政政策。财政政策的主要用途是通过影响国民储蓄以及对工作和储蓄的激励,从而影响长期经济增长。货币政策由中央银行执行,它影响货币供给。

通过中央银行调节货币供应量,影响利息率及经济中的信贷供应程度来间接影响总需求,以达到总需求与总供给趋于理想的均衡的一系列措施。货币政策分为扩张性的和紧缩性的两种。

扩张性的货币政策是通过提高货币供应增长速度来刺激总需求,在这种政策下,取得信贷更为容易,利息率会降低。因此,当总需求与经济的生产能力相比很低时,使用扩张性的货币政策最合适。

紧缩性的货币政策是通过削减货币供应的增长率来降低总需求水平,在这种政策下,取得信贷较为困难,利息率也随之提高。因此,在通货膨胀较严重时,采用紧缩性的货币政策较合适。

货币政策调节的对象是货币供应量,即全社会总的购买力,具体表现形式为:流通中的现金和个人、企事业单位在银行的存款。流通中的现金与消费物价水平变动密切相关,是最活跃的货币,一直是中央银行关注和调节的重要目标。

货币政策工具是指中央银行为调控货币政策中介目标而采取的政策手段。

货币政策是涉及经济全局的宏观政策,与财政政策、投资政策、分配政策和外资政策等关系十分密切,必须实施综合配套措施才能保持币值稳定。

(二)货币政策的内容

货币政策的主要内容是货币政策目标和货币政策工具,但由于货币政策一经实施,必然涉及货币政策如何发生作用,如何有效地控制正确的方向,以及是否有效地影响到实际经济中总需求与总供给的平衡等问题。因此,货币政策的内容实际上有五个方面,即:货币政策目标、货币政策工具、货币政策的作用过程、货币政策的中介目标和货币政策的效果。

二、货币政策的最终目标

货币政策目标是指中央银行通过采取调控货币供给措施所要达到的目的。这是一个目标体系,可以分为三个层次,即中介目标、操作目标和最终目标,如图 10.1 所示。

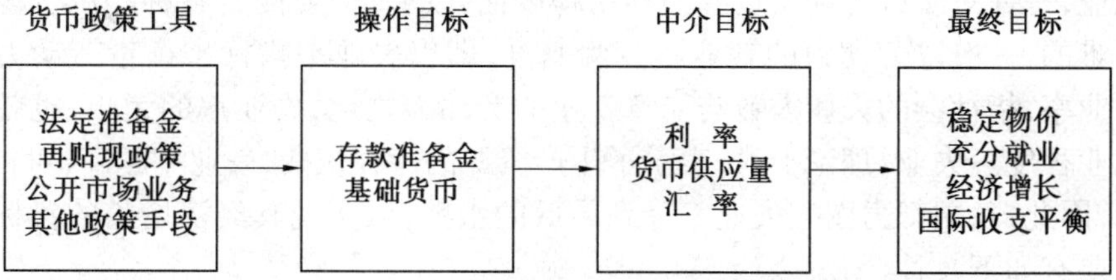

图 10.1　货币政策工具与货币政策目标之间的关系

操作目标和中介目标将在本章后面加以介绍,本部分主要讨论货币政策的最终目标。货币政策的最终目标包括四部分:稳定物价、充分就业、经济增长和国际收支平衡。但上述目标的确立却是随着社会经济的不断发展而完善的。

(一)稳定物价

稳定物价(Stabilize Prices)是指一般物价水平在短期内没有显著的或急剧的波动。一般物价水平是反映物价变动一般趋势或者平均水平的。稳定物价目标是中央银行货币政策的首要目标,而物价稳定的实质是币值的稳定。所谓币值,原指单位货币的含金量。在现代信用货币流通条件下,衡量币值稳定与否,已经不再是根据单位货币的含金量,而是根据单位货币的购买力,即在一定条件下单位货币购买商品的能力。它通常以一揽子商品的物价指数或综合物价指数来表示。目前各国政府和经济学家通常采用综合物价指数来衡量币值是否稳定。物价指数上升,表示货币贬值;物价指数下降,则表示货币升值。

稳定物价是一个相对概念,就是要控制通货膨胀,使一般物价水平在短期内不发生急剧的波动。衡量物价稳定与否,从各国的情况看,通常使用的指标有三个:一是 GNP(国民生产总值)平均指数,它以构成国民生产总值的最终产品和劳务为对象,反映最终产品和劳务的价格变化情况。二是消费物价指数(CPI),它以消费者日常生活支出为对象,能较准确地反映消费物价水平的变化情况。三是批发物价指数(WPI),它以批发交易为对象,能较准确地反映大宗批发交易的物价变动情况。需要注意的是,除了通货膨胀以外,还有一些属于正常范围内的因素,如季节性因素、消费者嗜好的改变、经济与工业结构的改变等,也会引起物价的变化。总之,在动态的经济社会里,要将物价冻结在一个绝对的水平上是不可能的,问题在于能否把物价控制在经济增长所允许的限度内。这个限度的确定,各个国家不尽相同,主要取决于各国经济发展情况。另外,传统习惯也有很大的影响。有人认为,物价水平最好是不增不减,或者只能允许在 1%的幅度内波动,这就是物价稳定;也有人认为,物价水平不增不减是不可能的,只要我们能把物价的上涨幅度控制在 1% ~ 2%就算稳定了;还有人认为,物价每年上涨在 3%左右就可以称之为物价稳定。

(二)充分就业

所谓充分就业(Full Employment)就是要保持一个较高的、稳定的就业水平。在充分就业的情况下，凡是有能力并自愿参加工作者，都能在较合理的条件下随时找到适当的工作。

充分就业，是针对所有可利用资源的利用程度而言的。但要测定各种经济资源的利用程度是非常困难的，一般以劳动力的就业程度为基准，即以失业率指标来衡量劳动力的就业程度。所谓失业率，指社会的失业人数与愿意就业的劳动力之比，失业率的大小，也就代表了社会的充分就业程度。失业，理论上讲，表示了生产资源的一种浪费，失业率越高，对社会经济增长越是不利，因此，各国都力图把失业率降到最低的水平，以实现其经济增长的目标。造成失业的原因主要有如下几种。

1.总需求不足

由于社会总供给大于总需求，使经济社会的各种经济资源（包括劳动力资源）无法得到正常与充分的利用。主要表现为：一是周期性的失业。这是在经济周期中的经济危机与萧条阶段，由于需求不足所造成的失业。二是持续的普遍性的失业。这是真正的失业，它是由一个长期的经济周期或一系列的周期所导致的劳动力需求长期不足的失业。

2.总需求分布不平衡

由于总需求在整个经济中分布不均衡，造成某些行业职业或地区缺乏需求。它是劳动的不流动性造成的结果。主要有：其一，摩擦性的失业。当一个国家某个地区的某一类职业的工人找不到工作，而在另外一些地区却又缺乏这种类型的工人时，就产生了摩擦性失业。其二，结构性的失业。在劳动力需求条件与供给条件的长期变化中，由于劳动的不流动性，致使劳动力供给与需求的种类不相符合。在某些崛起行业中可能出现劳动力不足，而在一些生产不景气的行业中又会出现劳动力过剩。此外，由于采用新技术也会引起劳动力需求的改变。

3.季节性的失业

有些行业的工作季节性很强，而各种季节性工作所需要的技术工作又不能相互替代，季节性失业可以设法减少，但无法完全避免。

4.正常的或过渡性的失业

在动态的经济社会中，平时总有一些人要变换他们的工作，或者换一个职业，或者换一个雇主，有的可能调到其他地区工作，当某项合同到期时也会出现劳动力多余。这些情况中，未找到另一个工作之前，常常会有短暂的失业。

西方经济学认为，除需求不足造成的失业外，其他种种原因造成的失业是不可避免的现象。从经济效率的角度看，保持一定的失业水平是适当的，充分就业目标不意味着失业率等于零，美国多数学者认为4%的失业率即为充分就业，而一些保守的学者则认为应将失业率压低到2%～3%以下。

（三）经济增长

所谓经济增长（Economic Gain）就是指国民生产总值的增长必须保持合理的、较高的速度。目前各国衡量经济增长的指标一般采用人均实际国民生产总值的年增长率，即用人均名义国民生产总值年增长率剔除物价上涨率后的人均实际国民生产总值年增长率来衡量。政府一般对计划期的实际 GNP 增长幅度定出指标，用百分比表示，中央银行即以此作为货币政策的目标。

当然，经济的合理增长需要多种因素的配合，最重要的是要增加各种经济资源，如人力、财力、物力，并且要求各种经济资源实现最佳配置。中央银行作为国民经济中的货币主管部门，直接影响到其中的财力部分，对资本的供给与配置产生巨大作用。因此，中央银行以经济增长为目标，指的是中央银行在接受既定目标的前提下，通过其所能操纵的工具对资源的运用加以组合和协调。一般地说，中央银行可以用增加货币供给或降低实际利率水平的办法来促进投资增加，或者通过控制通货膨胀率，以消除其所产生的不确定性对投资的影响。

虽然目前世界上大多数国家的中央银行普遍将经济增长列为货币政策目标之一，但由于它在各国货币政策目标中所处的地位不同，其重要程度不尽相同，就一国而言，在各个历史时期也并不一样。从美国来看，高度重视经济增长是在 20 世纪 30 至 50 年代，因为当时美国面临第二次世界大战之后的生产严重下降，以及随后出现的 50 年代初的经济衰退。而自 70 年代以来，尤其是 1981 年里根担任总统之后，货币政策目标则以反通货膨胀为重点。日本在第二次世界大战后也同样提出了发展经济的目标，但那是基于第二次世界大战后的生产极度衰退而言，实际上，在经济增长与稳定物价这两个目标的重点选择上，日本始终以稳定物价为主。原联邦德国由于吸取两次世界大战之后爆发恶性通货膨胀的惨痛教训，因而虽把经济增长也列入政策目标之一，但在实际执行中宁愿以牺牲经济增长来换取马克的稳定。不过也有例外，如韩国的货币政策目标曾一度是经济增长为主，稳定物价被置于次要位置。

（四）国际收支平衡

所谓国际收支平衡（Balance of International Payment）就是采取各种措施纠正国际收支差额，使其趋于平衡。因为一国国际收支出现失衡，无论是顺差或逆差，都会对本国经济造成不利影响，长时期的巨额逆差会使本国外汇储备急剧下降，并承受沉重的债务和利息负担；而长时期的巨额顺差，又会造成本国资源使用上的浪费，使一部分外汇闲置，特别是如果因大量购进外汇而增发本国货币，则可能引起或加剧国内通货膨胀。当然，相比之下，逆差的危害尤甚，因此各国调节国际收支失衡一般着力于减少以至消除逆差。

从各国国际收支平衡目标的建立来看，一般都与该国国际收支出现问题有关。美国开始并未将平衡国际收支列入政策目标，直到 20 世纪 60 年代初，美国国际收支出现长期逆差。从 1969 至 1971 年三年期间，国际收支逆差累计达到 400 亿美元，黄金储备大量流失，这时平衡国际收支才成为货币政策的第四个目标。日本的情况与美国类似。50 年代以后，日本对外贸易和国际收支经常出现逆差，严重影响国内经济的发展，因此才将平衡国际收支列为政策目标。1965 年以前，日本银行在国际收支方面主要解决逆差问题，此后日本国际收支呈现出完全顺差的趋势。当时日本因致力于国内物价稳定而忽视了对顺差的关注，结果导致顺差的进一步扩大，并由此引起了 1971 年 12 月的日元升值，之后，日本银行转而解决国际收支顺差长期化问题。英国的情况有所不同，因其国内资源比较缺乏，对外经济在整个国民经济中占有较大的比重,所以国际收支状况对国内经济发展影响很大,特别是国际收支失衡会使国内经济和货币流通产生较大的波动,因此第二次世界大战后英国一直把国际收支平衡列为货币政策的重要目标。

三、货币政策最终目标之间的关系

货币政策的最终目标一般有四个,但要同时实现,则是非常困难的事。在具体实施中,以某项货币政策工具来实现某一货币政策目标,经常会干扰其他货币政策目标的实现,或者说,为了实现某一货币政策目标而采用的措施很可能与实现另一货币政策目标所应采取的措施相矛盾。因此,除了研究货币政策目标的一致性以外,还必须研究货币政策目标之间的矛盾性及其缓解矛盾的措施。

(一)稳定物价与充分就业之间的关系

事实证明,稳定物价与充分就业两个目标之间经常发生冲突。若要降低失业率,增加就业人数,就必须增加货币工资。若货币工资增加过少,对充分就业目标就无明显促进作用。若货币工资增加过多,致使其上涨率超过劳动生产率的增长,这种成本推进型通货膨胀,必然造成物价与就业两项目标的冲突。如西方国家在 20 世纪 70 年代以前推行的扩张政策,不仅无助于实现充分就业和刺激经济增长,反而造成"滞胀"局面。

物价稳定与充分就业之间的矛盾关系可用菲利普斯曲线来说明,参见图 10.2。1958 年,英国经济学家菲利普斯(A.W.Phillips)根据英国 1861 至 1957 年失业率和货币工资变动率的经验统计资料,勾画出一条用以表示失业率和货币工资变动率之间交替关系的曲线。这条曲线表明,当失业率较低时,货币工资增长率较高;反之,当失业率较高时,货币工资增长率较低。由于货币工资增长与通货膨胀之间的联系,这条曲线又被西方经济学家用来表示失业率与通货膨胀率此消彼长、相互交替的关系。

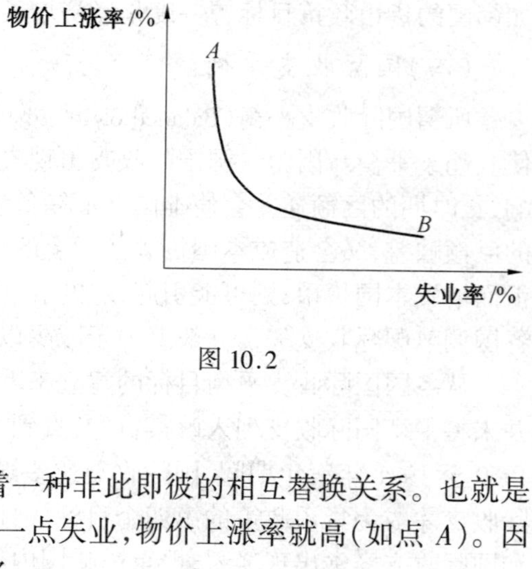

图 10.2

这条曲线表明,失业率与物价变动率之间存在着一种非此即彼的相互替换关系。也就是说,多一点失业,物价上涨率就低(如点 B);相反,少一点失业,物价上涨率就高(如点 A)。因此,失业率和物价上涨率之间只可能有以下几种选择:

①失业率较高的物价稳定。

②通货膨胀率较高的充分就业。

③在物价上涨率和失业率的两极之间实行组合,即所谓的相机抉择,根据具体的社会经济

条件做出正确的组合。作为中央银行的货币政策目标,既不能选择失业率较高的物价稳定,也不应选择通货膨胀率较高的充分就业,而只能在物价上涨率与失业率之间相机抉择,根据具体的社会经济条件,进行正确的组合。

(二)稳定物价与经济增长

稳定物价与促进经济增长之间是否存在着矛盾,理论界对此看法不一,主要有以下几种观点。

1.物价稳定才能维持经济增长

这种观点认为,只有物价稳定,才能维持经济的长期增长势头。一般而言,劳动力增加,资本形成并增加,加上技术进步等因素促进生产的发展和产量的增加,随之而来的是货币总支出的增加。由于生产率是随时间的进程而不断发展的,货币工资和实际工资也是随生产率而增加的。只要物价稳定,整个经济就能正常运转,维持其长期增长的势头。这实际上是供给决定论的古典学派经济思想在现代经济中的反映。

2.轻微物价上涨刺激经济增长

这种观点认为,只有轻微的物价上涨,才能维持经济的长期稳定与发展。因为,通货膨胀是经济的刺激剂。这是凯恩斯学派的观点,凯恩斯学派认为,在充分就业没有达到之前增加货币供应,增加社会总需求主要是促进生产发展和经济增长,而物价上涨比较缓慢。并认定资本主义经济只能在非充分就业的均衡中运行,因此轻微的物价上涨会促进整个经济的发展。美国的凯恩斯学者也认为:价格的上涨,通常可以带来高度的就业,在轻微的通货膨胀之中,工业之轮开始得到良好的润滑油,产量接近于最高水平,私人投资活跃,就业机会增多。

3.经济增长能使物价稳定

这种观点则认为,随着经济的增长,价格应趋于下降或趋于稳定。因为,经济的增长主要取决于劳动生产率的提高和新生产要素的投入,在劳动生产率提高的前提下,生产的增长,一方面意味着产品的增加,另一方面则意味着单位产品生产成本的降低。所以,稳定物价目标与经济增长目标并不矛盾。这种观点实际上是马克思在100多年以前,分析金本位制度下资本主义经济的情况时所论述的观点。

实际上,就现代社会而言,经济的增长总是伴随着物价的上涨。这在上述分析物价上涨的原因时,曾予以说明,近100年的经济史也说明了这一点。有人曾做过这样的分析,即把世界上许多国家近100年中经济增长时期的物价资料进行了分析,发现除经济危机和衰退外,凡是经济正常增长时期,物价水平都呈上升趋势,特别是第二次世界大战以后,情况更是如此。没有哪一个国家在经济增长时期,物价水平不是呈上涨趋势的。就我国而言,几十年的社会主义经济建设的现实也说明了这一点。20世纪70年代资本主义经济进入滞胀阶段以后,有的国家甚至在经济衰退或停滞阶段,物价水平也呈现上涨的趋势。

从西方货币政策实践的结果来看,要使稳定物价与经济增长齐头并进并不容易。主要原因在于,政府往往较多地考虑经济发展,刻意追求经济增长的高速度。譬如采用扩张信用和增加投资的办法,其结果必然造成货币发行量增加和物价上涨,使物价稳定与经济增长之间出现矛盾。

（三）稳定物价与国际收支平衡之间的关系

在当前各国生产、经济与国际联系愈来愈紧密的情况下,一国的物价、外汇收支都要受到其他国家物价变动的影响。如一国的经济和物价相对稳定,而其他国家出现了通货膨胀,则会使本国的物价水平相对地低于其他国家的物价水平,从而使得本国的出口商品价格相对地低于其他国家的商品价格,这样必然使本国的出口增加,而进口减少,增加本国贸易顺差,从而造成顺差失衡。同时顺差增大,国家外汇储备增加,又会增加本国货币投放,结果影响本国的物价稳定。

一般来讲,只有在全世界都维持大致相同的物价稳定程度,并且贸易状况不发生大的变动,这样物价稳定目标和国际收支平衡目标才能同时并存,如果这两个条件不能具备,稳定物价目标和国际收支平衡目标就随时可能出现矛盾。

（四）经济增长与国际收支平衡之间的关系

在正常情况下,随着国内经济的增长,国民收入的增加以及支付能力的增强,通常会增加对进口商品以及一部分本来用于出口的商品的需求,此时,如果出口贸易不能随进口贸易的增加而增加,就会使贸易收支情况恶化,发生大量的贸易逆差。尽管有时由于经济繁荣而吸收若干外国资本,这种外资的注入可以在一定程度上弥补贸易逆差造成的国际收支平衡,但并不一定就能确保经济增长与国际收支平衡共存。

（五）充分就业与经济增长之间的关系

一般而言,充分就业与经济增长这两者是正相关的:经济增长,就业增加;经济下滑,则失业增加。但在某些情况下两者也会出现不一致,例如,以内涵型扩大再生产所实现的高经济增长,不可能实现高就业。再如,片面强调高就业,硬性分配劳动力到企业单位就业,造成人浮于事,效益下降,产出减少,导致经济增长速度放慢等。

货币政策的四个目标之间存在着不同程度的冲突和矛盾,对于一个国家来说,一般不可能在同时期同时达到上述四个目标,为了实现一个目标而采取的货币政策措施,可能会损害另外一个目标的实现,或者会破坏另外一些已达到很好状态的目标。这是当代各国政府及经济学家所面临的一个最大难题。所以,金融调控面临的任务是要在这些既相互统一、又相互矛盾的目标之间做出最优的选择取舍或结合。

四、货币政策的中介目标和操作目标

货币政策的中介目标和操作目标又称营运目标。它们是一些较短期的、数量化的金融指标,作为政策工具与最终目标之间的中介或桥梁,在货币政策的传导中起着承上启下的作用,使中央银行对宏观经济的调控更具弹性。操作目标是接近中央银行政策工具的金融变量,它直接受政策工具的影响，其特点是中央银行容易对它进行控制，但它与最终目标的因果关系不大稳定。中介目标是距离政策工具较远但接近于最终目标的金融变量，其特点是中央银行不容易对它进行控制，但它与最终目标的因果关系比较稳定。建立货币政策的中介目标和操作目标，总的来说，是为了及时测定和控制货币政策的实施程度，使之朝着正确的方向发展，以保证货币政策最终目标的实现。

(一)货币政策中介目标和操作目标的选择标准

1.可测性

中央银行选择的金融控制变量具有较明确的定义，中央银行能迅速而准确地获得有关变量指标的数据资料，且便于进行定量分析。

2.可控性

中央银行通过各种货币政策工具的运用，能对中介目标和操作目标变量进行有效的控制和调节，能够准确地控制金融变量的变动状况及其变动趋势。

3.相关性

中央银行所选择的中介目标，必须与货币政策最终目标有密切的相关性。中央银行运用货币政策工具对中介目标进行调控，能够促使货币政策最终目标的实现。

(二)货币政策的中介目标

货币政策中介目标是中央银行为实现货币政策最终目标而选择作为调节对象的目标。

货币政策中介目标的概念最早是20世纪60年代美国经济学家提出的，但当时的中央银行并不是从宏观控制的角度来考虑中介目标的，至70年代中期，货币政策中介目标的思想才得到发展，中介目标才逐渐成为各国中央银行的货币政策传递机制的主要内容之一。而在我国理论界，货币中介目标问题至今仍处于百家争鸣的状态，特别是近年来很多理论界的观点和货币当局的具体政策分歧越来越大。货币政策中介目标的选择主要是依据一国经济金融条件和货币政策操作对经济活动的最终影响确定的。由于货币政策中介目标具有特殊的传导机制和调控作用，可为货币政策的实施提供数量化的依据，因此，准确地选择货币政策中介目标，是实现货币政策最终目标的重要环节。

可作为货币政策中介目标的金融指标主要有利率和货币供应量，少数国家采用汇率和贷款量作为中介目标。

1.利率

利率(Interest Rate)是凯恩斯学派所推崇的货币政策中介目标。20世纪50至60年代，西方各国在凯恩斯主义理论的影响下均以利率作为主要的中介目标。进入70年代后货币主义的兴起，使各国均以货币供应量作为主要中介目标。90年代，凯恩斯主义的复兴又使利率作为中介目标成为一种新趋势。利率之所以能作为货币政策的中介目标是因为以下原因：

①可控性强。中央银行可直接控制再贴现率，而通过公开市场业务或再贴现政策，能调节

市场利率的走向。

②可测性强。中央银行在任何时候都能观察到市场利率的水平及结构,可随时搜集这些利率的资料并进行分析。

③相关性强。市场利率作为经济的一个内在因素,总是随社会经济的发展状况而变化。当经济处于萧条阶段,利率呈下降趋势;当经济转向复苏以至高涨时,利率则趋向上升。

当然,利率指标也存在不理想之处,作为政策变量,利率与总需求应沿同一方向变动:经济过热,应提高利率,经济疲软,应降低利率。这就是说,利率作为内生变量和作为政策变量往往很难区分。比如,确定一个利率提高目标,目的是抑制需求,但经济运转过程本身把利率推向了这个高度,于是政策效果和非政策效果混合在一起,中央银行无法确定货币政策是否奏效。

2.货币供应量

货币供应量(Money Supply)是以弗里德曼为代表的现代货币主义者所推崇的中介目标。20世纪70年代中期以来各国中央银行纷纷将中介目标由利率改为货币供应量。理由是:

①就该指标的可测性而言,指标随时都分别反映在中央银行和商业银行及其他金融机构的资产负债表内,分别表现为中央银行的负债和商业银行及其他金融机构的负债,可以进行量的测算和分析。

②就该指标可控性而言,按照定义,货币供应量一般由通货和各种存款货币构成。通货直接由中央银行发行并进入流通,其可控性最强。而各种存款货币是商业银行和其他金融机构的负债,中央银行通过控制基础货币可以间接地进行控制。

③就相关性而言,一定时期的货币供应量代表了当时社会的有效需求量和整个社会的购买力,直接影响着货币政策目标的实现。因此,货币供应量与货币政策最终目标之间存在着密切的联系。

但有的学者认为以货币供应量为指标也有几个问题需要考虑,一是中央银行对货币供应量的控制能力。货币供应量的变动主要取决于基础货币的改变,但还要受其他种种非政策性因素的影响,如现金漏损率、商业银行超额准备比率、定期存款比率等,非中央银行所能完全控制。二是货币供应量传导的时滞问题。中央银行通过变动准备金以期达到一定的货币量变动率,但此间却存在着较长的时滞。三是选择哪个层次的货币供应量作为中介指标的问题。从而使中央银行难以准确地控制货币供应量。

3.汇率

目前,有一些国家把汇率(Exchange Rate)作为货币政策的中介目标,这些国家往往是一些实行开放经济的国家。这些国家的中央银行确定本国货币同另一个较强国家货币的汇率水平,并通过货币政策操作,盯住这一水平,以此实现最终目标。

4.贷款量

以贷款量(Size of Loan)作为中间目标,其优点是:

①与最终目标有密切相关性。流通中现金与存款货币均由贷款引起,中央银行控制了贷

款规模,也就控制了货币供应量。

②准确性较强。作为内生变数,贷款规模与需求有正值相关;作为政策变数,贷款规模与需求也是正值相关。

③数据容易获得,因而也具有可测性。

以贷款量作为中间目标在具体实施中各国情况有差异。政府对贷款控制较严的国家,通过颁布一系列关于商业银行贷款的政策及种种限制,自然便于中央银行控制贷款规模。反之则不然。贷款量这一指标,各国采用的计量口径也不一致,有的用贷款余额,有的则用贷款增量。我国从新中国成立以来直到1998年以前都是实行以贷款规模为中介目标的贷款规模控制管理。

中介目标之所以重要,在西方货币理论看来主要有两点原因:一是人们长久以来认识到货币政策作用机理具有滞后性和动态性,因而有必要借助于一些能够较为迅速地反映经济状况变化的金融或非金融指标,作为观察货币政策实施效果的信号。二是为避免货币政策制定者的机会主义行为,因此需为货币当局设定一个名义锚,以便社会公众观察和判断货币当局的言行是否一致。

西方发达国家货币中介目标演变自第二次世界大战以后经历了50多年,西方主要国家货币政策及中介目标的变化大体经历了以下过程:20世纪50至60年代,货币政策最终目标强调充分就业、经济增长,一般以利率作为货币政策调控的中介目标;20世纪70至80年代,货币政策最终目标以稳定通货为主,中介目标是货币供应量;20世纪90年代以后,某些西方国家实行以反通胀为唯一目标的货币政策,放弃了以货币供应量作为中介目标的监控方法,货币政策目标就是盯住要控制的通货膨胀。部分国家建立了以短期利率为主要操作手段、实现通货膨胀目标的货币政策体系,货币政策操作直接盯住通货膨胀目标,而不再依赖于其他中介目标。

(三)货币政策的操作目标

中央银行经常采用的操作目标主要有存款准备金和基础货币。

1.存款准备金

中央银行以存款准备金(Reserve Against Deposit)作为货币政策的操作目标,其主要原因是,无论中央银行运用何种政策工具,都会先行改变商业银行的准备金,然后对中间目标和最终目标产生影响。因此可以说变动准备金是货币政策传导的必经之路,由于商业银行准备金越多,银行贷款与投资的能力就越弱,从而派生存款和货币供应量也就越少。因此,银行准备金减少被认为是货币市场银根放松,准备金增加则意味着市场银根紧缩。

但准备金在准确性方面的缺点有如利率。作为内生变量,准备金与需求负值相关。借贷需求上升,银行体系便减少准备金以扩张信贷。反之则增加准备金而缩减信贷。作为政策变量,准备金与需求正值相关。中央银行要抑制需求,一定会设法减少商业银行的准备金。因而准备金作为金融指标也有误导中央银行的缺点。

2.基础货币

基础货币(Monetary Base)是中央银行经常使用的一个操作指标,也常被称为“强力货币”或“高能货币”。从基础货币的计量范围来看,它是商业银行准备金和流通中通货的总和,包括商业银行在中央银行的存款、银行库存现金、向中央银行借款、社会公众持有的现金等。通货与准备金之间的转换不改变基础货币总量,基础货币的变化来自那些提高或降低基础货币的因素。

中央银行有时还运用“已调整基础货币”这一指标,或者称为扩张的基础货币,它是针对法定准备金的变化调整后的基础货币。单凭基础货币总量的变化还无法说明和衡量货币政策,必须对基础货币的内部构成加以考虑。因为:①在基础货币总量不变的条件下,如果法定准备金率下降,银行法定准备金减少而超额准备金增加,这时的货币政策仍呈扩张性。②若存款从准备金率高的存款机构转到准备金率较低的存款机构,即使中央银行没有降低准备金率,但平均准备金率也会有某种程度的降低,这就必须对基础货币进行调整。具体做法是,假定法定准备金率已下降,放出1亿元的法定准备金,这1亿元就要加到基础货币上,从而得到已调整的基础货币。

多数学者公认基础货币是较理想的操作目标。因为基础货币是中央银行的负债,中央银行对已发行的现金和它持有的存款准备金都掌握着相当及时的信息,因此中央银行对基础货币是能够直接控制的。基础货币比银行准备金更为有利,因为它考虑到社会公众的通货持有量,而准备金却忽略了这一重要因素。

【知识库】

菲利普斯曲线的由来

表明失业与通货膨胀存在一种交替关系的曲线,通货膨胀率高时,失业率低;通货膨胀率低时,失业率高。菲利普斯曲线是用来表示失业与通货膨胀之间交替关系的曲线,由英国经济学家W·菲利普斯于1958年在“1861—1957年英国失业和货币工资变动率之间的关系”一文中最先提出。此后,经济学家对此进行了大量的理论解释,尤其是萨缪尔森和索洛将原来表示失业率与货币工资率之间交替关系的菲利普斯曲线发展成为用来表示失业率与通货膨胀率之间交替关系的曲线。

资料引自:现代商业.2007,16.

第二节　货币政策工具

货币政策目标是通过货币政策工具的运用来实现的。货币政策工具是中央银行为实现货币政策目标而使用的各种策略手段。货币政策工具可分为一般性政策工具、选择性政策工具和其他补充性政策工具三类。

一、一般性货币政策工具

所谓一般性的货币政策工具是指对货币供给总量或信用总量进行调节，且经常使用，具有传统性质的货币政策工具。主要有以下三个，也称货币政策的“三大法宝”。

（一）法定存款准备金政策

1.法定存款准备金政策的含义

法定存款准备金政策（Deposit Reserve Policy）是指由中央银行强制要求商业银行等存款货币机构按规定的比率上缴存款准备金，中央银行通过对法定存款准备金比率的增加或减少达到收缩或扩张信用的目标。可见，存款准备金是银行存款量与贷款量之间的一个固定差额部分。实行存款准备金制度，其本意是，银行可吸收的存款不能都贷放出去，而要留下一些作为部分存款人的随时支取。在现代银行，实行法定比率的准备金制度，其主要目的已经不是应付支取和防范挤兑，而是作为控制银行体系总体信用创造能力和调整货币供给量的工具。

2.法定存款准备金政策的效果和局限性

法定存款准备金政策的效果表现在对货币供给量具有极强的影响力。其表现为：法定准备率由于是通过货币乘数影响货币供给，因此即便变动很小，也会引起货币供给量的巨大波动。由于法定准备率直接限制商业银行体系创造派生存款的能力和普遍存在的超额准备金，使得法定准备调整也起作用。由于它力度大、反应快，同时也存在有明显的局限性：对经济的震动太大，不宜轻易采用作为中央银行日常调控的工具；存款准备金对各类银行和不同存款的种类影响不一致，如法定准备金的提高，可能使超额准备率低的银行立即陷入流动性困境，往往迫使中央银行通过公开市场业务或贴现窗口向其提供流动性支持。

最早实行存款准备金制度的是美国，美国在20世纪初就颁布法律，规定了商业银行向中央银行缴纳准备金。目前，这一制度随着商品经济的发展与金融业在国民经济中地位日趋重要而被广泛推行。中国实施这一制度是在中国人民银行行使中央银行职权后，于1984年规定各专业银行、城乡信用社及信托投资公司等向国有央行交存准备金的办法。刚开始规定企业存款准备金为20%，储蓄存款为40%，农村存款为25%。此后进行了多次调整。1985年，为了增加专业银行的可用资金，将准备金率调整为这几项存款和其他存款总额的10%，1987年调至12%，1988年9月1日又提高到13%，1998年又调低到8%，1999年调至6%，后经多次调整，2010年1月18日调至15.5%。

（二）再贴现政策

1.再贴现政策的含义及其作用

再贴现政策（Rediscount Policy）是指中央银行通过正确制定和调整再贴现率来影响市场利率和投资成本，从而调节货币供给量的一种货币政策工具。包括两个方面的内容：一是再贴现率的调整；二是规定向中央银行申请再贴现的资格。

再贴现政策是国外央行最早使用的货币政策工具。早在1873年,英国就用之调节货币信用。美国的贴现率制度起始于20世纪30年代。再贴现政策对日本经济的恢复和发展产生了积极的作用。韩国银行从60年代开始运用再贴现政策操作。再贴现政策在一些国家之所以广泛得以运用,主要是因为通过它能为那些难以按市场条件从金融市场所需资金部门和地区融资提供了便利。再贴现作为货币政策的重要工具,它具有双重效力,即能起到引导信贷注入特定领域增加流动性总量的作用,而且能对社会信用结构、利率水平、商业银行资产质量等方面发挥调节作用。

2.再贴现政策的优缺点

再贴现政策的最大优点是中央银行可利用它来履行最后贷款人的职责,通过再贴现率的变动,影响货币供给量、短期利率以及商业银行的资金成本和超额准备金,达到中央银行既调节货币总量又调节信贷结构的政策意向。

再贴现政策的缺点在于:中央银行固然能够调整再贴现率,但借款与否和借款多少的决定权在商业银行,所以这一政策难以真正反映中央银行货币政策意向。如商业银行可以通过其他途径筹措资金而不依赖于再贴现。当中央银行把再贴现率定在一个特定水平上时,市场利率与再贴现率中间的利差将随市场利率的变化而发生较大的波动,它可能导致再贴现贷款规模甚至货币供给量发生非政策意图的波动。在经济高速增长时期,再贴现率无论多高,都难以遏止商业银行向中央银行再贴现或借款。相对于法定存款准备金政策来说,虽然贴现率比较易于调整,但随时调整也会引起市场利率的经常波动,从而影响商业银行的经营预期。

(三)公开市场业务

1.公开市场业务的含义及其特点

公开市场业务(Open Market Operation Policy)是指中央银行利用在公开市场上买卖有价证券的方法,向金融系统投入或撤走准备金,用来调节信用规模、货币供给量和利率以实现其金融控制和调节的活动。其传递机制是:当货币管理当局从任何有价证券持有者手中购进有价证券的时候,货币管理当局签发支票支付价款,证券出卖人将支票拿到自己的开户银行,开户银行收到这张支票后将它送交货币管理当局请求支付,货币管理当局承兑这张支票,并在证券出卖人开户银行在货币管理当局的准备金账户上增记支票金额。这时,证券出卖人开户银行的准备金增加了,而其他账户的准备金并不减少,结果是准备金总额增加(表现为超额储备增加也即基础货币增加),从而货币供给量增加。当货币管理当局抛售有价证券的时候,情况则恰恰相反。其特点如下:

①公开性。中央银行在公开市场上买卖政府债务,吞吐基础货币,是根据货币政策的要求,按照市场原则,通过众多交易对手竞价交易进行的。这使它具有较高的透明度,既为商业银行以平等身份在货币市场上竞争创造了条件,也有利于消除金融市场上的幕后交易弊端和不正之风。

②灵活性。中央银行在证券市场上进行证券交易,不仅在时间上(即什么时候买进或卖

出)，而且在数量上(即买多少)，均很灵活。这有利于中央银行根据经济发展形势、货币市场利率走向、资金稀缺程度的观测以及货币政策的需要随时操作，也有利于通过经常性地对货币供给量进行微调，其效果平滑稳定，以减少对经济和金融的影响。

③主动性。中央银行在公开市场上始终处于主动地位，即它可根据一定时期货币政策的要求和该时期银根的趋紧情况，主动地招标和买卖政府债券，所以它日益受到货币当局青睐，成为最广泛的常用的调控手段。

④直接性。即公开市场操作直接性强，中央银行的有价证券买卖可直接影响商业银行的准备金状况，从而直接影响市场货币供给量。

2.公开市场业务的优缺点

同前两种货币政策工具相比，公开市场业务具有明显的优越性：运用公开市场业务操作的主动权在中央银行，并可以经常性、连续性地操作，并具有较强的弹性；公开市场业务的操作可灵活安排，可以用较小规模进行微调，不至于对经济产生过于猛烈的冲击；货币政策和财政政策可以很好地配合使用。当然，公开市场业务操作也有其局限性：需要以发达的金融市场作背景，如果市场发育程度不够，交易工具太少，则会制约公开市场业务操作的效果；必须有其他政策工具的配合。可以设想，如果没有存款准备金制度，这一工具是无法发挥作用的。

二、选择性货币政策工具

传统的三大货币政策工具，都属于对货币总量的调节，以影响整个宏观经济。在这些一般性政策工具之外，还有一些选择性政策工具，即对某些特殊领域的信用加以调节和影响的措施。选择性的政策工具主要有以下几种。

(一)证券市场信用控制

证券市场信用控制(Margin Requirement)是指中央银行对有关证券交易的各种贷款，规定贷款额占证券交易额的百分比，以控制证券市场的放款规模。这种控制措施的内容包括：规定以信用方式购买股票或证券时，按保证金比率支付款项的额度，中央银行可根据金融市场状况，随时调高或调低法定保证金比率。

(二)不动产信用控制

不动产信用控制(Real Estate Credit Control)是指中央银行对金融机构在房地产方面放款的限制措施。为了防止货币投放过多，中央银行规定商业银行对不动产放款的最高限额、每笔放款最高限度、每笔放款的最长期限以及第一次付款的最低限额。

(三)消费者信用控制

消费者信用控制(Consumer Credit Control)是指中央银行对不动产以外的各种耐用消费品的销售融资予以控制。消费者信用控制最早盛行于美国，后来许多国家都普遍地推行了这种信用管理措施。

(四)优惠利率

优惠利率(Prime Rate)是指中央银行对国家确定的重点发展部门、行业和产品规定较低的利率,以鼓励其发展,有利于国民经济产业结构和产品结构的调整和升级换代。实行优惠利率有两种方式:其一,中央银行对一些需要重点扶持发展的行业、产品规定较低的贷款利率,由商业银行执行;其二,中央银行可对这些行业的票据规定较低的再贴现率,引导商业银行的资金投向和数量。

三、其他货币政策工具

包括直接信用控制和间接信用控制两种方式。

(一)直接信用控制

直接信用控制(Direct Credit Control)是指中央银行依据有关法令,对商业银行创造信用业务加以各种直接干预的总称。其中主要有信用配额、直接干预、流动性比率、利率最高限额等。

1.信用配额

信用配额(Credit Rationing)是指中央银行根据金融市场状况及客观经济需要,权衡轻重缓急,对商业银行的信用创造加以合理分配和限制等措施。在多数发展中国家,由于资金供给相对于需求来说极为不足,这种办法相当广泛地被采用。

2.直接干预

直接干预(Direct Interference)也称为直接行动,是指中央银行以"银行的银行"的身份,直接对商业银行的信贷业务施以合理的干预,如规定商业银行的业务范围、放款政策等。

3.流动性比率

流动性比率(Liquidity Rate)或称可变流动资产准备比率,是中央银行为了限制商业银行扩张信用,规定流动资产对存款的比重。一般说来,流动性比率与收益率呈反比。为保持中央银行规定的流动性比率,商业银行必须采取缩减长期放款、扩大短期放款和增加应付提现的资产等措施。

4.利率最高限额

利率最高限额(Ceiling Rate)是指规定商业银行的定期及储蓄存款所能支付的最高利率。如在1980年以前,美国有Q条例和M条例,条例规定,活期存款不准付息,对定期存款及储蓄存款则规定最高利率限额。其目的是为了防止银行用抬高利率的办法竞相吸收存款和为谋取高利而进行风险投资和放款。

(二)间接信用控制

间接信用控制(Indirect Credit Control)是指中央银行采用直接控制以及一般信用控制以外的各种控制,用各种间接措施对商业银行的信用创造施加影响。其主要措施有道义劝告、窗口指导等。

1.道义劝告

道义劝告(Moral Suasion)是指中央银行利用自己在金融体系中的特殊地位和威望,通过对商业银行及其他金融机构的劝告,以影响其放款的数量和投资的方向,从而达到控制和调节信用之目的。道义劝告既能控制信用的总量,也能调整信用的构成,即在质和量两方面均能起作用。比如,中央银行可以根据经济发展的情况,把自己的货币政策意图向金融机构说明,要求各商业银行注意限制放款、投资的数量,这是量的控制。再如,中央银行鉴于某一方面的信用或投资过分增加,要求商业银行注意减少这方面的放款和投资,这就构成质的调控。

2.窗口指导

窗口指导(Window Guidance)也是中央银行间接控制信用的一种选择性控制手段。"窗口指导"这个名词来自日本银行。日本银行曾根据市场情况、物价的变动趋势、金融市场的动向、货币政策的要求以及前一年度同期贷款的情况等,规定金融机构按季度提出贷款增加额计划,在金融紧缩期内设置贷款额增加的上限,并要求各金融机构遵照执行。这种限制贷款增加额的做法并非法律规定,而是日本银行的一种"指导"。如果金融机构不遵照窗口指导行事,虽然在法律上并不承担任何直接责任,但却要承受日本银行因此而强加的各种经济制裁,因此其作用也很大。

【知识库】

"道义性劝告"——央行的一种辅助性政策工具

中央银行运用自己在金融体系中的特殊地位和威望,对金融机构进行劝告,影响其放款数量和投资方向,以达到控制信用目的的一种做法。道义性劝告是中央银行运用的一种辅助性政策工具,不具备法律约束力,但中央银行发出的通告、指示,与金融机构负责人的面谈,可以产生规劝效果和警示效果,促使金融机构自动地执行政府政策。一般具备的条件:①中央银行具有较高威望和地位。②中央银行拥有较充分的信息和经济分析能力。③金融机构具有较高的道德水准和自律意识。

资料引自:中国人民银行网站.

第三节　货币政策传导机制

货币政策传导机制(Conduction Mechanism of Monetary Policy)是中央银行运用货币政策工具影响中介指标,进而最终实现既定政策目标的传导途径与作用机理。

货币政策传导途径一般有三个基本环节,其顺序是:第一步,从中央银行到商业银行等金融机构和金融市场。中央银行的货币政策工具操作,首先影响的是商业银行等金融机构的准备金、融资成本、信用能力和行为,以及金融市场上货币供给与需求的状况。第二步,从商业银行等金融机构和金融市场到企业、居民等非金融部门的各类经济行为主体。商业银行等金融机构根据中央银行的政策操作调整自己的行为,从而对各类经济行为主体的消费、储蓄、投资等经济活动产生影响。第三步，从非金融部门经济行为主体到社会各经济变量，包括总支出量、总产出量、物价、就业等。

金融市场在整个货币的传导过程中发挥着极其重要的作用。首先，中央银行主要通过市场使用货币政策工具，商业银行等金融机构通过市场了解中央银行货币政策的调控意向。其次，企业、居民等非金融部门经济行为主体通过市场利率的变化，接受金融机构对资金供应的调节进而影响投资与消费行为。最后，社会各经济变量的变化也通过市场反馈信息，影响中央银行、各金融机构的行为。

中央银行实施货币政策的目的是通过货币政策工具的运用达到货币政策的目标，而从手段实施到目标的实现还有一个过程，即货币政策的实现存在一个传导机制。由于货币政策工具的运用不可能直接作用于最终目标，而必须借助中间性的或传导性的金融变量，这个中间变量称为中央银行的中介目标。中介目标是最终目标与货币政策工具之间的桥梁。中央银行通过货币政策工具的运用，调控中介目标，以实现货币政策的最终目标。

一、利率传导理论

(一)凯恩斯利率传导机制理论

凯恩斯学派认为，从局部均衡观察，货币政策的作用首先是改变货币市场的均衡，然后改变利率，通过利率变动，改变实际资产领域的均衡，其基本传递过程如下所示：

准备金 R 增加(减少) → 货币供应量 M 增加(减少) → 利率下降(上升) → 投资 I 增加(减少) → 总支出 E 增加(减少) → 总收入 Y 增加(减少)

上述过程说明，中央银行货币政策措施的实施，首先是引起商业银行的准备金数量发生增减变动，然后引起货币供应量发生增减变动，也必然会引起市场利率的变动，从而引起投资发生增减变动，通过乘数效应，最终将影响到社会总支出和总收入的变动。

在局部均衡论的传递机制中，利率是整个传递机制的核心，货币供应量增加以后，利率是否随之而降低以及降低的程度，这些都决定了货币政策是否有效及作用程度大小。如果货币供应量增加不能对利率产生影响，即存在流动性陷阱，则货币政策无效。

上述分析只显示了货币市场对商品市场的初始影响，而没有能反映它们之间循环往复的反馈作用。由于货币市场与商品市场之间的相互作用，于是就有了进一步的分析，即一般均衡分析。其内容如下：

假定货币供应量增加，如果产出水平不变，利率会相应下降，下降的利率刺激投资，投资和对商品的需求增加，于是收入相应地增加。

收入的增加，又引起货币需求的增加，如果没有新的货币供给投入，则货币供求的对比会使下降的利率回升。这是商品市场对货币市场的作用。

利率的回升，又会使总需求减少，产量下降，收入减少。收入减少，货币需求下降，利率又会回落，这是往复不断的过程。

最终会逼近一个均衡点，这个点同时满足了货币市场供求和商品市场供求两方面的均衡要求。在这个点上，可能利率较原来的均衡水平低，而产出量较原来的均衡水平高。

凯恩斯学派认为，货币政策在增加国民收入上的效果，主要取决于投资的利率弹性和货币需求的利率弹性。如果投资的利率弹性大，货币需求利率弹性小，则增加货币供给所能导致的收入增长就比较大。总之，凯恩斯学派非常重视利率指标在货币政策传导机制中的作用。

（二）托宾投资 q 理论

托宾投资 q 理论用来解释货币政策通过影响股票价格而影响投资支出，从而影响国民收入。货币政策通过影响证券资产价格从而在不同资产之间的选择而影响经济活动。托宾 q 理论即资产选择理论，不仅包括货币和长期债券，而且应该包括一切证券，突破原有的货币供应量和流通速度范围，将货币传导分析推广到了整个金融结构，从而将货币部分地内生化。托宾理论旨在证明干预性的货币政策是有效的，以应对货币主义对积极干预性货币政策的否定。托宾把 q 定义为企业的市场价值除以资本的重置成本，即

$$q = \frac{V_t}{P_k \cdot K} \tag{10.1}$$

式中，V_t 为企业的市场价值，即企业的股票总市值，P_k 为每单位实物资本的价格，K 为企业的实物资本总数，P_k 与 K 二者相乘即为企业的资本重置成本。

托宾认为，企业的投资决策取决于 q 值是否大于 1。当 q 值大于 1 时，说明企业的市值较高，企业将增加资本品的购买，因为股票市场对这些资本品的评价高于它们的成本。反之，当 q 小于 1 时，企业则将不购买资本品。为了更好地理解这一点，我们作如下推导。

首先，我们知道，企业的市场价值 V_t 等于企业预期收益的现值，且贴现率为股东要求的资本回报率（即企业的资本成本）。假设 C_{t+i} 为企业的 $t+i$ 期的预期收益，r_k 为股东所要求的资本回报率，则有

$$V_t = \frac{C_{t+1}}{1+r_k} + \frac{C_{t+2}}{(1+r_k)^2} + \cdots + \frac{C_{t+i}}{(1+r_k)^i}$$

为简单起见，假定各期预期收益均为 C_0，则根据无穷递减等比数列的求和公式有

$$V_t = \frac{C_0}{r_k} \tag{10.2}$$

在给定 $t+i$ 期的预期收益为 C_0，以及资本重置成本为 $P_k \cdot K$ 的情况下，资本的预期收益率（或称资本边际效率）ρ_k 可由下式给出

$$P_k \cdot K = \frac{C_0}{1+\rho_k} + \frac{C_0}{(1+\rho_k)^2 + \cdots + \frac{C_0}{(1+\rho_k)^n}}$$

求和得

$$P_k \cdot K = \frac{C_0}{\rho_k} \tag{10.3}$$

将式(10.1)、(10.2)、(10.3)综合整理得

$$q = \frac{V_t}{P_k \cdot K} = \frac{\rho_k}{r_k}$$

显然，只有当资本的预期收益率 ρ_k 大于资本成本 r_k 时，即 $q > 1$ 时，企业才会进行投资。那么，货币供给的变动又会对 q 产生什么影响呢？正如前面所说，当中央银行货币政策工具使货币供给增加时，人们为了将手中多余的货币花出去，会去购买股票，从而使股票价格上涨，企业的市场价值 V_t 上升，q 值增大。因此，托宾的货币政策传导机制可以简述如下：

实际货币供给 $\frac{M}{P}$ 增加(减少) → 企业市场价值增加(减少) →

托宾投资 q 增大(减少) → 企业投资支出 I 增加(减少) → 总产出增加(减少)

二、货币学派的货币政策传导体制理论

货币学派在理论上和政策主张方面，强调货币供应量的变动，是引起经济活动和物价水平发生变动的根本的和起支配作用的原因，布伦纳于 1968 年使用"货币主义"一词来表达这一流派的基本特点，此后被广泛沿用于西方经济学文献之中。

弗里德曼从 20 世纪 50 年代起，以制止通货膨胀和反对国家干预经济相标榜，向凯恩斯主义的理论和政策主张提出挑战。他在 1956 年发表"货币数量论 —— 重新表述"一文，对传统的货币数量说作了新的论述，将资产需求理论运用于货币分析，他的货币需求函数如下

$$\frac{M_d}{P} = f(\underset{+}{Y_p}, \underset{-}{r_b - r_m}, \underset{-}{r_e - r_m}, \underset{-}{\pi^e - r_m})$$

式中，$\frac{M^d}{P}$ 表示对实际货币余额的需求，Y_p 表示持久性收入(长期收入的平均预期值)，r_m 表示货币的预期收益率，r_b 表示债券的预期收益率，r_e 表示股票的预期收益率，π^e 表示预期通货膨胀率。各变量下面的正负号表示货币需求与符号上面的变量是正相关或负相关。

货币主义的货币理论与凯恩斯学派的货币理论的假设前提具有明显的差异：

第一，货币主义认为货币需求取决于人们的持久性收入，可以将它理解为长期收入的平均预期值。在经济周期波动时，人们的当期收入会有变化：在经济繁荣时收入增加，在经济衰退时收入减少，但这些波动都是暂时的，就长期平均而言，总体波动是不大的，也就是持久性收入的变化不大。凯恩斯学派则认为人们的交易和预防动机的货币需求取决于当期收入，因而会随着经济周期的波动而有较大波动。

第二，货币主义认为资产选择是多样的，债券、股票和商品都可以作为货币的替代品，因而有重要意义的利率也不止一种。凯恩斯学派则认为只有货币和债券两种资产可供选择。

第三，货币主义假定货币和商品互为替代品，其内涵在于，货币数量的变动可能对总支出产生直接的影响。

第四，货币主义认为货币的预期收益率不是一个常量，在利率非管制的条件下，市场利率的上升会使银行通过提高存款利率来吸引资金；在利率管制的条件下，银行可以在服务质量上竞争，从而货币的预期收益率也会上升，在此假定条件下，货币主义认为 $r_b - r_m, r_e - r_m, \pi^e - r_m$ 会保持相对稳定。

由于假设前提不同，货币主义自然得出了不同于凯恩斯学派的货币需求理论。货币主义的主要观点是：持久性收入是决定货币需求的主要因素，由于持久性收入的稳定性，货币需求函数也是稳定的。此外，货币需求对利率变动是不敏感的，这就意味着货币流通速度是可以准确预测的。货币供给是决定名义收入的主要因素，故货币供给对总支出作用重大。

在这种货币需求理论的基础上，货币主义提出了他们的货币政策传递机制，如下所示

$$M \rightarrow E \rightarrow Y$$

货币数量(M)变动引起总支出水平(E)变化，进而影响总产出(Y)。

如果中央银行采取一个扩张性的货币政策，使得货币供给量增加，那么传递过程如下

$$M\uparrow \rightarrow E\uparrow \rightarrow Y\uparrow$$

货币供给量的增加会引起总支出水平(E)的增加，总支出增加会带动总产出(Y)的增加。由于货币主义没有揭示货币供应量影响总支出变化的渠道，而是仅仅指出货币供应量的变化会引起总支出变动，所以，人们又把货币主义的政策传递机制称为“黑箱理论”。

$M\uparrow \rightarrow$ ■ $E\uparrow \rightarrow Y\uparrow$

货币主义不仅在理论上提出了不同于凯恩斯学派的货币政策传导机制，还从实证上进一步说明了货币的重要性。他们分别用时序实证、统计实证和历史实证的方法来说明货币对经济活动的重要影响。弗里德曼和施瓦茨在其著作《美国货币史》中以详细的资料说明了货币增长率超前于经济周期，认为 20 世纪 30 年代的大危机应归咎于由于银行恐慌而造成的货币供应的急剧下降。书中还提供了一些有利的历史事件来证明货币供应增长率的变动对总产出的影响。如 1936～1937 年间美联储提高法定存款准备金率导致了货币供应下降，随后的 1938 年就发生了严重的经济衰退。历史实证在当时的经济学界引起很大的震动，甚至使凯恩斯学派的经济学家也改变了原来认为货币不重要的观点，两派在这一问题上基本取得了一致，但凯恩斯学派仍然认为财政政策、净出口和不确定性因素对总需求的波动也有影响。

三、信贷配给传导机制

20 世纪 50 年代拉德克利夫报告的发表和信用可能性理论的提出，进一步丰富了货币政策传导机制理论。他们认为信贷市场中存在明显的信贷配给现象。信贷配给是指在市场均衡利率水平下，由于信贷双方的信息不对称，存在一些人即使愿意支付更高的利率而仍然无法得

到贷款的现象。信贷配给想象存在的一个重要原因是银行担心贷款的安全性。在存在信贷配给的情况下,利率不是调节信贷市场中资金供求并使其达到均衡的唯一手段。因此他们主张货币当局可以在不引起利率大幅度变化的情况下,通过信贷配给的传导机制来影响支出。在信贷配给传导机制中,货币政策主要通过资产负债表效应和银行贷款效应来影响投资。

(一)资产负债表效应

资产负债表效应是指货币政策对贷款者的各种资产的净值及现金(收入)流量的影响。这一理论认为借款人所面临的外部融资升水取决于其财务状况,即借款人资产负债表上的净值越高,他的外部融资成本就越低,从而借款人的财务状况就会影响他的投资支出。货币政策影响借款人的财务状况主要有以下几种方式(以紧缩性货币政策为例):一是紧缩的货币政策将导致利率上升,直接增加借款人的利息支出,减少其现金流,削弱其财务状况;二是利率上升会导致资产价格下降,使企业净值下降,可用作抵押的资产价值下降;三是下游企业和消费者支出的降低将使上游企业净现金流入下降,影响其财务状况,从而影响其融资成本和投资。

(二)银行贷款效应

银行贷款效应是指货币政策对可贷资金量的影响。紧缩的货币政策会直接减少商业银行的可贷资金规模,从而使企业外部融资的影子价格上升,信贷配给上升,公司投资支出下降,特别是存货投资。

我国信贷市场中也曾出现与信贷配给理论十分类似的情况。银行"惜贷"的现象,表明利率不再是唯一的资金调节工具,我国商业银行在提供资金过程中表现出的信贷配给特征越来越明显。国内有些学者就认为我国目前的货币政策传导机制就是一种信贷配给传导机制,商业银行的行为在其中起着重要的作用。

四、汇率传导机制

汇率传导机制理论是在出现浮动汇率制和放弃外汇管制的情况下产生的一种新的传导机制。这一传导机制的核心是利率(i)对汇率(E)的影响,其一般逻辑为

$$M_s\uparrow \rightarrow i\downarrow \rightarrow E\downarrow \rightarrow NX(\text{净出口})\uparrow \rightarrow Y\uparrow$$

其中 $i\downarrow \rightarrow E\downarrow$ 之间的机理主要是在浮动汇率制和外汇管制取消后,大量资本可以在全球范围内流动,从而当一国利率下降时,就会引起短期资本的大量流出,从而引起本币的贬值。

汇率传导机制作用效果的大小取决于利率变动如何影响汇率,汇率的变化又会引起多大的净出口(NX)的变化。

随着我国对外开放程度的提高,人民币将逐步走向自由兑换,将使汇率传导机制在货币政策中的作用不断增强。

【知识库】

约翰·梅纳德·凯恩斯

约翰·梅纳德·凯恩斯，英国经济学家，因开创了所谓经济学的"凯恩斯革命"而称著于世。1883年6月5日生于英格兰的剑桥，14岁获奖学金入伊顿公学(Eton College)主修数学，曾获托姆林奖金(Tomline Prize)。毕业后，以数学及古典文学奖学金入学剑桥大学国王学院。1905年毕业，获剑桥文学硕士学位。之后又滞留剑桥一年，从师马歇尔和庇古攻读经济学，以准备英国文官考试。1906年以第二名成绩通过文官考试，入选印度事务部。任职期间，为其第一部经济著作《印度通货与金融》(Indian Currency and Finance)作了大量研究准备工作。1908年辞去印度事务部职务，回剑桥任经济学讲师至1915年。其间1909年以一篇概率论论文入选剑桥大学国王学院院士，另以一篇关于指数的论文获亚当斯密奖。概率论论文后稍经补充，于1921年以《概率论》(A Treatise on Probability)为书名出版。第一次世界大战爆发不久，即应征入英国财政部，主管外汇管制、美国贷款等对外财务工作。1919年初作为英国财政部首席代表出席巴黎和会。同年6月，因对赔偿委员会有关德国战败赔偿及其疆界方面的建议愤然不平，辞去和会代表职务，复归剑桥大学任教。不久其对德国赔偿问题所持看法的《和平的经济后果》(Economic Consequences of Peace)一书出版，引起欧洲及美国各界人士的大争论，使其一时成为欧洲经济复兴问题的核心人物。1921～1938年任"全国互助人寿保险公司"(National Mutual Life Insurance Company)董事长期间，其对股东的年度报告一直为金融界人士必读而且是抢先收听的新闻。1940年出任财政部顾问，参与战时各项财政金融问题的决策，并在他倡议下，英国政府开始编制国民收入统计，使国家经济政策拟订有了必要的工具。1944年7月率英国政府代表团出席布雷顿森林会议，并成为国际货币基金组织和国际复兴与开发银行(世界银行)的英国理事，在1946年3月召开的这两个组织的第一次会议上，当选为世界银行第一任总裁。返回英国不久，因心脏病突发于1946年4月21日在索塞克斯(Sussex)家中逝世。因其深厚学术造诣，曾长期担任《经济学杂志》主编和英国皇家经济学会会长，1929年被选为英国科学院院士，1942年晋封为勋爵，1946年剑桥大学授予其科学博士学位。

资料引自：对《凯恩斯传》及相关资料的整理.

第四节　货币政策的运用

货币政策的运用分为紧缩性货币政策和扩张性货币政策。总的来说，紧缩性货币政策就是通过减少货币供应量达到紧缩经济的作用，扩张性货币政策是通过增加货币供应量达到扩张经济的作用。

运用货币政策所采取的主要措施包括七个方面：

第一，控制货币发行。这项措施的作用是，钞票可以整齐划一，防止币制混乱；中央银行可以掌握资金来源，作为控制商业银行信贷活动的基础；中央银行可以利用货币发行权调节和控制货币供应量。

第二，控制和调节对政府的贷款。为了防止政府滥用贷款助长通货膨胀，资本主义国家一般都规定以短期贷款为限,当税款或债款收足时就要还清。

第三,推行公开市场业务。中央银行通过它的公开市场业务,起到调节货币供应量,扩大或紧缩银行信贷,进而起到调节经济的作用。

第四,改变存款准备金率。中央银行通过调整准备金率,据以控制商业银行贷款,影响商业银行的信贷活动。

第五,调整再贴现率。再贴现率是商业银行和中央银行之间的贴现行为。调整再贴现率,可以控制和调节信贷规模,影响货币供应量。

第六,选择性信用管制。它是对特定的对象分别进行专项管理,包括证券交易信用管理、消费信用管理、不动产信用管理。

第七,直接信用管制。它是中央银行采取对商业银行的信贷活动直接进行干预和控制的措施,以控制和引导商业银行的信贷活动。

一、紧缩性货币政策和扩张性货币政策

(一)紧缩性货币政策

1.通货膨胀

(1)通货膨胀(Inflation)的定义一般指因纸币发行量超过商品流通中的实际需要的货币量而引起的纸币贬值、物价上涨现象。其实质是社会总需求大于社会总供给。纸币发行量超过流通中实际需要的货币量,是导致通货膨胀的主要原因之一。

(2)分类

①温和的或爬行的通货膨胀

这是一种使通货膨胀率基本保持在2%~3%,并且始终比较稳定的一种通货膨胀。一些经济学家认为,如果每年的物价上涨率在2.5%以下,不能认为是发生了通货膨胀。当物价上涨率达到2.5%时,叫做不知不觉的通货膨胀。

一些经济学家认为,在经济发展过程中,实施一点温和的通货膨胀可以刺激经济的增长。因为提高物价可以使厂商多得一点利润,以刺激厂商投资的积极性。同时,温和的通货膨胀不会引起社会太大的动乱。温和的通货膨胀即将物价上涨控制在1%~2%,至多5%以内,则能像润滑油一样刺激经济的发展,这就是所谓的"润滑油政策"。

②疾驰的或飞奔的通货膨胀

疾驰的或飞奔的通货膨胀亦称为奔腾的通货膨胀、急剧的通货膨胀。它是一种不稳定的、迅速恶化的、加速的通货膨胀。在这种通货膨胀发生时,通货膨胀率较高(一般达到两位数以上),所以在这种通货膨胀发生时,人们对货币的信心产生动摇,经济社会产生动荡,所以这是一种较危险的通货膨胀。

③恶性的或脱缰的通货膨胀

恶性的或脱缰的通货膨胀也称为极度的通货膨胀、超速的通货膨胀。这种通货膨胀一旦

发生，通货膨胀率非常高(一般达到三位数以上)，而且完全失去控制，其结果是导致社会物价持续飞速上涨，货币大幅度贬值，人们对货币彻底失去信心。这时整个社会金融体系处于一片混乱之中，正常的社会经济关系遭到破坏，最后容易导致社会崩溃，政府垮台。这种通货膨胀在经济发展史上是很少见的，通常发生于战争或社会大动乱之后。

④隐蔽的通货膨胀

隐蔽的通货膨胀又称为受抑制的(抑制型的)通货膨胀。这种通货膨胀是指社会经济中存在着通货膨胀的压力或潜在的价格上升危机，但由于政府实施了严格的价格管制政策，使通货膨胀并没有真正发生。但是，一旦政府解除或放松价格管制措施，经济社会就会发生通货膨胀，所以这种通货膨胀并不是不存在，而是一种隐蔽的通货膨胀。

通货膨胀的治理常见的有紧缩性财政政策、紧缩性货币政策、紧缩性收入政策、收入指数化政策、改善供给政策等，这里我们介绍紧缩性货币政策治理通货膨胀的措施。

2.紧缩性货币政策

从紧货币政策、紧缩货币政策通俗的意思是：政府认为在外流通的货币太多，希望能减少一点所采取的货币政策。紧缩货币政策一般是在经济出现通货膨胀，中央政府通过加息来抑制消费增长，控制物价的过快增长，以达到控制通货膨胀的目的。

无论形成通货膨胀的原因是多么复杂，从总量上看，都表现为流通中的货币超过社会在不变价格下所能提供的商品和劳务总量。提高利率可使现有货币购买力推迟，减少即期社会需求，同时也使银行贷款需求减少；降低利率的作用则相反。央行还可以通过金融市场直接调控货币供应量。紧缩性货币政策主要有以下措施。

(1)提高法定存款准备率

存款准备金是指金融机构为保证客户提取存款和资金清算需要而准备的在中央银行的存款，中央银行要求的存款准备金占其存款总额的比例就是存款准备金率。存款准备金是限制金融机构信贷扩张和保证客户提取存款和资金清算需要而准备的资金。法定存款准备金率是金融机构按规定向中央银行缴纳的存款准备金占其存款的总额的比率。中央银行提高法定存款准备率，降低商业银行创造货币的能力，从而达到紧缩信贷规模、削减投资支出、减少货币供应量的目的。下面的表格就是中国中央银行自1984年来通过提高法定存款准备金率来对货币政策进行的运用。

表10.1　法定存款准备金率调整表

次数	时间	调整前	调整后	调整幅度
30	2010年1月8日	15%	15.5%	0.5%
29	2008年10月8日	16.5%	16%	0.5%
28	2008年9月15日	17.5%	16.5%	1%
27	2008年6月25日	17%	17.5%	0.5%

续表 10.1

次数	时间	调整前	调整后	调整幅度
26	2008 年 6 月 15 日	16.5%	17%	0.5%
25	2008 年 5 月 20 日	16%	16.5%	0.5%
24	2008 年 4 月 25 日	15.5%	16%	0.5%
23	2008 年 3 月 25 日	15%	15.5%	0.5%
22	2008 年 1 月 25 日	14.5%	15%	0.5%
21	2007 年 12 月 25 日	13.5%	14.5%	1%
20	2007 年 11 月 26 日	13%	13.5%	0.5%
19	2007 年 10 月 25 日	12.5%	13%	0.5%
18	2007 年 9 月 25 日	12%	12.5%	0.5%
17	2007 年 8 月 15 日	11.5%	12%	0.5%
16	2007 年 6 月 5 日	11%	11.5%	0.5%
15	2007 年 5 月 15 日	10.5%	11%	0.5%
14	2007 年 4 月 16 日	10%	10.5%	0.5%
13	2007 年 2 月 25 日	9.5%	10%	0.5%
12	2007 年 1 月 15 日	9%	9.5%	0.5%
11	2006 年 11 月 15 日	8.5%	9%	0.5%
10	2006 年 8 月 15 日	8%	8.5%	0.5%
9	2006 年 7 月 5 日	7.5%	8%	0.5%
8	2004 年 4 月 25 日	7%	7.5%	0.5%
7	2003 年 9 月 21 日	6%	7%	1%
6	1999 年 11 月 21 日	8%	6%	-2%
5	1998 年 3 月 21 日	13%	8%	-5%
4	1988 年 9 月	12%	13%	1%
3	1987 年	10%	12%	2%
2	1985 年	央行将法定存款准备金率统一调整为 10%		
1	1984 年	央行按存款种类规定法定存款准备金率，企业存款 20%，农村存款 25%，储蓄存款 40%		

(2)提高再贴现率

提高再贴现率可以抑制商业银行对中央银行的贷款需求,还可以增加商业银行的借款成本,迫使商业银行提高贷款利率和贴现率,结果企业因贷款成本增加而减少投资,货币供应量也随之减少。提高再贴现率还可以影响公众的预期,达到鼓励增加储蓄、减缓通货膨胀压力的作用。

(3)公开市场卖出业务

公开市场业务是中央银行最经常使用的一种货币政策,是指中央银行在公开市场买卖有价证券以调节货币供给量和利率的一种政策工具。在通货膨胀时期,中央银行一般会在公开市场向商业银行等金融机构出售有价证券,从而达到紧缩信用,减少货币供给量的目的。

(4)直接提高利率

利率的提高会增加信贷资金的使用成本,降低借贷规模,减少货币供给量。同时,利率的提高还可以吸收储蓄存款,减轻通货膨胀压力。

根据《中国人民银行法》,中国目前确定的货币政策工具主要包括存款准备金、中央银行基准利率、再贴现、中央银行贷款、公开市场,其余的列入国务院确定其他货币政策工具。

(二)扩张性货币政策

扩张性的货币政策主要作用是刺激经济增长,是通过提高供应货币增长速度来刺激总需求的增长,影响总需求与总供给的对比变化,以达到充分就业或经济增长等目的。

1.扩张性货币政策的实施

扩张性货币政策指政府通过扩大货币供给量,从而降低利率水平,提高经济增长水平,促使均衡的国民收入增长。在经济衰退期间采取扩张性的货币政策已成为越来越重要的刺激经济回升的手段。在经济衰退期间采取扩张性货币政策,一方面可以降低利率,从而刺激消费和投资的增加;另一方面也可扩大社会的支付能力,提高物价水平,避免通货紧缩的出现。

2.实施扩张性货币政策会导致三种后果

第一种后果是货币流通速度降低。

第二种后果是人们花掉手中增加的货币,并使市场交易中对实际商品数量的需求增加,从而使经济得到增长,物价并不会提高。

第三种后果是人们花掉手中的货币,但实际商品的消费数量没有增加,只是抬高了物价水平,而经济并没有得到实际的增长。

二、货币政策的时滞

货币主义反对凯恩斯学派相机抉择的货币政策的主要依据是货币政策的作用时滞,即货币政策的制定及产生效果的滞后性。货币政策的作用时滞是指从需要制定政策到这一政策最终发生作用,其中每一个环节都需要占用一定的时间。因此,从中央银行对经济活动中的变化有所反应,到货币政策工具的选择,再到货币政策工具对货币政策的操作指标发生作用,再到货币政策操作指标的变化波及到货币政策的中介指标,由中介变量的变化再到对货币政策最终目标产生影响,需要较长的一段时间,通常称这段时间为“货币政策的作用时滞”。就总体过程而言,货币政策时滞可分为内部时滞和外部时滞。

(一)货币政策的内部时滞

货币政策的内部时滞是在货币政策的决策主体内部发生的,它是指作为货币政策决策和操作主体的中央银行从制定政策到采取实际行动所需要的时间。当经济形势发生变化,中央银行认识到应当调整政策到着手制定政策再到实施政策,每一步都需要耗费一定的时间。首先,相当一部分经济变量的数据统计对经济活动变化的反映是滞后的,因为数据的搜集整理需要时间,当然也有一些数据可以相当迅速的获得,例如汇率和利率的数据。其次,中央银行对这些数据的反应与分析又需要一些时间,从分析到做出决策要经过一些程序,也要耗费时间。这些时间的延迟构成货币政策的内部时滞。内部时滞又可以细分为认识时滞和决策时滞。

1.认识时滞

认识时滞是指从现实经济运行客观上有实施货币政策的需要开始,到中央银行认识到确实需要实施货币政策所耗费的时间。譬如说,现实经济中通货膨胀已经开始,客观上需要实行紧缩银根的政策。但要中央银行认识到有实行这种政策的必要,需要一定的观察、分析和判断的时间。这段时滞之所以存在,主要有两个原因:一是搜集各种信息资料需要耗费一定的时间;二是对各种复杂的社会经济现象进行综合性分析,做出客观的、符合实际的判断需要耗费一定的时间。

2.决策时滞

决策时滞是指中央银行制定货币政策的时滞,即从认识到确实需要实施货币政策,到真正确定要实施的货币政策所需的时间。中央银行一旦认识到经济活动中需要采用某种货币政策措施解决矛盾,就要着手拟定政策实施方案,并按规定程序报批,然后才能公布及贯彻实施。决策时滞之所以存在,是因为中央银行要根据经济形势研究对策,拟订方案,并对所提方案作可行性论证,最后审定批准,整个过程的每一个步骤都需要耗费一定的时间。这部分时滞的长短,取决于中央银行对作为决策依据的各种信息资料的占有程度和对经济、金融形势的分析、判断能力,体现了中央银行决策水平的高低和对金融调控能力的强弱。

(二)货币政策的外部时滞

外部时滞是指从中央银行实际执行货币政策到这一政策在经济中产生相应效应之间的时间,这也是作为货币政策调控对象的金融部门及企业部门对中央银行实施货币政策的反应过程,由于这一系列的作用是发生在中央银行以外的,所以将其称之为货币政策的外部时滞。当中央银行采取一项货币政策后,金融部门,主要是商业银行要对新政策有一个认识过程,金融部门首先要对中央银行的货币政策进行判断,揣摩中央银行的意图,然后根据自身的情况做出决策。金融部门对货币政策的反应在货币供给量等货币政策中介指标的变化上反映出来,企业和消费者再根据中介变量的变化做出自己的判断并决策，如增加投资支出还是减少投资支出，增加消费支出还是减少消费支出，这些决策会引起总需求的变动和总产出的变动，这样货币政策对真实经济变量的作用才最终显现出来。这段时滞发生在货币政策的操作变量到最终变量的传递过程中，可以细分为操作时滞和市场时滞两段。

1.操作时滞

操作时滞是指从调整货币政策工具到其对中介指标发生作用所耗费的时间。中央银行一旦实施相应的货币政策工具，就需要通过操作变量的反应，然后再传导到中介变量。这段时滞的存在是因为在实施货币政策过程中，无论使用何种政策工具，都要通过变动操作变量来影响中介变量而产生效果。货币政策是否能够发生作用，主要取决于商业银行及其他金融机构对货币政策的态度、对政策工具的反应能力以及金融市场对中央银行政策的敏感程度。如果商业银行的超额准备金率较高，中央银行通过降低再贴现率来增加商业银行借款的目的就难以达到，因而通过这条渠道扩大基础货币可能见效较慢。

2.市场时滞

市场时滞是指从中介变量发生反应到其对目标变量产生作用所需的时间。货币政策要通过利息率的变动，经由投资的利率弹性产生效应；或者通过货币供应量的变动，经由消费的收入弹性产生效应。不仅企业对利率的变动、消费者对货币收入的变动做出反应有一个滞后过程，而且投资或消费的实现也有一个滞后过程。各种政策工具对中介变量的作用力度大小不等，社会经济过程对中央银行宏观金融调控措施的反应也是具有弹性的。因此，中介变量的变动是否最终能够对目标变量发生作用，还取决于调控对象的反应程度。

外部时滞的长短主要取决于货币政策的操作力度和金融部门、企业部门对政策工具的弹性大小。外部时滞较为客观，它不像内部时滞那样可由中央银行掌握，而是一个由社会经济结构与产业结构、金融部门和企业部门的行为等多种因素综合决定的复杂变量。因此，中央银行对这段时滞很难进行实质性控制。

【知识库】

货币政策的调整

自2007年至2008年，中国人民银行连续累计上调存款准备金率14次，实行的是紧缩性的货币政策。但从2008年9月25日起，中国人民银行出台政策，除工商银行、农业银行、中国银行、建设银行、交通银行、邮政储蓄银行暂不下调外，其他存款类金融机构人民币存款准备金率下调1个百分点，汶川地震重灾区地方法人金融机构存款准备金率下调2个百分点。这是中国对当时全球包括中国在内经济放缓的反应行动，实行适度的扩张性货币政策。

资料引自：中国人民银行公告.

本章小结

1.狭义货币政策:指中央银行为实现既定的经济目标(稳定物价、促进经济增长、实现充分就业和平衡国际收支)运用各种工具调节货币供给和利率,进而影响宏观经济的方针和措施的总和。广义货币政策:指政府、中央银行和其他有关部门所有有关货币方面的规定和采取的影响金融变量的一切措施(包括金融体制改革,也就是规则的改变等)。

2.货币政策目标体系是由最终目标、中介目标和操作目标三个层次有机组成的。其中最终目标是中央银行最终想要实现的宏观经济目标,物价稳定、经济增长、充分就业和国际收支平衡。但在实际政策操作过程中,四个最终目标之间存在矛盾统一的关系;中介目标主要有利率、货币供应量、汇率和贷款量等。中央银行经常采用的操作目标主要有存款准备金和基础货币。

3.中央银行实现货币政策目标的工具主要有三大类,即一般性货币政策工具、选择性货币政策工具和其他货币政策工具。一般性货币政策工具包括法定存款准备金政策、再贴现政策和公开市场业务。选择性货币政策工具主要包括证券市场信用控制、不动产信用控制、消费者信用控制和优惠利率。其他货币政策工具主要包括直接信用控制和间接信用控制两种方式。

4.从货币政策目标的确定到最终目标的实现,要通过中介目标的传导,这就是货币政策传导机制问题。货币政策传导机制理论主要有利率传导机制、货币学派的货币政策传导体制理论、信贷配给传导机制和汇率传导机制等四种理论。

5.货币政策分为紧缩性货币政策和扩张性货币政策。总的来说,紧缩性货币政策就是通过减少货币供应量达到紧缩经济的作用,扩张性货币政策是通过增加货币供应量达到扩张经济的作用。货币政策的作用时滞是指从需要制定政策到这一政策最终发生作用,其中每一个环节都需要占用一定的时间。货币政策时滞可分为内部时滞和外部时滞。

思考题

一、 名词解释

货币政策　货币政策工具　货币政策传导机制　法定存款准备金政策　再贴现政策　公开市场业务　内部时滞　外部时滞

二、简述题

1.中央银行货币政策最终目标是什么?它们之间具有什么样的关系?

2.选择货币政策中介目标和操作目标的标准是什么?

3.货币政策的中介目标和操作目标有哪些?

4.选择性货币政策工具有哪些?各自的作用是什么?

5.货币政策传导机制包括哪些内容?

三、论述题

目前我国货币政策传导机制存在的主要问题及其改进建议。

【阅读资料】

2009年前三季度中国货币政策大事记

1月7日,中国人民银行发布公告(中国人民银行公告[2009]第1号),取消了在银行间债券市场交易流通的债券发行规模须超过5亿元才可交易流通的限制条件,为中小企业通过发债进行小额融资创造了较好的政策条件。

1月20日,中国人民银行与香港金融管理局签署货币互换协议,互换规模为2 000亿元人民币/2 270亿港元,协议有效期为3年。

1月22日,中国人民银行发布《关于2009年上海银行间同业拆放利率建设工作有关事宜的通知》(银发[2009]24号),提出继续完善Shibor形成机制,积极推动金融产品以Shibor为基准定价或参照其定价。

2月5日,中国人民银行向全国人大财经委员会汇报2008年货币政策执行情况。

2月8日,中国人民银行和马来西亚国民银行签署双边货币互换协议,互换规模为800亿元人民币/400亿林吉特,协议有效期3年。

2月9日,中国人民银行印发《关于完善支农再贷款管理,支持春耕备耕,扩大"三农"信贷投放的通知》(银发[2009]38号),适当调整完善了支农再贷款政策,同时对西部地区和粮食主产区安排增加支农再贷款额度100亿元。

2月23日,发布《2008年第四季度中国货币政策执行报告》。

2月26日至27日,召开2009年中国人民银行货币信贷和金融市场工作会议。

3月3日,中国人民银行农村信用社改革试点专项中央银行票据发行兑付考核评审委员会第15次例会决定,对安徽等14个省(区)辖内98个县(市)农村信用社兑付专项票据,额度为36亿元。

3月11日,中国人民银行发布公告(中国人民银行公告[2009]第4号),同意中国银行间市场交易商协会将原《中国银行间市场金融衍生产品交易主协议》与《全国银行间外汇市场人民币外汇衍生产品主协议》合并,发布新的《中国银行间市场金融衍生产品交易主协议》,使我国场外金融衍生产品交易均受统一的主协议管辖。

3月11日,中国人民银行和白俄罗斯共和国国家银行签署双边货币互换协议,互换规模为200亿元人民币/8万亿白俄罗斯卢布,协议有效期3年。

3月17日,国家外汇管理局发布《关于2009年度金融机构短期外债指标核定情况的通知》(汇发[2009]14号),适当上调金融机构短期外债指标,强调增量部分全部用于支持境内企业进出口贸易融资,促进对外贸易健康平稳发展。

3月18日,中国人民银行发布公告(中国人民银行公告[2009]第5号),允许基金管理公司以特定资产管理组合名义在全国银行间债券市场开立债券账户,并对其业务运作进行了规范。

3月18日,中国人民银行、中国银行业监督管理委员会联合印发《关于进一步加强信贷结构调整,促进国民经济平稳较快发展的指导意见》(银发[2009]92号),要求人民银行系统和各金融机构深入贯彻落实党中央、国务院关于进一步扩大内需、促进经济增长的十项措施和《国务院办公厅关于当前金融促进经济发展的若干意见》(国办发[2008]126号)精神,认真执行适度宽松的货币政策,促进国民经济平稳较快发展。

3月23日，中国人民银行和印度尼西亚银行签署双边货币互换协议，互换规模为1 000亿元人民币/175万亿印尼卢比，协议有效期3年。

3月25日，中国人民银行发布《全国银行间债券市场金融债券发行管理操作规程》(中国人民银行公告[2009]第6号)，进一步规范与完善金融债券发行管理，提高金融债券发行审核的透明度，健全市场约束与风险分担机制。

3月26日，中国人民银行发布《银行间债券市场债券登记托管结算管理办法》(中国人民银行令[2009]第1号，以下简称《办法》)。进一步规范债券登记、托管和结算业务开展。

4月10日，中国人民银行货币政策委员会召开2009年第一季度例会。

4月15日，中国人民银行向全国人大财经委员会汇报2009年第一季度货币政策执行情况。5月6日，发布《2008年第一季度中国货币政策执行报告》。

5月13日，中国人民银行、银监会在京联合召开货币信贷工作座谈会。会议研究分析了近期金融运行情况和面临的形势与任务。

5月14日和6月24日，经国务院同意，中国人民银行分别批准东亚银行(中国)和汇丰银行(中国)两家港资法人银行赴香港发行人民币债券40亿元和30亿元。

5月26日，中国人民银行农村信用社改革试点专项中央银行票据发行兑付考核评审委员会第16次例会决定，对福建等12个省(区、市)辖内39个县(市)农村信用社兑付专项票据，额度为27亿元。

5月27日，发布《2008年中国区域金融运行报告》。

6月10日，国家外汇管理局发布《关于进一步完善企业贸易信贷登记和出口收结汇联网核查管理有关问题的通知》(汇综发[2009]78号)，明晰贸易信贷登记管理职责，改进出口收结汇联网核查系统，促进贸易便利化，进一步稳定外需。

6月24日，中国人民银行货币政策委员会召开2009年第二季度例会。

6月29日，银行间市场新一代本币交易系统正式上线。7月1日，中国人民银行、财政部、商务部、海关总署、国家税务总局和中国银行业监督管理委员会联合发布公告[2009]第10号，公布实施《跨境贸易人民币结算试点管理办法》，规范试点企业和商业银行的行为，防范相关业务风险，以促进贸易便利化，保障跨境贸易人民币结算试点工作的顺利进行。

7月3日，为贯彻落实《跨境贸易人民币结算试点管理办法》，中国人民银行印发《跨境贸易人民币结算试点管理办法实施细则》(银发[2009]212号)。

7月13日，为明确跨境贸易人民币结算中有关国际收支统计申报事宜，便于试点企业和银行办理相关业务，国家外汇管理局发布《关于跨境贸易人民币结算中国际收支统计申报有关事宜的通知》(汇综发[2009]90号)。

7月15日，中国人民银行向全国人大财经委员会汇报2009年上半年货币政策执行情况。

8月5日，发布《2009年第二季度中国货币政策执行报告》。

9月1日，中国人民银行和中国银行业监督管理委员会联合发布公告[2009]第14号，明确汽车金融公司和金融租赁公司的发债条件，规范两类机构的发债行为。

9月2日，中国人民银行农村信用社改革试点专项中央银行票据发行兑付考核评审委员会第17次例会决定，对辽宁省辖内5个县(市)农村信用社发行专项票据，额度为4亿元，对四川等9个省(区、市)辖内26个县(市)农村信用社兑付专项票据，额度为5亿元。

9月9日,印发《中国人民银行、商务部、中国银行业监督管理委员会、中国证券监督管理委员会、中国保险监督管理委员会、国家外汇管理局关于金融支持服务外包产业发展的若干意见》(银发[2009]284号),要求加大金融对产业转移和产业升级的支持力度,做好金融支持服务外包产业发展工作。

9月28日,中国人民银行货币政策委员会召开2009年第三季度例会。

资料引自:2009年中国人民银行网站货币政策报告.

第十一章

Chapter 11

通货膨胀与通货紧缩

【学习目的与要求】

通过对本章的学习，使学生了解通货膨胀和通货紧缩的基本概念、类型和衡量指标；理解和掌握经济社会产生通货膨胀和通货紧缩的成因及治理对策，学会运用相关理论来分析我国的通货膨胀与通货紧缩。

【案例导入】

新中国成立后，我国在历史上曾经出现过两次典型的通货膨胀与通货紧缩现象。其中20世纪80年代末，中国出现了严重的通货膨胀，货币迅速贬值，到处可见排队取钱的景象，因为，当时的2 000元钱可是中国老百姓存了一辈子的钱。仅1988年物价就上涨18.5%，引发了城乡居民的抢购风潮，致使大量产品脱销，消费市场供应出现紧张，这在新中国成立后的历史中是没有过的。另外，20世纪90年代末，中国经济发展开始减缓，投资减少，仅1997年下半年到1999年7月，我国物价连续出现22个月下降，商品积压严重，许多企业不得不关停并转，下岗失业人员增加，这在新中国成立后的历史中也是罕见的。加上当时的东南亚的经济危机，更使经济进一步紧缩，政府为了加大投资，对利息进行了调整，几年间5年期定期存款利率从高达12.6%调整到2.79%，使当时的通货紧缩现象得到基本控制。

第一节　通货膨胀概述

一、通货膨胀的概念

对于通货膨胀的概念阐述，理论界并不存在一个唯一的、普遍接受的定义。马克思认为所谓通货膨胀是指在纸币流通的条件下，由于纸币的过度发行，而引起的纸币贬值和物价上涨的经济现象。美国的经济学家弗里德曼认为："物价普遍的上涨就叫做通货膨胀。"美国的另一位经济学家萨缪尔森认为："通货膨胀指的是物品和生产要素的价格普遍上升的时期——面包、汽车、理发的价格上升，工资、土地价格、资本物品的租金等也都上升。"最新版的英国《经济词典》对通货膨胀的定义则比较清楚，"通货膨胀是指物价水平的持续上升，可看做货币贬值。"香港大学饶余庆教授在《现代货币银行学》中指出"所谓通货膨胀是一般物价水平采取不同形式(公开或变相)的一贯上升过程"。由此可见，经济学家对通货膨胀的定义从通货膨胀形成的原因和结果可以分为两类：一类是侧重于通货膨胀造成的结果即指物价水平出现持续性普遍上升；另一类则强调通货膨胀发生的原因，指货币增长的速度超过生产增长的速度即"过度的货币追逐相对不足的商品和劳务"。

通货膨胀(Inflation)是指一般物价水平普遍而持续的上升。按照这一定义，如果仅有一种或几种商品和劳务的价格上升，这不是通货膨胀。只有大多数商品和劳务的价格持续上升才是通货膨胀。要准确理解通货膨胀定义，应该把握以下四点：第一，"一般价格水平"是指所有商品和劳务的平均价格水平即物价总水平，而不是局部商品的价格水平或个别商品的价格水平。任何部门性的、行业性的某一类商品或一种商品的价格水平上涨，都不能说是"一般物价水平"的上涨，故而不能据此而断言通货膨胀的发生。第二，通货膨胀强调一种"持续性的过程"，是指一般物价水平变动呈现出普遍而持续的上涨趋势与过程，即通货膨胀具有普遍性、持续性、长期性和不可逆转性之特点，因此，一次性、季节性、偶然性或临时性的物价上涨过程并非通货膨胀。第三，通货膨胀强调一种"显著"性。这就是说，并非一般物价水平所有的上涨都可以称之为"通货膨胀"，只有一般物价水平上涨幅度达到一定程度，才可以说出现了通货膨胀。至于一般物价水平上涨到何种程度才可以称为"通货膨胀"，主要取决于人们对通货膨胀的危害性的认识与敏感性，是一个具有主观性的概念。最为保守的看法，一般物价水平上涨幅度在1%～3%以内的，应为物价稳定。第四，通货膨胀可以由货币发行、需求、成本、经济结构、预期、垄断等因素引起，但最终影响的是人们的心理因素，对社会不信任程度增加，动摇了对社会经济水平的合理预期，这便能够把经济因素中微小的不合理无限放大，甚至造成治理措施不力和社会动荡。

二、通货膨胀的类型

随着经济的发展，通货膨胀也日益复杂和多样化，在各个时期，各个国家都有不同的表现形式、生成机制和后果。因此，在对通货膨胀进行具体分析时，常依据不同的标准把通货膨胀分成不同的类型。

(一)按通货膨胀的严重程度划分

1.温和的通货膨胀

温和的通货膨胀，又称为爬行的通货膨胀。这种通货膨胀的通货膨胀率低，而且呈较为稳定、缓慢的上涨,物价较为稳定,货币不会有明显的贬值。一般指年物价上升率在1%~3%之间的通货膨胀。

2.中度的通货膨胀

中度的通货膨胀是指物价上涨幅度在一位数以内,但已高于经济的增长速度,物价的变化可以明显察觉得到。

3.奔腾的通货膨胀

奔腾的通货膨胀是指物价上涨幅度超过了两位数,货币流通速度加快,人们对本国货币失去信任,开始抢购商品,挤提存款或寻找其他保值方式。

4.恶性的通货膨胀

恶性的通货膨胀是指物价上涨幅度很大,通货膨胀率超过50%,甚至高达天文数字的通货膨胀。一般表现是物价以递增的速度迅速上涨,通货膨胀失去控制,相对价格非常不稳定,货币大幅度贬值,人们对货币彻底失去信心。这种通货膨胀一旦发生,整个社会金融体系将处于一片混乱之中,正常的社会经济关系遭到破坏,最后容易导致社会崩溃,政府垮台。这种通货膨胀在经济发展史上是很少见的,通常发生于战争或社会大动乱之后。

(二)按通货膨胀的表现形式划分

1.公开型通货膨胀

公开型通货膨胀指完全通过一般物价水平的明显、持续上涨体现出来的通货膨胀。在这类通货膨胀中,通货膨胀率就等于物价上涨率。

2.隐蔽型通货膨胀

隐蔽型通货膨胀又称为抑制型的通货膨胀。这种通货膨胀是指社会经济中存在着通货膨胀的压力或潜在的价格上升危机,但由于政府实施了严格的价格管制政策,使物价水平的上涨并没有完全通过公开的物价指数上涨表现出来。在这种类型的通货膨胀过程中,由于价格被政府管制而不能或不能完全充分的上涨,在现行价格水平及相应的购买力条件下,就会出现商品普遍短缺、有价无市、凭票证供应、黑市猖獗等现象。

(三)按通货膨胀产生的原因划分

1.需求拉上型通货膨胀

需求拉上型通货膨胀(Demand-pull Inflation)是指由于总需求的增长超过了在现行价格条件下社会可能的供给量,造成强大的货币购买力对应较少的商品和劳务,导致物价总水平上涨。

2.成本推进型通货膨胀

成本推进型通货膨胀(Cost-push Inflation)指由于上游产品成本和货币工资率的过度上升而导致商品成本上升,从而使物价水平普遍上涨的一种经济现象。然而,并不是说任何工资率的上升都会导致通货膨胀。货币工资率的上升引起通货膨胀是有条件的。这个条件是:只有货币工资率的增长超过边际劳动生产率的增长，通货膨胀才会产生。

3.混合型通货膨胀

混合型通货膨胀是指由需求拉上和成本推动共同起作用而引起的通货膨胀，即需求与成本因素混合的通货膨胀。从其动态特征看，有“螺旋式”和“直线式”两种类型。前者是先由供给因素引起通货膨胀，进而引起总需求上升，演变为混合型通货膨胀；后者是先由需求因素引起通货膨胀，进而引起成本上升，形成供求混合型通货膨胀。

4.结构型通货膨胀

结构型通货膨胀指生产结构的变化导致总供求失衡或部分失衡而引发的通货膨胀。其传导机制是价格刚性机制和价格攀比机制。

三、通货膨胀的衡量指标

既然通货膨胀是物价水平普遍而持续的上涨过程，那么物价水平的上涨幅度也就基本上反映了通货膨胀的程度。如何测度一般物价水平，则成为一个必须解决的实际问题。实践中大多数国家主要采纳以下四种物价指数。

（一）消费物价指数

消费物价指数（Consumer Price Index，CPI）是根据具有代表性的家庭消费的商品和劳务的价格变动状况编制而成的物价指数。它是与人们的日常生活关系最为密切的物价指数，反映了与人们生活直接相关的衣服、食品、住房、水、电、交通、医疗、教育等商品和劳务价格的变动。消费物价指数的优点在于资料搜集比较容易，市场敏感性高，公布频率较为频繁（通常每月公布一次），因而能够比较及时地反映直接影响居民生活费用的物价变动趋势。但是，消费物价指数也存在一定的缺陷，主要表现为统计的范围窄，没有包含资本品、生产资料、公共部门的消费、进出口商品及其劳务，因此不能准确而全面地反映消费物价水平以及一般物价水平。

我国从2001年起采用国际通用做法，逐月编制并公布以2000年价格水平为基期的居民消费价格定基指数，作为反映我国通货膨胀程度的主要指标。我国编制价格指数的商品和服务项目，根据全国城乡近11万户居民家庭消费支出构成资料和有关规定确定。目前共包括食品、烟酒及用品、衣着、家庭设备用品及服务、医疗保健及个人用品、交通和通信、娱乐教育文化用品及服务、居住八大类，251个基本分类，约700个代表品种。

（二）生产者物价指数

生产者物价指数（Producer Price Index，PPI）是衡量工业企业产品出厂价格变动趋势和变动程度的指数，是反映某一时期生产领域价格变动情况的重要经济指标，也是制定有关经济政策和国民经济核算的重要依据。一般而言，商品的生产分为三个阶段：完成阶段，商品至此不再做任何加工手续；中间阶段，商品尚需作进一步的加工；原始阶段，商品尚未做任何的加工。生产者物价指数主要的目的在于衡量各种商品在不同的生产阶段的价格变化情形，因而这项指数包括了原料、半成品和最终产品等三个生产阶段的物价资讯。由于食物及能源价格一向受到季节及供需的影响而波动剧烈，将食物及能源去除后所计算出的指数，称为“核心 PPI”（Core PPI）指数，以正确判断物价的真正走势。目前，我国 PPI 的调查产品有 4 000 多种（含规格品 9 500多种），覆盖全部 39 个工业行业大类，涉及调查种类 186 个。理论上来说，生产过程中所面临的物价波动将反映至最终产品的价格上，因此观察 PPI 的变动情形将有助于预测未来物价的变化状况，因此这项指标受到市场重视。

（三）批发物价指数

批发物价指数（Wholesale Price Index，WPI）是根据制成品和原材料的批发价格编制而成的物价指数。反映一国商品批发价格的上升或下降程度。这一指数的主要优点是对商业周期反应比较敏感，能够灵敏地反映厂商生产成本的变化状况。能在最终商品价格变动前，获得工业投入品和非零售消费品的价格变动信号，从而预见通货膨胀压力的变动。但是，由于该指标没有将各种劳务价格包含在内，因此，批发物价指数的范围更加狭窄。另外，批发价格波动经常小于零售价格波动幅度，可能会造成某种信号失真现象。

（四）国民生产总值平减指数

国民生产总值平减指数（GNP Deflator）是按照现行价格指数计算的国民生产总值与按不变价格计算的国民生产总值的比率。它是一个涵盖面非常广的价格水平指标，不仅包括消费品和劳务，还纳入了资本品和进出口商品等，因此能够较为全面地反映一国的整体价格水平变化。很多时候，国民生产总值平减指数可以用国内生产总值平减指数（GDP Deflator）来代替。

例如，2000 年的国民生产总值，按照当年价格计算为 18 892 亿美元，如果按照 1990 年的国民生产总值固定价格（即基期价格 1990 年等于 100%）计算则为 10 266 亿美元，那么，2000 年的 GNP 的平减指数是（18 892 ÷ 10 266）× 100% = 184%。由此可知，2000 年与 1990 年相比，物价上涨了 84%。然而，正因为这个指标所包括的范围广以及技术性强，由此而导致资料搜集难、编制难度大、公布不频繁，故而难以及时地反映通货膨胀发生的程度及其变动趋势。

四、通货膨胀的成因

造成通货膨胀的最直接原因就是货币供给量过多。货币供给量与货币需求量相适应，是货币流通规律的要求。一旦违背了这一经济规律，过多发行货币，就会导致货币贬值，物价水平持续上涨，导致通货膨胀。通货膨胀的成因主要有如下两个方面。

（一）需求拉动的原因

需求拉动的原因主要从需求的角度来寻求通货膨胀的根源。它的基本论点是：假定在生产量或生产成本不变的情况下，如果总需求过渡增加，超过了既定价格水平下商品和劳务的总供给，就会引起物价总水平的上涨。

需求拉动论是西方经济学中流传最早、较为重要的通货膨胀理论。这一理论存在两种形态：一是凯恩斯学派的过度需求理论；二是货币学派的货币需求理论。两种理论的共同之处是都认为通货膨胀产生的原因是商品与劳务的总需求大于其总供给。

1.凯恩斯学派的过度需求理论

凯恩斯认为，一般物价水平的上升是由于总需求的过度增加所引起的，但是这种过度需求的增加并不是如传统的货币数量说所认为的由货币数量的增加所导致。凯恩斯分析指出，在充分就业条件下，只要经济中的总支出不增加，即使货币数量增加，一般物价水平也会因为货币流通速度的减慢而保持不变；相反，即使货币数量不增加，只要经济中的总支出增加，一般物价水平也会因货币流通速度的加快而上升。因此，凯恩斯认为，货币数量与一般物价水平保持同比例上升只是经济达到充分就业以后的特殊情形，而非一般情形。在经济尚未达到充分就业的情况下，货币供给量实际上的增加所形成的总需求的增加，只会导致产出与就业的增加，而不会引起一般物价水平的同比例上升。但是，在经济达到充分就业之后，货币供给量的增加所形成的过度总需求，就会引起一般物价水平同比例上升。凯恩斯学派的通货膨胀理论可用图 11.1 予以说明。

图 11.1 中，横轴表示总产出或国民收入水平 Y，纵轴表示一般物价水平 P，Y_f 表示充分就业条件下的国民收入，AS 为总供给曲线，AD 为总需求曲线，AD_0，AD_1，AD_2，AD_3 分别代表不同物价水平下的总需求曲线，社会总供给曲线 AS 可按社会的就业状况分成 AB，BC，CS 三个阶段。

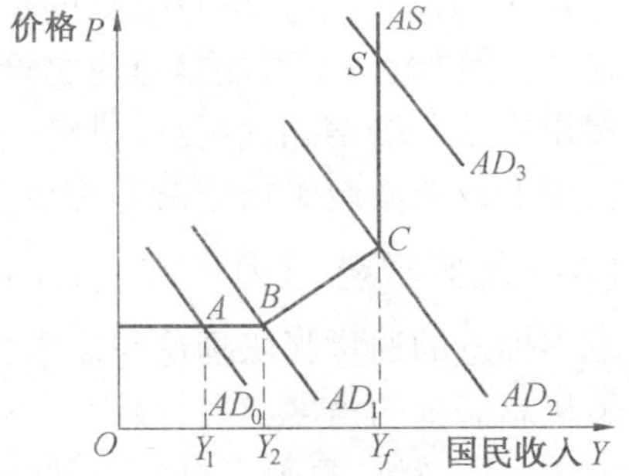

图 11.1　凯恩斯的通货膨胀理论

在第一阶段（AB 段），总供给曲线呈水平状态，意味着供给弹性无限大。当货币供给增加使总需求曲线由 AD_0 右移至 AD_1，国民收入则由 Y_1 增加到 Y_2，但一般物价水平却保持不变，这是因为此阶段存在大量的失业和闲置资源，需求的增加，导致产出的增加。因此，凯恩斯认为，在经济萧条时期，可以通过信用扩张，增加货币供给量来刺激经济，扩大有效需求，增加就业和产出，而此时物价却不会随之上升，不会引起通货膨胀的发生。

在第二阶段（BC 段）的总供给曲线向右上方倾斜，表示社会逐渐接近充分就业，这意味着社会上闲置的资源已经很少，故总供给的增加能力也较小。因此，总需求的增加，一方面会引致国民收入的增加，另一方面则会引起一般物价水平的上升。图中总需求曲线由 AD_1 右上移至 AD_2，国民收入则由 Y_2 增加到 Y_f，而此阶段一般物价水平也伴随着总需求量的增加而上升。凯恩斯将这种现象称之为“半通货膨胀”。

在第三阶段（CS 段），总需求曲线由 AD_2 上移至 AD_3，国民收入 Y_f 则保持不变，而一般物价水平也伴随着总需求量的增加而上升。由于在此阶段社会资源已经达到充分利用并实现充分就业，故而总需求的增加，并不会引致国民收入的增加，而只会引起一般物价水平的同比例上升。凯恩斯将这一现象称之为“真正的通货膨胀”，此时传统的货币数量说的结论才成立。在此阶段，通货膨胀与失业同时并存，出现了所谓的“滞胀”现象，即经济停滞增长与一般物价水平上涨同时并存的现象。

2.货币学派的货币需求理论

以弗里德曼为代表的现代货币主义则认为，货币因素即货币数量的过度增加，是导致总需求过剩从而引发通货膨胀的根本原因，是由于“过多的货币追逐过少的商品”而导致物价水平的上升，因此，“通货膨胀无论何时何地都是一种货币现象”。

弗里德曼认为，如果货币供给量与产量保持同一比例增长，就不会引发通货膨胀；如果货币供给量的增长率超过了产量的增长率，则势必造成通货膨胀。特别是在经济达到充分就业以后，货币数量的任何增长都将会引起一般物价水平的上升。而一旦人们对一般物价水平上升产生相应的通货膨胀预期之后，整个经济将会陷入“工资－物价螺旋式”的上升过程，使得由货币供给过多而引发的通货膨胀愈演愈烈。

与凯恩斯学派的需求拉上论相比，货币学派更加强调货币供给对总需求的影响，强调货币供给量是一个外生变量，即货币量的变动必先于物价的变动而发生，货币量变动是因，物价变动是果，货币供给量不可能是适应物价变动的内生变量。既然引起总需求过度增加的唯一因素是货币供给量的增加，而货币供给量又是一个完全由政府可以控制的外生变量，因此，治理通货膨胀的最有效政策措施就是减少货币供给量，使其增长率与产量增长率相适应。

（二）成本推进原因

成本推进的通货膨胀理论与需求拉动的通货膨胀理论的出发点正好相反，它是从总供给而不是从总需求的角度出发，假设在不存在过度需求的情况下，由于供给方面成本的提高所引起的价格水平持续、显著上升的一种经济现象。成本推进的通货膨胀理论把推动通货膨胀的成本因素归结为工资和利润两个方面，所以，成本推进的通货膨胀理论又分为两种，即工资推进的通货膨胀理论和利润推进的通货膨胀理论。

1.工资推进

工资推进的通货膨胀主要来源于工人货币工资增长所导致的生产成本的增加。这是以强大的工会的存在以及不完全竞争的劳动力市场为前提的。在不完全竞争的劳动力市场条件下，工资由工会与企业双方议定。通常情况下，工会为了维护工人的利益，同企业协商制定的工资水平将会高于完全竞争条件下劳动力供需均衡时的工资水平。如果货币工资的增长率超过了劳动生产率的增长，企业就会为了弥补过高的劳动力成本而提高产品的价格以维持利润。这便形成了工资的提高引发物价上涨，而物价的上涨又会使得工会为工人要求更高的工资，这就是所谓的“工资－物价螺旋”。

这里应该注意两点：一是并非任何货币工资率的提高都会导致工资推进的通货膨胀，如果货币工资率的增长没有超过边际劳动生产率的增长，企业在原有价格水平的营利不仅不会减少反而会增加，这样企业就不一定提高产品价格，也可能不发生工资推进的通货膨胀。二是即使货币工资率的增长超过劳动生产率的增长,但并非是工会的力量所致,而是市场上对劳动力的过度需求引起的,这种情况下出现的通货膨胀是需求拉上型的通货膨胀。

2.利润推进

利润推进的通货膨胀产生的前提条件是存在商品和服务销售的不完全竞争市场。大多数公用事业领域,包括煤气、电力、电话、铁路、通信等部门,都存在着垄断经营的情况。在完全竞争市场上,商品的价格由供求双方共同决定,没有哪一方能任意操纵价格。但是在存在垄断的市场上,具有垄断力量的企业有操纵价格的能力,为了获得垄断利润,提高商品价格,使得价格上涨速度超过成本支出的增加速度,如果这种行为的作用达到一定程度,就可能会带动其他商品价格一同上涨,进而导致通货膨胀的危险。

无论是工资推进还是利润推进,提出这一理论的目的都在于解释:不存在需求拉上的条件下也能产生物价上涨。成本推进型通货膨胀理论可以用图 11.2 加以解释说明。

在图 11.2 中,假定总需求保持不变。由于生产要素的价格提高,生产成本的上升,使得总供给曲线由 AS_1 上移到 AS_2,再由 AS_2 上移到 AS_3,因假定总需求不变,因此伴随着总供给曲线上移,国民收入相对应地由经济充分就业时的 Y_f 减少到 Y_2,再由 Y_2 减少到 Y_1;而一般物价水平却由 P_1 上升到 P_2,再由 P_2 进一步上升到 P_3。"成本推进型"通货膨胀理论较好地解释了 20 世纪 50 年代后期在整个经济尚未达到充分就业之际而出现的经济衰退与物价上涨同时并存的现实,它说明在总需求一定的条件下,由于生产成本的上升,导致物价上涨、销售量下降,进而导致企业生产缩减,工人失业率上升。因此,治理这类通货膨胀,必须抑制生产成本的上升。

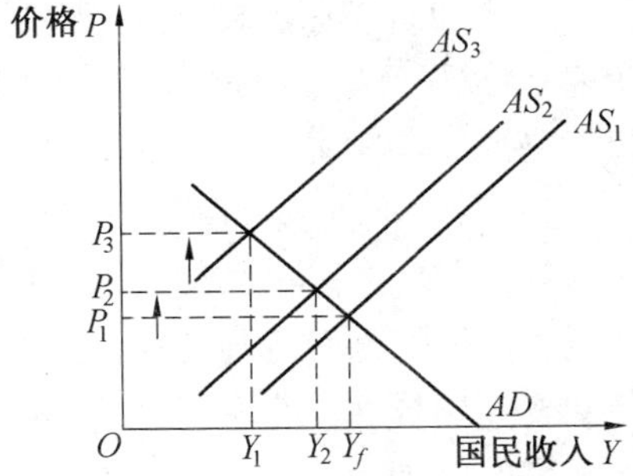

图 11.2　成本推进型通货膨胀

五、通货膨胀的效应与治理

(一)通货膨胀的社会效应

尽管人们都担心通货膨胀,但事实上,一些人会因通货膨胀得到好处,一些人会在通货膨胀中受到损害。原因是通货膨胀只要不是平衡的,都会使得商品和劳务的相对价格发生改变,从而影响人们的相对收入。通货膨胀对经济社会的影响是多方面的,这里主要从通货膨胀对就业、财富和收入分配的影响来分析通货膨胀的效应。

1.通货膨胀对就业的影响

关于通货膨胀与就业相互关系的最经典论述莫过于菲利普斯曲线,它是英国经济学家菲利普斯通过对英国 1861 年至 1957 年统计资料进行分析得到的,反映了货币工资率的变动与失业率之间存在的此消彼长的关系。萨缪尔森和索洛等经济学家将菲利普斯曲线的原始形式进行了转换，导出了通货膨胀率与失业率之间的关系。

如图 11.3 所示，我们可以发现：

①曲线斜率为负，失业率越低，通货膨胀率越高，反之，失业率越高，通货膨胀率越低。

②曲线形状不是一条直线，不断降低失业率要以不断提高的通货膨胀率为代价。

③曲线与横轴相交的失业率为正值，也就是说，工资增长率或通货膨胀率保持在稳定状态，也要有一定的失业率。

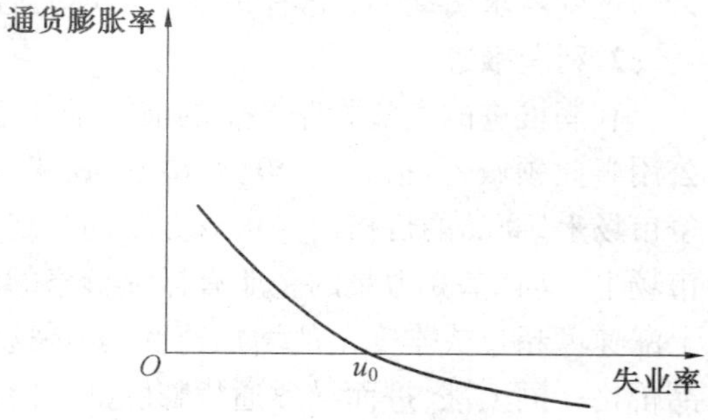

图 11.3　菲利普斯曲线

以上分析的实际上是短期内的菲利普斯曲线。在短期中，劳动者对价格的预期是既定的，无法调整的。当通货膨胀率超过预期的通货膨胀率时，劳动者也无法要求增加工资，生产者的利润由于通货膨胀的发生而增加，生产者扩大生产，创造了新的就业，从而失业减少；反之亦然。因此通货膨胀率与失业率是反方向变化的。

在长期中，预期的通货膨胀率是可调整的，因此通货膨胀率的变化对劳动者的实际工资没有影响，对生产者的利润也没有影响，因此不会导致生产者调整投资，因而对就业没有影响。所以，从长期来看，通货膨胀与失业无关。

菲利普斯曲线在一定条件下(短期)可以成为政府制定政策的依据。即作为制定失业率与通货膨胀率的合理政策参考值，与其他的失业率和通货膨胀率相比，可使政府目标达到最优。但是，政府只能在短期内以较高的通货膨胀率为代价使失业率降至自然失业率以下，而从长期看，这种调整只能使通货膨胀加速，而不能使失业率长久地保持在低于自然失业率水平上。

从动态上考察，短期菲利普斯曲线向右上方移动，即菲利普斯曲线的恶化，可能引起通货膨胀率和失业率同方向变动。这种通货膨胀率上升时失业率也上升，可称为滞胀。不论出自政府需求拉动，还是因供给冲击、成本推动、结构演变，只要使预期的通货膨胀率增高和供给恶化，滞胀就不可避免。滞胀成为菲利普斯曲线恶化的最严重的标志。

2.通货膨胀对财富和收入再分配的影响

通货膨胀除了对产出和就业产生影响之外，还会引起收入(财富)再分配效应，也就是人们的实际收入和财富的相对变化。

通常在充分预期的情况下，通货膨胀对收入和财富的再分配效应并不明显，只有在发生非预期的通货膨胀时，通货膨胀的这种影响才更加显著地表现出来。首先，通货膨胀有利于浮动收入者而不利于固定收入者。固定收入者如工薪阶层和依靠养老金、救济金或其他转移支付维持生活的人们会遭受损失，因为通货膨胀使得他们的实际收入减少。而浮动收入者如雇主、经营者将能够及时调整收入以避免损失，并且如果名义收入的上升先于一般物价水平，那么他们还能够从通货膨胀中得到好处。其次，通货膨胀有利于债务人而不利于债权人，使债权人遭受损失,而债务人获得好处。这是因为在债务人偿还债务时,货币的实际购买力已经下降了,等额的货币变得更“不值钱”了。这样的结果是,债务人的实际债务负担减轻了,从债权人的损失中获得了利益。再次,通货膨胀有利于实际财富的持有者而不利于货币财富的持有者。在通货膨胀期间,现金、存款、债券等货币财富的实际价值随物价的上涨而下降,而不动产等实物财富以及代表实际财富所有权的股票,其真实价值将随物价的上涨而上升。因此,通货膨胀导致货币财富的持有者遭受损失,实物财富的持有者获得利益。最后,通货膨胀有利于政府而不利于公众。通货膨胀使得政府成为最大的受益者,因为一方面政府的实际债务负担会由于物价的上升而缩减,另一方面政府可以通过通货膨胀税和累进所得税制从通货膨胀中获得更多的收入。与之相对应,公众尤其是纳税人则成为最大的牺牲者。

3.恶性通货膨胀与经济社会危机

恶性通货膨胀是一种不能控制的通货膨胀,在物价快速上涨的情况下,会使货币失去价值。恶性通货膨胀没有一个普遍公认的标准界定。根据现时国际会计准则第29号,恶性通货膨胀具有以下四项特征:公众不愿持有现金,宁可把金钱投放在外国货币或非货币资产上;公众利用外国货币,结算自己本国货币的资产;信贷是按借款期内的消费力损耗计算,即使该时期不长;利率、工资、物价与物价指数挂钩,而3年累积通胀在100%以上。

在日常经济生活中,恶性通货膨胀时有发生。在一些典型例子中,如德国1923年的恶性通货膨胀中,物价曾在每49小时增加一倍;如果1922年1月的物价指数为1,那么1923年11月的物价指数则为100亿。1946年匈牙利的物价曾每15小时增加一倍。而在国民政府统治下的旧中国,四大家族则利用通货膨胀作为掠夺人民财富的手段,滥发纸币,造成恶性通货膨胀。1949年5月同1937年6月相比较,纸币的发行额增加了1 768亿倍,造成物价飞涨,使同一时期上海的物价上涨了138 842亿倍。最终导致国民政府的财政金融体系随着它统治的崩溃而彻底崩溃。如果说这些极端例子一般与战事发生有关的话,那么近些年来恶性通货膨胀亦时有出现。俄罗斯1992年通货膨胀率为2 500%,1993年为1 000%,直到1996年才降到21.8%。波兰1990年物价上涨586%,匈牙利上涨277%。另外,乌克兰、秘鲁、墨西哥、阿根廷、巴西等国家,也发生过严重的通货膨胀。

在恶性通货膨胀下,正常经济关系遭到严重破坏,使整个经济社会处于危机之中。恶性通货膨胀会使正常的生产经营难以进行;产品销售收入往往不足以补进必要的原材料;地区之间上涨幅度极不均衡会造成原有商路的破坏,流通秩序的紊乱;迅速上涨的物价,使债务的实际价值下降,正常信用关系会极度萎缩;恶性通货膨胀往往是投机的温床,而投机是经济机体的严重腐蚀剂。

在最严重的恶性通货膨胀情况下,流通货币量的增长速度大大超过货币流通速度的增长,货币购买力急剧下降,物价水平加速上升,整体物价水平以极高速度快速上涨的现象,使民众对货币价值失去信心。由于货币的流通量增加快速,使货币变得没有价值时,人们会急于以货币换取实物,人心惶惶的结果只会更加速通货膨胀的恶化,整体经济濒临崩溃边缘。

(二)通货膨胀的治理

由于通货膨胀对一个国家的经济、社会乃至政治生活都会产生重大的影响,因此经济学家和各国政府都将控制和治理通货膨胀作为宏观经济政策研究的重要课题加以探讨,提出了各种治理通货膨胀的理论和对策。

1.需求政策

如果通货膨胀主要是由于总需求过度膨胀引起的,那么采取紧缩需求的政策就能取得一定的效果。一般来说,减少总需求的途径主要有紧缩货币和紧缩财政两种措施。紧缩性货币政策被认为是比较有效的,因而也是经常被采用的治理通货膨胀的手段。因为正如弗里德曼指出的那样,通货膨胀是一种货币现象,是由于“过多的货币追逐过少的商品”造成的,因此紧缩货币供给量或者减缓货币供给的增长速度,使货币供给增长同经济增长相一致,就成为抑制通货膨胀的有效手段。其中,提高利率水平也是紧缩性货币政策的重要方面,利率的上升将提高人们的储蓄倾向,减少消费需求,同时也提高了融资成本,抑制了投资需求。

紧缩性财政政策的常用措施有:①削减政府支出,包括减少军费开支和政府在市场上的采购;②限制公共事业投资和公共福利支出;③增加赋税,以抑制私人企业投资和个人消费支出。总之,通过紧缩财政支出,提高赋税,一方面压缩政府支出形成的需求,另一方面抑制私人部门的需求,从而达到减少总需求的目的。但是,财政支出有很大的刚性,教育、国防、社会福利的削减都是阻力重重,有时并非能由政府完全控制。增加税收更会遭到公众的强烈反对,甚至可能引起政治动荡,政府轻易不敢尝试。

2.收入政策

收入政策又称为工资物价管制政策,是指政府制定一套关于物价和工资的行为准则,由价格决定者(劳资双方)共同遵守。目的在于限制物价和工资的上涨,以降低通货膨胀率,同时又不造成大规模的失业。

收入政策主要针对成本推进型的通货膨胀,特别是工资的提高。收入政策主要有三种形式。

(1)工资－物价冻结

工资－物价冻结是指政府在一定时期内通过法律手段禁止提高工资和物价的政策。这种政策一般是在特殊时期,如战争时期或通货膨胀特别严重时期所采用的带有强制性的措施。例如,在1971年,美国尼克松政府就曾宣布工资与物价冻结3个月,以控制当时的通货膨胀。这种政策在短期内可以有效地控制通货膨胀,但不可长期使用,因为它破坏了市场机制的正常作用,会引起资源配置失调,给经济造成更大的困难。因此,它只能是一种短期的临时性的措施。

(2)工资与物价指导线

工资与物价指导线是指政府为了防止成本推进的通货膨胀,根据劳动生产率和其他因素,规定出工资与物价上涨限度的政策。其中主要是规定工资增长率,所以又称“工资指导线”。

它要求企业和工会根据这一指导线来确定工资增长率，企业还要根据指导线确定物价上涨率。如果企业或工会违反规定，使工资增长率和物价上涨率超过了指导线，政府就要依法进行惩罚。由于这种做法比较灵活，被西方国家广泛采用。

(3)税收刺激计划

税收刺激计划是指政府以税收为手段来控制工资和物价增长的政策。具体内容是，政府规定的工资指导线，通过税收手段来付诸实施。如果企业的工资增长率超过工资指导线，就课以重税，如果企业的工资增长率低于指导线，就给予减税。由于这一政策对工资上涨不加区别地一律以重税处罚，会受到工会和企业的反对，因此执行起来有一定难度。美国卡特政府曾在1978年提出过这一政策，因遭议会否决而未能付诸实施。

3.供给政策

供给学派认为，通货膨胀是由于供给不足引起的，因此治理通货膨胀，摆脱滞胀困境，治本的方法在于着力增加生产和供给。主要从以下方面入手：①供给政策最关键的措施就是减税，减税可以提高人们的储蓄和投资能力。②削减政府开支，争取平衡预算，消灭财政赤字，并缓解对私人部门的挤出效应。③限制货币增长率，稳定物价，排除对市场机制的干扰，保证人们储蓄与投资的实际效益，增强其信心与预期的乐观性。政府除为增加供给创造良好的环境和提供必要的条件外，不应对经济多加干预，而由市场机制对经济进行自动调节。只有这样，才能充分发挥减税刺激供给的积极作用。随着商品和劳务供给的增加，彻底消除通货膨胀。④改善劳动市场结构的人力资本政策也是针对供给方面治理通货膨胀的措施之一。主要包括劳动者进行再就业的培训等。

4.结构调整政策

前面几种政策都是从总需求－总供给的角度提出的治理通货膨胀的措施，因此它们对于需求拉上型和成本推进型通货膨胀具有较明显的效果。与之相对应，结构调整政策则是针对结构性通货膨胀提出的治理措施。考虑到通货膨胀的结构性，一些经济学家认为，应当使各产业部门之间保持相对的平衡，以避免某些产品的供求结构性失衡而导致一般价格水平的上升。为了实现这一点，政府在财政方面可以调整税收和政府支出的结构，在货币方面则可以调整利率结构和信贷结构。

5.浮动汇率政策

在存在通货膨胀的情况下，实行浮动汇率政策有助于降低通货膨胀的货币政策更好地发挥作用。理论上说，如果一个国家存在经常项目和资本项目顺差，而又不愿让货币升值，必然会导致通货膨胀率的上升，进而导致实际汇率的上升，并最终导致国际收支的平衡。但是，在实践中，国际收支顺差国可以通过对冲政策，吸干过剩的流动性，从而遏制通货膨胀的发展。但是，对冲是不可持续的。通过这样或那样的途径，双顺差加汇率稳定必然最终导致通货膨胀的出现。为了抑制通货膨胀，必须实行紧缩性的货币政策，而如果想让紧缩性的货币政策有效，就必须有资本管制或让汇率有较大的弹性(允许货币升值)。汇率政策越是没有弹性，货币政策就越是难以有效。当与通货膨胀目标相抵触时,汇率稳定目标应为通货膨胀目标让路。正是在这个意义上,为抑制通货膨胀应选择浮动汇率政策。

【知识库】

"休克疗法"的来历

1984年7月至1985年7月一年时间里,玻利维亚的物价上涨了3 000%,出现了恶性通货膨胀。当时,该国总统邀请美国经济学家萨克斯帮助寻找治理这种恶性通货膨胀的办法。萨克斯带领几个助手到该国后发现,恶性通货膨胀的根源是政府完全依赖中央银行作为赤字融资方式的财政措施,而财政预算的关键是石油价格。由于政府财政收入严重依赖于对石油征收的税收,当石油价格急剧下降时,会严重恶化整个财政预算。因此,萨克斯建议,制止恶性通货膨胀的主要措施是一次性的大幅度提高油价,再辅之相应的财政措施。对于这个建议,当时无论是学界还是政府部门都认为,该政策不仅不能结束该国恶性通货膨胀,还可能使通货膨胀进一步恶化。但是,玻利维亚总统还是接纳萨克斯的建议,在1985年8月29日开始实施该计划。首先是大幅度提高油价,随着石油价格飙升,预算赤字消失了。赤字的消失导致汇率立即稳定下来。而汇率的稳定也意味着该国货币比索价格也趋于稳定。在一周之内,玻利维亚的恶性通货膨胀就结束了。

资料引自:易宪容博客.

第二节　通货紧缩

一、通货紧缩的概念

通货紧缩(Deflation)简称通缩,是与通货膨胀相对立的概念。对于什么是通货紧缩,学术界也并没有达成共识。在对这个问题的认识上,分为"单一标准"和"多重标准"两种观点。"单一标准"认为通货紧缩应当仅仅以物价水平的变动作为标准,而不应当考虑过多的因素。英国经济学家莱德勒在《新帕尔格雷夫财政金融大辞典》中给通货紧缩下的定义是"一种与通货膨胀相对应的价格下降和货币升值的过程";美国经济学家托宾在《经济学百科全书》中将通货紧缩解释为"一种货币现象,即每单位货币的商品价值和商品成本的上升";萨缪尔森在《经济学》(第16版)中认为"通货紧缩是指物价总水平的持续下跌";国内学者也大多持有这种观点,如胡鞍钢认为通货紧缩就是"货物与服务的货币价格普遍地、持续地下降"。由此可见,"单一标准"是目前的主流观点。"多重标准"则是指通货紧缩不仅包括物价总水平的持续下降,还包括货币供应量的持续下降、经济增长的持续放缓或衰退。如张曙光提出了"两个标准"的意见,即价格持续负增长,实际增长率持续低于潜在的增长率意味着通货紧缩;余永定认为通货紧缩的关键是通货紧缩是否包含了货币量大小的问题。

考虑到"多重标准"容易混淆通货紧缩的原因和后果,且不易运用于对实际经济状况的判断,本书仍采用了“单一标准”的观点。我们认为,通货紧缩是指一般价格水平的持续下降或币值不断上升的现象。理解通货紧缩的概念需从以下三个方面来把握:第一是一般物价水平,即具有普遍意义的包括大部分商品和劳务的价格水平。任何单个的或部分的商品和劳务价格下降不构成通货紧缩。因为一部分商品和劳务价格的下跌可能被其他部分商品和劳务价格的上涨所抵消,甚至超过,这样就有可能出现部分商品和劳务价格下跌而包含了大部分商品和劳务的一般物价水平上涨并存的情况。第二是一般物价水平持续地下跌。若一国或一地区物价水平在某一短的期限内下降,或者是由于人们偏好变化、季节性因素或偶然性因素所导致的物价水平短暂下跌不能称为通货紧缩。只有物价呈现长期的持续下降趋势时,一般认为当物价总水平连续下降两个季度以上时,才被视做可能出现了通货紧缩迹象。第三,通货紧缩是一个货币现象。因为价格是价值的货币表现,它可以看做是商品与劳务的价值与货币价值的相对值。因此,货币价值的上升就意味着一般价格水平的下降,两者只是同一问题的不同表述。

通货紧缩按照程度的不同,可以分为轻度通货紧缩、中度通货紧缩和严重通货紧缩。通货膨胀率持续下降,从正值变为负值,这可以称为轻度通货紧缩;当这种负通胀率持续一年以上时,形成中度通货紧缩;中度通货紧缩持续两年以上,或者物价下降的幅度超过 10%,则成为严重通货紧缩。例如,美国在 20 世纪 30 年代的大萧条时期物价下降幅度达 30%以上,就属于严重通货紧缩。

通货紧缩按照持续时间的长短则可以分为短期通货紧缩、中期通货紧缩和长期通货紧缩。通常可以把 5 年以下认为是短期性通货紧缩;5 年至 10 年为中期通货紧缩;10 年以上则为长期性通货紧缩。例如,美国 1866 ~ 1896 年长达 30 年的通货紧缩,英国 1873 ~ 1896 年长达23 年的通货紧缩,都属于长期性通货紧缩。

通货紧缩按照与经济增长的关系还可以分为增长型通货紧缩和衰退型通货紧缩。如果在通货紧缩过程中伴随的是经济的持续增长,就属于增长型通货紧缩。例如美国 1866 ~ 1896 年的通货紧缩,英国 1873 ~ 1896 年的通货紧缩。如果在通货紧缩过程中伴随的是经济的持续衰退,就属于衰退型通货紧缩。例如美国等西方国家 1929 ~ 1933 年的大危机就属于衰退型通货紧缩。

二、通货紧缩的原因

通货紧缩是通货膨胀的对立面,但是我们不能够简单地认为,当导致通货膨胀的因素反向变动时,就会产生通货紧缩。通货紧缩作为一种基本的经济现象和通货膨胀一样,它的形成原因是多种多样的。综观世界各国的通货紧缩历史,它既可能与紧缩性货币政策有关,也可能是由技术进步,生产能力过剩,有效需求不足以及一国金融体系缺乏效率等因素所导致的。通货紧缩在形成原因上具有自己的特征。

(一)通货紧缩的主要理论

1.有效需求不足论

凯恩斯把通货紧缩归结为有效需求的不足。他认为在封闭经济中,有效需求包括消费、投资和政府开支,它决定了社会的总产出水平。由于在有效需求中,消费较为稳定,因此凯恩斯认为产出的波动主要是由于企业投资的不稳定所导致的。投资需求取决于企业对于利润的预期,因此经济衰退的主要原因在于企业预期利润下降,投资收益减少甚至无利可图。投资的下降将通过乘数效应使得总产出更大幅度地下降。凯恩斯认为,当投资萎缩、经济衰退时,企业对利润的预期非常悲观,以至于利率对于投资不再具有影响。因此,货币政策对于抑制通货紧缩和经济衰退不会有明显的效果,只有通过扩张性的财政政策才能促进有效需求的增长,促进经济的恢复。

2.投资过度论

马克鲁普、罗宾斯和斯特利哥等经济学家认为,经济繁荣时期没有节制的生产扩张蕴藏了通货紧缩的可能性。在繁荣时期,储蓄的增加会导致消费需求的降低,而促进生产性投资的增长。生产规模的扩大提高了消费品的供给能力,于是消费品的供给增加和需求降低将导致消费品的价格水平下降,从而带动一般价格水平下跌。

3.技术进步论

经济学家熊彼特认为,技术进步会降低单位商品的成本,或者使产量增加,而这两者都会导致产品价格下降,因此从长期来看,一般价格水平必然有不断下降的趋势。例如,某个企业由于采取了新技术,获得了丰厚的利润,于是其他企业纷纷采取同样的技术以追求高利润,从而导致了在采取新技术的部门出现了过度繁荣。当繁荣过后,部门的生产将出现过剩,从而导致价格水平下降,通货紧缩发生。

4.债务–通货紧缩论

美国经济学家费雪在剖析20世纪30年代美国大萧条的成因时,提出了债务–通货紧缩理论。他认为经济中的创新(新发明、新产业的出现或新资源的开发)导致企业对利润前景充满信心,因而会过度借债。当债权人意识到这一点时,为了其资金的安全,将倾向于债务清算。清算导致企业的销售困难,因此企业将低价抛售产品,使得一般价格水平随之下降。物价的下跌会加重债务人的负担,降低企业的利润,从而使得企业破产风险增大。于是,企业会进一步压低产品的价格,以求获得流动性资金来偿还债务。这种恶性的债务–通货紧缩循环将一直持续到经济体中的过度负债被大规模的企业破产消除为止。

5.货币政策论

货币主义学派强烈反驳了凯恩斯认为货币政策对于刺激经济恢复无效的观点,他们认为货币对于经济活动的重要性是不可忽视的。弗里德曼把货币存量的大幅度变动看成是一般价格水平大幅度变动的充分必要条件,当货币紧缩时,货币的边际收益上升,人们会将资产更多地以货币形式持有,直到新的资产组合使得各种资产的边际收益率相等。对其他资产需求的减少可能会导致它们的价格下降,并进一步导致通货紧缩。

6.结构失调论

奥地利学派的米塞斯和哈耶克认为,通货紧缩并不是独立形成的,而是由促成经济萧条的生产结构失调所引起的,是一个派生过程。米塞斯和哈耶克以维克塞尔的自然利率说作为其分析的理论基础。他们假定经济处于充分就业状态,则银行系统的货币增长将促使市场利率下降至低于自然利率,企业家受到这个错误信号的引导而将投资从消费品转向资本品。这种资本的转移最终会导致消费品的供给出现短缺,从而消费品价格相对于资本品上升。为了使经济恢复均衡,只有提高利率,消除过度投资。银行体系在通货紧缩的形成中起到了重要的作用。过度投资使得资本品生产部门的预期收益不能实现,银行贷款质量恶化,于是银行体系为了经营的安全性,将收缩信贷,由此导致了通货紧缩的产生。

(二)通货紧缩的一般原因

通过上面一系列理论的分析,我们会发现在现实中,导致通货紧缩的一般原因无非有以下几种。

1.投资和消费的有效需求不足

当人们预期经济走势不佳和实际利率进一步降低时,消费和投资就会出现有效需求不足,导致物价下跌,形成需求拉下型通货紧缩。当金融机构在经济繁荣时期由于信贷扩张过快出现大量不良资产和坏账时,就会“惜贷”或“慎贷”引起信用紧缩,从而减少社会总需求,导致通货紧缩。

2.技术进步和创新

技术进步和创新可以大幅度提高生产力水平,降低生产成本,使产品价格下降,引起成本下降型通货紧缩。

3.经济周期的变化

实践证明,任何一个国家的经济发展都具有周期性。当经济达到繁荣的高峰阶段后,往往会出现生产能力的大量过剩,由于供大于求,导致物价下跌,出现经济周期型通货紧缩。

4.供给结构不合理

由于经济中存在着盲目扩张和投资,会造成不合理的供给结构,当供给结构失调达到一定程度时必然会加剧供求之间的矛盾。一方面使许多商品因为供过于求而无法实现其价值,另一方面又使大量货币因买不到所需商品而不能转变为消费和投资,从而减少了有效需求,导致结构型通货紧缩。

5.紧缩性的宏观经济政策

当一个国家政府为了抑制通货膨胀而采取紧缩性的货币政策或财政政策时,就会大量减少货币发行,紧缩银根,或削减政府开支以减少财政赤字。无论是紧缩性的货币政策还是紧缩性的财政政策,都会直接减少社会的总需求,使“太多的商品追逐太少的货币”,从而引起物价下跌,产生政策紧缩型通货紧缩。

6.本币汇率的高估

在开放经济中,我们不能够忽视本币汇率对于通货紧缩的影响。当一个国家实行盯住一种货币的固定汇率制度时,如果本币汇率高估,或因盯住国货币升值而本币被动地升值,就会使出口商品价格上升,出口下降,加剧国内企业经营困难,影响消费需求,导致物价下跌,出现通货紧缩。另外,国际市场的动荡引起的国际收支逆差或资本外流,其他国家对外实行贬值的政策等外部因素的影响,也会形成外部冲击性或外部输入性通货紧缩的压力。比如1997年8月,东南亚金融危机使得该地区国家货币纷纷贬值30%以上,其出口价格大幅下降,并给国际市场价格的进一步下降增加了压力,从而产生了向其他国家蔓延的通货紧缩压力。

(三)我国1998~1999年的通货紧缩

我国自1993年以来物价水平持续上升,1994年更是发生了改革开放以来最严重的通货膨胀,物价上涨幅度达21.7%。1994年后,为了治理通货膨胀,国家采取了多项宏观紧缩措施,物价上涨率逐渐回落。1997年,我国成功治理通货膨胀,实现宏观经济"软着陆"以后,社会经济生活中出现了物价持续下降的现象,这是改革开放以来我国经济第一次出现的通货紧缩问题。从1997年第四季度起,物价开始持续负增长。到1999年8月,CPI指数持续17个月负增长。与此同时,经济增长率持续下降,有效需求出现不足,失业率提高。为什么我国高通货膨胀后会出现通货紧缩局面呢?其原因主要有以下几个方面。

1.消费需求不足

首先,20世纪90年代末,我国居民收入及收入分配状况发生了深刻的变化,在城乡居民收入增长缓慢的同时,收入差距拉大,基尼系数持续加大,大部分居民消费能力受到抑制。其次,伴随着经济体制改革力度的加大,下岗职工增加,人们的收入预期下降。最后,在公费医疗制度改革、福利分房制度改革、高等教育收费制度改革等措施推出后,人们的支出预期上升。在这种背景下,社会出现总体的边际消费倾向下降,有效需求不足。

2.投资需求不足

长期以来,我国企业投资基本集中于传统产业,形成传统产品生产过剩,由于技术落后,开发能力不足,许多高技术含量的产品又不能生产,再加上有效需求不足,市场景气指数低迷,导致企业投资机会相对不足。同时,金融机构加强风险约束机制后,出现了强烈的信贷紧缩现象,加剧了投资规模的下滑。

3.生产结构不合理,生产能力过剩

这里所说的生产结构不合理,不是指像前些年那样存在部门的结构比例失调,即农、轻、重比例失调,能源交通、电力等基础产业的短缺形成"瓶颈",制约整个国民经济的发展,而是指一般加工工业生产能力过剩,产品普遍供大于求,致使价格下降。由于技术创新跟不上,不能开发生产出技术含量高的新产品,以至于形成企业产品卖不掉,开工不足,工人工资下降,人们更不敢消费,产品更加过剩的恶性循环的局面。

4.国际因素的影响

1997年爆发的东南亚金融危机使我国承受了外需减少和进口商品价格下降的双重压力。改革开放以来,我国经济与国际经济的关联度大大提高,出口需求的快速增长已经成为支持我国社会总需求快速增长的重要组成部分。东南亚金融危机以后,我国出口需求急剧下降。同时,东南亚金融危机使亚洲大部分长期高速增长的国家和地区经济衰退,亚洲需求减少导致国际市场多数商品价格下跌。此外,20世纪90年代因供给过剩出现的世界性通货紧缩现象对我国国内价格也有不可忽视的影响。

5.宏观紧缩政策的惯性作用

国内为抑制通货膨胀实行的财政、货币双紧政策没有随短缺经济现象消失而及时调整。1993年以后,为了治理高达两位数的通货膨胀,我国实行了长达5年的财政、货币双紧政策。伴随本轮经济增长率和价格指数的回落,我国经济生活中出现了一些实质性的变化,社会总需求和社会总供给的对比迅速朝着相反方向失衡。在转轨时期,长期与短缺经济、通货膨胀作战的宏观经济调控部门,对于生产过剩、通货紧缩警惕不够,没有及时调整宏观经济政策,财政、货币事实上的"双紧"政策使我国真实利率水平较高,货币供应量增幅迅速下降,通货紧缩的压力不断增大。

三、通货紧缩的社会效应

(一)通货紧缩的产出效应

通货紧缩使物价水平不断下跌,企业利润减少甚至亏损,投资与消费大幅度降低,失业率升高,出现经济增长乏力或负增长,导致产出的下降。尤其是,严重的通货紧缩对于经济的危害是很大的。物价下跌趋势的存在必然导致对经济前景的悲观预期,投资者不敢投资或者想投资而苦于找不到合适的项目;消费者此时收入的降低也导致消费的减少。由此,必然产生事实上的有效需求不足,使经济无力摆脱负增长的困境。当然,也存在通货紧缩与经济增长并存的情况,这种现象的发生可能是由于生产力的提高和技术进步所产生的价格走低,并不会阻碍经济增长,因为生产力的提高所带来的好处抵消了价格下跌所带来的各种消极效应。一般说来,当通货紧缩处于初期较温和的阶段,尤其他是由技术进步所引起时,它不仅不会对经济产生不良的影响,反而有利于社会福利的提高。但是如果物价持续下跌的趋势得不到有效的遏制而超过了某一限度,并导致经济增长减缓,那么,通货紧缩的危害性将会通过其本身所固有的自我强化机制而释放出来。这时,若再想阻止价格的进一步下跌将会变得非常困难。

(二)通货紧缩的分配效应

通货紧缩时期的财富分配效应与通货膨胀时期正好相反。在通货紧缩的情况下,普通商品的价格下跌,金融资产也常常面临价值缩水。虽然名义利率很低,但由于物价呈现负增长,实际利率会比通货膨胀时期高出很多。较高的实际利率有利于债权人,不利于债务人。不过,如果通货紧缩持续时间很长，而且相当严重，导致债务人失去偿还能力，那么债权人也会受到损失。

（三）通货紧缩的风险效应

通货紧缩容易引起银行业危机。一方面，银行发放的贷款中很大一部分为抵押贷款，而通货紧缩使得抵押资产的价值逐步降低，并且在经济衰退时客户可能会无法提供追加的抵押资产，或是归还贷款。因此，银行贷款资产的质量将下降，经营风险增大。当借款企业大规模地破产时，银行可能会因为过大的资产损失而受到牵连。另一方面，通货紧缩与通货膨胀相反，加重了债务人的负担。持续下降的物价使得企业的营利水平下降，削弱了贷款者的还款能力，增大银行的经营风险。银行经营环境的恶化会使公众对银行的信心发生动摇，一旦发生大规模的集中提款，银行将出现严重的流动性危机，甚至倒闭。

四、通货紧缩的治理

如前所述，通货紧缩对经济的影响是相当大的，各国政府都对此予以高度的重视，并采取各种措施加以治理。综合起来，主要的治理措施有如下几个方面。

（一）实行积极的货币政策

实行积极的货币政策，主要是中央银行采取有效措施扩大商业银行和非银行金融机构的信贷规模，增加货币供应量。具体可通过调整存贷款利率、法定存款准备金率、再贴现率、公开市场业务等手段，增加商业银行提供贷款的能力，扩大货币供应量。但现实实践表明，单一的货币政策在治理通货紧缩方面的效用是有限的，往往需要通过积极的财政政策来配合使用。

（二）实行积极的财政政策

积极的财政政策常常被作为解决通货紧缩的主要措施。实行积极的财政政策，主要是扩大财政开支、兴办公共工程，增加财政赤字，减免税收。政府在治理通货紧缩、扩张财政支出的同时，应配合降低税率，以此避免财政政策产生的“挤出效应”，真正发挥积极财政政策的作用。

（三）优化供给

由于通货紧缩形成的一个重要原因是由供给结构不合理引起的，因此，治理通货紧缩的一个有效手段就是要加大技术创新力度，优化经济结构，提高经济增长质量，改善供给结构，以有效供给来创造需求。

（四）增加汇率制度的灵活性

通货紧缩可能由僵化的汇率制度所导致，这种汇率制度容易使本币估值过高，产生输入型通货膨胀。因此，在通货紧缩的情况下，就需要对汇率制度进行改革，采取灵活的汇率制度，使汇率自由浮动或者扩大浮动范围，减轻外部输入通货紧缩的压力。

【知识库】

罗斯福的“新政”

1929～1933年出现的经济大萧条，同时也是一次严重的通货紧缩。为此，1933年罗斯福就任美国总统后，采取了一系列“新政”措施。这包括：政府发行巨额国债，大力兴办公共工程，刺激国内需求；由美联储购进银行持有的政府债券，扩大货币发行；控制过剩农产品的生产，增加农民收入；运用税收手段调节居民收入差距；降低税率，鼓励出口。罗斯福的“新政”取得了明显效果，国民收入从1933年的396亿美元增加到1937年的736亿美元，物价从1934年起止跌回升，失业率大幅度下降。

资料引自：曹龙骐．金融学[M]．2版．北京：高等教育出版社，2006．

本章小结

1．通货膨胀（Inflation）是指一般物价水平普遍而持续的上升。通货膨胀有恶性的通货膨胀和温和的通货膨胀、公开型通货膨胀和隐蔽型通货膨胀、需求拉上型通货膨胀、成本推进型通货膨胀和混合型通货膨胀之分。

2．治理通货膨胀的手段有需求政策、收入政策、供给政策、结构调整政策、浮动汇率政策等。

3．通货紧缩是指一般价格水平的持续下降或币值不断上升的现象。

4．通货紧缩产生的原因有投资和消费的有效需求不足、技术进步和创新、经济周期的变化、供给结构不合理、紧缩性的宏观经济政策、本币汇率的高估。

5．通货紧缩的治理措施包括实行积极的货币政策、实行积极的财政政策、优化供给、增加汇率制度的灵活性。

思考题

一、名词解释

通货膨胀　通货紧缩　消费物价指数　生产者物价指数　批发物价指数　国民生产总值平减指数

二、简述题

1．通货膨胀有哪些基本类型？

2．衡量通货膨胀的主要指标有哪些？

3．通货膨胀对经济有何影响？

4．通货紧缩对经济有何影响？

5．引起通货紧缩的原因有哪些？

三、论述题

谈谈如何治理通货膨胀和通货紧缩。

【阅读资料】

我国近年来通货膨胀概况

1978年改革开放以来,我国经历过多次通货膨胀,分别发生在1980年、1984~1985年、1987~1989年、1993~1995年以及2007年以来的新一轮通货膨胀。

(一)2007年以前历次通货膨胀概述

从改革开放以来,我国出现的多次通货膨胀各有特点,国家采取了不同的方式进行治理,历次通货膨胀的主要表现是:

1980年的通货膨胀发生在我国开始实行改革开放政策,党和国家的工作重心刚转移到社会主义现代化建设上这段时期。由于这一时期经济增长速度迅猛、投资规模猛增、财政支出加大导致出现较严重财政赤字,而盲目扩大进口导致外贸赤字,外汇储备迅速接近于零。1979年、1980年物价出现了明显上涨,其中1980年通货膨胀率达到6%。后来我国经过压缩基本建设投资、收缩银根、控制物价等一系列措施,通货膨胀得到抑制,表现为国务院在1980年12月发出了《关于严格控制物价、整顿议价的通知》,对通货膨胀进行治理。

1984~1985年的通货膨胀体现为固定资产投资规模过大引起社会总需求过旺,工资性收入增长超过劳动生产率提高引起成本上升导致成本推动,伴随着基建规模、社会消费需求、货币信贷投放急剧扩张,经济出现过热现象,通货膨胀加剧。为了抑制高通胀,当时采取了控制固定资产投资规模,加强物价管理和监督检查,全面进行信贷检查等一系列措施。表现为从1984年11月到1985年10月国务院发布的一系列宏观调控措施。

1987~1989年的通货膨胀是由于1984~1985年中央采取的紧缩政策在尚未完全见到成效的情况下,1986年又开始全面松动,导致需求量的严重膨胀。在此期间,1988年的零售物价指数,创造了新中国成立40年以来上涨的最高记录。1989年我国通货膨胀从1987年的7 %上涨到18.7 %。物价的上涨和抢购风潮引发了一系列的社会问题。在突如其来的冲击面前,中央迅即做出反应,召开会议整顿经济秩序。于是1989年11月党的十三届五中全会通过《中共中央关于进一步治理整顿和深化改革的决定》,提出用3年或更长一些时间基本完成治理整顿任务,使用大力度的调整措施。

1993~1995年的通货膨胀表现为邓小平南巡讲话后,中国经济再次进入高速增长的快车道,起因主要是固定资产投资规模扩张过猛与金融持续的混乱。有人形象地总结为“四热”(房地产热、开发区热、集资热、股票热)、“四高”(高投资膨胀、高工业增长、高货币发行和信贷投放、高物价上涨)、“四紧”(交通运输紧张、能源紧张、重要原材料紧张、资金紧张)和“一乱”(经济秩序特别是金融秩序混乱)。此次通胀的治理以1993年6月《中共中央、国务院关于当前经济情况和加强宏观调控的意见》提出16条措施为起点,经过3年的治理,到1996年我国实现经济的“软着陆”。

从以上多次通货膨胀的表现、治理措施等情况来看,其具有的共同特点为:

1.通货膨胀与经济高速增长并存。高速增长往往带来通货膨胀,在1980年以来增长率超过11%的年份里,通货膨胀都很严重。经济过热带来的通货膨胀的可能性很大。

2.历次通货膨胀均伴随着农产品价格的上升。我国历次通胀都伴随着粮食价格的大幅上涨,二者总是相伴而来,如在1994年中国高通货膨胀启动因素中,首当其冲就是农产品价格。1994年农产品价格上升对零售物价变动的影响达70%;1995年上半年食品价格上涨对零售物价变动的影响达33%。

3.通货膨胀表现为商品价格的普遍上升。如1988年3月,上海调整了280种国民经济必需商品的价格,接着各大中城市相继提价，提价率占商品总量的80%，价格平均上涨30%，最高者达到80%，尤其是家用电器、摩托车、油等产品。物价急剧上涨，大米的价格几乎是一夜之间从0.15元涨到0.8元，上涨了6倍。基本生活资料的快速上涨极大地冲击了国人的心理防线，抢购风潮随之而来，所有的商店都在排队。

4.取得较好的治理效果须采用组合政策。通过对历次通货膨胀的治理来看，单一货币政策效果未必良好，需结合其他政策。如通过财政政策与货币政策的配合，"熨平"周期波动，并把财政政策的重点放在优化结构上，把货币政策的重点放在调控总量上，才能有效地治理通货膨胀。

(二)2007年以来的新一轮通货膨胀

我国在经历了1998~2002年的物价下降之后，迎来了物价缓和性和波动起伏性上涨的新一轮通货膨胀周期。2003~2006年，我国的居民消费者价格指数上升幅度较小，分别为1.2 %，3.9 %，1.8 %和1.5 %。而进入2007年后，物价上涨幅度明显加大，特别是受食品价格持续上涨的影响，2007年CPI上涨达4. 8 %。

这一轮引发国内通胀的成因比较复杂，它是由需求拉动、成本推动和国际输入三个主要因素叠加形成的。在通胀初期阶段，需求拉动因素和国际输入的诱导因素特别明显，随着增长环境和通货膨胀形势的变化，成本推动因素开始占据主导地位。到2008年8月份，通胀过程仍在继续。

从2007年第一季度开始，CPI的持续大幅上升是在连续5年经济高速增长的峰值期发生的。投资和出口部门的过快扩张引起对货币贷款增长的过度需求，在国际通胀输入因素的冲击影响下，形成了国内通货膨胀的全面压力，猪肉、粮食和食油等食品价格首先大幅上涨，很快带动CPI迅速上升。2007年以来，中央政府从收紧银根和增加农产品有效供给等多方面采取措施，总需求拉动因素得到控制，猪肉、粮食和食油的供给状况明显改善，CPI从2008年第二季度开始持续回落，降至8月份的4.9%，但PPI仍在持续走高，8月份达到10.1%。这就表明，现在有两个运行轨迹不同的价格传导在不同时点对通货膨胀产生重要影响。一个是食品价格传导对CPI的影响，一个是资源产品价格传导对PPI的影响，两者相互联系又相互区别。食品本身就是一种最终消费产品，食品价格主要是猪肉、粮食和食油价格对CPI的传导过程比较简单，传导链条很短，一旦价格大幅上升，市场反应马上出现，在较短时间内迅速拉动CPI。食品价格在推动消费品涨价后，才开始向中间产品和资源型初级产品传导，并最后向其他消费品传导。资源产品的价格传导过程则有所不同，它首先从原材料和资源等初级产品的涨价压力开始，逐步向中间产品和最终产品传导。这个传导过程比较复杂，传导链条较长，市场反应比较缓慢，作用延续时间也较长。

现在，CPI的明显下降虽然是利好消息，但它对中间产品、资源型初级产品和其他消费品的价格传导过程并未最后完成。PPI的继续高涨反映了资源产品的供求关系仍然非常紧张，其对中间产品和最终产品的价格传导还在继续之中，最后结果并不确定。现在经济增长已经降温，进入了调整性的下降区间，GDP增长率从2007年的11.9%下降到2008年上半年的10.4%，需求拉动因素明显减弱。在这种情况下，成本推动因素对当前通货膨胀的主导影响就特别凸现出来。

成本推动成为当前国内通货膨胀主要因素，最深层原因还是生产要素价格机制的扭曲，价格同价值长期背离。我国在国际市场中以价格优势赢得产品出口竞争力，是建立在低廉劳动力价格和低廉资源价格基础上的。我国劳动力报酬严重偏低。资料表明，从1990年到2005年，劳动者报酬占GDP的比例下降了12%。从全球范围看，我国许多初级产品特别是农产品和资源型产品的价格被严重低估。在全球能源价格和农产品价格大幅上涨输入国内后，国内已无法继续维持原有低价供给的状况。在这样的背景下，成本推动因素实际上是市场调节对长期价格扭曲的一种强行矫正。

当前成本推动已经成为影响通货膨胀的主要因素。判断今后一段时间通货膨胀的发展状况和趋势，需要考虑以下几个方面的情况：

①CPI的高峰增长期已过，但回落基础并不稳定。决定国内CPI的关键在农产品价格。由于需求因素减弱，对农产品的社会总需求强度也会有所下降。农产品的供给增长则受到两方面的支撑：一是政府的扶持力度增强，二是农产品价格高涨吸引市场投资活动增加。这些因素使CPI在短期内一般不会重新出现刚刚过去的高峰水平。但是，国内农产品的市场化价格上涨还没有到位，PPI上涨对直接影响农产品成本的价格传导没有完成，农产品的出口也不可能长期受行政管制，再加上保持农产品总量规模的稳定增长是一项非常艰巨的任务等，农产品价格仍将保持一个较高的水平。现在一切取决于农产品的有效供给，如果某一供给环节发生逆转，也不排除还有价格大幅上涨推动CPI反弹的可能。

②PPI的发展存在三种可能性：一是逐步弱化，化解为持续一段时间的温和性通胀；二是逐步强化，带动中间产品和最终产品价格全面大幅上涨，再一次引发通胀高峰；三是传导中间产品的过程导致大量企业破产，诱发滞胀。第一种可能性是存在的，因为现在的经济增长已处于调整性下降区间，总需求因素减弱，同时CPI对生产型初级产品的压力减轻，加上中间产品和最终产品的生产部门通过提高劳动生产率水平来降低成本，PPI的未来走势有可能逐步弱化。同时，第二、三种可能性也是存在的。数据显示，从2003年到2006年，下游产品价格的上涨幅度是上游产品价格涨幅的25%，2007年上升到64.5%，2008年已提升到70%以上。这个重要的信息告诉我们，现在上、下游产品的价格涨幅已经相当接近，下游生产部门的价格消化能力在逐步减弱，如果任其发展下去，新的通胀风险和滞胀风险也有可能发生。

③国际输入性通胀因素有所缓解，但可能产生影响的因素仍然大量存在。当前发达国家和发展中国家的经济增长都普遍迟缓，对原油和粮食等初级产品的需求热度明显下降，一部分投机资本已经离场，从而导致原油、钢材等初级产品的价格下滑。这种情况使国际输入因素对我国通胀的影响有所缓解。但也要清醒地看到，构成国际通货膨胀的两大主导原因在短期内不会消失，一是新兴市场经济国家的工业化过程对资源产品和农产品的大量需求，二是巨额国际游资对投机市场的经常性压力。国际经济界普遍认为，这次石油和粮食价格上涨是一场持久性价格上涨的开端。国际能源署预测，随着越来越多的中国消费者购买汽车，到2030年中国石油消耗量的80%需要依靠进口。

资料引自：中国人民银行中国货币政策执行报告.

第十二章

Chapter 12

国际收支与国际货币体系

【学习目的与要求】

通过对本章的学习，使学生掌握国际收支的概念和国际收支平衡表的基本内容，熟悉和了解国际货币体系的概念、作用和演变过程等；掌握国际收支状况的分析、国际收支的失衡及国际收支失衡的调节；了解我国国际收支与国际货币基金组织、与世界银行集团和亚洲开发银行的关系。

【案例导入】

2007年国际收支经常项目顺差3 718亿美元。其中，按照国际收支统计口径计算，货物项目顺差3 154亿美元，服务项目逆差79亿美元，收益项目顺差257亿美元，经常转移顺差387亿美元。2007年资本和金融项目顺差735亿美元。其中，直接投资净流入1 214亿美元，证券投资净流入187亿美元，其他投资净流出697亿美元。我国国际储备资产继续增长。2007年末，外汇储备资产较上年末增加了4 619亿美元，达到15 282亿美元。这表明我国国际收支不平衡的矛盾仍然突出。2008年，我国国际收支经常项目顺差4 261亿美元，同比增长15%。其中，按照国际收支统计口径计算，货物项目顺差3 607亿美元，服务项目逆差118亿美元，收益项目顺差314亿美元，经常转移顺差458亿美元。2008年，资本和金融项目顺差190亿美元，同比下降74%。其中，直接投资净流入943亿美元，证券投资净流入427亿美元，其他投资净流出1 211亿美元。我国国际储备资产继续增长。2008年末，外汇储备资产较上年末增加了4 178亿美元，达到19 460亿美元。

第一节 国际收支

一、国际收支的概念

国际收支的概念,萌芽于16~17世纪的资本原始积累时期。那时,重商主义者认为,发展对外贸易、扩大海外市场、积累金银货币是实现国家富强的首要途径,因此,他们提倡"贸易差额论"(即出口超过进口),提出了国际收支的概念,当时把国际收支仅仅理解为一国的对外贸易差额,这是最早的国际收支概念。

第一次世界大战后,国际收支的概念有了新发展,即是指一个国家的外汇收支总和,这就是我们现在所说的狭义的国际收支概念。

第二次世界大战后,随着世界经济的进一步发展,国际经济关系更加紧密,国际经济往来以及政治、文化等往来更加频繁,国际经济交易的范围和方式都有了很大的变化,政府无偿援助、私人捐款、企业之间的易货贸易、补偿贸易、记账贸易的贸易方式都不涉及外汇收支,建立在现金基础上的国际收支概念已不能适应国际经济形势的发展,国际收支的概念又有了新的改变,即是指一个国家在一定时期内所发生的国际经济交易的全部记录,这就是我们现在所说的广义的国际收支概念。

国际货币基金组织在其所编的《国际收支手册》中将广义的国际收支(International Balance of Payment)概念定义为:"国际收支是一定时期的统计报表,它着重反映三方面:第一,一国与其他国家之间商品、劳务和收入的交易。第二,该国货币、黄金、特别提款权以及对其他国家债权、债务的所有变化和其他变化。第三,无偿转移支付,以及根据会计处理的需要,平衡前两项没有相互抵消的交易和变化的对应记录。"目前世界各国一般都采用这一概念。

要全面地准确掌握国际收支的含义,需要把握以下几方面的特征。

第一,国际收支是一个流量概念,它与一定的报告期相对应。报告期可以是1年,也可以是1个月或1个季度,它完全根据分析的需要和资料来源的可能来确定,各国一般是以1年为报告期。

第二,国际收支所反映的内容是以货币记录的经济交易。所谓经济交易是指经济价值从一个单位向另一个单位的转移,它包括五类:第一,金融资产与商品和劳务之间的交换,即商品和劳务的买卖;第二,商品和劳务与商品和劳务之间的交换,即物物交换;第三,金融资产和金融资产之间的交换;第四,无偿的、单向的商品和劳务转移;第五,无偿的、单向的金融资产之间的转移。广义的国际收支是以经济交易为基础的。

第三,国际收支记录的经济交易必须是本国居民与非居民之间发生的经济交易,居民与非居民的划分是以居住地为标准进行的。在国际收支统计中,居民是指一个国家的经济领土内具有经济利益的经济单位和自然人,在一国居住超过1年以上的法人和自然人均属该国的居民，而不管该法人和自然人的注册地和国籍。但作为例外，一个国家的外交使节、驻外军事人员和出国就医者，尽管在另一国居住一年以上，仍是本国居民，是居住国的非居民。此外，国际性机构（如 IMF 等）不是某一国的居民，而是任何一国的非居民。

我国自 1996 年 1 月 1 日起实施的《国际收支统计申报办法》第三条规定："中国居民，是指：①在中国境内居留一年以上的自然人，外国及香港、澳门、台湾地区在境内的留学生、就医人员、外国驻华使馆领馆外籍工作人员及其家属除外；②中国短期出国人员（在境外居留时间不满一年）、在境外留学人员、就医人员及中国驻外使馆工作人员及家属；③在中国境内依法成立的企业事业法人（含外商投资企业及外资金融机构）及境外法人的驻华机构（不含国际组织驻华机构、外国驻华使馆领馆）；④中国国家机关（含中国驻外使馆领馆）、团体、部队。"

第四，国际收支是一个事后的概念。定义中的"一定时期"一般是指过去的会计年度，显然它是对已发生事实的记录。

二、国际收支平衡表

（一）国际收支平衡表的概念

国际收支平衡表（Balance of Payments Statement）是系统记录一个国家在某一特定时期（通常为 1 年）内所有对外经济交易的统计报表。各国或地区分析的目的不同，所编制的报表格式也就不一样。国际货币基金组织为使各国的国际收支平衡表具有可比性，对国际收支平衡表的概念、准则、惯例、分类方法以及标准构成等都作了统一的规定和说明。

（二）国际收支平衡表的记账原理

国际收支平衡表是根据"有借必有贷、借贷必相等"的复式簿记原理编制的，即每笔国际经济交易都是由两笔价值相等、方向相反的账目表示。根据复式记账法的惯例，无论是对实际资源还是金融资产，借方表示该经济体资产（资源）持有量的增加，贷方表示资产（资源）持有量的减少。因此记入借方的账目包括：①反映进口实际资源的经常项目；②反映资产增加或负债减少的资本与金融项目。记入贷方的账目包括：①反映出口实际资源的经常项目；②反映资产减产或负债增加的资本与金融项目。

（三）国际收支平衡表的格式

国际货币基金组织于 1948 年首次颁布了《国际收支手册》第 1 版，对国际收支平衡表的标准进行了统一规定。以后又先后于 1950 年、1961 年、1977 年和 1993 年修改了手册，不断地补充了新的内容。目前，基金组织各成员国大都采用基金组织 1977 年第 4 版的国际收支概念和分类，并着手按新制定的第 5 版的分类和要求修改和充实本国的国际收支统计体系。

（四）国际收支平衡表的内容

由于各国对外经济往来的情况不同，各国所编制的国际收支平衡表格式也不同，但其中的主要项目还是一致的。国际收支平衡表一般分为经常项目、资本和金融项目、平衡项目三大项目。

1.经常项目

经常项目(Current Account)主要反映一国与他国之间实际资源的转移,是国际收支中最重要的项目。经常项目包括货物(贸易)、服务(无形贸易)、收益和单方面转移(经常转移)四个项目。

(1)货物

货物(Goods)有5种类型:一般商品、用于加工的货物、货物修理、各种运输工具在港口购买的货物、非货币黄金。根据国际收支的一般原则,所有权的变更是决定国际货物交易的范围和记载时间的原则。通常出口货物所有权的变更时间是出口商停止在其项目上把出口货物作为自己的实际资产(即出口商在其账上记为销售),并在金融项目内记上相应的一笔账。进口货物所有权的变更时间则是进口商在自己账户上把进口货物作为自己的实际资产(即进口商在其账上记为购进),并在金融项目内记上相应的一笔账。这一习惯做法的目的是促进编制国际收支货物项目和金融项目的一致性以及出口国和进口国编制的货物项目的一致性。

(2)服务

相对于商品的有形贸易来说,服务(Service)贸易属于无形贸易。服务共有11种类型:运输、旅游、通信服务、建筑服务、保险服务、金融服务、计算机和信息服务、专有权利使用费和特许费、其他商业服务、有关个人服务及文化和娱乐服务、别处未提及的政府服务。

(3)收入

收入(Income)包括居民与非居民之间的两大交易:一是职工报酬(Compensation of Employees);二是投资收入(Investment Income)。职工报酬包括个人在非居民经济体为该经济体居民工作而得到的现金或实物形式的工资、薪水和福利,职工包括季节性工作的工人和其他短期工作(不足1年)的工人。在大使馆、领事馆或国际组织机构工作的当地职工所得到的报酬也被视为这些机构驻地所在国的非居民向居民的支付。投资收入指居民与非居民之间有关金融资产与负债的收入与支出,包括有关直接投资、证券投资和其他投资所得收入与支出。

(4)经常转移

经常转移(Current Transfer)用来记载居民与非居民之间的不涉及经济价值的回报的实际资源或金融产品的所有权变更,不管这种变更是自愿还是非自愿。经常转移不同于资本转移,资本转移列在资本和金融项目下。经常转移包括所有非资本转移的转移项目,它直接影响可支配收入的水平,影响货物和服务的消费。经常转移分为两大类:各级政府转移和其他部门转移,其中各级政府转移包括不同经济体政府间的国际合作或政府与国际组织之间的合作,如政府间的经济援助、捐赠、战争赔偿、国际组织作为一项政策向各国政府定期提供的转移;其他部门转移包括个人之间、非政府机构之间或团体之间(或这两类组织之间)的转移项目,如侨汇、继承、捐赠、资助性汇款等。

2.资本与金融项目

资本与金融项目(Capital and Financial Account)是由资本项目与金融项目两部分组成。它是国际收支平衡表的第二大类项目。

(1)资本项目

资本项目(Capital Account)反映资产在居民与非居民之间的转移,它由资本转移和非生产、非金融资产交易两部分组成。

①资本转移是指涉及固定资产所有权的变更及债权债务的减免等导致交易一方或双方资产存量发生变化的转移项目,重要包括三种转移:第一种,同固定资产收买或放弃(如投资赠款,以增加受援国购置固定资产的能力)相联系的或以其为条件的资本转移。第二种,固定资产所有权的转移。第三种,债权人不索取任何回报而取消的债务。其中前一种采用现金转移形式,后两种采用实物转移形式。

②非生产、非金融资产交易是指非生产性有形资产(土地和地下资产)和无形资产(专利、版权、商标和经销权等)的收买与放弃。

(2)金融项目

金融项目(Financial Account)反映的是居民与非居民之间投资与借贷的增减变化,它由直接投资、证券投资、其他投资三部分构成。

①直接投资(Direct Investment)是直接投资者对在国外投资的企业拥有10%及以上的普通股或投票权,从而对该企业的管理拥有有效的发言权。根据投资方向(即居民在国外的直接投资和非居民在报告经济体的直接投资)记录的直接投资的资本包括:股本资本、再投资利润和其他资本。

②证券投资(Portfolio Investment)又称间接投资,指在证券市场上购买他国政府发行的债券、企业发行的中长期债券以及股票所进行的投资。证券投资者以取得利息或股息为目的,投资者对企业不享有经营管理权。一国买入证券,就是资本输出。一国卖出证券,就是资本输入。证券投资项下设资产和负债两个条目,这两个条目分别包括股本证券和债务证券。其中,股本证券包括一切表明在所有债权人的债权得以清偿之后对公司型企业剩余资产拥有所有权的工具和凭证,如股票、参股或其他类似文件等。债务证券包括三类:一是长期债券、无抵押品的公司债券、中期债券等;二是货币市场工具或可转让的债务工具,包括短期国库券、商业票据和融资票据、银行承兑汇票、可转让的大额定期存单等;三是派生金融工具或二级金融工具,包括金融期货、期权、互换等。

③其他投资(Other Investment)是一个剩余项目,它包括所有直接投资、证券投资或储备资产未包括的金融交易。其资产与负债按工具进行分类,包括贸易信贷、贷款(包括使用基金组织的信贷和贷款)、货币和存款,以及其他资产和负债(如各种应收款和应付款)。

3.平衡项目

平衡项目(Balancing Account Items)是一个为了平衡经常项目与资本项目“缺口”而设置的

调节性项目。

(1)错误与遗漏

错误与遗漏(Errors and Omissions)是为使国际收支平衡表的借方总额与贷方总额相等,编表人员人为地在平衡表中设立该项目,来抵消净的借方余额或净的贷方余额。但是,人们在实际编制国际收支平衡表的过程中,总会出现一定的错误与遗漏,如逃避管制的非法资金流动、各部门统计口径的差异、同一笔交易发生于借方和贷方的时间差等。错误与遗漏项目的设立,可保证借方和贷方总额相等。

(2)储备资产与相关项目

储备与相关项目(Reserve Assets)包括外汇、黄金、在 IMF 的储备头寸和分配的特别提款权(SDR)。当一国国际收支出现差额时,该国就可动用黄金、外汇或增减国际债务来平衡。

三、国际收支失衡的原因与调节

按照贸易收支、经常项目、资本与金融项目等不同国际收支口径衡量,一国国际收支不平衡是经常发生的。

(一) 国际收支失衡的原因

1. 结构性失衡

因为一国国内生产结构及相应要素配置未能及时调整或更新换代,导致不能适应国际市场的变化,引起本国国际收支不平衡。

2. 周期性失衡

跟经济周期有关,一种因经济发展的变化而使一国的总需求、进出口贸易和收入受到影响而引发的国际收支失衡情况。

3. 收入性失衡

一国国民收入发生变化而引起的国际收支不平衡。一定时期一国国民收入多,意味着进口消费或其他方面的国际支付会增加,国际收支可能会出现逆差。

4. 货币性失衡

因一国币值发生变动而引发的国际收支不平衡。当一国物价普遍上升或通胀严重时,产品出口成本提高,产品的国际竞争力下降,在其他条件不变的情况下,出口减少,与此同时,进口成本降低,进口增加,国际收支发生逆差。反之,就会出现顺差。

5. 临时性失衡

临时性失衡是指由短期的、非确定或偶然因素引起的国际收支失衡。

(二)国际收支的调节

巨额的、持续的国际收支逆差或顺差均不利于经济稳定和发展,政府有必要采取措施减少不平衡的程度和方向,从而产生了国际收支的调节问题,国际收支的调节可以分为市场调节和政策调整。

1.国际收支的自动调节

国际收支的自动调节是指由国际收支失衡引起的国内经济变量变动对国际收支的反作用过程。在完全或接近完全的市场经济中,国际收支可以通过市场经济变量的调节自动恢复平衡。当然,国际收支自动调节只有在纯粹的自由经济中才能产生理论上所描述的那些作用,政府的宏观经济政策会干扰自动调节过程,使其作用下降、扭曲或根本不起作用。18 世纪中期,休谟把货币数量说应用到国际收支中 1752 年的《政治论丛》中首次提出了价格 – 现金流动机制,即在国际金本位制的条件下,一个国家的国际收支可通过物价的涨落和现金(即黄金)的输出输入自动恢复平衡。在纸币流通条件下,虽然黄金流动对于国际收支的平衡发挥的作用已经不复存在,但国际收支的自动调节机制仍然通过价格、汇率、利率、收入等经济变量发挥作用。

(1)价格机制

在金本位条件下,当一国国际收支出现逆差时,意味着对外支付大于收入,黄金外流增加,导致货币供给下降。在其他条件既定的情况下,物价下降,该国出口商品价格也下降,出口增加,国际收支因此而得到改善。反之,当国际收支出现大量盈余时,意味着对外支付小于收入,黄金内流增加,导致货币供给增加。在其他条件既定的情况下,物价上升,该国出口商品价格也上升,出口减少,进口增加,国际收支顺差趋于消失。这一过程可用图 12.1 来描述。顺差情况相反。

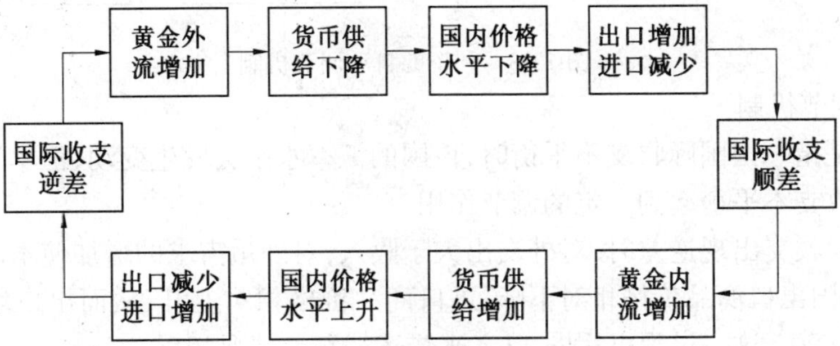

图 12.1　价格的自动调节机制

(2)收入机制

收入机制是指一国国际收支不平衡时,该国的国民收入、社会总需求会发生变动,这些变动反过来又会削弱国际收支的不平衡。

当国际收支出现逆差时,表明国民收入水平下降,国民收入下降会引起社会总需求下降及进口需求下降,从而国际收支得到改善。收入机制的自动调节过程的描述如图 12.2 所示。顺差情况相反。

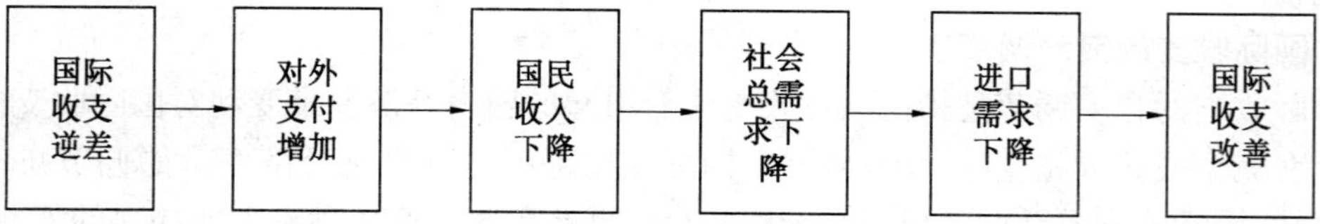

图 12.2　国民收入的自动调节机制

(3)利率机制

利率机制是指一国国际收支不平衡时,该国的利率水平会发生变动,利率水平的变动反过来又会对国际收支不平衡起到一定的调节作用。

当一国国际收支发生逆差时,该国的货币存量(供应量)相对减少,利率上升。而利率上升,表明本国金融资产的收益率上升,从而对本国金融资产的需求相对上升,对外国金融资产的需求相对减少,资金外流减少或资金内流增加,资本与金融项目得到改善。同时,利率上升会减少社会总需求,进口减少,出口增加,贸易收支也会得到改善。利率机制的自动调节过程的描述如图 12.3 所示。顺差情况相反。

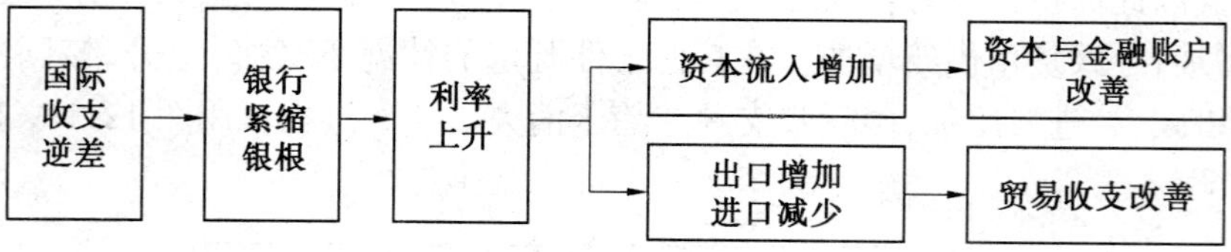

图 12.3　利率的自动调节机制

(4)汇率调节机制

汇率机制是指一国国际收支不平衡时,该国的汇率水平会发生变动,汇率水平的变动反过来又会对国际收支不平衡起到一定的调节作用。

当一国国际收支出现逆差时,对外支出大于收入,对外币需求的增加使本国货币的汇率下降,由此引起本国出口商品价格相对下降、进口商品价格相对上升,从而出口增加,进口减少,贸易收支得到改善。这一过程可用图 12.4 来描述。顺差情况相反。

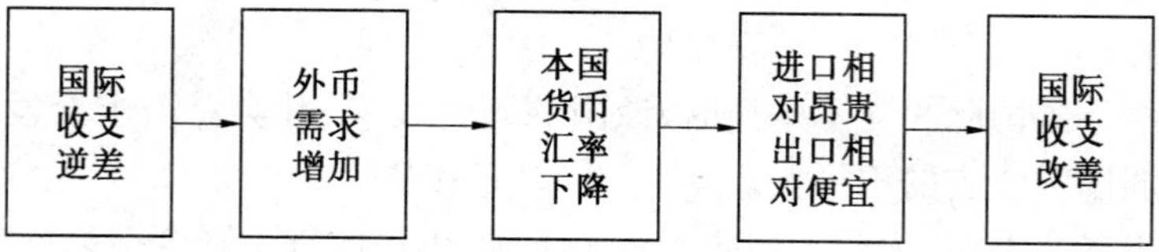

图 12.4　汇率的自动调节机制

2.国际收支失衡的政策调节

在现实世界中,这些自动调节机制是同时运转并相互作用的。那么为什么仍然存在国际收支失衡呢？主要原因在于:政府不断干扰这些机制的运行,有时是因为疏忽,更多是为了追求一定的政策目标。因为这些自动调节机制在实现国际收支平衡的同时,可能会对国内经济产生消极的影响。例如,旨在消除国际收支赤字的货币调节机制的运行,将对国内经济产生收缩作用。如果该国政府对国内经济目标的重视大于外部平衡的实现,就会采取若干措施限制上述自动恢复平衡机制的运行。因此,自动调节机制发生作用的大小以及发生作用的期限长短,一方面取决于该国的经济条件,另一方面还取决于该国的经济政策。

(1)外汇缓冲政策

外汇缓冲政策是国家通过国际外汇市场对外汇储备进行调节,中央银行拨出一定数量的外汇储备,作为外汇平准基金。当国际收支发生短期不平衡时,通过中央银行在外汇市场买卖外汇来调节外汇供求,影响汇率,从而推进出口,增加外汇收入和改善国际收支。外汇缓冲政策是比较“软”的一种手段。

(2)财政政策

财政政策是政府利用财政收入、财政支出对经济进行调控的经济政策,它的主要工具包括财政收入政策、财政支出政策和公债政策。财政政策通常用作调节国内经济的手段,但由于总需求变动可以改变国民收入、物价和利率,启动国际收支的货币和收入调节机制,因此财政政策成为国际收支调节手段。如当一国出现国际收支逆差时,政府可采用紧缩的财政政策,如削减政府开支或提高税收,迫使投资和消费减少,物价相对下降,从而有利于出口,压制进口,改善贸易收支及国际收支。反之,当一国国际收支顺差很大时,政府可实行积极的财政政策,如扩大政府开支或减少税收,以扩大总需求,增加进口及非贸易支出,从而减少贸易收支及国际收支顺差。

(3)货币政策

货币政策是中央银行通过调节货币供应量来影响宏观经济活动水平的经济政策,其主要工具是公开市场业务、调整再贴现率以及法定准备金率。由于货币供应量变动可以改变利率、物价和国民收入,启动国际收支的货币和收入调节机制,因此货币政策成为国际收支调节手段。在调节国际收支失衡时,主要采用改变再贴现率以此影响市场利率的政策。如当一国出现国际收支逆差时,中央银行可提高再贴现率,市场利率也随之上升,投资和消费受到抑制,物价开始下降,从而有利于出口,压制进口,改善贸易收支。同时市场利率的提高,也有利于吸纳国外资本,从而改善国际收支。

财政政策与货币政策都可直接影响社会总需求,由此调节内部均衡,但它作为国际收支调节手段具有明显的局限性,主要表现在为解决国际收支失衡问题而采取的财政或货币政策可能同国内经济目标发生冲突。因此,政府选择财政货币政策实现国际收支平衡时,要注意时机选择。

(4)直接管制

直接管制是指对国际经济交易直接采取严格的行政管制,包括外汇管制和贸易管制。

外汇管制主要是对外汇实行统购统销,以控制进口用汇和出口结汇,限制资本流动,使外汇供求基本平衡。贸易管制是通过关税、配额制度、许可证制度来控制进出口。运用直接管制政策来调节国际收支,具有极强的针对性,能对具体项目实行分类控制,减少调节代价,适用于结构性失衡的调节。其弊端是不利于社会福利,容易导致贸易摩擦。

(5)国际经济金融合作

每个国家为平衡国际收支都会采取各种对策,但一国的顺差往往是另一个国家的逆差,各国各行其道势必招致相关国家的相应对待,造成国际经济合作混乱,各国都不免受害。因此,目前各国都很注意加强合作,解决国际收支不平衡的问题。具体措施如下:

第一,通过各种国际经济协定确定国际收支调节的一般原则。如国际货币基金组织规定了多边结算原则、消除外汇管制原则和禁止竞争性货币贬值原则等。世界贸易组织就规定了非歧视原则、关税保护和关税减让原则、取消数量限制原则、禁止倾销和限制出口贴补原则、磋商调解原则等。这些原则都是以经济和金融自由化为核心,通过限制各国采取损人利己的调节政策来缓和各国之间的矛盾。

第二,通过国际金融组织或通过国际协定向国际收支逆差国提供资金融通,以缓解其国际清偿力不足的问题。如国际货币基金组织向其会员国发放有关贷款用于解决暂时性国际收支困难,设立特别提款权用于补充会员国的国际储备资产。通过"借款总安排"或货币互换协定要求有关国家承诺提供一定的资金,由国际收支逆差国在一定条件下动用以缓和国际收支逆差问题和稳定汇率。

第三,建立区域性经济一体化集团,以促进区域内经济、金融的一体化和国际收支调节。目前国际经济中的区域性经济一体化集团主要包括优惠贸易安排、自由贸易区、关税同盟、经济共同体和统一货币区。如在欧盟,已基本实现了商品和要素国际流动的自由化,制定了共同农业政策,在货币一体化的道路上迈出了坚实的步伐,目前已有15个国家加入了欧元区,通过有关政策协调来缓解成员国之间国际收支不平衡状况。

四、我国的国际收支

改革开放前,由于受传统计划经济的影响,我国一直只编制外汇收支平衡表,以反映对外贸易和非贸易的收支状况,但这个平衡表不能反映我国与国外资金往来的情况。当时,对外汇实行由国家集中管理、统一经营的方针,一切外汇买卖都通过国家指定的银行(中国银行)来进行。外汇收支实行"以收定支、收支平衡、略有节余"的原则,外汇收支规模很小,也没有利用外资,基本无资本流动,加之我国没有参加任何国际金融组织,因此,在1980年以前我国未曾编制过国际收支统计报表。改革开放以后,我国大力发展同世界各国的经济技术合作,积极引进外资,资本项目中的交易也日益国际化。随着经济的不断发展,我国国际收支的项目越来越丰富。因此，为了加强宏观管理与控制，有必要建立起一套适合我国实际需要的国际收支统计制度，编制出真正反映我国实际情况的国际收支平衡表，以全面、及时、准确地反映我国国际收支状况。此外，1980 年 4 月和 5 月，我国相继恢复了在国际货币基金组织和世界银行的合法席位，作为该组织的成员国，我国要定期向其提供有关资料。国际收支统计资料是其中的一项。1980 年，我国开始试编国际收支平衡表，1981 年制定了国际收支统计制度，1984 年又对其进行了修订。这次修订确立了我国国际收支统计体系的模式及方法。它在项目设立、分类等方面均依照国际货币基金组织制订的《国际收支手册》第 4 版的原则，具有国际可比性。1985 年 9 月由国家外汇管理局首次公布了我国 1982～1984 年的国际收支概览表。从 1987 年开始，我国每年定期公布上一年的国际收支状况。1994 年开始实行国际收支统计申报制度。从此我国的国际收支平衡表的统计和编制走上了正轨，并逐年对外公布，如我国 2007 年度国际收支平衡简表(表 12.1)。

表 12.1　2007 年度中国国际收支平衡简表

单位：千美元

项 目	行次	差额	贷 方	借 方
一.经常项目	1	371 832 620	1 467 881 998	1 096 049 377
A.货物和服务	2	307 476 604	1 342 205 962	1 034 729 358
a.货物	3	315 381 397	1 219 999 629	904 618 232
b.服务	4	－7 904 793	122 206 333	130 111 126
1.运输	5	－11 946 918	31 323 823	43 270 740
2.旅游	6	7 446 953	37 233 000	29 786 047
3.通信服务	7	92 886	1 174 551	1 081 665
4.建筑服务	8	2 467 280	5 377 097	2 909 817
5.保险服务	9	－9 760 431	903 696	10 664 127
6.金融服务	10	－326 437	230 486	556 924
7.计算机和信息服务	11	2 136 680	4 344 752	2 208 072
8.专有权利使用费和特许费	12	－7 849 433	342 634	8 192 067
9.咨询	13	724 182	11 580 552	10 856 370
10.广告、宣传	14	575 347	1 912 265	1 336 918
11.电影、音像	15	162 569	316 285	153 716
12.其他商业服务	16	8 676 788	26 914 852	18 238 064
13. 别处未提及的政府服务	17	－304 260	552 339	856 599

续表 12.1

项 目	行次	差额	贷 方	借 方
B.收益	18	25 688 492	83 030 308	57 341 816
1.职工报酬	19	4 340 072	6 833 130	2 493 058
2.投资收益	20	21 348 421	76 197 179	54 848 758
C.经常转移	21	38 667 524	42 645 727	3 978 204
1.各级政府	22	– 165 960	34 947	200 907
2.其他部门	23	38 833 484	42 610 780	3 777 297
二.资本和金融项目	24	73 509 250	921 960 702	848 451 452
A.资本项目	25	3 099 075	3 314 699	215 624
B. 金融项目	26	70 410 175	918 646 003	848 235 828
1. 直接投资	27	121 418 332	151 553 693	30 135 361
1.1 我国在外直接投资	28	– 16 994 854	1 929 982	18 924 836
1.2 外国在华直接投资	29	138 413 185	149 623 710	11 210 525
2. 证券投资	30	18 671 987	63 969 241	45 297 254
2.1 资产	31	– 2 324 017	42 643 237	44 967 254
2.1.1 股本证券	32	– 15 188 600	1 753 200	16 941 800
2.1.2 债务证券	33	12 864 583	40 890 037	28 025 454
2.1.2.1 (中)长期债券	34	10 590 583	38 616 037	28 025 454
2.1.2.2 货币市场工具	35	2 274 000	2 274 000	0
2.2 负债	36	20 996 004	21 326 004	330 000
2.2.1 股本证券	37	18 509 607	18 509 607	0
2.2.2 债务证券	38	2 486 397	2 816 397	330 000
2.2.2.1 (中)长期债券	39	2 486 397	2 816 397	330 000
2.2.2.2 货币市场工具	40	0	0	0
3. 其他投资	41	– 69 680 144	703 123 069	772 803 213
3.1 资产	42	– 151 485 862	29 879 034	181 364 896
3.1.1 贸易信贷	43	– 23 800 000	0	23 800 000
长期	44	– 1 666 000	0	1 666 000

续表 12.1

项 目	行次	差额	贷 方	借 方
短期	45	－22 134 000	0	22 134 000
3.1.2 贷款	46	－20 805 513	294 330	21 099 842
长期	47	－4 119 000	0	4 119 000
短期	48	－16 686 513	294 330	16 980 842
3.1.3 货币和存款	49	－2 381 759	15 994 859	18 376 618
3.1.4 其他资产	50	－104 498 590	13 589 846	118 088 436
长期	51	0	0	0
短期	52	－104 498 590	13 589 846	118 088 436
3.2 负债	53	81 805 718	673 244 035	591 438 317
3.2.1 贸易信贷	54	29 100 000	29 100 000	0
长期	55	2 037 000	2 037 000	0
短期	56	27 063 000	27 063 000	0
3.2.2 贷款	57	17 296 028	548 960 080	531 664 053
长期	58	6 988 110	20 882 738	13 894 628
短期	59	10 307 918	528 077 342	517 769 425
3.2.3 货币和存款	60	34 316 941	91 634 184	57 317 243
3.2.4 其他负债	61	1 092 750	3 549 771	2 457 021
长期	62	1 132 310	1 167 941	35 631
短期	63	－39 561	2 381 830	2 421 391
三. 储备资产	64	－461 744 102	239 766	461 983 869
3.1 货币黄金	65	0	0	0
3.2 特别提款权	66	－78 869	0	78 869
3.3 在基金组织的储备头寸	67	239 766	239 766	0
3.4 外汇	68	－461 905 000	0	461 905 000
3.5 其他债权	69	0	0	0
四.净 误 差 与 遗 漏	70	16 402 232	16 402 232	0

* 本表计数采用四舍五入原则。

【知识库】

国际收支平衡表(1993年第5版)

项目	借方	贷方
一、经常项目(Current Account)		
1.商品(Goods)		
2.服务(Service)		
3.收入(Income)		
4.经常转移(Current Transfers)		
二、资本和金融项目(Capital and Financial Account)		
1.资本项目(Capital Account)		
2.金融项目(Financial Account)		
直接投资(Direct Investment)		
证券投资(Portfolio Investment)		
其他投资(Other Investment)		
储备资产(Reserve Assets)		
.外汇储备(Foreign Currency Reserve)		
.黄金储备(Gold Reserve)		
.特别提款权(SDRs)		
.储备头寸(Reserve Position in IMF)		
.其他资产(Other Assets)		
三、错误与遗漏(Errors and Omissions Account)		

资料来源:韩玉珍.国际金融[M].北京:北京大学出版社,2002.

第二节　国际货币体系

一、国际货币体系的含义及内容

国际货币体系就是各国政府为适应国际贸易与国际支付的需要,对货币在国际范围内发挥世界货币职能所确定的原则、采取的措施和建立的组织形式的总称。它既包括有法律约束力的有关货币国际关系的规章和制度(正式约束),也包括具有传统约束力的约定俗成的惯例和做法(非正式约束),还包括在国际货币关系中起协调、监督作用的国际金融机构及其实施机制。在这种构架下,国际货币体系主要由以下五个方面构成:

①各国货币比价即汇率的确定。

②各国货币的兑换性和对国际支付所采取的措施,包括对经常项目、资本金融项目管制与否的规定,国际结算原则的规定。

③国际收支的调节。即有效地帮助和促进国际收支不平衡的国家进行调节,使各国在国际范围内能公平地承担国际收支调节的责任和负担。

④国际储备资产的确定。即使用何种货币作为国际间支付货币,一国政府应持有何种国际储备资产,用以维持国际支付原则和满足储备资产供应的需要。

⑤黄金外汇的流动与转移是否自由等。

二、国际货币体系的演变及类型

国际货币体系迄今为止已经经历了三个发展阶段:

第一阶段是国际金本位时期。这一时期大体上是从1816年英国实行金本位制度开始,19世纪中叶到第一次世界大战前是它的全盛时期。在20世纪20年代末30年代初世界经济危机中,国际金本位制终于彻底崩溃。

第二阶段是布雷顿森林体系时期。它大体上从1945年底开始,到1971年至1973年结束。布雷顿森林体系在国际货币体系发展史上占有重要地位。第二次世界大战后世界经济的重建,实际上是以布雷顿森林体系的建立为开端的。

第三阶段是牙买加体系时期。它从1976年1月国际货币基金组织临时委员会的牙买加协定正式订立开始至今,国际上也有人把这一阶段称为“无体系时代”。

(一)国际金本位制

国际金本位制度是以黄金作为国际本位货币的制度,其特点是各国货币之间的汇率由各自的含金量比例决定,黄金可以在各国间自由输出输入,国际收支具有自动调节机制。英国于1816年率先实行金本位制度,19世纪70年代以后欧美各国和日本等国相继仿效,因此许多国家的货币制度逐渐统一,金本位制度由国内制度演变为国际制度。国际金本位制按其货币与黄金的联系程度,可以分为:金币本位制、金块本位制和金汇兑本位制。

1929年世界性的经济危机使原本脆弱的国际金本位制最终崩溃。在欧洲,德国首先于1931年7月宣布实行外汇管制,放弃了金本位制。接着同年9月和1933年4月,英国和美国相继放弃了金本位制。法国、比利时、荷兰、瑞士、意大利和波兰六国组成的“黄金集团”,坚持到1935年也先后被迫放弃了金本位制,从而宣告了国际金本位制的彻底瓦解。

金本位彻底崩溃后,20世纪30年代大萧条期间全世界被所谓的“汇率战”所笼罩。为了扩大出口,刺激国内经济复苏,各国货币竞相贬值,外汇管制也越来越严格。“汇率战”在第二次世界大战期间为筹措战争经费达到高峰,最终结果却是,国际贸易严重受阻,国际资本流动濒临停顿。各国所进行激烈的货币战,使国际货币金融关系呈现出一片混乱局面。而以美元为中心的布雷顿森林体系的建立,使国际货币金融关系又有了统一的标准和基础,混乱局面暂时得以稳定。

(二)布雷顿森林体系

1.布雷顿森林体系建立的历史背景

布雷顿森林体系是指布雷顿森林会议以后形成的以美元为中心的国际货币金融体系。布雷顿森林体系以黄金为基础,以美元作为最主要的国际储备货币,国际货币基金组织则是维持这一体系正常运转的中心机构。20世纪70年代后,美国经济发展速度明显放缓,1973年,美元再也无法按固定价格兑换黄金,以美元为中心的资本主义世界货币体系解体。不过,由布雷顿森林会议诞生的两个机构——世界银行和国际货币基金组织仍然在世界贸易和金融格局中发挥着至为关键的作用。

第二次世界大战以后,世界政治、经济格局发生了重大变化,建立一个世界统一的货币汇率体系迫在眉睫。经过两次世界大战,美国取代了英国在全球长期的首富地位,成为世界的政治、经济霸主。西欧国家曾经是国际政治、经济中的主宰力量,现在已沦为二三等国家。在欧洲、日本忙于清理战争的废墟瓦砾的时候,美国的经济影响则在进一步扩大。它一方面担负起援建盟国的任务,另一方面又乘机扩展它的世界霸权。这些任务当然牵涉到巨额资金在国际范围内的流动。于是,美国作为西方世界的霸主,迫切需要建立一个世界统一的货币汇率体系以便于外汇的流通和结算。另外,第二次世界大战既严重地破坏了社会生产力,又对第二次世界大战后社会生产力的迅速发展产生了巨大影响。战争破坏带来了固定资本的大规模更新和扩大。第二次世界大战中发展起来的军事工业也大批转入民用工业,为整个工业带来了新技术、新工艺、新设备和新材料,许多新兴工业部门应运而生。资本主义世界出现了一个比历史上工业革命更为广泛深刻的科技革命。在这一背景之下,世界各国经济联系更为紧密了,国际资本的流动也迅速增加。这也是迫切需要建立一个统一的货币汇率体系的原因之一。同时,20世纪30年代经济与社会的动荡以及两次世界大战的教训,给40年代的经济学家和政治家们留下了深刻的影响。他们总结经验,决心要建立一个新的货币汇率体系,以避免经济混乱和减少大萧条的影响。

为构建一个新的国际经济秩序,1944年7月1日至22日,在美国新罕布什尔州的布雷顿森林城举行了由44个国家参加的“联合国货币金融会议”,围绕第二次世界大战后国际货币制度的结构和运行等问题,会议通过了以“怀特计划”为基础的《国际货币基金组织协定》和《国际复兴开发银行协定》,总称《布雷顿森林协议》,并于1945年12月27日经占份额65%以上的成员国批准而生效。至此,确定了第二次世界大战后以美国为中心的国际货币体系。

2.布雷顿森林体系的内容

布雷顿森林体系的实质是建立一种以美元为中心的国际货币体系。其基本内容是美元与黄金挂钩,其他国家的货币与美元挂钩,实行固定汇率制度。

(1)各国货币比价的挂钩

①美元与黄金挂钩。各国确认1934年1月美国规定的35美元一盎司的黄金官价,每一美元的含金量为0.888 671克黄金。各国政府或中央银行可按官价用美元向美国兑换黄金。

为使黄金官价不受自由市场金价冲击，各国政府需协同美国政府在国际金融市场上维持这一黄金官价。

②其他国家货币与美元挂钩。其他国家政府规定各自货币的含金量，通过含金量的比例确定同美元的汇率。

③实行可调整的固定汇率。《国际货币基金协定》规定，各国货币对美元的汇率，一般只能在法定汇率上下各1%的幅度内波动。若市场汇率超过法定汇率1%的波动幅度，各国政府有义务在外汇市场上进行于预，以维持汇率的稳定。若会员国法定汇率的变动超过10%，就必须得到国际货币基金组织的批准。1971年12月，这种即期汇率变动的幅度扩大为上下2.25%的范围，而决定"平价"的标准，也由黄金改为特别提款权。布雷顿森林体系的这种汇率制度被称为"可调整的盯住汇率制度"。

(2)国际收支的调节

国际货币基金组织会员国份额的25%以黄金或可兑换成黄金的货币缴纳，其余则以本国货币缴纳。会员国发生国际收支逆差时，可用本国货币向基金组织按规定程序购买(即借贷)一定数额的外汇，并在规定时间内以购回本国货币的方式偿还借款。会员国所认缴的份额越大，得到的贷款也越多。贷款只限于会员国用于弥补国际收支赤字，即用于经常项目的支付。

(3)成立国际货币基金组织

建立永久性国际金融机构——国际货币基金组织是布雷顿森林体系的一大特色。"协定"确定了IMF的宗旨：①建立IMF机构，促进国际货币合作。②促进国际贸易和投资的均衡发展，提高会员国的就业和实际收入水平，扩大生产能力。③促进汇率稳定，维护正常汇兑关系，避免竞争性货币贬值。④建立多边支付体系，设法消除外汇管制。⑤为会员国提供资金融通，纠正国际收支失衡。⑥缩小或减少国际收支赤字或盈余的扩大。

3.布雷顿森林体系的作用

布雷顿森林体系形成后，基金组织和世界银行的活动对世界经济的恢复和发展起了积极作用。一方面，基金组织提供的短期贷款暂时缓和了国际收支危机。第二次世界大战后初期，许多国家由于黄金外汇储备枯竭，纷纷实行货币贬值，造成国际收支困难，而基金组织的贷款不同程度地解决了这一难题。20世纪50年代中期至60年代中期，由于在减少限制方面有了较快发展，许多国家国际支付地位的加强，也促进了支付办法上的稳步自由化，基金组织的贷款业务迅速增加，重点也由欧洲转至亚、非、拉第三世界。另一方面，世界银行提供和组织的长期贷款和投资不同程度地解决了会员国战后恢复和发展经济的资金需要。世界银行成立初期，贷款主要集中于欧洲国家。后来，世界银行的贷款方向主要转向发展中国家，以解决开发资金的需要。此外，基金组织和世界银行在提供技术援助，建立国际经济货币的研究资料及交换资料情报等方面对世界经济的恢复与发展也起到了一定作用。

4.布雷顿森林体系的崩溃

①制度自身的缺陷。以美元为中心的国际货币制度崩溃的根本原因，是这个制度本身存

在着不可解脱的矛盾。在这种制度下,美元作为国际支付手段与国际储备手段,发挥着世界货币的职能。一方面,美元作为国际支付手段与国际储备手段,美元币值稳定,才会在国际支付中被其他国家所普遍接受。而美元币值稳定,不仅要求美国有足够的黄金储备,而且要求美国的国际收支必须保持顺差,从而使黄金不断流入美国而增加其黄金储备。否则,人们在国际支付中就不愿接受美元。另一方面,全世界要获得充足的外汇储备,又要求美国的国际收支保持大量逆差,否则全世界就会面临外汇储备短缺、国际流通渠道出现国际支付手段短缺。但随着美国逆差的增大,美元的黄金保证又会不断减少,美元又将不断贬值。

但是进入20世纪60年代后,随着资本主义体系危机的加深和政治经济发展不平衡的加剧,各国经济实力对比发生了变化,美国经济实力相对减弱。1950年以后,除个别年度略有顺差外,其余各年度都是逆差,并且有逐年增加的趋势。至1971年,仅上半年,逆差就高达83亿美元。随着国际收支逆差的逐步增加,美国的黄金储备也日益减少。1949年,美国的黄金储备为246亿美元,占当时整个资本主义世界黄金储备总额的73.4%。此后,逐年减少,至1971年8月,尼克松宣布"新经济政策"时,美国的黄金储备只剩下102亿美元,而短期外债为520亿美元。由于布雷顿森林体系前提的消失,也就暴露了其致命弱点,即"特里芬两难"。美元国际信用严重下降,各国争先向美国挤兑黄金,而美国的黄金储备已难于应付,这就导致了从1960年起,美元危机迭起,第二次世界大战后从美元短缺到美元泛滥,是这种矛盾发展的必然结果。

②美元危机与美国经济危机频繁爆发。资本主义世界经济此消彼长,美元危机是导致布雷顿森林体系崩溃的直接原因。

第一,美国黄金储备减少。美国1950年发动朝鲜战争,海外军费剧增,国际收支连年逆差,黄金储备源源外流。1960年,美国的黄金储备下降到178亿美元,已不足以抵补当时的210.3亿美元的流动债务,出现了美元的第一次危机。60年代中期,美国卷入越南战争,国际收支进一步恶化,黄金储备不断减少。1968年3月,美国黄金储备已下降至121亿美元,而同期的对外短期负债为331亿美元,引发了第二次美元危机。到1971年,美国的黄金储备(102.1亿美元)仅是它对外流动负债(678亿美元)的15.05%。此时美国已完全丧失了承担美元对外兑换黄金的能力。于是,尼克松总统不得不于1971年8月15日宣布停止承担美元兑换黄金的义务。1973年美国爆发了最为严重的经济危机,黄金储备已从第二次世界大战后初期的245.6亿美元下降到110亿美元。没有充分的黄金储备作基础,严重地动摇了美元的信誉。

第二,美国通货膨胀加剧。美国发动侵越战争,财政赤字庞大,不得不依靠发行货币来弥补,造成通货膨胀。加上两次石油危机,石油提价而增加支出;同时,由于失业补贴增加,劳动生产率下降,造成政府支出急剧增加。美国消费物价指数1960年为1.6%,1970年上升到5.9%,1974年又上升到11%,这给美元的汇价带来了巨大冲击。

第三,美国国际收支持续逆差。第二次世界大战结束时,美国利用在战争中膨胀起来的经济实力和其他国家被战争削弱的机会,大举向西欧、日本和世界各地输出商品,使美国的国际收支持续出现巨额顺差，其他国家的黄金储备大量流入美国。各国普遍感到“美元荒”。随着西欧各国经济的增长，出口贸易的扩大，其国际收支由逆差转为顺差，美元和黄金储备增加。美国由于对外扩张和侵略战争，国际收支由顺差转为逆差，美国资金大量外流，形成“美元过剩”。这使美元汇率承受巨大的冲击和压力，不断出现下浮的波动。

（三）牙买加货币体系

1.牙买加货币体系形成

1973年3月布雷顿森林体系彻底崩溃后，国际货币金融领域曾一度陷于混乱和无秩序的状态。外汇市场上抢购马克、日元等硬通货使美元汇率大幅度下浮；金价节节攀升；在汇率安排方面，单一的全球的固定汇率制度被五花八门的汇率安排所取代；马克和日元等硬通货迅速崛起，开始成为各国的储备货币，以美元为中心的货币体系开始被多种货币体系逐渐取代。此外，20世纪60年代席卷全球的民族解放运动，使一大批发展中国家获得了政治上的独立，由此带来的追求民族经济发展的努力使其遇到了严重的国际收支的问题；1973年10月和1974年1月，石油输出国组织将油价提高将近4倍，使全球性的国际收支问题更加严重。

2.牙买加协议的主要内容

（1）实行浮动汇率制度的改革

牙买加协议正式确认了浮动汇率制的合法化，承认固定汇率制与浮动汇率制并存的局面，成员国可自由选择汇率制度。同时IMF继续对各国货币汇率政策实行严格监督，并协调成员国的经济政策，促进金融稳定，缩小汇率波动范围。实行浮动汇率制的成员国，还应根据经济条件，逐步恢复规定汇率制。一般而言，发达工业国家多数采取单独浮动或联合浮动，但有的也采取盯住自选的货币篮子。对发展中国家而言，多数是盯住某种国际货币或货币篮子，单独浮动的很少。不同汇率制度各有优劣，浮动汇率制度可以为国内经济政策提供更大的活动空间与独立性，而固定汇率制则减少了本国企业可能面临的汇率风险，方便生产与核算。各国可根据自身的经济实力、开放程度、经济结构等一系列相关因素去权衡得失利弊。

（2）推行黄金非货币化

协议做出了逐步使黄金退出国际货币的决定。并规定：废除黄金条款，取消黄金官价，成员国中央银行可按市价自由进行黄金交易。取消成员国相互之间以及成员国与IMF之间需用黄金清算债权债务的规定，IMF逐步处理其持有的黄金，按市场价格出售基金组织黄金总额的$\frac{1}{6}$，另有$\frac{1}{6}$归还各成员国。

（3）增强特别提款权的作用

规定特别提款权作为主要储备资产，主要是提高特别提款权的国际储备地位，扩大其在IMF一般业务中的使用范围，特备提款权可以作为各国货币定值的标准，可以供参加这种账户的国家用来清偿国际货币基金组织的债务，也可以用特别提款权进行借款。

（4）增加成员国基金份额

成员国的基金份额从原来的292亿特别提款权增加至390亿特别提款权，增幅达33,6%。

各成员国应交份额所占比重也有所改变:除发展中国家维持不变外,主要西方国家除原联邦德国、日本外,份额均有所降低。石油输出国的份额提高了近一倍(由5%增加到10%)。

(5)扩大信贷额度,以增加对发展中国家的融资

国际货币基金组织出售了其会员国所缴纳的黄金作为"信托基金",对最不发达的国家以优惠条件提供援助。同时,国际货币基金组织扩大信用贷款总额,放松贷款的条件,延长偿还的期限,资助持续发生国际收支逆差的国家。

3.对当前国际货币制度的评价

当前的国际货币体系(牙买加体系)仍然存在许多问题,主要表现在以下三个方面。

(1)汇率纪律荡然无存

在西方学术界,固定汇率和浮动汇率孰优孰劣的争论是一个长期性的话题。鉴于布雷顿森林体系的弱点,"牙买加协议"明确规定,国际合作的基本目标是经济稳定(即物价稳定)而不是汇率稳定,于是更具弹性的浮动汇率制在世界范围内逐步取代了固定汇率制。倾向浮动汇率制经济学家认为:浮动汇率会给予各国宏观经济决策者以更大的自主权;会消除雷顿森林体系下的不对称性;可以调节国际收支,促使国际收支平衡,解决固定汇率制下的根本性不均衡。

但从各国实行浮动汇率的实际经验来看,在浮动汇率制下,汇率波动频繁而急剧,在牙买加体系下,IMF的181个成员中,有$\frac{1}{3}$实行的是独立浮动或管理浮动汇率,其余$\frac{2}{3}$是盯住汇率(盯住单一货币或复合货币)。盯住汇率实际上是相对的固定汇率制度,盯住货币的汇率被动地随被盯住货币的汇率的变动而变动。自20世纪80年代以来,美元、日元、德国马克的汇率此消彼长,波动惊人,使盯住货币国家汇率扭曲,出现经济结构失衡,国际收支失衡。盯住汇率制与独立浮动汇率制之间的这一内在矛盾是牙买加体系下汇率动荡、货币危机频发的根源。汇率的频繁波动,许多弊端显现出来:第一,浮动汇率加剧了世界性通货膨胀,因为浮动汇率总的来讲是提高了各国物价。第二,基金组织对国际储备的控制被削弱了,浮动汇率使一些国家可以长期地实行膨胀政策,而不必考虑国际支付问题。第三,汇率经常变动,不仅影响对外贸易和资本流动,而且使发展中国家的外汇储备和外债问题也变得复杂化了。第四,这一汇率体制助长了外汇投机活动,在汇率频繁剧烈波动下,外汇投机商乘机倒卖外汇牟取暴利,加剧了国际金融市场的动荡和混乱。第五,世界经济全球化和一体化趋势的发展,使各国在浮动汇率制下也不能充分实行独立的政策。为此,主要工业国都采取了一些措施来稳定汇率,实施所谓的"管理浮动",对外汇市场进行必要的干预。但不论是自由浮动还是管理浮动,存在的现实问题都不少,特别是国际金融市场的不稳定问题在20世纪90年代以来的日渐突出,许多西方经济学者又开始主张恢复固定汇率制。可是,从目前各国经济增长率、通货膨胀率、利率和对外收支等方面存在很大差异的条件来分析,实行固定汇率制是缺乏基础的。因而,更多的经济学者主张保持目前的混合体制,要求主要工业国协调政策,联合干预,以使汇率趋于稳定。

(2)造成储备货币管理的复杂性

国际储备货币的多样化具有产生的必然性。本来,根据修改后的《国际货币基金协定》,基

金组织在取消了黄金的货币作用后,希望以特别提款权作为主要的国际储备,通过新储备资产的创造来解决各会员国的支付问题。但一方面,特别是提款权本位难以建立,另一方面,美元本位也难以维持,国际储备才出现了分散化的趋势。国际储备多样化对美元是一种制约,在调节不同货币的供应方面具有一定的灵活性,同时还相对降低了单一中心货币(如美元)对世界储备体系稳定性的影响。此外,多种货币储备体系为一国进行外汇管理提供了更多的手段,减少了单一货币本位下汇率变动带来的危险。外汇供给来源的增加相对缓和了国际清偿能力的不足,世界清偿力的增长能摆脱对美元的过分依赖,对缺少资金的发展中国家也有一定的好处。但是,多种储备体系又具有内在的不稳定性。

由于实行了浮动汇率制,主要的储备货币(不论是美元,还是德国马克或日元)的汇率经常波动,这对于发展中国家是很不利的。发展中国家的经济基础薄弱,又缺乏对金融动荡的经验和物质准备。所以,它们在国际贸易和储备资产方面遇到重大的困难,并往往成为各种游资冲击最早、最直接的攻击对象。另外,储备货币的多样化增大了国际金融市场上的汇率风险,致使短期资金移动频繁,增加了各国储备资产管理的复杂性。最后,多种储备货币并没有从本质上解决储备货币同时担负世界货币和储备货币所在国本币的双重身份所造成的两难。当维护世界金融秩序和支付能力目标与维护国内经济平衡的目标发生冲突时,这些国家必然侧重于后者,从而对别国乃至世界经济带来负面影响。

(3)缺乏有效的国际收支调节机制

在布雷顿森林体系中,各国的暂时性国际收支差额可以通过国际货币基金组织来调节。当发生所谓的基本不平衡时,理论上也可以用调整汇率的办法来调节。但实际上,由于国际货币基金组织的影响力有限、可用资金有限,而汇率又鲜有调整,该体系下的国际收支调节没有达到预期的效果,最终导致整个体系的瓦解。针对上述情况,牙买加体系寄希望于通过汇率的浮动来形成一个有效的和灵活的国际收支调节机制。但 20 多年来的实践结果表明,这一机制并没有起到预期的效果。牙买加体系下的国际收支调节渠道比布雷顿森林体系下的调节渠道有所增加,如浮动汇率致使汇率调节政策更有效,国际融资范围扩大,国际对话或论坛性组织增加。但是,由于时滞原因,大多数发展中国家不具备马歇尔 – 勒纳条件,汇率调节反而使国际收支恶化。直接通过国际融资来弥补逆差虽然比较直接,但不能从根本上消除收支失衡。而且,如果长期依赖国际借款,必然加重债务负担,可能发生债务危机。在这些方面,国际货币基金组织的协调能力有限,而且在向发生金融危机的国家提供资金援助时有大量的附带条件。

(4)国际资本流动缺乏有效的监督

牙买加体系下的汇率体系不稳定的另一主要原因就是国际游资对汇率体系的冲击。国际金融机构对国际游资束手无策。强大的游资与大多数国家维护钉住汇率的有限能力形成鲜明的对比。钉住汇率下一国货币很容易被高估或低估,便为游资留下投机空间。国际游资的流动性很强,在现代通信与电子技术高度发达的今天,资本的跨国转移数秒钟就可以完成,对其监管的难度很大。这方面,如果没有相应的国际组织与相应的国际规则、立法,汇率体系就不可能稳定,货币金融危机就不可能避免。

由于储备货币多样化和汇率安排多样化，货币危机和国际金融危机的来源点也多样化。但牙买加体系缺乏有效的主观或客观危机预警指标，从而使防范危机无从下手。20世纪90年代开始，国际市场上危机四起，牙买加体系的缺陷日益突现，改革现行国际货币体系的呼声不断高涨。

(四)欧洲货币一体化

欧洲货币一体化的演进被认为是自布雷顿森林体系崩溃以来在国际货币安排方面最有意义的发展，是国际政策协调方面最为重要的典范，是迄今为止最适度货币区最为成功的实践结果。在欧洲货币一体化的发展过程中，成员国建立起一个“货币稳定区域”，使它们免受区域外金融不稳定的影响，区域内的固定汇率安排更是方便了成员国间的经济交往和合作。这一实践为未来的国际货币制度改革和国内外均衡矛盾的解决提供了一个有用的借鉴。

1.欧洲货币一体化的发展历程

(1)酝酿阶段(1960年以前)

欧洲货币一体化的起源可以追溯到20世纪60年代以前。当时出现了欧洲支付同盟、欧洲货币协定等组织。但这些组织或协定在内容上虽有以后货币一体化的形式，却无其实质。它们的出发点在于，促进成员国贸易和经济在第二次世界大战后的发展，恢复各国货币的自由兑换，而不涉及各国的汇率安排和储备资产的形式。

(2)初创阶段(1960—1978)

为了巩固和发展经济一体化，摆脱对美元的严重依赖和美元危机的不利影响，欧共体深感有必要进一步加强货币合作。1969年12月，欧共体6国首脑在荷兰海牙举行会议，提出建立欧洲货币同盟的建议。1971年2月9日，经欧共体6国部长会议通过，宣布成立“欧洲经济和货币同盟”，这个同盟的规划从1971年至1980年的10年内分三个阶段实现货币同盟的目标，建立一种与美元抗衡的西欧货币。

表12.2 1971年的欧洲货币同盟计划

阶段	时间	主要目标
第一阶段	1971年初至1973年底	缩小成员国货币汇率的波动幅度，着手建立货币储备基金，以支持稳定汇率的活动，加强货币与经济政策的协调，减少成员国经济结构的差异
第二阶段	1974年初至1976年底	集中成员国的部分外汇储备以巩固货币储备基金，进一步稳定各国货币间的汇率，并使共同体内部的资本流动逐步自由化
第三阶段	1977年初至1980年底	使共同体成为一个商品、资本、劳动力自由流动的经济统一体，固定汇率制向统一的货币发展，货币储备基金向统一的中央银行发展

根据表 12.2 的计划，欧共体建立了欧洲货币合作基金和欧洲货币计算单位，并于 1972 年开始实行成员国货币汇率的联合浮动。所谓联合浮动，又称可调整的中心汇率制。对内，参与该机制的成员国货币相互之间保持可调整的盯住汇率，并规定汇率的波动幅度；对外，则实行集体浮动汇率。按照当时的规定，参与联合浮动的西欧 6 国，其货币汇率的波动不得超过当时公布的美元平价的 ± 1.125%，这样，便在基金组织当时规定的 ± 2.25% 的汇率波动幅度内又形成一个更小的幅度。欧共体 6 国货币汇率对外的集团浮动犹如“隧道中的蛇”，故又称其为蛇形浮动(Snake)。这种联合浮动机制为随后产生的欧洲货币体系稳定汇率机制提供了参考依据。

(3)欧洲货币体系(1979—1998)

欧洲货币体系是一个很复杂的机制，主要内容有三个方面。

①建立“欧洲货币单位”

“欧洲货币单位”(European Currency Unit，ECU)是欧洲货币体系的核心，它是由德国马克、法国法郎、英国英镑、意大利里拉等 12 种货币组成。各国货币在 ECU 中所占权重按其在欧共体内部贸易中所占权重及其在欧共体 GDP 中所占权重加权计算，指标取过去 5 年中的平均值。权数每 5 年调整一次，必要时可随时调整。ECU 的币值根据这些权重和含量及各组成货币汇率用加权平均法逐日计算而得。

欧洲货币单位的建立，其主要目的是为了保证欧洲最大限度地避免因汇率突变带来的负面影响，同时保持各成员国经济的趋同性。欧洲货币单位是由各成员国货币组成的“篮子”货币，每一种货币在其中所占比例基本与该国的经济实力相当，欧洲货币单位本身的价值随着其他各种相关货币的变化而变化，它被作为判定某种货币(相对于其他货币)何时上下剧烈波动的指示器。因此，可以说欧洲货币单位是推行欧元的先导。1999 年 1 月 1 日，埃居以 1 比 1 的兑换汇率全部自动转换为欧元。

②实行稳定的汇率机制

继续实行过去的联合浮动汇率机制。在这种汇率机制下，成员国货币间都确定有中心汇率和汇率波动的上下界限。除意大利、西班牙、英国和葡萄牙等国的中心汇率均可在 ± 6% 的幅度内浮动，其他国家汇率的波动幅度仍维持原有的 ± 2.25% 的界限内，还规定了汇率波动的警戒线，一旦汇率波动超出此线，有关国家就要进行联合干预。

③建立欧洲货币基金

欧洲货币基金是欧洲货币体系的基础。1973 年，共同体为稳定汇率而建立“欧洲货币合作基金”，对成员国提供信贷，但总共只有 28 亿欧洲货币单位，远不足以适应干预市场的需要。1979 年 4 月，各参加国又缴纳 20% 的黄金外汇储备以及相同数额的各国本国货币。到 1981 年 4 月，基金总额达到 540 亿欧洲货币单位，相当于 730 亿美元。成员国在资金困难时，可以直接向欧洲货币基金申请贷款。被看做是组建统一的欧洲中央银行的开端。

(4)欧元(1999 年至今)

欧洲货币体系极大推动了欧洲货币一体化的进程。1988 年欧共体汉诺威首脑会议正式提出统一货币的计划。法国是这一设想的积极倡导者,1989 年 4 月 17 日以执行委员会主席德洛尔为首的由成员国中央银行的 12 名董事和 1 名执行会成员及 3 名专家组成的“经货联盟研究委员会”正式提出了建立经济与货币联盟的详细方案。这份“德洛尔报告”经过欧共体首脑会议的多次讨论,最后在 1991 年 12 月 9 日至 10 日召开的马斯特里赫特首脑会议上得以正式通过,并写进《马斯特里赫特条约》(以下简称《马约》)中去,决定 EMU 应分三阶段实现:第一阶段从 1996 年底到 1998 年底。该阶段为准备阶段,其主要任务是确定首批有资格参加货币联盟的国家,决定发行欧元的合法机构,筹建欧洲中央银行。第二阶段,从 1999 年 1 月 1 日起到 2002 年 1 月 1 日。该阶段为过渡阶段。“欧元”一经启动,便锁定各参加国货币之间的汇率。各国货币仅在本国境内是合法支付手段。在此阶段,没有有形的欧元流通,但新的政府公债可以用欧元发行。另外,将由欧洲中央银行制定统一的货币政策。第三阶段,从 2002 年 1月1 日起,欧元开始正式流通。欧洲中央银行将发行统一货币的硬币和纸钞,有形的欧元问世,并且各参加国原有的货币退出流通,欧元将成为欧洲货币联盟内唯一的法定货币。

表 12.3 欧元实施时间表

时间	内容
1998 年 5 月	决定参加国
1999 年 1 月 1 日	欧元正式启动
2002 年 1 月 1 日	欧元现金投入市场流通
2002 年 7 月 1 日	各参加国货币完全退出流通

2.欧元对现行国际货币体系的挑战

欧元对现行国际货币体系的挑战具体表现在三个方面。

(1)对国际货币基金组织协调能力的挑战

从历史上看,IMF 在协调其成员国缓解 1973 年与 1979 年两次石油危机对世界经济的危害、救援 1982 年拉美债务危机、帮助发展中国家进行结构性改革并促进其经济稳定增长方面,表现出较强的协调能力。但在特别提款权问题、南北货币关系问题以及 IMF 的贷款条件等问题上,其协调能力却引人质疑。可以肯定的一点是,欧洲货币联盟作为同样的跨主权国家的国际货币机构,尽管它也将面临许多困难,但在保证欧元稳定方面将发挥出更完善的协调能力。另一方面,在货币问题上以一个声音说话的欧洲,将会代替原发达国家内部美、日、德三极上德国的位置,并将大大增强这一极的力量,从而使 IMF 在协调西方发达国家内部立场的问题上难度更大。

(2)对国际储备体系的挑战

多元化国际储备体系可以概括为美元主导下的美元、日元、SDR 及其他硬货币并存的体系。欧元的产生与运作,对美元在国际储备体系中的主导地位及SDR作为国际储备货币的地位,无疑将带来严峻的挑战。从经济实力来看,统一货币后的欧盟国家GDP在1996年占经合组织的38.3%,而美国只占32.5%,日本则占20.5%,因此,以这种经济实力为基础的欧元,在一定时期内有望在国际储备体系中挤占美元所占的一部分份额,并可能在中长期内动摇美元作为国际储备货币的主导地位,从而形成未来国际储备体系中非对称三极(美、欧两极强,日本一极弱)的局面。同欧元一样,SDR也是一种国际清偿力,但SDR天生就有缺陷。同样作为信用货币,欧元却在天然禀赋上优于SDR。这是因为:①从货币的价值尺度的角度考察,虽然作为篮子货币的SDR的价值也很稳定,但从作为信用货币其价值所必须依靠的信用源泉来讲,统一的欧洲中央银行的作用,显然要比IMF在国际储备货币创造上的作用大得多。②从货币的流通手段的角度考察,在非官方结算之中,SDR的作用可以忽略不计。而欧元则不一样,它不但可作非官方结算货币,而且还可作区域内统一的流通货币,可以预见,欧元被非官方欢迎的程度将是SDR无法比拟的。也可以预见,至今未达到在其创立之初所设想的成为世界主要清偿力目标的SDR,在欧元的挑战之下将会更加暴露出其内在缺陷性,从而动摇其作为储备货币的地位。

(3)挑战目前的所谓“非体系”,为世界货币的发展起到示范作用

汇率制度安排多样化、黄金非货币化以及国际政策协调艰难,是目前牙买加体系之所以被称为“非体系”的重要原因。欧元将以其汇率稳定、跨国界的协调及统一的中央银行对这一“非体系”直接提出挑战。并且统一的欧元将是人类历史上第一次可用于非官方结算的跨国界信用本位货币的一种创造,它的诞生及其后的发展,将为未来统一世界货币的创造提供宝贵的经验,也将为其他区域性经济合作组织货币一体化起到示范作用。

许多学者已经预言,世界货币最终的统一将建立在几大区域性国际货币基础之上,并在广泛的国际协调上与制度框架内执行其世界货币的职能。我们认为,未来IMF货币的改革进程将和区域内国际货币一体化发展进程相交织,并最终创造出一种完善的世界货币。尽管这个过程是漫长的,但这或许是未来国际货币体系演化的趋势。

【知识库】

拉美九国创立地区货币“苏克雷”取代美元

拉丁美洲九个国家的领导人于2009年10月16日在玻利维亚城市科恰班巴同意创立地区货币“苏克雷”,从而逐渐减少使用美元。由委内瑞拉总统查韦斯构想出来的左翼联盟“玻利瓦尔美洲国家联盟”的九个成员国在玻利维亚开会。他们在会上声言要推动用新货币取代美元,作区内贸易之用。新货币“苏克雷”将于2010年以非纸钞形式推出。此举呼应了欧盟昔日推出欧洲货币单位的举措。欧洲货币单位是欧元的前身,旨在各成员国的货币废除前,保持各成员国之间的汇率稳定。“玻利瓦尔美洲国家联盟”的九个成员国是委内瑞拉、玻利维亚、古巴、厄瓜多尔、尼加拉瓜、洪都拉斯、多米尼加、圣文森特,还有安提瓜和巴布达。新货币的创立于2009年10月4日得到支持,它的名字源自19世纪初与委内瑞拉英雄玻利瓦尔一起争取脱离西班牙独立,其后成为玻利维亚第一任总统的苏克雷。

资料引自:中国新闻网.

第三节 国际金融机构

一、国际金融机构的形成和发展

国际金融机构泛指从事国际金融业务，协调国际金融关系，维系国际货币、信用体系正常运作的超国家机构。1930 年 5 月在瑞士巴塞尔成立的国际清算银行是最早的国际金融机构。第二次世界大战后，随着生产国际化和资本国际化的发展，国际金融机构迅速增加。1944 年 7 月召开的布雷顿森林会议，确定建立了国际货币基金组织、国际复兴开发银行（简称世界银行）、国际开发协会和国际金融公司，作为实施布雷顿体系的组织机构。20 世纪 50 年代以来，随着国际金融关系的发展，大量的区域性或半区域性国际金融机构先后建立起来，如泛美开发银行、亚洲开发银行、非洲开发银行等。

二、国际货币基金组织

国际货币基金组织（International Monetary Fund，IMF）成立于 1945 年 12 月 27 日。1946 年 3 月，国际货币基金组织召开首次理事会创立大会，选举了首届执行董事，并决定总部设在华盛顿。1947 年 3 月，国际货币基金组织宣布开始办理外汇交易业务，同年 11 月 15 日，IMF 成为联合国的一个专门机构。IMF 成立之初有创始国 39 个，截止到 2007 年 1 月 18 日黑山共和国正式加入国际货币基金组织，该组织拥有 185 个成员国，遍布世界各地。IMF 现已成为名副其实的全球性国际金融组织。

国际货币基金组织的宗旨是：设立一个永久性的就国际货币问题进行磋商与合作的常设机构，促进国际货币合作；促进国际贸易的扩大与平衡发展，借此提高就业和实际收入水平，开发成员国的生产性资源，以此作为经济政策的主要目标；促进汇率的稳定，在成员国之间保持有秩序的汇率安排，避免竞争性的货币贬值；协助成员国建立经常性交易的多边支付制度，消除妨碍世界贸易发展的外汇管制；在有适当保证的条件下，向成员国提供临时性的资金融通，使其有信心且利用此机会纠正国际收支的失衡，而不采取危害本国或国际经济的措施；根据上述宗旨，缩短成员国国际收支不平衡的时间，减轻不平衡的程度。

（一）国际货币基金组织的结构

基金组织的主要领导机构是理事会和执行董事会。理事会是最高权力机构，由每一成员国各指派理事和副理事各一人组成。执行董事会是负责处理基金组织日常业务的机构，由 22 人组成。基金组织还设有 16 个部门，负责日常的业务活动。基金组织的重大问题由董事会或执行董事会通过投票表决的方式做出决定。每一成员国均拥有 250 票基本投票权，另外，各国向基金组织缴纳的份额每 10 万特别提款权增加一票。一国投票权的大小取决于其所缴纳的份额。

(二)基金来源

国际货币基金组织的资金来源主要由成员国缴纳的基金份额、向成员国借款、出售黄金的收入以及创设特别提款权四部分组成。其中成员国缴纳的基金份额是最主要的资金来源,份额的多寡,根据一国国民收入、黄金外汇储备、进出口贸易等多项指标,由国际货币基金组织与成员国协商确定。国际货币基金组织最初规定25%的份额应以黄金缴纳,其余75%以成员国本国货币缴纳。1978年4月取消了25%以黄金缴纳的规定,改以特别提款权或外汇缴纳。国际货币基金组织通过与会员国协商,可以任何货币和从任何来源筹借资金。

(三)业务活动

国际货币基金组织的主要业务活动除了对会员国的汇率政策进行监督,与会员国就经济、金融形势进行磋商和协商外,其主要业务是向会员国融通资金和提供各种培训咨询服务。

融通资金是国际货币基金组织的主要业务活动,其形式多种多样,条件很严格,特点十分明显。

(1)融通资金的特点

国际货币基金组织与一般金融市场和商业银行进行资金融通不同,具有下列特点:①贷款对象限为成员国政府,IMF只同成员国的财政部、中央银行及类似的财政金融机构往来,不对私人企业和私人组织贷款。②贷款用途只限于解决短期性的国际收支不平衡,用于贸易和非贸易的经常项目的支付。③贷款期限限于短期,属短期贷款。④贷款额度是按各成员国的份额及规定的各类贷款的最高可贷比例,确定其最高贷款总额。⑤贷款方式是根据经磋商同意的计划,由借款成员国使用本国货币向基金组织购买其他成员国的等值货币(或特别提款权),偿还时,用特别提款权或IMF指定的货币买回过去借用时使用的本国货币(一般称为购回)。

(2)融通资金的分类

IMF贷款的种类是有所发展的。早期的基金组织的贷款一般推行“一个窗口”的办法,到1963年推出补偿贷款,1969年再打开第三个贷款窗口——缓冲库存贷款,1974年再设立中期贷款,创办石油贷款等第四个经常性窗口。20世纪80年代后,除了1979年设立补充贷款外,从1981年起,不但着手制定并推行扩张信贷政策,扩大补偿贷款的范围,而且改进贷款条件,新增“储备份额”贷款(不必购回)优惠,将成员国借债限额扩大到该成员国份额的200%等。IMF的贷款分为以下几种。

①普通贷款(Normal Credit Trenches)。亦称普通提款权,是IMF最基本的贷款,期限不超过5年,主要用于成员国弥补国际收支逆差。贷款最高额度为成员国缴纳份额的125%。贷款分两部分,即储备部分贷款和信用部分贷款。前者占成员国份额的25%,成员国提取这部分贷款是无条件的,也不需支付利息,但须用外汇或特别提款权缴纳的份额作保证;后者占成员国缴纳份额的100%,共分四个档次,每档为份额的25%,成员国申请第一档贷款比较容易获得,一般只需制定出借款计划便可得到批准,而二至四挡属高档信用贷款,贷款条件较严格,成员

国要借取就必须提供全面、详细的财政稳定计划，而且在使用时还必须接受 IMF 的监督。

②中期贷款（亦称扩展贷款）（Extended Credit）。这是 1974 年设立的，用于成员国因在生产、贸易等方面存在结构性问题而进行较长期调整的一项专用贷款。其最高贷款额度为借款成员国份额的 140%，备用期 3 年，提款后第 4 年开始偿还，10 年内还清。

③出口波动补偿贷款（Compensatory Financing Facility 或 Compensatory Financing of Export Fluctuations）。设立于 1963 年 2 月，最初规定，当成员国因自然灾害等无法控制的客观原因造成初级产品出口收入下降，从而发生国际收支困难时，在原有的普通贷款以外，可另行申请此项专用贷款。1981 年 5 月又规定，当成员国粮食进口价格超过前 5 年的平均价格而造成国际收支困难时，也可申请补偿贷款。该贷款最高限额为成员国份额的 100%，贷款期限 3~5 年。1988 年 8 月 IMF 再次通过了一个修改方案，将应急机制结合进原来的补偿贷款，并把贷款名称更改为补偿与应急贷款。成员国在执行 IMF 支持的经济调整计划中，如遇突发性、临时性的经济因素而造成经常项目收支偏离预期调整目标时，可申请该项贷款。这里突发性的经济因素主要是指出口收入、进口价格及国际金融市场利率等。该贷款最高限额为份额的 95%，如果成员国仅具备申请补偿性融资的条件，则最高限度为份额的 65%，仅具备申请应急融资的条件，则最高贷款额为份额的 30%。

④缓冲库存贷款（Buffer Stock Financing Facility）。设立于 1969 年 6 月，是一种为帮助初级产品出口国家维持库存从而稳定物价而发放的贷款。贷款的额度最高为成员国份额的 50%，期限 3~5 年。

⑤石油贷款（Oil Facility）。是 1974 年 6 月至 1976 年 5 月期间，专门为解决因中东战争后石油涨价而引起的国际收支困难的资金需要而设立的一种临时性贷款。

⑥信托基金贷款（Trust Fund Facility）。设立于 1976 年 1 月，用于援助低收入的发展中国家。低收入发展中国家的标准是：1973 年人均国民收入不足 300 特别提款权单位。此项贷款现已结束。

⑦补充贷款（Supplementary Financing Facility）。设立于 1977 年 4 月，目的是为了帮助成员国解决庞大的、持续的国际收支逆差。贷款期限 3.5 年至 7 年，最高借款额为成员国份额的 140%。1981 年 4 月，该贷款全部承诺完毕。1985 年 5 月，IMF 实施扩张借款政策，提供扩大贷款，其目的和内容与补充贷款相似。该政策规定，贷款额度最高为一年不超过份额的 95%~115%，或三年不超过份额的 280%~345%。

⑧结构调整贷款（Structural Adjustment Facility）。该贷款于 1986 年 3 月设立，旨在帮助低收入发展中国家通过宏观经济调整，解决国际收支长期失衡的问题。贷款条件优惠，年利率仅为 0.5%~1%，期限一般为 10 年，且有 5 年宽限期，贷款最高限额为份额的 70%。成员国要获取该贷款，必须有详细的经济调整计划，并且由 IMF 或世界银行工作人员参与计划的制定，最后由 IMF 核定批准。为了增强对低收入成员国的资金援助，IMF 于 1987 年 12 月增设了“扩大的结构调整贷款”，其目的和条件与上述结构调整贷款基本一致，但贷款额扩大了，最高贷款额可

达份额的250%,在特殊情况下还可提高到份额的350%。但IMF对借款国经济结构改革的计划要求较高,对贷款效果的监督也较严格。低收入成员国最终能否获得此项贷款及贷款数额大小,除取决于本国国际收支和收入水平外,还取决于该国本身与IMF的合作程度以及对本国经济做出的调整努力。

⑨制度转型贷款(Systemic Transformation Facility)。该贷款于1993年4月设立,主要目的是为了帮助前苏联和东欧国家克服从计划经济向市场经济转变过程中出现的国际收支困难,包括:第一,由计划价格向市场价格转变引起的收支困难。第二,由双边贸易向多边贸易转化引起的收支困难。第三,由游离于国际货币体系之外到融入该体系之内引起的收支困难。此项贷款最高额为份额的50%,期限4~10年。成员国要获取该项贷款,必须制定一项经济稳定与制度改革方案,内容包括财政货币制度改革和货币稳定计划、控制资本外逃计划、经济结构改革计划以及市场体系培育计划等,而贷款能否全部得到,还须借款国与IMF充分合作,并做出切实有效的努力。

上述各项贷款,成员国不能同时获准借取,这是因为IMF对一个成员国在一定时间内的全部贷款设定限额。IMF在此问题上遵循着这样一个原则:成员国每年借款额一般不超过份额的102%;3年累计借款净额不超过份额的306%;全部累计借款上限为份额的600%。IMF在提供上述各项贷款时,要收取手续费或利息。储备部分贷款、信托基金、结构调整贷款和扩大的结构调整贷款以及补充贷款和扩大贷款等,是以优惠利率或仅收取手续费形式提供的,其余贷款的利率在4%~7%之间,具体依当时国际金融市场利率水平及成员国借款数额多少而定。

(四)我国与国际货币基金组织

我国是国际货币基金组织的创始国之一,但这个席位一直被台湾当局占据,直到1980年4月我国恢复了在国际货币基金组织的合法席位。之后,我国在IMF的份额由原来的5.5亿特别提款权增加到1983年23.9亿特别提款权。1992年在第9次份额总检中,我国的份额再增至33.852亿特别提款权,占基金总份额的2.35%,位列第11位。2001年2月5日,IMF理事会通过决议将我国的份额增加至63.692亿特别提款权(约合83亿美元),我国在IMF的份额也从11位上升到第8位。自1980年以来,我国与IMF建立了良好的合作关系,我国与IMF的各种业务往来也在不断增加。

三、世界银行集团

世界银行集团全称国际复兴开发银行(IBRD),与国际货币基金组织一样,也是布雷顿森林体系的产物。世界银行集团有两个附属机构,即国际开发协会(IDA)和国际金融公司(IFC),三者统称为世界银行集团。

(一)世界银行

世界银行与国际货币基金组织同时产生,于1945年12月正式宣告成立,世界银行1946年

6月开始办理业务，1947年11月成为联合国的专门机构。截止到2007年1月18日黑山共和国正式加入世界银行，该组织拥有185个成员国。该行的成员国必须是IMF的成员国，但IMF的成员国不一定都参加世界银行。世界银行的宗旨是通过提供和组织长期贷款和投资，解决成员国恢复和发展经济的资金需要，资助它们兴办特定的基本建设工程，以协助成员国的复兴与开发。

1.世界银行的组织机构

世界银行是具有股份性质的一个金融机构，设有理事会、执行董事会、行长及具体办事机构。理事会是世界银行的最高权力机构，由每一成员国委派理事和副理事各一名组成。执行董事会负责银行的日常业务，行使理事会授予的职权。银行政策管理机构由行长、若干副行长、局长、处长及工作人员组成。世界银行对我国的贷款业务，由东亚及太平洋地区国家三局负责，国家三局也称中国和蒙古国家局，简称“中蒙局”。

2.资金来源与运用

世界银行的资金主要来源于四个方面：会员国缴纳的股金、在国际金融市场借款、出让银行债权和经营利润收入。世界银行的资金动用主要通过长期贷款和投资解决成员国第二次世界大战后恢复和发展经济的资金需要，1948年以后转为向发展中国家提供长期的优惠开发贷款。世界银行的贷款条件较严，只有在借款国不能按合理条件从其他渠道获得资金时，才能申请贷款，贷款对象限于具有偿还能力的成员国政府，贷款用途限于特定的工程项目（因此也称为项目贷款），专款专用。

3.我国与世界银行往来

中国是世界银行的创始国之一，新中国成立后，中国在世界银行的席位长期为台湾当局所占据。1980年5月15日，中国在世界银行和所属国际开发协会及国际金融公司的合法席位得到恢复。1980年9月3日，该行理事会通过投票，同意将中国在该行的股份从原7 500股增加到12 000股。我国在世界银行有投票权。在世界银行的执行董事会中，我国单独派有一名董事。我国从1981年起开始向该行借款。此后，我国与世界银行的合作逐步展开、扩大，世界银行通过提供期限较长的项目贷款，推动了我国交通运输、行业改造、能源、农业等国家重点建设以及金融、文卫环保等事业的发展，同时还通过本身的培训机构，为我国培训了大批了解世界银行业务、熟悉专业知识的管理人才。

（二）国际开发协会

国际开发协会成立于1960年9月24日，是附属于世界银行的专门对较贫穷的发展中国家发放条件极其优惠的长期贷款的国际金融机构。国际开发协会与世界银行是一套人马，两块牌子，而且也只有世行成员国才能参加协会。但是国际开发协会又是一个独立的实体，有自己的协定、法规和财务系统，其资产和负债都与世界银行分开，业务活动也互不相关。国际开发协会的最高权力机构是理事会，下设执行董事会处理日常业务。协会会员通过投票参与决策活动，成员国的投票权与其认缴的股本成正比。国际开发协会的资金来源主要包括成员国认缴的股本、工业发达国家会员国提供的补充资金、世界银行从净收益中的拨款以及协会自身经营利润。

国际开发协会的贷款对象是较贫穷的发展中国家，其标准是按1984年美元计算人均收入不足400美元的国家。协会贷款不收利息，每年只按已发放贷款额收0.75%手续费，贷款期限最长可达50年，头十年为宽限期，无需还本，贷款条件极其优惠，因此又称软贷款以区别于世界银行发放的贷款(即硬贷款)。1980年5月15日，我国在该协会的席位也得到恢复，在协会中享有投票权。国际开发协会主要向我国提供长期低息贷款，用于我国基础设施的建设与完善。

(三)国际金融公司

国际金融公司成立于1956年7月，是世界银行的另一个附属机构，但在法律上和财务上又是一个独立的国际金融机构。它也是联合国的专门机构之一。国际金融公司的建立，是由于IMF和世界银行的贷款对象主要是成员国政府，而私人企业的贷款必须由政府机构担保，从而在一定程度上限制了世界银行业务活动的扩展。因此，1951年3月美国国际开发咨询局建议在世界银行下设国际金融公司，1956年7月24日国际金融公司正式成立，世界银行的成员国均可成为该公司的成员国。国际金融公司的宗旨是向发展中国家尤其欠发达的成员国的生产性企业提供无需政府担保的贷款与投资，鼓励国际私人资本流向这些国家，促进私人企业部门的发展，进而推动成员国经济的发展。

国际金融公司资金来源主要是成员国认缴的股本，此外还有世界银行以及某些国家政府的贷款。国际金融公司的贷款对象是成员国的生产性中小型企业，贷款数额不大，贷款往往采取与资本投资相结合的方式，或者与私人投资者进行联合投资。贷款期限为7~15年，利率接近于市场利率，但比市场利率低。

1980年5月15日，中国在该公司的席位也得到恢复。我国按规定认缴股金并享有投票权。目前，我国与国际金融公司的业务往来日益密切。从1987年该公司开始向我国中外合资企业提供融资开始，援助的范围不断扩大，现已涉及包括中外合资企业、集体企业(含乡镇)、私营企业及实行股份制的企业等，为我国这些企业竞争能力的提高及我国多种所有制经济成分的发展，做出了一定的贡献。

四、亚洲开发银行

亚洲开发银行(Asian Development Bank，ADB以下简称亚行)于1966年11月正式成立，总部设在菲律宾首都马尼拉。亚行初建时有34个成员国，目前其成员不断增加，凡是亚洲及远东经济委员会的会员或准会员，亚太地区其他国家以及该地区以外的联合国及所属机构的成员，均可参加亚行。亚行的宗旨是向成员国或地区提供贷款与技术援助，帮助协调成员在经济、贸易和发展方面的政策，同联合国及其专门机构进行合作，以促进亚太地区的经济发展。

亚洲开发银行的资金来源分为普通资金和特别基金。普通资金是亚行业务活动的主要资金来源，由成员国认缴的股本金和来自国际金融市场以及国家政府借款组成，这部分资金通常用于亚行的硬贷款。特别基金由成员国认缴股本以外的捐赠及认缴股本中提取 10% 的资金组成。主要用于向成员国提供贷款或无偿技术援助。目前该行设立了三项特别基金，分别是亚洲开发基金、技术援助特别基金、日本特别基金。其主要业务是向成员国和地区提供贷款。

我国于 1986 年 3 月 10 日正式加入亚洲开发银行。在 1987 年亚行的年会上，我国当选为亚行的董事国。近年来，我国与亚行当局的接触相当频繁。亚行于 2000 年 6 月 16 日在中国设立了代表处。我国每年从亚行获得近 10 亿美元的贷款。自 1986 年至今，亚行已向中国提供了 100 多亿美元的贷款，如杨浦和南浦大桥；资助修建了 2 468 公里的公路，包括北京至沈阳及长春至哈尔滨的高速公路以及 4 284 公里的铁路，包括北京至九龙的京九铁路。

【知识库】

IMF 发放特别提款权，中国新增额居“金砖四国”之首

国际货币基金组织（IMF）2009 年 8 月 28 日宣布新增相当于 2 830 亿美元的特别提款权（SDR），其中约合 2 500 亿美元的 SDR 分配于当日生效，另外一笔约合 330 亿美元的 SDR 将在 9 月 9 日通过“特殊分配”一次性发放。

据 IMF 发布的声明，在已经进行的分配中，有相当于 1 100 亿美元的 SDR 流向新兴市场和发展中国家，其中，相当于 200 亿美元的 SDR 注入低收入国家。中国按份额比例获得相当于约 93 亿美元的 SDR，在“金砖四国”中位居首位。

在同属“金砖四国”的另外三个国家中，俄罗斯获得约合 67 亿美元的 SDR，印度获约 47 亿美元，巴西获约 34 亿美元。在发达国家中，美国获约 421 亿美元，居所有成员国之首，日本紧随其后，获约 150 亿美元，德国获约 147 亿美元，英国和法国各自获得约 121 亿美元。

此外，在 9 月的“特殊分配”中，中国还将获得约合 11 亿美元的 SDR，这使中国在两次增发中共计获得约合 104 亿美元的 SDR。增发全部完成后，中国总计持有 SDR 数额将达到约合 230 亿美元，不过其在 IMF 中所占份额比例仍将维持不变。

资料引自：凤凰网.

本章小结

1. 狭义的国际收支仅仅限定于外汇收支，第二次世界大战后，国际收支包括的内容日趋扩展，产生广义的国际收支，即一个国家或地区在一定的时期内（通常为一年）因与其他国家或地区之间，由于贸易、非贸易和资本往来而引起的国际间资金转移，从而发生的一种国际间资金收支行为。

2. 国际收支平衡表是系统记录一个国家在某一特定时期（通常为 1 年）内所有对外经济交易的统计报表。各国或地区分析的目的不同，所编制的报表格式也就不一样。国际货币基金组织为使各国的国际收支平衡表具有可比性，对国际收支平衡表的概念、准则、惯例、分类方法以及标准构成等都作了统一的规定和说明。

3.国际收支平衡表的内容主要包括以下三项:(1)经常项目。(2)资本和金融项目。(3)平衡项目。

4.国际收支失衡的调节除经济自身通过价格机制、利率机制、汇率机制、收入机制自动调节外,还包括各国货币当局通过外汇缓冲政策、财政政策、货币政策、直接管制、国际经济与合作的政策调节。

5.国际货币体系是国际间货币的安排,迄今为止国际货币体系经历了三个阶段:金本位制时期、布雷顿森林体系时期和牙买加货币体系时期。

6.国际货币基金组织是在国际合作的基础上,为协调国际间货币政策,加强货币合作而建立的政府间的国际金融机构。它既是一个联合国专营国际金融业务的专门机构,又是一个成员国政府间进行交往的渠道和论坛,具有浓厚的政治色彩。

7.世界银行集团是由世界银行、国际开发协会、国际金融公司组成,其目标是促进社会进步和经济发展。

8.亚洲开发银行简称"亚行",是西方国家和亚洲及太平洋地区发展中国家联合创办的亚太地区政府间国际金融组织。宗旨是协助本地区发展中国家以共同的或个别的方式加速经济发展。

思考题

一、名词解释

国际收支　国际收支平衡表　经常项目　资本和金融项目　国际收支失衡

二、简述题

1.国际收支平衡表的内容有哪些?

2.国际收支失衡的原因及其调节的政策措施有哪些?

3.国际金本位制的特征及作用是什么?

4.布雷顿森林体系的主要内容及作用是什么?它为什么会走向崩溃?

5.牙买加货币体系的主要内容及当今对其评价是什么?

三、论述题

欧元给现今国际货币体系带来哪些挑战?

【阅读资料】

全球联手应对金融危机

2008年左右,美国连续和集中爆发了一连串重大金融事件:美国财政部托管"两房";美国第三大证券公司美林证券被美国银行收购;美国第四大投资银行雷曼兄弟公司宣布破产;美国第一大保险公司美国国际集团(AIG)正成为下一个危机点。可以这样说,美国金融危机目前已进入高潮,金融危机还将横扫一批不那么有名的中型投资银行,此外,估计还有一两家大型投资银行和商业银行会受到危机的冲击。总之,美国的金融危机还没有最后结束,美国经济衰退基本已成定局。

从现有事件的发展来看,如果出现资金从美国市场大量外流,后果将更为严重。这将使房地产危机诱发的金融危机,穿越美国金融体系的防火墙,通过商业银行向实体经济蔓延。一旦这种蔓延形成,将会使目前这场还停留在投资银行领域的虚拟经济危机波及到实体经济,对整个美国造成实质性的重创,美国经济、社会将经历建国以来的第一次真正的大衰退,美国国力也将因此而被真实地彻底削弱。

同时,冰岛出现了金融危机。近期,荷兰、比利时与卢森堡政府联合宣布对富通银行进行注资,英国对布拉德福－宾利银行实施部分国有化,德国启动了对抵押贷款银行的大规模救助。另外,爱尔兰、德国、奥地利和丹麦均已经为国内私人储蓄账户提供无限担保,瑞典和英国提高了存款担保限额。截至2008年10月6日,又有法国和意大利宣布政府将为银行储蓄提供担保。

现在的金融危机不局限在美国,全球化意味着所有国家都是"一条绳上的蚂蚱。"

多国央行空前联手

2008年10月8日,世界五大央行同时降息的消息迅速在各国媒体上传播,加拿大央行、英国央行、欧洲央行、瑞典央行、瑞士央行均将利息降低0.5个百分点。稍后,美联储公开市场委员会一致投票通过了降息决议,将联邦基金利率下调50个基点,至1.5%。

在这次的降息大军中,中国备受关注,中国人民银行在官方网站上宣布:从10月15日起下调存款类金融机构人民币存款准备金率0.5个百分点;从10月9日起下调一年期人民币存贷款基准利率各0.27个百分点,其他期限档次存贷款基准利率作相应调整。上述措施是在美联储、欧洲央行和另外四家央行紧急联合降息以缓解金融危机的情况下出台的。"中国参与这次联合降息行动对全球经济具有重大意义,是一件值得庆幸的好事。在国际金融社会中,中国正日益成为一个更负责任、更积极参与行动的利益攸关方。"

世界多家央行联手降息的消息传出后,日本央行也表示,尽管暂时不降息,为了市场稳定,将与其他央行保持紧密联系。10月8日,澳大利亚央行宣布降息1%,创该国1992年以来最大降息幅度,以缓解全球金融海啸对澳大利亚经济的冲击。央行联合降息在历史上并不是第一次,以前曾有过类似的城下之盟。比如"9.11"事件发生后一周,美联储和欧洲中央银行都采取了紧急降息措施,但像这次这么多个国家的央行"携手降息救市"还是极其罕见的。这次全球各国同步降息,是各国史无前例地联手应对爆发于美国的金融风暴的共同举措,也是首次联合应对自1929～1933年的大萧条以来的金融危机,以努力缓解市场恐慌。英国主流媒体10月8日中午在第一时间播发全球五大央行联手降息的消息时,都不约而同地用"意外"的字眼来评述。MSNBC10月8日报道,白宫发言人托尼·弗拉托对各国央行应对金融危机的这一协作行动表示欢迎,"各国中央银行协同行动应对金融体系面临的压力,是重要而有益的"。受各国央行联手减息救市和刺激经济发展的利好推动,美国三大股指在北京时间10月8日晚纷纷高开,欧洲股市在经历盘中大跌后纷纷反弹,不过在消化降息利好刺激后投资者纷纷借机出逃,欧洲三大股指再度回落。

中国应该冷静观察事态

一位学者认为,世界多国央行联手降息的行动有可能对全球合作产生划时代的意义,它对应对全球划时代的世界性经济危机将起到范例的作用,但前提是它能够成功,或者至少起到一定的作用。中金首席经济学家哈继铭对记者说,目前全球经济处于衰退边缘,金融市场动荡加剧,随着通胀的减缓,各国央行有减息的空间,以挽救经济和稳定市场。哈继铭认为,中国的减息空间较美国大,中国到明年底仍会有5次减息共135个基点的空间,而银行存款准备金率也有350～550个基点的下调空间。目前,欧洲和中国的房价下滑才只是开始,未来进一步下跌将对经济带来严重冲击。银河证券首席经济学家左小蕾认为,此次各国减息可以起到稳定金融市场和刺激经济增长的作用,并进一步增强市场流动性。但各国减息的作用到底有多大,目前难以预计。“这表明有一个信息是大家心里非常清楚的,已经到了必须采取措施的紧急时刻了！可能还会有更多国家加入其中,全球刮起一股‘降息’风潮,这是已经预料到的。”社科院世界经济与政治研究所研究员谷源洋告诉记者说,“当前世界经济有三大危机:金融危机、石油危机和粮食危机,其中最重要的是金融危机。过去各国为了解决流动性不足的情况,都是自己采取行动,比如美联储几次降息。但是今年以来,我们注意到,西方国家采取了一些联合行动,自救与联合是结合在一起的。这次在这么短的时间内,全球主要央行又同时采取行动。这表明在经济全球化的情况下,经济关系是你中有我我中有你,要解决全球面临的经济衰退和金融动荡问题,需要各国加强合作。”

资料引自:第一财经.

参考文献

[1] 黄达.货币银行学[M].北京:中国人民大学出版社,2002.
[2] 罗剑朝.货币银行学[M].北京:清华大学出版社,2007.
[3] 周骏,王学青.货币银行学原理[M].北京:中国金融出版社,1996.
[4] 艾洪德,张贵乐.货币银行学教程[M].大连:东北财经大学出版社,2006.
[5] 陈德康.商业银行中间业务精析[M].北京:中国金融出版社,2007.
[6] 张传良.商业银行中介业务[M].北京:中国金融出版社,2006.
[7] 戴国强.货币银行学[M].北京:高等教育出版社,2007.
[8] 弗里德曼 D H.货币与银行[M].北京:中国计划出版社,2001.
[9] 张丽华.商业银行经营管理[M].北京:经济科学出版社,2002.
[10] JOHN EATWELL, LANCE TAYLOR. Global Finance at Risk[M]. New York: The New Press,2000.
[11] HAGEMUELLER DIEPEN. Der Bankbetrieb[M]. Verlag Dr. Th. Gabler, Wiesbaden, 1996.
[12] 吴念鲁.商业银行经营管理[M].北京:高等教育出版社,2004.
[13] 陈燕.中央银行理论与实务[M].北京:北京大学出版社,2005.
[14] 钱水土.货币银行学[M].北京:机械工业出版社,2008.
[15] 吴军,郭红玉,陈涛.货币银行学[M].北京:对外经济贸易大学出版社,2006.
[16] 夏德仁,李念斋.货币银行学[M].北京:中国金融出版社,2005.
[17] 蒋先玲.货币银行学[M].北京:对外经济贸易大学出版社,2004.
[18] 姜波克.国际金融新编[M].3 版.上海:复旦大学出版社,2005.
[19] 秦凤鸣,徐涛.国际金融[M].北京:经济科学出版社,2004.
[20] 刘锡良,曾志耕,陈斌.中央银行学[M].北京:中国金融出版社,1997.
[21] 崔建军.中央银行学[M].北京:科学出版社,2005.
[22] 陈学斌.中央银行概论[M].北京:高等教育出版社,2000.
[23] 吴庆田.中央银行学[M].南京:东南大学出版社,2005.
[24] 黄达.货币银行学[M].北京:中国人民大学出版社,2009.
[25] 易钢,吴有昌,吴全昊.货币银行学[M].上海:上海人民出版社,1999.
[26] 胡庆康.现代货币银行学教程[M].上海:复旦大学出版社,2006.
[27] 戴国强.货币银行学[M].上海:上海财经大学出版社,2006.
[28] 张尚学.货币银行学[M].北京:科学出版社,2005.
[29] 姜旭朝.货币银行学[M].北京:经济科学出版社,2004.

[30] 米什金.货币金融学[M].北京:中国人民大学出版社,1998.
[31] 李健.当代西方货币金融学[M]. 北京:高等教育出版社,2006.
[32] 张亦春,郑振龙,林海.金融市场学[M]. 北京:高等教育出版社,2008.
[33] 王兆星,吴国祥,张颖.金融市场学[M]. 北京:中国金融出版社,2006.
[34] 伯顿.金融市场与机构导论[M]. 北京:清华大学出版社,2004.
[35] 张元萍.金融衍生工具教程[M]. 北京:首都经济贸易大学出版社,2007.
[36] 肖文.远期利率协议[M].武汉:武汉大学出版社,2004.
[37] 黄河.互换交易[M]. 武汉:武汉大学出版社,2005.
[38] MISHKIN F S, EAKINS S G.金融市场与机构[M].北京:中国人民大学出版社,2007.

读者反馈表

尊敬的读者：

您好！感谢您多年来对哈尔滨工业大学出版社的支持与厚爱！为了更好地满足您的需要，提供更好的服务，希望您对本书提出宝贵意见，将下表填好后，寄回我社或登录我社网站(http://hitpress.hit.edu.cn)进行填写。谢谢！您可享有的权益：

☆ 免费获得我社的最新图书书目　　☆ 可参加不定期的促销活动

☆ 解答阅读中遇到的问题　　☆ 购买此系列图书可优惠

读者信息

姓名________　□先生　□女士　年龄______　学历______

工作单位________________　职务______

E-mail________________　邮编______

通讯地址________________

购书名称____________　购书地点____________

1. 您对本书的评价

内容质量　□很好　□较好　□一般　□较差

封面设计　□很好　□一般　□较差

编排　□利于阅读　□一般　□较差

本书定价　□偏高　□合适　□偏低

2. 在您获取专业知识和专业信息的主要渠道中，排在前三位的是：

①________　②________　③________

A.网络 B.期刊 C.图书 D.报纸 E.电视 F.会议 G.内部交流 H.其他：______

3.您认为编写最好的专业图书(国内外)

书名	著作者	出版社	出版日期	定价

4.您是否愿意与我们合作，参与编写、编译、翻译图书？

____

5.您还需要阅读哪些图书？

____

技术支持与课件下载：网站课件下载区

服务邮箱 wenbinzh@hit.edu.cn　duyanwell@163.com

邮购电话 0451－86281013　0451－86418760

组稿编辑及联系方式　赵文斌(0451－86281226)　杜燕(0451－86281408)

回寄地址：黑龙江省哈尔滨市南岗区复华四道街10号　哈尔滨工业大学出版社

邮编：150006　传真 0451－86414049

网址：http://hitpress.hit.edu.cn　E-mail：hitpress@0451.com